KB069068

태현집주 ❶
太玄集注

한국연구재단 학술명저번역총서 동양편 *616*

태현집주 ❶

太玄集注

[漢] 양웅揚雄　찬撰
[宋] 사마광司馬光　집주集注
류사오쥔劉昭軍　점교點校
조민환曺玟煥　역주譯註

學古房

들어가는 말

　중국철학사에는 역대로 '경(經)'이라 일컬어지는 텍스트가 있다. 유가의 경전을 통칭 '13경'이라 하고, 『노자』를 '도덕경(道德經)', 『장자』를 '남화경(南華經)'이라 한 것이 그것이다. 중국철학사에서 이상 거론한 것 이외에 경전의 지위에 오른 또 다른 텍스트가 있다. 한대 양웅(揚雄. BC 53년~AD 18년)이 『주역』을 모방하여 지었다는 이른바 『태현경(太玄經)』이 바로 그것이다. 흔히 '성인이 저술한 것을 경이고, 현인이 경을 해설한 것을 전이다[聖經賢傳]'라는 말은 한다. 양웅은 자신이 지은 저작을 '태현'이라 했는데, 양웅 사후에 『태현경』이라 높임을 받게 된다. 『태현경』이라 하면 이제 양웅은 성인의 반열에 오르게 되는 셈인데, 이런 현상에 대해 주희(朱熹)를 비롯한 유학자들은 심하게 비판한다. '태현'을 『태현경』이라 일컬은 것은 그것이 그만큼 위대한 저작임을 상징한다.

　양웅은 한대를 대표하는 사상가로서, 전한(前漢) 왕조가 왕망(王莽)의 신(新) 왕조로 교체되는 격변기를 살다간 인물이다. 그는 사부(辭賦)에 뛰어난 재능을 보인 문장가이면서 아울러 철학과, 언어에도 재능을 보인 다재다능한 인물이었다. 다만 왕망의 밑에서 대부를 한 그의 행적은 이후 문제가 되었다. 주희를 비롯한 송대 유학자들은 도통관(道統觀)을 세우고 요·순·우·탕·문·무·주공·공자를 성인으로 추앙하며 이단관을 전개

한다. 이런 도통관과 이단관은 학문의 배타성으로 이어진다. 양웅에 대한 평가에도 이런 점이 적용된다. 양웅은 애제(哀帝)와 평제(平帝)를 거쳐 왕망이 궁정 구테타를 통해 '신'을 건립할 때에 대부가 되었다. 주희(朱熹)는 양웅의 이런 처세를 '망대부(莽大夫)'라는 말로 비난한다. 이후 '망대부'로서의 양웅의 처세는 '진정한 충신이란 무엇인가'라는 문제제기의 핵심 주제가 되기도 한다. 절조(節操)를 중시하는 유학자들의 이같은 부정적인 평가도 있지만, 양웅은 '양자(揚子)'라고 일컬어질 정도로 한대를 대표하는 대학자였다.

양웅은 경서(經書)로는 '역(易)'보다 위대한 것이 없다고 여기고, 『주역』을 모방해 '태현'을 지었다고 말한다. 『태현경』은 한대에 유행하던 음양오행에 관한 사상과 천문역법에 관한 지식을 통해 세계를 도식하고자 한 책으로, 기본적으로는 점서에 해당한다. 하지만 『주역』이 단순 점서로만 이해되지 않듯이 『태현경』도 점서로만 이해되지 않았다. 중국고대의 뛰어난 지식인들은 천문학에 관한 깊은 지식이 있었다. 그들의 천문학에 대한 관심은 오늘날 우리가 이해하는 자연과학적 차원의 천문학이 아니라 일종의 인문학에 바탕 한 천문학 성격이 강하였다. 유흠(劉歆)이 "양웅이 '태현'을 지어 '현은 천이요 도라고 했다"라는 것과 양웅이 『주역』「계사전」에 해당하는 『태현경』「현고(玄告)」에서 "천지의 원리를 잘 알고 있는 사람은 그로써 인사를 잘 알 수 있고, 인사의 원리를 잘 알고 있는 사람은 그로써 천지에 대해서도 잘 알 수 있다"라고 말한 것은 이런 점을 잘 보여준다.

주희가 의리론 입장에서 양웅을 '썩은 유재[腐儒]'라고 평가하고, 아울러 그의 견식이 전부 낮고 그의 말이 지극히 어리석다고 평가한 이후 양웅의 학문은 제대로 평가받지 못하였다. 『태현경』도 『주역』의 위상에

눌려『태현경』이 갖는 장점이 제대로 부각되지 못한 점이 있다. 『태현경』은 3진법을 적용한 1현(玄), 3방(方), 9주(州), 27부(部), 81가(家), 729찬(贊)을 통해 우주와 인간사의 상관관계를 풀이하고 있다. 이것은 2진법을 적용한『주역』의 태극, 양의(兩儀), 4상(四象), 8괘(卦), 64중괘(重卦), 384효(爻)에 각각 대응한 것이다. 주희는 양웅의 학문은 황로학(黃老學)이고, 우주도식을 2진법이 아닌 3진법으로 잘못 이해했다고 혹평한 적이 있다. 그런데 관점을 바꾸어 이해하면, 주희의 이런 혹평은 도리어 노자사상과『주역』의 원리를 묘합 시킨 양웅 철학의 위대함을 역설적으로 보여준다. 『주역』이 독음(獨陰)과 독양(獨陽)을 부정하고 '음중양(陰中陽)'과 '양중음(陽中陰)'을 말하지만 기본적으로는 대대(對待) 관계를 이룬 상태에서의 묘합이라면,『태현경』의 삼진법에 의한 묘합은『주역』보다 더 다양하게 우주와 인간사를 해석할 수 있는 장점이 있다. 즉『태현경』에는『주역』과 다른 차원에서 우주와 인간사를 해석하고자 한 양웅의 창신적 사유가 담겨 있다는 것이다. 이런 점에서 본다면『태현경』은 중국철학사에서 그 어떤 저작보다도 상상력과 창의성이 풍부한 저작에 속한다. 이제 유가경전 중심주의에서 벗어나 인류의 위대한 지적 유산으로서『태현경』이 갖는 장점을 찾을 때 비로소『태현경』에 대한 올바른 평가는 가능해질 것이다.

이 번역본은 사마광이『태현경』에 관한 이전의 주석을 모으고 자신의 견해를 표방한『태현집주』를 번역한 것으로,『태현경』본문에 관한 번역은 기본적으로 사마광의 주석을 취하여 번역하였다. 사마광은 처음에는 양웅이『주역』을 모방하여『태현경』을 지은 것에 대해 사족을 그린 것 같다는 혐의가 있었지만, 후에 많은 시간을 들여 탐구한 결과『태현경』의 가치를 이해하게 된다. 이에『주역』을 하늘로 삼는다면『태현경』은 하늘을 올라가는 계단이라고 평가하였다. 『태현경』은 점서이면서 제왕의 통치서이고, 아울러 처세를 행하는데 지혜를 주는 철학책이다. 특히 사마광의 『태현경』에 대한 주석에는 『태현경』을 단순 점서로 보지 않고 하나의 철학서, 정치서로 이해하는 입장이 담겨 있다. 즉 『태현경』을 통해 당시 사마광 자신이 처한 시대인식과 비판정신이 담겨 있다는 점에서 여타 주석과 차별성을 보인다.

『태현경』 본문에는 간체자(簡體字), 속체자(俗體字), 피휘자(避諱字) 등이 많고, 아울러 판본마다 오탈자의 출입이 심한 관계로 역대 몇몇 주석본과 교감본이 있지만 이해하기가 쉽지 않다. 양웅을 높이는 유흠은 『태현경』이 지나치게 난해하여 많은 사람들에게 제대로 읽히지 않을 것이라 하면서, 후인들이 그저 '간장 단지'를 덮는 데에 쓰지 않을까 걱정이란 말을 할 정도로 『태현경』은 난삽하고 이해하기 힘든 책이다. 사마광도 이 『태현경』을 제대로 이해하는데 30여년이란 오랜 시간이 걸렸음을 말한다. 천학비재인 내가 이렇게 난해한 『태현경』을 제대로 번역했다고 하는 것은 어불성설이다. 『태현경』 본문은 직역했을 경우 가독성이 문제가 되는 경우 주로 의역을 하였고, 사마광 『태현집주』의 내용은 직역을 원칙으로 하였다. 많은 시간을 들여 번역했지만 『태현경』에 대한 이해는 문 입구에도 못 들어간 상태다.

원고를 깔끔하게 정리하고 예쁜 옷을 입혀준 학고방 출판사 관계자와 난삽한 번역본을 꼼꼼히 읽고 윤문해준 전현미, 임옥균 동학에게 감사를 드린다.

雅眞齋에서 조민환 謹識

번역연구 수행내용(번역연구 진행방식)

1) 번역에 사용된 텍스트

본 번역은 양웅(揚雄: BC 53~AD 18)이 지은 『태현경』에 집주(集註)를 한 사마광(司馬光)의 『태현집주(太玄集注)』를 번역한 것이다. 『태현경』은 『양자태현경(揚子太玄經)』이라고도 불리우며, 간략하게 『태현』, 『현경(玄經)』이라고 한다. 『사고전서(四庫全書)』에서는 강희(康熙) 황제인 현엽(玄燁)의 이름인 '현'자를 피하기 위해 명칭을 『태원경(太元經)』으로 바꿨다. 본 번역본에서는 전반적으로 '태현경'이라 하고 문맥에 따라 특별한 경우에는 '태현'이라고 한다.

『태현경』 본문에는 간체자, 속체자(俗體字), 피휘자(避諱字) 등이 많고 아울러 문장이 워낙 난삽하고 판본마다 오탈자의 출입이 심한 관계로 역대 많은 주석과 교감본이 있었지만 여전히 난해하다. 번역에 사용한 책자는 중국 북경의 중화서국에서 출판한 사마광이 집주하고 류사오쥔(劉韶軍)이 점교(點校)한 『태현집주』(1998도 판본)이다.

2) 일러두기: 번역 및 주석의 기본원칙

1. 본 번역은 사마광의 주석을 기본으로 하고 경문을 해석할 때는 『태현경』 관련 주석서 및 연구서를 참조하여 타당하다고 생각되는 것을 취

해 번역하였다. 주로 참조한 것은 鈴木由次郎 저, 『太玄易の硏究』(明德出版社, 昭和 39년)와 정완경(鄭萬耕)이 교석(校釋)한, 『태현교석(太玄校釋)』(北京師範大學出版社, 1989)이다.

2. 번역은 직역을 원칙으로 하되, 『태현경』 본문은 축자(逐字)하여 직역했을 때 뜻이 잘 이해가 안되고 가독성에 문제가 있을 경우에는 본의를 벗어나지 않는 범위 내에서 가능하면 대부분 의역을 하여 가독성을 높였다.

3. 『태현경』은 본문이 매우 난삽하여 전후 문맥을 이해하는데 많은 주석과 보완 설명이 필요하다. 이 경우 본문에서는 괄호 안에 그 내용을 담는 형식을 취하였다. 아울러 기존 번역자들이나 연구자들의 연구와 주석을 통해 『태현경』 이해를 돕고자 하였다.

4. 류사오쥔(劉韶軍)이 『태현경』 원문에 방점을 찍어 교정(點校)한 『太玄集注』에도 몇 군데 오자로 보이는 것이 있다. 사마광이 주석한 본문 혹은 기타 텍스트 상에도 오탈자로 보이는 것이 종종 있다. 이 경우 번역자가 타당하다고 여긴 것을 취하여 번역하고, 왜 그렇게 했는지를 밝혔다.

5. 주석 부분에서는 번역자 주석(= 역주:)과 류사오쥔(劉韶軍) 이 점교(點校)한 것을 구별하였다.

6. 각 문장마다 원문은 굵은 글씨로 먼저 기재하고 그 아래에 번역문을 수록하였고, 본문 내용에 관해 번역자의 교감이나 주해가 필요한 부분은 [역주]라는 형식을 취해 독자들의 이해를 돕고자 하였다. 아울러 본문에서 인용된 책자 혹은 고사에 관한 것은 관련된 내용을 최대한 찾아서 그것에 합당한 주석을 하여 본문에 대한 이해를 돕고자 하였다.

목록目錄❶

『태현집주』 권 제2 (『太玄集注』卷 第二)

『태현집주』 권 제3 (『太玄集注』卷 第三)

『태현집주』권 제4 (『太玄集注』卷 第四)

앞의 글 前言

- 역대 『태현경』 주석과 사마광 『태현집주』의 의의(意義)[1]

1. 중국사상사에서의 『태현경』 위상

양웅(揚雄, 기원전 53년~기원후 18년)의 자는 자운(子雲)이고, 양한(兩漢)시대의 사상가이며 문장가다. 귀족 혈통이 있는 소지주 가정에서 출생하였다. 어려서부터 배우기를 좋아하여 여러 책을 두루 보았으며, 더욱 성현과 철인의 책을 좋아하였다. 사람됨이 이것저것 법도를 따지지 않고 대강하면서 행동을 제 멋대로 하였고, 개성은 내향적이여 침착하며 조용했으며, 깊고 담담한 생각을 좋아하였다. 마음에는 큰 뜻을 두고 명리(名利)에 담박하였다.[2]

---

1 이 글은 양웅 『태현경』을 점교한 류사오쥔(劉韶軍)이 쓴 글인데, 역자가 편의상 "역대 『태현경』 주석과 사마광 『태현집주』의 의의"라는 부제를 붙이고, 내용에 따라 적당한 곳에서 단락을 나누어 양웅의 생애, 『태현경』의 역대 주석서 성격과 사마광의 『태현집주』의 성격 및 그 특징을 드러내고자 한 것이다. 이하 주석은 역자가 행한 주석이다.

2 역주 : 이 내용은 『漢書』 권87, 「揚雄傳上」, "雄少而好學, 不爲章句, 訓詁通而已, 博覽無所不見. 爲人簡易佚蕩, 口吃不能劇談, 默而好深湛之思, 淸靜亡爲, 少耆欲,

젊은 나이에는 일찍이 저명한 학자 엄준(嚴遵)을[3] 좇아 유학한 적이 있었는데, 노자와 장자의 학을 배워 "군자가 자신의 뜻을 펼칠 수 있는 때를 만나면 크게 행하고 때를 얻지 못하면 용과 뱀처럼 은닉해 산다"[4] (『太玄集注』「自叙」) 라는 사상 기초를 세웠다. 중년에는 서울에 이르러 한나라 성제(成帝)를[5] 나아가 알현하고 자주 사부(辭賦)를 올렸는데, '지극히 성대하면 패하고, 지위가 다하면 끝내 위태로우니, 묵묵한 자는 자신의 몸을 보존하고, 스스로 지키는 자는 온전하다'는 도리를 빗대어 말하고, 인군은 마땅히 "(淸靜無爲의) 현묵(玄黙)으로 신(神)을 삼고, 담박(澹泊)한 것으로 덕을 삼음"으로써[6] "자자손손 오래도록 끝이 없는"[7] 만세천하를 도모해야 한다는 것을 고계(告誡)했지만 신용을 얻지는 못하였다. 만년에 국가가 도가 없고, 정치가 부패하고, 간사한 무리가 정권을 잡고, 현철(賢哲)이 훼손되고 버려지자 양웅은 마침내 은퇴하여 『태현경』을 초록하고, 자기가 일생 동안 배우고 생각한 것 및 친히 몸으로 체험한 것을 총결하여 『태현경』을 저술하였다.

양웅은 "참으로 위대한 맛은 반드시 담담하고, 참으로 위대한 음악은

不汲汲於富貴, 不戚戚於貧賤, 不修廉隅以徼名當世. 家産不過十金, 乏無儋石之儲, 晏如也. 自有大度, 非聖哲之書不好也. 非其意, 雖富貴不事也."의 내용을 요약한 것에 해당한다.

3 역주:嚴遵, 자는 君平, 서한 蜀郡人. 엄준은 노장사상을 좋아하여 은거하고 벼슬하지 않았다. 成都에서 卜筮로 생활하였다. 『老子指歸』를 지었다. 양웅이 어렸을 때 엄준을 스승으로 삼은 적이 있다. 양웅은 『法言』「問明」에서 "蜀莊沈冥, 蜀莊之才之珍也, 不作苟見, 不治苟得, 久幽而不改其操, 雖隋, 和何以加諸. 擧茲以旃, 不亦珍乎. 吾珍莊也, 難為也."라고 말하고 있다.

4 역주:『한서』「양웅전상」, "以爲君子得時則大行, 不得時則龍蛇." 이 말은 원래 『주역』「繫辭傳下」의 "龍蛇之蟄, 以存身也."이란 말에 근본한 것이다.

5 역주:한 成帝 劉鷔(기원전51年~기원전7年). 서한 제12대 황제.

6 역주:양웅,「長楊賦」(『文選』), "且人君以玄黙爲神, 澹泊爲德." 李周翰의 注, "玄黙, 無事也." 참조.

7 역주:전후 문맥은 다음과 같다. 揚雄,「甘泉賦」, "煇光眩燿, 隆厥福兮. 子子孫孫, 長亡極兮."

2 태현집주

반드시 그 소리가 드물다"[8] 라는 것과 "고원한 말과 넓고 큰 논의, 그윽하고 은미한 길은 함께 보기가 어렵다는 것"을[9] 깊이 알았다. 그러므로 당시 사람들이 비웃는 것에 뜻을 두지 않고 오직 자신을 아는 자가 뒤에 있을 것을 기다렸다.[10] 『태현경』이란 책은 실제로 양웅이 일생동안 배우기를 좋아하고 깊이 생각한 것의 결정(結晶)으로, 양웅의 사상을 반영한 주요 저작임을 알 수 있다.

사람들은 통상 『태현경』의 표면적 형식에 사로잡혀 『태현경』은 다만 『주역』을 모방한 복서(卜筮)의 책으로 여기고, 심오하여 어렵지만 문장이 평이한 것으로 어떤 깊은 도리가 없다고 여기는데, 이런 의견은 거의 정론을 이루고 있다. 사실은 그렇지 않다. 진지하게 책을 궁구해서 읽으면 곧 『태현경』의 주지는 곧 모든 세계(=天地人)의 '근본이 되는 규율(=玄)' 및 개인이 이 규율을 순응함으로써 입신하고 처세하여 화(禍)를 피하고 복(福)을 쫓는 문제를 연구한 것에 있음을 알 수 있다. 『태현경』 및 양웅 사상의 특색은 세계관과 인생철학을 융합하여 하나로 하는 것인데, 이것 또한 중국전통 철학 특색 중 하나다.

표면상으로 보면, 『태현경』에서 도를 논하고 현을 논한 것은 인간사와 거리가 매우 멀다. 하지만 그것이 뜻하는 것은 살아 생생한 개인 본위(本位)의 인생문제 위에서 구체화되지 않은 것이 없다. 형식적으로는 『태현경』은 확실히 『주역』을 모방하였다. 그러나 모방한 것에 그친 것만은 아니다. 천문역법(天文曆法) 등 자연과학 지식을 섭취하고 이용하여 하나의 독특하고 완전한 것을 구성해낸 것이며, 아울러 활용성의 구성 체계를 가지고 있다. 이 구성 체계는 모든 중국 전통사상문화가 "징

---

8 역주 : 이 말은 양웅이 지은 「解難」에 나오는 말이다.
9 역주 : 양웅이 지은 「해난」에 나오는 말이다.
10 역주 : 양웅이 지은 「해난」에 나오는 말이다.

험할 수 없는 직관을 특색으로 삼거나", "뜻이 모호하고 다방면인 언어를 운반체로 삼는" 방대한 배경 속에서 이루어진 것으로, 처음부터 독창적인 가치를 갖추고 있다.

사상 내용상에서 『태현경』은 각종 유파의 학술 사상 요소를 두루 취하였다. 유가, 도가, 『주역』을 주된 것으로 삼아 한데 모아 합치고 융통하여 일종의 새로운 사상학설로 만들었다. 이 회통 정신은 당시 가법(家法)이 삼엄하고 문호가 대립하는 분위기 속에서 대단한 일에 속한다. 사상 발전의 논리 단서에서부터 보면, 『태현경』은 앞을 계승할 뿐만 아니라 뒤를 열어주었다. 환담(桓譚), 왕충(王充), 장형(張衡) 및 갈홍(葛洪), 한유(韓愈), 진단(陳搏), 소옹(邵雍), 사마광(司馬光) 등과 같은 사상가와 위진(魏晉) 현학(玄學)은 정도가 같지 않지만 모두 『태현경』의 영향을 받았다. 종합적으로 말하면, 『태현경』을 통해 우리들은 양웅이란 사람이 배우기를 좋아하고 깊이 생각하고, 두루 보아 종합적으로 모으고, 섞여있지만 어지럽지 않아 탁월하게 창립한 학술과 인격이 있음을 볼 수 있다. 『태현경』은 절대로 가치가 전혀 없는 책이 아니고 동시에 『태현경』은 중국사상사에서 명확하게 합당한 지위가 있는 것을 알 수 있다.

말할 필요도 없이 『태현경』의 형식은 특이하고 말투는 어렵고, 내용은 방대하고 복잡하며, 사상은 명확하게 드러나지 않는다. 바로 이와 같은 이유 때문에 『태현경』은 중국역사상 심오하여 이해하기 어렵고, 뜻도 알기 어려운 것이라고 알려져 있다. 또 비방과 칭찬이 아주 두드러지게 다른 저작의 가운데 하나다. 앞선 사람들은 서로 다른 사상의 입장에 서서 『태현경』에 대해 여러 가지 비방과 칭찬을 했는데, 오늘날 그 속에서 분쟁한 것을 다 제거할 수는 없다. 그러나 여전히 『태현경』을 연구할 필요가 있다면 이 책이 심오하여 이해하기 어렵고 뜻도 잘 알 수 없다고 하여 내버려두고 방치할 수는 없다. 이 때문에 앞 사람의 옛날 주석은 곧 우리들에게 중요한 참고 가치가 있다. 현존하는 기록에 의하면, 일찍이 양웅이 제자인 후파(侯芭)에게 친히 전했을 때 이미 『태현경』을 위하여 주석을 하였다고 한다. 이 이후로 곧 바로 만청(晚淸) 시대에 이르기까지 주석가는 대략 70~80여 명이 있었다. 그러나 오늘날까지 남아 있는 주석가는 다만 십여 가(家)에 지나지 않고, 그 나머지는 이미 망실되었다.

현존하는 주석 중에서 송대 사마광의 『태현집주』는 평소 사람들이 높이고 중히 여겼다. 기타 주석과 비교를 해보면 우리들은 사마광의 『태현집주』가 확실히 세상 사람들의 두터운 신망을 받고 있음을 깨닫게 된다.

2. 사마광과 『태현집주』 해설

1) 사마광의 인간됨됨이와 『태현경』 인식 변화

사마광(1019~1086)은 자는 군실(君實)이고 북송시대 저명한 사학자이면서 정치가다. 어려서부터 총명하고 배우기를 좋아하여 손에서 책을 놓은 적이 없고, 나이 20에 진사(進士)에 올랐다. 그는 정치적 입장에서는 온건 보수파였고, 왕안석(王安石)의 변법(變法)을 극력 반대하였다. 사상적 입장에서는 처음부터 끝까지 유가 정통을 각별히 정성스럽게 지켰다. 학술상에서는 엄격하면서 세밀하고 신중하였고 부지런함과 힘씀이 다른 사람을 넘어섰다.

사마광은 왕안석의 변법이 시행될 때 자신의 주장이 받아들이지 않자, 그는 낙양(洛陽)에 물러나 살면서 동지를 이끌고 19년의 세월을 보내면서 역사의 거대한 저작인 『자치통감(資治通鑑)』을 편성하였다. 이 밖에 그는 음운(音韻), 문자학 방면에 매우 깊은 조예가 있었다. 『집운(集韻)』

과 『유편(類篇)』두 책은 모두 사마광의 주재 하에서 편성된 것이다. 사마광은 양웅과 그 저작에 대하여 대단히 높이 평가하고, 앞뒤에 많은 시간을 소비하여 따로따로 『태현경』과 『법언(法言)』을 위하여 『집주』를 작성하였는데, 그것은 지금까지 전해 내려와 사람들로 하여금 두 책을 보는데 빼 놓을 수 없는 참고차료가 되었다.

사마광의 「독현(讀玄)」에서 일컬은 것에 의하면, 사마광은 원래 양웅이 『주역』을 모방하여 『태현경』을 지었다고 여겼고, 그림을 그리는데 사족을 그린 것 같다는 혐의가 있었다. 하지만, 후에 마음을 정일하게 한 뒤에 천착하여 읽어보고 비로소 『태현경』의 가치를 이해하게 되었다. 이에 양웅을 공자 이후의 제 1인으로 추숭하고, "맹자와 순자도 거의 비길 수 없는데 하물며 나머지에 있어서랴"[11]라고 하였다. 이것은 한유가 이른바 "맹자는 순수한 것 가운데 순수한 것이다. 순자와 양웅은 크게 순일하지만 조금 흠이 있다"[12] 라고 말한 설법에 비하여 한걸음 더 나아간 것으로, 양웅을 극도로 높은 위치에 추켜올린 것이다. 사마광은 『태현경』의 가치는 만약 『주역』으로 천(天)을 삼는다면 『태현경』은 천을 올라가는 계단이고, 만약 승천하여 도를 얻는다면 『태현경』이란 계단을 폐기할 수 없는 것에 있다고 여겼다.[13]

사마광은 또 "큰 집이 장차 기울어질 때 한 나무기둥으로 부축하는 것은 여러 나무 기둥으로 부축하여 단단한 상태가 되게 하는 것만 못하다. 큰 도가 장차 어두워질 때 하나의 책으로 분변하는 것은 여러 가지 책으로 분변하여 밝게 하는 것만 못하다"[14] 라고 말하였다. 사마광이 볼

....

11 역주 : 司馬光, 「讀玄」, "孔子旣沒, 知聖人之道者, 非子雲而誰. 孟與荀殆不足擬, 況其餘乎."
12 역주 : 韓愈, 「讀荀」, "孟氏醇乎醇者也, 荀與揚大醇而小疵."
13 역주 : 사마광, 「독현」, "易, 天也, 玄者, 所以爲之階也. 子將昇天而廢其階乎."
14 역주 : 사마광, 「독현」, "大廈將傾, 一木扶之, 不若衆木扶之之爲固也. 大道將晦, 一

때 『태현경』과 『주역』은 똑같이 모두 성인의 대도를 유지하고 보호하는 공구로, 어찌 제멋대로 폄척(貶斥)을 가하여 청홍과 흑백을 따지지 않을 수 있는가? 하는 입장이었다. 유흠(劉歆), 반고(班固) 및 당시 여러 유학자들이 양웅의 『태현경』에 대해 완곡하게 비평하고 공격을 가했지만 사마광의 입장에서 볼 때는 모두 받아들일 수 없는 것이었다.

2) 사마광의 학문태도와 『태현집주』 성격

사마광은 『태현경』을 연구하기 위하여 확실히 매우 많은 공부를 하였다. 그가 「독현」과 『태현집주』 중에서 말한 것에 의거하면, 경력(慶曆)[15] 중에 처음 『태현경』을 얻어 읽고 "처음에는 『태현경』의 드넓은 뜻이 질펀하고 분별이 되지 않아 대략적인 것도 이해할 수 없었다. 이에 정신을 연마하고 생각을 고쳐먹고 인간사를 막고(=관계를 끊으면서) 수십 번을 읽으면서 머리와 꼬리를 참조하여 전후 맥락을 살펴보니 점점 그 대강을 엿볼 수 있었다"[16]라고 하였다. 비록 이와 같았지만 여전히 이미 양웅의 뜻에 다 합하였다고 감히 자신하지 않고 스스로 경계하면서 반드시 "늙을 죽을 때까지 또한 배운다"[17]라고 하였다. 이 후 곧바로 원풍(元豊)[18] 5년에 이르자 처음으로 『태현집주』가 비로소 완성되었다.

사마광은 30여 년 동안 정기를 피로하게 하고 정신을 수고롭게 한 뒤에도 조심하고 삼가면서 『태현경』의 울타리에도 나아갈 수 없었다고

<hr>

書辨之, 不若衆書辨之之爲明也. 學者能專精於易誠足矣, 然易, 天也, 玄者, 所以爲之階也. 子將昇天而廢其階乎."
15 역주 : 慶曆은 송 仁宗 趙禎의 년호.
16 역주 : 사마광, 「독현」, "始得觀之, 初則溟滓漫滬, 略不可入, 迺硏精易慮, 屛人事而讀之數十過, 參以首尾, 稍得闚其梗槩."
17 역주 : 사마광, 「독현」, "故余疑先儒之解, 未能盡契子雲之志, 世必有能通之者, 比老終且學焉."
18 역주 : 북송 신종 5년 1082년이다.

여겼다.[19] 사마광의 학문하는 태도는 일관되게 진중하고, 근엄하면서 조심하고 삼가니,『태현집주』도 충분하게 이런 학풍을 체현하고 있다. 이에 사마광의『태현20집주』는 곧 매우 높은 수준과 두드러지게 뛰어난 점을 갖추고 있다. 이런 점을 대체적으로 말하면 대략 아래와 같은 몇 가지 단서를 지닌다.

　일반인이 '집주'를 지을 때는 스스로가 깊이 이해하지 못하고 명확한 자기주장이 결핍되기에 각 주석가의 주설(注說)에 대해 취사선택할 수 없었다. 결과적으로 보면 경중을 나누지 않은 채 여러 학설을 나열하는 식이었기에 번쇄하고 뒤섞여 어수선하고 조리가 없곤 한다. 이런 점은 독자로 하여금 여러 학설의 어수선한 안개 속에 깊이 빠지게 하고, 자신도 어찌할 수 없어서 더욱 모호함을 더하곤 한다. 사마광의『태현집주』는 그렇지 않다. 사마광은 심층적인 연구의 기초위에서 자기의 독특한 견해를 형성할 수 있었다. 그런 연후에 앞선 사람의 옛 주석을 광범위하게 수집하여 각 주석가의 우열과 장단을 진지하게 분석하고 비교하였다.

　이에 황당하여 도리에 맞지 않는 것을 제거하고, 그 이치가 있고 근거가 있는 요소는 취하고, 융회하고 관통하여 좋은 것이면 택하여 따라 새로 조합하니, 확실하게 환골탈태한 것과 '점석성금(點石成金)'의[20] 묘가 있다. 옛 주석과 비교할 때 사마광의『태현집주』는 확실히 의심나는 것은 풀이하고 막힌 것은 제거하여, 간명하면서도 핵심을 잡아 현리가 밝게 드러나니 타당하여 믿을 수가 있다. 설령 후래 각 주석가가 주석한다 해도 또한 사마광의 수준을 넘을 수 없다.

. . . .
19　역주 : 사마광,『太玄集注序』, "疲精勞神三十餘年, 訖不能造其藩籬."
20　역주 : '點石成金'은 돌을 다듬어 금을 만든다는 뜻으로, 도가의 연단술. 대단찮은 글이 남의 손을 거쳐 훌륭하게 다듬어졌을 때를 비유함. 또는 평범한 문장이 뛰어난 문장으로 다듬어진 경우를 비유하는 고사성어이다.『列仙傳』등에서 유래되었다. '點鐵成金'으로도 쓰인다.

나는『태현경』을 교감하고 주석을 다는 과정 중에서 현존하는 각각의 주석본을 참고하였는데, 사마광의『태현집주』에 대해 위에서 말한 특징에 대해 깊이 체득하고 터득한 것이 있었다. 사마광은『자치통감』을 편찬할 때도 형형색색 뒤섞여 어수선한 사료에 직면했지만 광범위하게 정화(精華)를 취하였다. 그러므로 불후의 대작을 빚어낼 수 있었다. 그의『태현집주』는 규모 상에서도 당연히『자치통감』과 서로 비교할 수 없지만 앞선 사람의 성과를 계승하는 방면에서는 확실히 '이곡동공(異曲同工)'의[21] 묘가 있다.

사마광의『태현집주』는『태현경』의 문의를 해석하는데 주의했을 뿐만 아니라 문자 교감 방면에서부터『태현경』을 정리하는데도 주의하였다. 한대에서 송대에 이르기까지 천 여년 간『태현경』은 각종 판본을 낳았다. 이 몇가지 판본 사이에는 유전(流傳)의 원류가 달랐기 때문에 허다한 이문(異文), 이음(異音), 이의(異義)가 생겨났다. 사마광 이전에 이 방면에 주의하여 정리하고 연구한 것은 없었다. 사마광의 근엄하고 착실한 학풍은 이런 문제의 중요성을 인식하게 하였다. 만일 이들 판본 중의 문자 이동(異同)을 분명하게 하지 않았다면 문의의 해석 상 더욱 많은 갈래를 파생시킬 수 있었을 것이다.

이 때문에 사마광은 한(漢)의 송충(宋衷),[22] 오(吳)의 육적(陸績),[23] 진(晉)의 범망(范望), 당(唐)의 왕애(王涯),[24] 송(宋)의 진점(陳漸), 오비(吳秘),[25] 송유간(宋惟幹)[26] 7가의 주석본에 근거하여 그 가운데의 문자 이

· · · · · · · · · · · · · · · · · · ·

21 역주 : '異曲同工'은 연주하는 곡은 다르지만 그 절묘함은 거의 같다는 뜻으로, 방법은 다르나 결과가 같음을 이르는 말
22 역주 : 宋衷(?~?), 자는 仲子, 혹 宋忠, 宋仲子라고 일컫는다. 삼국시기 南陽 章陵人.
23 역주 : 陸績(188~219. 후한말기의 정치가·학자·무장. 자는 公紀. 吳郡 吳縣人.
24 역주 : 王涯(764~835) 자는 廣津, 山西 太原人. 당대 대신, 시인.
25 역주 : 吳秘(?~?). 字는 君謨, 북송 福建 建安人.

동(異同)과 이음(異音), 이의(異義)에 대하여 상세한 교감과 기록을 하였다. 이 자료는 후인이 정리 작업을 하는데 매우 귀중한 가치를 가지고 있다. 이것도『태현집주』가 가진 가장 특색 있는 장점 중의 하나다. 앞에서 서술한 7가의 옛 주석은 오늘날 진(晉) 범망의「해찬(解贊)」을 제외하면 모두 이미 흩어져 없어졌다. 바로 사마광의『태현집주』에 의거해 송충, 육적 등 6가의 옛 주석의 일부분 혹은 단편이 겨우 지금까지 보존될 수 있었다. 이것은 후인이 한(漢)과 위(魏) 사이의 사상과 학술을 연구하는데 대한 확실히 중요한 자료가 된다.

　다른 각도에서 본다면,『태현집주』는『태현경』을 연구하는데 더 없이 좋은 자료일 뿐만 아니라 동시에 우리가 사마광의 사상을 연구하고 이해하는데 중요한 자료가 된다. 양웅의『태현경』은 봉건사회 중 하층지식분자가 정치가 변화막측하여 예측할 수 없고, 개인의 운명이 뜻을 이루지 못하게 하는 어려움이 많은 데에서 그들의 사상, 이론과 주장이 상층 통치자의 이해와 중시를 얻지 못한 정황 하에서 생겨난 고민과 낙담 내지 어찌할 수 없는 정서와 그들이 비록 명철보신(明哲保身)과 때에 순응하며 운명을 기다리는 처세철학을 신봉하고 있다. 또 남의 밑에 있는 것을 원치 않으면서 한번 떨쳐 일어나 남보다 두각을 나타내는 것을 간절히 바라는 사상모순을 곡절하게 반영하고 있다.

　사마광은 왕안석(王安石)의 변법(變法)을 반대한 것 때문에 배척과 공격을 받자 부득이하게 낙양(洛陽)에 물러나 살면서『자치통감』을 편수(編修)하는 것으로써 일을 삼았다. 그러나 그는 마음으로는 달갑게 여기지 않고 여전히 적극적으로 나아갈 것을 고려하면서 자기의 주장에 따라 정무를 바로잡고 국가를 구할 것을 희망하였다. 이 때 그의 심정은 바로

26　역주 : 宋惟幹(?~?). 鄆州 須城, 雍熙 시대 인물.

『태현경』속의 정서와 암암리에 합하였기에『태현경』에 대해 더욱 친밀함을 느끼지 않을 수 없었다. 그러므로 그는『태현집주』속에서 항상 정서적으로는 "주석을 빌려 때를 나무란 것(借注譏時)"이란 것을 금하지 않고 암암리에 자기의 불만과 의견을 발설하였다. 이같이『태현집주』는 곧 일정 정도는 사마광의 각종 사상관점을 표현하고 있다. 청대학자 진본례(陳本禮)는[27]『태현천비(太玄闡秘)』를 짓는데, 양웅이『태현경』을 초고할 때 그 비의(秘意)는 모두 왕망(王莽)을 꾸짖는데 있다고 말하였다. 이런 의견은 큰 테두리에서 본다면 사마광이 말한 "주석을 빌려 때를 나무란 것"이란 말에서 힌트를 얻은 것이라 할 수 있다.

이상『태현집주』의 각종 특징을 서술하였다. 그러나 이것은『태현집주』가 매우 완전하고 전혀 흠잡을 것이 없다는 것을 말한 것은 결코 아니다. 사마광『태현집주』의 최대로 유감스러운 것은, 그것이『태현경』의 완전한 주석본이 아니라는 것에 있다. 어떤 연고인지는 모르겠지만 사마광은 다만『태현경』의 앞의 6권 즉 '81 수(首) 729찬측(贊測)'과 「현수서(玄首序)」, 「현측서(玄測序)」를 위해서는 주석하고, 남은 4권 즉 「충(衝)」, 「착(錯)」, 「리(攡)」, 「영(瑩)」, 「예(掜)」, 「도(圖)」, 「수(數)」, 「문(文)」, 「고(告)」 9편의 문자에는 주석을 하지 않았다. 오늘날 사람들의 입장에서 보면 이 뒤의 4권 9편의 문자는 더욱 중요하다고 여긴다. 그러므로 이것은 더없이 큰 유감이라고 말하지 않을 수 없다.

사마광에 비해 조금 뒤에 허한(許翰. 자는 崧老, ?~1133)은 한강백(韓康伯)이[28]『주역』「계사전」을 주석하고 왕필(王弼)이[29] 주석한『주역』64

----

27 역주 : 陳本禮(?~?), 청대 장서가, 문장가. 자는 嘉惠, 호는 素村. 江蘇 揚州人.
28 역주 : 韓康伯. 이름은 伯. 자는 康伯이다. 東晉 시대 현학 사상가다.
29 역주 : 王弼(226~249). 자는 輔嗣, 삼국 曹魏 山陽郡人, 경학자, 철학자, 위진 현학의 주요 대표 인물의 하나.

괘를 합하여『주역』모든 부분의 주석을 만든 예를 모방하여, 사마광이 주석을 다하지 않은 뒤 4권에 주석을 행하고「현해(玄解)」라고 제목을 붙이고 사마광『태현집주』6권에 합하였다. 이에 비로소『태현경』10권 전체 주석본이 완성되었다. 그러나 허한의「현해」는 사마광의『태현집주』에 비해 지나치게 간략하고 또 쉽게 이해되지 않아 구미속초(狗尾續貂)의[30] 감이 있다. 사마광이 만약 지하에서 안다면 반드시 그것이 부기(附驥)하여[31] 천년을 가는 것을 허락하지 않을 것이다. 비록 이와 같지만 그 계속해서 사용한 것이 이미 오래되었기 때문에 갑자기 삭제하는 것은 불편하므로, 이번 점교본에서는 잠시 그 옛것을 놔둔다.

3)『태현집주』의 한계점

이밖에『태현집주』중에는 또 몇 가지 '궐의(闕疑)'와 합당하지 않은 곳이 있다. 이른바 '궐의'는 주석이 없거나 혹은 주석이 결여된 것을 '궐(闕)'자를 써 분명히 한 것을 가리킨다. 이 "궐"자는 오직 명나라 초본(抄本)에만 있고,『도장본(道藏本)』,『대전본(大典本)』,『장사호본(張士鎬本)』에는 모두 없다. 다만 모든『태현집주』의 정황에 의거하여 보면, 이 '궐'자는 사마광이 스스로 쓴 것에 해당하는 것으로, '궐의(闕疑)하여 상고함을 기다린다'는 것을 보인 것이다. 이것은 바로 사마광은 근엄하고 실질적인 것에 근거한 학풍 하나를 반영하는 것으로,『도장본』등 여러 판본에서 삭제한 것은 무리다. 공자가 "아는 것을 안다고 하고 모르는 것을

....

30 역주 : '狗尾續貂'는 담비 꼬리가 모자라 개 꼬리로 잇는다는 뜻으로, ① 좋은 것 다음에 나쁜 것을 잇는 것 ② 쓸 만한 인격자가 없어 자질이 부족한 사람을 고관에 등용함을 이름. 여기서는 첫 번째 의미로 쓰인 것이다.『晉書』「趙王倫傳」에 나온다.
31 역주 : '附驥千載'는 모기나 파리 따위가 천리마의 꼬리에 달라붙어 먼 길을 간다는 뜻으로, 후배가 선배에게 의지하여 명성을 얻음을 비유적으로 이르는 말. 흔히 자신의 겸칭으로 쓰이기도 한다.『史記』「伯夷傳」에서 유래한다.

모른다"[32] 라고 한 것처럼, 사마광도 의심나는 것이면 그것을 '궐'하였다. 이것이 사마광 판본의 우수한 점이다. 그러나 후인의 입장에서 말하면, 이렇게 '궐(闕)'이라 하여 주석(闕注)한 곳은 왕왕 이해하기 쉽지 않은 난점이 된다. 그러므로 객관적이며 효율적인 입장에서 말하면 이런 '궐주(闕注)' 또 하나의 유감이 아닐 수 없다.

　주석 가운데의 부당한 곳이나 혹은 타당성이 결여된 곳에 이르면 어떤 주석가와 학자라도 모두 피하고 면할 수 없는 일인데, 우리들이 어떻게 비난을 퍼부을 수 있겠는가? 바로 이런 이유 때문에 앞선 사람들의 '궐의'와 타당성이 결여된 곳에서는 후인의 계속되는 노력을 기다릴 수밖에 없다. 게다가 이른바 해석학(解釋學)의 관점에서 보면, 주석하여 표현해낸 의미는 작자가 정문(正文)에서 온축한 의미와 거리가 없을 수 없다. 어떤 상황에서도 옛 주석의 문을 모아 취하여 자신의 의견으로 삼고 이루어낸 집주 그 가운데에 몇 가지 중복되고 서로 맞지 않아 들쑥날쑥한 정황이 출현하는 것은 이치상 더욱 당연한 것에 속한다. 이런 종류의 문제는 독자가 인식하고 연구하면서 읽는 가운데 드러내고 바로잡을 수밖에 없다.

3.『태현경』주석에 관한 다양한 판본

　현존하는『태현경』주석에 관한 판본은 아래와 같은 몇가지가 있다.

32　역주 :『논어』「爲政」, "知之爲知之, 不知爲不知是知也."

(1) 『도장본(道藏本)』

태청(太淸)의 부내(部內)에 있는 것으로, 다만 사마광의 『태현집주』 6권만이 있고, 허한(許翰)의 『현해(玄解)』 4권은 없다. 『도장본』은 명 정통(正統) 년간(1436~1449)에 간행된 것으로, 구두점을 찍고 교감[點校] 하는데 사용한 것은 중화민국 14년 상해 함분루(涵芬樓) 영인본이다.

(2) 『명초본(明抄本)』 10권

책 끝의 제발에 의하면, 이 판본이 베껴서 이루어진 것은 가장 늦어도 명 홍치(弘治) 8년(1495)년보다 늦은 것은 아니나, 어떤 판본을 의거하여 이루어진 것인지는 자세하지 않다. 앞선 사람들은 대부분 송나라 초본 (抄本)으로 여기는데, 명대 사람들은 '송충본'을 영인 초록한 것이라 추정한다. 해당본은 지금 북경도서관에 소장되어 있는 것을 『명초본』으로 정한 것이다. 청대에는 『태현집주』의 각종 판본이 있는데, 모두 이 판본에서부터 나온 것이다. 이 무리의 판본에는 『오류거본(五柳居本)』, 손주 (孫澍)의 『증보본(增補本)』, 『자서백가본(子書百家本)』, 오여륜(吳汝綸)의[33] 『점감본(點勘本)』, 『백자전서본(百子全書本)』, 원씨(袁氏) 정절당 (貞節堂) 『초본』, 장재동(臧在東) 『초본』 등이 있는데, 다만 그 이름만 거론하고 하나하나 소개하지는 않는다.

(3) 『장사호본(張士鎬本)』 6권

명 가정(嘉靖) 3년(1524)에 간행 된 것으로, 허한의 『현해』가 없다. 지금 북경도서관에만 소장되어 있고, 상해도서관에서는 잔본(殘本) 3권 만 있는 것을 수장하고 있다. 구두점을 찍고 교감하는데 사용한 것은

. . . .

33 역주 : 吳汝綸(1840~1903). 자는 摯甫, 다른 자는 摯父, 안휘성 桐城縣人, 만청 문장가, 교육자.

북경도서관에 소장된 것이다. 해당 판본은『도장본』에서 나온 것에 의
거한 것 같은데, 그 문장을 교열해보면『도장본』과 같은 것이 많고『명
초본』과는 다르다.

(4) 중화서국에서 1960년에 영인한 선장본(綫裝本)『영락대전(永樂大典)』
이 선장본『영락대전』에는『영락대전』권4,924에서 권4,934까지『태
현경』전문 및 송대의 진인자(陳仁子),[34] 호차화(胡次和), 임희일(林希
逸)[35] 3주석가의 주가 실려 있다. 그『태현경』정문(正文)에서는 진(晉)
대 범망(范望)의 주석본을 쓰고 있는데, 호차화의 주석본도 일종의『집
주』다. 그 중에는 사마광『태현집주』는 실려 있지만 허한의『현해』는
실려 있지 않다. 애석한 것은 이 일부분이 이미『영락대전』의 원선사본
(原繕寫本)이 아니고 후인의 전초본(傳抄本)이란 것이다. 그러므로 그
판본 가치는 이미 하락된 점이 있다. 그러나 일종의 진귀한 판본 자료가
아닌 것은 아니다.

호차화의『집주』원서(原書)에는 지금 송충본(宋本) 잔권(殘卷)[권6의
窮首에서 失首 次七까지]이 있는데, 북경도서관에 수장되어 있다. 비록
남은 것은 얼마 없지만,『영락대전』가운데 호차화 주석 및 다른 판본의
사마광『태현집주』에 대해 교감한 것은 중요한 참고 가치가 있다. 호차
화 주석이 완성된 것은 남송(南宋) 영종(寧宗) 경원(慶元) 원년(1195) 전
후로서, 사마광『태현집주』와 거리가 백 여년 정도 밖에 떨어져 있지
않다. 사마광『태현집주』에 관한 판본 자료로서는 현존 시점에서 볼 때
가장 일찍 이루어진 것이기 때문에 그 가치는 소홀히 할 수 없다.

....

34 역주 : 陳仁子은 대략 1279년 전후에 살았음. 자는 同儕(어떤 곳에서는 同甫라고도
   쓴다.) 호는 古遷.
35 역주 : 林希逸(1193~1271). 리학자, 자는 肅翁, 淵翁, 호는 竹溪, 鬳齋.

(5) 명 만력(萬曆) 26년(1598년) 『각본(刻本)』

이 판본은 『중국선본서총목(中國善本書叢目)』에 등재되어 있고 산동성(山東省) 도서관에 수장되어 있다. 나는 일찍이 이 도서관을 방문하였지만 아쉽게도 원본을 볼 수 없었다. 총목은 『태현경집주(太玄經集注)』6권으로 일컬어진다. 그러나 또 '범망의 주(范注)'라고 말해 스스로 서로 모순을 범하고 있다. 그 원서를 보지 못했기에 어떤 주석가 것인지는 결국 자세하지 않다. 책은 있지만 볼 수 없으니, 유감이 이보다 클 수 없다.

4. 『태현집주』에 대한 판본과 구두점을 찍고 교감하는 원칙

이번에 구두점을 찍고 교감하는 데에서 사용한 판본은 앞서 서술한 앞의 네 무리다. 각 판본에는 그릇되고 잘못된 것, 넘치거나 빠진 것, 상하가 전도되어 서로 어긋난 곳이 있는데, 서로 비교하면 『명초본(明抄本)』이 비교적 적고 또한 온전한 판본이다. 그러므로 『명초본』으로 저본을 삼고, 『도장본(道藏本)』, 『대전본(大典本)』, 『장사호본(張士鎬本)』 및 호차화 주석의 잔권(殘卷)을 사용하여 앞 6권과 비교해 교감하였다. 뒤에 있는 4권 허한의 『현해』는 다른 판본에서 교감할만한 것이 없고, 『오류거본』만이 쓰기에 편리하여 참고삼아 문장의 뜻을 짐작하고 교정하고 바꾸는 것을 진행하였다.

『오류거본』은 청 가경(嘉慶)[36] 3년 소주(蘇州) 서방(書坊)인 '오류거'에

....

36 역주 : 청 仁宗 때의 연호. 1796년부터 1820년까지 사용됨.

서『명초본』에 의거하여 번각(翻刻)한 책이다. 책 끝에 오류거 주인이 제발하면서 "원서를 다 비추어보아 서사 격식을 따지고, 고간빈(顧澗蘋)에게[37] 다시 의뢰해 거듭 교정을 거치게 하고, 의심되는 곳을 만나면 그대로 옛것을 보존하니 대개 신중하게 한 것이다.(行款悉照原書, 復凭顧君澗蘋重校一過, 遇有疑似之處, 仍存其舊, 蓋愼之也)"라 일컬은 것에 의거하면,『오류거본』은『명초본』에 대해 어떤 변경도 하지 않은 것이다.

그러나 오늘날 검토해보면 이문(異文)이 적지 않게 있고, 그 중 어떤 것은『명초본』의 분명한 오류에 속하는 것도 있다. 예를 들면 권7「현수도서(玄首都序)」 주에 "주즉양추오복이류승(晝則陽推五福以類升)"이라고 되어 있는데,『명초본』에는 승(升)이 외(外)로 되어 있고,『오류거본』에는 승(承)으로 되어 있다. 또 권7「현충(玄衝)」의 "의감(毅敢)" 한 단락의 주 가운데 "차주공지소이독견어묘면자야(此周公之所以獨見於眇綿者也)"라는 구절이『명초본』에는 "차(此)"가 "북(北)"으로 되어 있고,『오류거본』에는 "차(此)"로 되어 있다. 이런 부류도『오류거본』에 의해 교정해 고친다.

이 밖에 또 만옥당본(萬玉堂本), 범망(范望)의 주석본(명 嘉靖 6년에 간행됨),『제자포이총서본(諸子褒異叢書本)』(명 天啓,[38] 崇禎[39] 사이에 간행된 단 한권인『태현경』節錄이다.],『태현본지(太玄本旨)』(명 葉子奇[40] 지음. 명 正德[41] 9년 간행본]등을 이용하여 비교해 교정하고, 다시

---

37 역주 : 顧廣圻(1770~1839)을 말한다. 청대 저명한 교감학자, 장서가, 목록학자. 자는 千裏, 호는 澗蘋.
38 역주 : 명 熹宗 대의 년호로, 1621년~1627년까지 사용됨.
39 역주 : 명 마지막 황제 毅宗 때의 연호(1628~1644).
40 역주 : 葉子奇(1327~1390前後 在世). 원말명초 대학자이면서 의사. 자는 世傑, 호는 靜齋. 龍泉人(오늘날 절강성). 흔히 당시 浙東 四先生인 劉基, 宋濂, 章溢, 葉琛 등과 쌍벽을 이루었다.
41 역주 : 명 武宗의 연호(1506~1521).

관련이 있는 자료를 참고하였다. 예를 들면 허한이 교정한 다른 판본의 이문(異文), 오여윤이 구두점을 찍고 교감한 비평어, 기타 주석의 학설, 고증 및 상하 문의와 반절(反切) 등을 참조하여 이치적 입장에서 교정하고, 판본에서의 교감 방법을 운영하여 종합적으로 교감해 고찰하였는데, 이런 정황은 모두 교정한 말 속에 반영하고 하나하나 부연 서술은 하지 않았다. 저본의 뚜렷한 오류는 다른 자료로 대조해도 증명할 바가 없더라도 곧바로 바꾸었으니, 교정한 말을 보면 저절로 분명할 것이다.

구두점을 찍고 교감한 것 중의 몇 가지 구체적인 상황에 관한 설명은 다음과 같다.

당장 바꿀 수 있는 것에 속하는 것이 있다.

양웅(揚雄)의 성은 각각 판본에 따라 "양(揚)"과 "양(楊)"으로 되어 동일하지 않은데, 이것은 통일하여 "양(揚)"으로 한다. "기(己)"와 "이(已)", 그리고 "사(巳)"를 나누지 않은 것은 각각 문의에 따라 정한다. 81수(首)의 수수(首數) 및 그 획수(劃數)에 우연히 잘못된 것이 있는 것은 그 순서에 의거해 정한다. 개별 음절(音切)에서 절(切)이 반(反)으로 된 것, 손으로 쓴 간체자(簡體字), 속체자(俗體字), 피휘자(避諱字), 명백하게 손으로 잘못 쓴 것 등.

아래 서술한 정황에서는 교정을 낸다.

저본에는 잘못하여 빠지거나 넘쳐서 섞인 것이 다른 판본에는 그렇지 않은 것을 다른 판본에 의거해 고쳐 보충하고 삭제한 것, 저본이나 다른 판본의 이문(異文)이라도 모두 통할 수 있고, 또 다른 판본의 이문도 참고할 가치가 있기 때문에 저본을 고치지 않고 다른 판본의 이문을 드러낸 것, 저본에 의심이 있지만 판본에 근본 하여 결정할 것이 없는 것.

고치지 않고 또 교정을 내지 않은 것도 있다. 주 가운데 책을 인용하여 교정하되 원문이 비록 생략되어 있는 것으로써 했더라도 글 뜻에 방해가 되지 않는 것, 후세에는 통용되나 양웅이 일부러 분별(分別)한 글자, 각 판본 모든 책 정문(正文)과 주석한 문장에서 "어(於)"와 "우(于)"가 통일되지 않은 것으로, 노문초(盧文弨)가 "경문에서 마땅히 우(于)라고 쓰인 것과 통한다(經文通當作于)"고 여긴 것은 지금은 단정하기 어렵기 때문에 옛날 것을 그대로 따른 것. 이밖에 저본에서 잘못되지 않은 것인데 다른 판본에서 잘못된 것은 일률적으로 교정하지 않고 번잡한 것을 생략하였다.

본서 각 판본에는 혹은 『태현집주』(太玄集注)라 이름하고, 혹은 『집주태현』(集注太玄)이라 이름하고, 혹은 『집주태현경』(集注太玄經)이라 이름 하는데, 지금 명초본으로 표준을 삼아 『태현집주』(太玄集注)라 이름 한다. 각권의 제목은 각각 판본에 따라 통일되어 있지 않지만 지금 또한 한결같이 『명초본』에 의거하였다.

사마광은 일찍이 앞 뒤로 「독현(讀玄)」, 「설현(說玄)」, 『집주서(集注序)』 세가지 문장을 쓴 적이 있는데, 『명초본』에는 다만 「독현」 한편만을 수록하고 있다. 다른 판본과 비교하여 교정을 거치면 『온국문정사마공문집(溫國文正司馬公文集)』에 실려 있는 것이 잘못된 곳이 가장 적다는 것을 발견하였다. 그러므로 『사마공문집』에 중록(重錄)된 것에 의거하고 아울러 다른 판본으로써 교정하였다. 『사마공문집』에만 「설현」이라고 써져 있는데, 지금 다른 판본에 의거하여 고쳐 바르게 한다. 「설현」은 『영락대전본』에 의거하여 수록되어 있는데, 또한 다른 판본으로써 교정하였다. 『태현집주』「서」는 『도장본』에 의거하여 수록하고 아울러 다른 판본으로써 교정하였다. 이 3편은 쓴 시간의 순서에 의하여 전서(全書)의 앞에 놓았다.

『명초본』 책 뒤에는 형참(邢參),[42] 서정경(徐禎卿),[43] 전대흔(錢大昕),[44] 당중면(唐仲冕)[45] 등이 쓴 제발이 붙어 있다. 이것에서 『명초본』의 원류와 가치가 매우 중요하다는 것을 이해할 수 있기 때문에 보존하고 삭제하지 않는다. 허한의 『현해』 뒤의 「태현력(太玄曆)」은 들리는 말에 의하면 "사마온공이 『태현경』 뒤에 손으로 기록한 것이다(溫公手錄經後)"라 하고 또 사마온공의 『태현집주』도 한결같이 이 「태현력」에 의거하였기 때문에 보존한다.

이 밖에 사마광 『태현집주』 가운데 모아 취한 것에는 한(漢) 송충(宋衷), 오(吳) 육적(陸續), 진(晉) 범망(范望), 당(唐) 왕애(王涯)의 주가 있다. 그러므로 육적의 「술현(述玄)」, 범망의 「태현해찬서(太玄解贊序)」, 왕애의 「설현(說玄)」을 만옥당본(萬玉堂本)에서부터 복사해 책 뒤에 붙여 송충, 육적, 범망, 왕애를 이해하기 위한 자료로 삼고, 동시에 독자가 네 주석가의 주를 이해하는 데 도움을 주고자 하였다. 복사할 때에도 다른 판본에 의거하여 교정하였다.

류샤오쥔(劉韶軍) 1989년 6월 16일

---

42 역주 : 邢參(?~?), 명 弘治년간 학자. 자는 麗文. 吳人. 『處士集』이 있다. 狷者로서 평생 벼슬하지 않고 독서만 하였다.
43 역주 : 徐禎卿(1479~1511). 자는 昌穀. 昌國이라고도 쓴다. 吳縣(今江蘇蘇州)人. 명의 문장가로서, 사람들은 "吳中詩冠"으로 불렀다. 吳中 四才子 중의 하나다.
44 역주 : 錢大昕(1728~1804). 청대 사학가이면서 한학가임. 자는 曉徵 辛楣다. 호는 竹汀이다.
45 역주 : 唐仲冕(1753~1827). 청나라 湖南 善化 사람. 자는 六枳, 호는 陶山이다.

『태현경』을¹ 읽다 讀玄

사마광(司馬光)²

▎余少之時, 聞玄之名而不獲見. 獨觀雄之自序稱玄盛矣. 及班固爲
雄傳則曰, 劉歆嘗觀玄, 謂雄曰, 空自苦, 今學者有祿利, 然尚不能明
易, 又如玄何. 吾恐後人用覆醬瓿也. 雄笑而不應.

나(=사마광)는 젊었을 때 『현(玄)』의³ 이름만을 들었지 책을 얻어 보지는 못하
였다. 다만 양웅이 스스로 서문을 지어서 『현』을 일컬은 것이 성대하였다는
것과 (한나라) 반고(班固)가 『한서』 「양웅전」을 지어 말하기를 "유흠(劉歆)이
일찍이 (양웅의)『태현』을 보고 양웅에게 말하기를'양웅은 헛되이 자신만 수고

. . . .

1 역주 : 『태현경』은 『한서』 『양웅전』에는 『태현』이라 되어 있다. 그러나 陸績의 「述
    玄」에는 『玄經』이라 칭하고 있고, 荀悅의 『漢紀』에는 『태현경』이라 칭하고 있다.
    范望의 『太玄經注』나 『隋唐志』에 보이는 주석서에는 모두 『태현경주』라고 한다.
    이렇게 보면 "태현경"에 '經'자를 붙인 것은 후한 시대라고 추정할 수 있다.
2 역주 : 司馬光(1019년~1086년)은 중국 북송 대의 유학자이자 역사가, 정치가이다.
    자는 君實. 陝州 夏縣 사람으로 호는 迂叟. 또는 涑水先生이라고 불렀다. 시호는
    文正. 溫國公의 작위를 하사받았다. 선조는 西晉의 高祖인 宣帝 司馬懿의 동생
    司馬孚라고 한다. 『자치통감』의 저자로서 유명하다. 신법과 구법의 다툼에서 구법
    파의 영수로서 왕안석과 논쟁을 벌였다. 그는 『道德眞經』이란 「도덕경」 주석서를
    썼다.
3 역주 : '현'은 흔히 후대에는 '태현'으로 말해지고 이것을 더 높여서 『태현경』이라고
    하였는데, 『태현경』을 처음부터 『태현경』이라고 한 것은 아니지만, 본 번역본에서
    는 편의상 상황에 따라 이하부터는 『태현경』으로 한다.

롭게 하였구나. 요즘 학자들은 돈이 된다고 해도 오히려 『주역』의 의미조차 밝히지 못하거늘 또 『태현』같은 것은 어떻겠는가? 나는 후세사람들이 그것을 '간장 단지'를 덮는데 쓸까 걱정이네'라고 말하자, 양웅이 (이 말을 듣고) 웃고 대답하지 않았다"라는 것만 보았을 뿐이다.

諸儒或譏以爲雄非聖人而作經, 猶春秋吳楚之君僭號稱王, 蓋誅絶之罪也. 固存此言, 則固之意雖愈於歆, 亦未謂玄之善如雄所云也.
모든 유자들은 간혹 비웃으면서, 양웅은 성인이 아닌데 경을 지은 것은 『춘추』에서 오나라와 초나라의 군주가 왕이라 참칭(僭稱)한 것과 같은 것이니,[4] 사형에 처해야 할 죄에 해당한다고 여겼다. 반고가 유흠의 말을 「양웅전」에 실어놓은 것은 『태현경』에 대한 자신의 평가가 비록 유흠보다 낫기는 하지만, 또한 『태현경』이 양웅이 말한 것처럼 훌륭하다고 생각한 것은 아니었기 때문이다.

▌余亦私怪雄不贊易而別爲玄. 易之道, 其於天人之縕備矣, 而雄豈有以加之. 迺更爲一書, 且不知其焉所用之, 故亦不謂雄宜爲玄也.
내사마광〕또한 사사로이 양웅이 『주역』을 밝히지 않고 별도로 『태현』을 지은 것을 괴이하게 생각하였다. 『주역』의 도는 하늘과 사람의 그윽한 이치를 갖추고 있는데, 양웅이 어찌 더할 것이 있겠는가? 이에 다시 한 책(=『태현』)을 지었지만, 또 그것이 어느 곳에 사용될 것인지는 알지 못하였다. 그러므로 또한 양웅이 『태현』을 지은 것을 마땅한 것이라 여기지 않았다.

及長學易, 苦其幽奧難知, 以爲玄者賢人之書, 校於易, 其義必淺, 其文必易.
그러다가 내가 장성하여 『주역』을 배우는데, 그것의 뜻이 심오하여 알기 어려워 힘이 들었는데, 『태현』은 (성인의 책이 아닌) 현인의 책이므로, 『주역』과 비교해 본다면 그 뜻이 반드시 얕을 것이고 그 글도 반드시 쉬울 것이라 여겼다.

....
4 역주 : 초나라 莊王이 왕을 僭稱한 것이나 오나라의 闔閭 등이 왕을 참칭한 것이 그것이다.

▌夫登喬山者, 必踐於块埠, 適滄海者, 必沿於江漢. 故願先從事於玄, 以漸而進於易, 庶幾乎其可跂而望也. 於是求之積年, 始得觀之.

대저 높은 산을 오르는 자는 반드시 평평하고 낮은 땅에서부터 올라가야 하고, 큰 바다로 가려는 자는 반드시 장강(長江)이나 한수(漢水)의 물길을 따라 내려가야 한다. 그러므로 원컨대 먼저 『태현』에 종사(從事)하고 점점 『주역』으로 나아간다면 발돋움하고 바라다 볼 수 있을 것이다(= 즉 『주역』의 의미를 이해할 수 있는 길이 열릴 것이다). 이에 여러 해 동안 구하다 보면 비로소 (그 심오한 뜻을) 볼 수가 있을 것이다.

初則溟涬漫漶, 略不可入, 迺研精易慮, 屏人事而讀之數十過, 參以首尾, 稍得闚其梗槩. 然後喟然置書嘆曰, 嗚呼, 揚子雲眞大儒者邪. 孔子旣沒, 知聖人之道者, 非子雲而誰. 孟與荀殆不足擬, 況其餘乎.

처음에는 『태현』의 드넓은 뜻이 드넓고 분별이 되지 않아 대략적인 것도 이해해 들어갈 수 없었다.[5] 이에 정신을 연마하고 생각을 고쳐먹고 인간사를 막고(=관계를 끊으면서) 수십 번을 읽으면서 머리와 꼬리를 참조하여 전후 맥락을 살펴보니 점점 그 대강을 엿볼 수 있었다. 이처럼 대강이 이해된 뒤에 나는 한숨을 쉬면서 책을 덮고 탄식하여 말하였다. "오호라. 양웅은 참으로 큰 유학자가 아닌가 한다. 공자가 돌아가신 뒤 성인의 도를 아는 자는 양웅이 아니고 누구인가? 맹자와 순자도 거의 비길 수 없는데 하물며 그 나머지에 있어서랴."[6]

▌觀玄之書, 昭則極於人, 幽則盡於神, 大則包宇宙, 小則入毛髮, 合天地人之道以爲一, 括其根本, 示人所出, 胎育萬物而兼爲之母, 若地履之而不可窮也, 若海挹之而不可竭也. 蓋天下之道雖有善者, 蔑

---

5 역주 : 이해할 수 없었다는 것이다.
6 역주 : 이 글은 사마광의 양웅에 대한 평가를 단적으로 드러내고 있다. 이런 점에서 사마광은 양웅이 『태현경』을 지은 것을 한대의 유학자들이 양웅을 비판한 것처럼 평가 절하를 해서는 안된다는 것이다.

以易此矣.

『태현』을 보니 밝게 드러난 것은 (지상의) 인간의 일을 다 담고, 그윽한 것은 (하늘의) 신의 이치를 다하며, 큰 것은 우주를 감싸고, 작은 것은 모발과 같은 미세한 것에 들어가, 천·지·인의 도를 합하여 하나로 만들고, 그 근본을 묶어서 사람이 나아갈 바를 보여주며, 만물을 낳고 길러주어 아울러 어머니가 되니, 마치 땅을 다 밟을 수 없고, 바닷물을 퍼내도 다 퍼내지 못하는 것과 같이 그 끝이 없다. 대개 천하의 도가 비록 좋은 것이 있더라도 이것(=『태현』)과 바꿀 것은 없다.[7]

▌考之於渾元之初而玄已生, 察之於當今而玄非不行, 窮之於天地之季而玄不可亡, 叩之以萬物之情而不漏, 測之以鬼神之狀而不違, 槩之以六經之言而不悖.

혼원(渾元)의 처음에서 상고해보더라도 '현'은 이미 생겨나 있고, 지금이란 시점에서 살펴보아도 '현'이 행해지지 않음이 없고, 하늘과 땅의 끝에서 살펴보아도 '현'은 없어지지 않고, 만물의 실정에 의거해 보아도 새지 않고, 귀신의 형상에서 헤아려보아도 거스르지 않고, 6경의 말을 기준으로 보더라도 어긋나지 않는다.

藉使聖人復生, 視玄必釋[8]然而笑, 以爲得己之心矣. 乃知玄者所以贊易也, 非別爲書以與易角逐[9]也. 何歆固知之之淺而過之之深邪.

만일 성인이 다시 태어나 『태현』을 보면 반드시 기쁜 듯 미소 지으며 자신의 마음을 얻었다고 여기리라. 이에 『태현』은 『주역』의 뜻을 드러낸 것이지 따로

....

7 역주 : 사마광은 『태현경』이 담고 있는 것과 그것이 지향하는 인도론과 우주론에 대해 개괄적으로 말하면서, 아울러 『태현경』은 그 어떤 것보다 무한한 역량이 탁월하다고 극찬하고 있다.

8 劉韶軍 點校 : "釋"은 명초본, 도장본, 장사호본에는 "懌"으로 되어 있다. 이하는 명초본, 도장본, 장사호본으로 한다.

9 劉韶軍 點校 : "角逐"은 명초본, 도장본, 장사호본에는 "競"으로 되어 있다.

책을 지어『주역』과 더불어 각축하는 것이 아니라는 것을 알았으니, 유흠과 반고가 아는 것의 얕고 잘못됨이 심한 것이 어찌 아니겠는가?[10]

▌或曰, 易之法與玄異, 雄不遵易而自爲之制, 安在其贊易乎. 且如 與易同道, 則旣有易矣, 何以玄焉.

어떤 이가 말하기를 "『주역』의 법은『태현』과 다른데 양웅이『주역』을 따르지 않고 스스로 만들어 제정하였으니 그가『주역』을 도왔다 하는 것이 어디에 있겠는가? 또『주역』과 도가 같다면 이미『주역』이 있는데 무엇 때문에『태현』을 만들었는가?"라고 하였다.[11]

▌曰, 夫畋者, 所以爲禽也, 網而得之與弋而得之, 何異.[12] 書者, 所以 爲道也. 易, 網也, 玄, 弋也. 何害不旣設網而使弋者爲之助乎. 子之 求道亦膠矣.

내가 대답해 말하기를 "대저 사냥이란 새를 잡기 위한 것인데, 그물로 잡은 것이 주살로 잡은 것과 무엇이 다르랴. 책이란 도를 위한 것이다. 『주역』은 그물이고『태현경』은 주살이다. 그물을 치지 않은 상태인데 주살을 잡은 자에 게 그물의 도움이 되게 하는 것이 어찌 해로운 일이겠는가? 그대들이 도를

. . . .

10 역주 : 사마광은『태현경』에서의 '현'자에 대한 형이상학적 의미를 분석하는데, 흔히 노자나 장자가 말하는 도에 대한 의미나 성리학에서 말하는 태극 혹은 理에 대한 의미와 별반 다름이 없음을 말한다. 따라서 이런 점에서 볼 때 사마광이『태현경』은『주역』을 이해하기 위해 지어진 책이지『주역』과 각축하기 위해 지어진 책이 아니란 것을 분명하게 밝힌 이런 이해에는 기존의 한대 유학자 등이『태현경』에 대한 부정적인 견해를 제시하는 것을 불식시키고자 하는 의도가 담겨 있다.

11 역주 : 이처럼 사마광은『태현경』을 위대하다고 이해하지만 다른 사람의 경우 구체적으로 어떤 점이 그러한가 하는 점을 문제시 삼을 수 있다. 이에 사마광은 어떤 이의 질문을 통하여 양웅이 왜『주역』이 있음에도 불구하고『태현경』을 만들었는가에 대한 자문자답의 형식을 통해 풀이하고 있다.

12 劉韶軍 點校 : '何異'는 명초본, 도장본, 장사호본에는 '何以異哉'로 되어 있다.

구하는 방법이 또한 고루하다.

且揚子作法言所以準논어, 作玄所以準易, 子不廢法言而欲廢玄, 不亦惑
乎. 夫法言與논어之道, 庸有異乎. 玄之於易亦然.
또 양웅이 『법언』을[13] 만든 것은 『논어』를 준하고자 한 것이고, 『태현』을 만든
것은 『주역』을 준하고자 한 것인데, 그대들이 『법언』은 폐하지 않으면서 『태
현』을 폐하고자 하는 것은 또한 미혹된 것이 아닌가? 대저 『법언』과 『논어』의
도가 어찌 다른 것이 있겠는가? 『태현』이 『주역』에 있어서도 또한 그러하다.

大廈將傾, 一木扶之, 不若衆木扶之之爲固也. 大道將晦, 一書辨之, 不若
衆書辨之之爲明也. 學者能專精於易誠足矣. 然易, 天也, 玄者, 所以爲之
階也. 子將昇天而廢其階乎.
큰 집이 장차 기울어질 때 한 나무기둥으로 떠받쳐놓는 것은 여러 개의 나무
기둥으로 떠받쳐놓아 튼튼하게 하는 것만 못하다. 대도가 장차 어두워지려
할 때 하나의 책으로 분변하는 것은 여러 가지 책으로 분변하여 밝게 하는
것만 못하다. 학자는 『주역』에 전념 할 수 있다면 진실로 족할 것이다. 그러나
『주역』은 하늘이고 『태현』은 하늘을 오르는 계단이 된다. 그대가 장차 하늘을
오르려고 하면서 그 계단을 버리겠는가?"[14]

....

13 역주 : 양웅이 엮은 유학서. 『논어』를 본떠서 만든 것으로, 성인을 높이고 왕도를
     논하며 천도와 인도의 관계를 설명하였다. 도가의 말로 유교를 설명하고 맹자·순
     자의 조화를 시도하여 性善惡混淆說을 제창하였다.
14 역주 : 이 부분은 사마광이 『태현경』을 궁극적으로 어떤 관점에서 이해하고 있는
     지가 잘 나타나 있다. 이상 본 바와 같이, 「설현」은 『태현경』에서 말하고자 한
     것이 무엇인가를 다양한 관점에서 『주역』과 비교하면서 그 동이점을 설명한 글이
     다. 특히 다른 사람들이 『태현경』을 『주역』에 대해 풀이한 것으로 이해하는 부정
     적인 견해에 대해 사마광은 조목조목 문답식으로 『주역』과 『태현경』과의 관계를
     보다 분명하게 밝히고 있다.

▌先儒爲玄解者多矣, 誠已善矣. 然子雲爲文旣多, 訓詁指趣幽邃, 而玄又其難知者也. 故余疑先儒之解未能盡契子雲之志, 世必有能通之者, 比老終且學焉.

선대 유학자들 가운데 『태현』을 해석한 자들이 많았고 진실로 너무 훌륭하였다. 그러나 양웅이 지은 글이 이미 많고[15] 훈고의 주된 뜻이 심원하니 『태현』은 더욱 알기 어려운 책이다. 그러므로 나는 선대 유학자들의 해설이 능히 양웅의 뜻과 다 맞지 않는 것이 있지 않을까 하는 의심이 있었는데, 세상에는 반드시 능통한 자가 있게 마련이니 늙어서 죽을 때까지 여전히 배울 따름이다.[16]

. . . .

15 역주 : 양웅은 『태현경』과 『법언』 이외에 청년시절에 동향의 선배인 司馬相如의 작품을 통하여 배운 문장력을 인정받아, 成帝 때 궁정문인의 한 사람이 되었다. 대표적인 것만을 기록하면, 『법언』을 비롯하여 성제의 여행에 수행하며 쓴 『甘泉賦』, 『河東賦』, 『羽獵賦』, 『長楊賦』 등이 있다. 시대에 적응하지 못한 자신의 불우한 원인을 묘사한 『解嘲』, 『解難』 등이 있다. 문자학자로서는 각 지방의 언어를 집성한 『方言』도 있다.

16 역주 : 사마광은 이제 본격적으로 왜 자신이 『태현경』에 대해 주석을 하는지를 밝히고 있다. 즉 기존에 많은 위대한 유자들이 『태현경』에 대해 좋은 주석을 남겼지만 그것들이 과연 다 양웅의 뜻을 제대로 담아냈는지 하는 의문이 들었고, 이에 자신이 생각하는 주석을 한다는 견해를 밝히고 있다. 물론 이런 의도 하에 시작한 사마광의 주석에 대해서도 비판적인 시각이 있기는 하다. 하지만 사마광은 『태현경』이 본문에서 말하고자 한 의도를 최대한 쉽게 풀이하고 있어 『태현경』을 이해하는데 많은 도움을 주고 있는 것은 사실이다. 특히 '현'이란 글자가 의미하는 도가적 우주론과 그 '현'의 의미를 통해 『주역』의 우주론을 이해하고자 하기 때문에 유가와 도가의 우주론에 대한 심도 있는 이해가 있는 경우 사마광의 주석은 이해하기가 쉽다는 장점이 있다.

『태현경』을 설명한다說玄[1]

사마광(司馬光)

▋ 易與太玄, 大抵道同而法異. 易劃有二, 曰陽曰陰. 玄畫有三, 曰一,
曰二, 曰三. 易有六位, 玄有四重.

『주역』은『태현』과 대체로 보아 도는 같지만 법은 다르다.『주역』에는 획이
둘이 있으니 양과 음이다.『태현』에는 획이 셋이 있으니 1과 2와 3이다.『주역』
에는 6위(位)가 있고,『태현』에는 4중(四重)이 있다.

最上曰方, 次曰州, 次曰部, 次曰家. 本傳所謂參摹而四分之, 極於八十一
者也.

(『태현』의 四重은) 가장 위에 있는 것은 방(方)이라 하고, 다음은 주(州)라 하
고, 다음은 부(部)라 하고, 다음은 가(家)라 한다. (『태현』) 본전(本傳)에서 이
른바, "3번 본떠 4등분으로 나누어 (즉 方三, 州三, 部三, 家三을 말함.) 81
(3×3×3×3=81)에서 다하였다" 라고 한 것이 그것이다.[2]

· · · · · · · · · · · · · · · ·

1 역주 :「설현」의 전개 방식은 먼저『주역』과『태현경』의 기본적인 동이점을 간략
  하게 말한 다음 그것이 구체적으로 어떤 내용에서 동이점이 드러나고 있는 지를
  밝히는 방식을 취하고 있다. 이런 방식의 설명은『태현경』과『주역』의 동이점이
  무엇인가를 단적으로 알 수 있게 하는 장점이 있다.

2 역주 :『태현집주』권10「玄圖」에는 "玄有二道, 一以三起, 一以三生, 以三起者, 方
  州部家也. 以三生者, 三分陰陽而爲三重, 極爲九營, 是爲同本離末, 天地之經也."라

易以八卦相重爲六十四卦, 玄以一二三錯於³方·州·部·家爲八十一首.

『주역』은 팔괘를 서로 거듭하여 (8×8=64) 64괘로 만들고,『태현』은 1·2·3을 방, 주, 부, 가에 섞어서 (3×3×3×3=81) 81 수(首)를 만들었다.⁴

凡家每首輒變, 三首而復初, 如中, 周, 礥之類是也. 部三首一變, 九首而復初, 如中, 閑, 上之類是也. 州九首一變, 二十七首而復初, 如中, 羨, 從之類是也. 方二十七首一變, 八十一首而復初, 如中, 更, 減之類是也. 八十一首以上不可復加, 故曰自然之道也.

무릇 가(家)는 매 수(=1首)에서 문득 변하여 3수(三首)에서 처음으로 돌아가니, 예컨대 중수(中首)·주수(周首)·현수(礥首) 따위가 이것이다. 부(部)는 3수에서 한번 변하여 9수(九首)에서 처음으로 돌아가니, 예컨대 중수(中首)·한수(閑首)·상수(上首)의 무리가 이것이다. 주(州)는 9수에서 한번 변하여 27수(首)에서 처음으로 돌아가니, 예컨대 중수(中首)·선수(羨首)·종수(從首) 따위가 이것이다. 방(方)은 27수에서 한번 변하여 81수(首)가 되어 처음으로 돌아가니, 예컨대 중수(中首)·경수(更首)·감수(減首) 따위가 이것이다. 81 수(首) 이상은 다시 더할 수 없다. 그러므로 "자연의 도"라고 말한다.

▌易每卦六爻, 合爲三百八十四爻, 玄每首九贊, 合爲七百二十九贊.

『주역』은 매 괘마다 6효가 있어 합하면 384(64×6=384) 효가 되고,『태현』은 매 수(首)마다 9찬(九贊)이 있어 합하면 729(81×9=729) 찬이 된다.⁵

· · · · · · · · · · · · · · · · · · ·

　　는 말이 있다. 「玄告」에는 "玄生神象二, 神象二生規, 規生三摹, 三摹生九據. 玄一摹而得乎天, 故謂之九天, 再摹而得乎地, 故謂之九地, 三摹而得乎人, 故謂之九人." 라는 말이 있다.

3　劉韶軍 點校 : '錯於'는 大典에는 '爲'로 되어 있다. 이것을 도장본에 의거해 고쳤다.

4　역주 :『주역』과『태현경』의 체계 및 구조의 차이점이 무엇인지를 말하고 있다. 『주역』이 2제곱 승으로 전개된 것이라면,『태현경』은 3제곱 승으로 이루어진 것임을 밝히고 있다. 즉『주역』이 8×8(=64)임에 비해『태현경』은 3×3×3×3(=81)로 이루어졌다는 점에서 차이점이 있다.『태현경』의 81은『노자』81장을 연상시킨다.

5　역주 :『주역』의 64괘와『태현경』의 매 首의 변화된 합인 81수가 각각 6효와 9찬과

圖曰, 玄有二道, 一以三起, 一以三生. 以三起者, 方州部家也. 以三生者, 參分陽氣以爲三重, 極爲九營. 是爲同本離生, 天地之經也.

「현도」에서 말하기를, 현에는 두 가지의 도가 있으니, '1은 3으로써 일어서는 것'과 '1은 3으로써 태어난다'라는 것이다. '3으로써 일어서는 것'은 방(方)과 주(州)와 부(部)와 가(家)이다. '3으로써 태어나는 것'은 양기를 나누어(思·禍·福 세 가지에 붙여) 3번 거듭하고 끝까지 미루어 가면 '9찬(九贊)의 자리(=九營)'가 된다.[6] 이것이 "뿌리를 같이 하고(=1에서 시작하는 것을 의미함) 삶을 달리하는 것이니(=81家729贊), 이것은 천지의 변치 않는 도리이다"라는 것이다.

本傳曰, 雄覃思渾天, 參摹而四分之, 極於八十一者, 謂玄首也. 又曰, 旁則三摹九據, 極於七百二十九贊者, 謂玄贊也. 首猶卦也, 贊猶爻也.

「본전(本傳)」에 말하기를 "양웅이 혼천(渾天)을 깊이 생각해 세 번 본뜨고 4등분해 81수(首)에 다하였다"라고 한 것은 현의 수(首)를 이른 것이다. 또 말하기를 "곁이면 3모(三摹)하고 9거(九據)하여 729찬(贊)에 다하였다"[7]라고 한 것은 현의 찬(贊)을 이른 것이다. 수(首)는 『주역』의 괘(卦)와 같고, 찬(贊)은 『주역』의 효(爻)와 같다.

又曰, 觀易者見其卦而名之, 觀玄者數其畫而定之. 玄首四重者, 非卦也, 數也. 故易卦六爻, 爻皆有辭. 玄首四重, 而別爲九贊以繫其下. 然則首與贊分道而行, 不相因者也

또 말하기를 "『주역』을 보는 자는 그 괘를 보고 이름붙이고, 『태현』을 보는 자는 그 획을 헤아려서 정한다. 『태현』의 수(首)가 4중(四重)인 것은 괘가 아니고 수(數)다"라고 하였다. 그러므로 『주역』의 괘는 6효로서, 효에는 모두 효사

연계되어 변화하는 최종적인 결과를 말하고 있다.

6 역주 : 9營은 9位다. 이것은 每首를 나누어 9贊의 位로 삼고, 81수를 나누어 9 단계로 하며, 매 9수를 1天으로 삼고, 9天을 함께 한다는 것이다. 『태현경』은 9위와 9천으로 사물의 소장과 1년 절기 변화의 과정을 상징한다.

7 역주 : 『태현경』「玄告」에는 "玄生神象二, 神象二生規, 規生三摹, 三摹生九據."라는 말이 있다.

가 있다. 『태현』의 수는 4중(四重)인데 별도로 9찬을 만들어서 그 아래에 설명해 놓았다. 그렇다면 수(首)와 찬(贊)이 도를 나누어 행하여 서로 관련되지 않는다.

▌皆當朞之日.

모두 1년에 해당하는 날이다.

易卦氣起中孚, 除震離兌坎四正卦[8]二十四爻主二十四氣外, 其於六十卦, 每卦六日七分, 凡得三百六十五日四分日之一. 中孚初九, 冬至之初也. 頣上九, 大雪之末也, 周而復始.

『주역』의 괘기(卦氣)는 「중부괘(中孚卦)」에서 일어나되 「진괘(震卦)」・「리괘(離卦)」・「태괘(兌卦)」・「감괘(坎卦)」의 4정괘(正卦)의 24효(4괘×매괘 각 6효=24효)가 24 기(氣)를 주관하는 것을 제외하고 그 나머지 60괘는 매 괘마다 6일(六日) 7분(七分)으로, 도합 365일과 4분의 1을 얻는다. 「중부괘」의 초구(初九)는 동지의 처음이다. 「이괘(頣卦)」의 상구(上九)는 대설의 끝으로서, 두루 돌아서 다시 시작한다.

玄八十一首, 每首贊九, 凡七百二十九贊. 每二贊合爲一日, 一贊爲晝, 一贊爲夜, 凡得三百六十四日半, 益以踦嬴二贊, 成三百六十五日四分日之一. 中初一, 冬至之初也, 踦嬴二贊, 大雪之末也, 亦周而復始. 凡玄首皆以易卦氣爲次序, 而變其名稱.

『태현』의 81수(首)는 매 수마다 9찬이니 도합 729찬(81×9=729)이다. 매 2찬이 합하여 1일(一日)이 되니, 1찬(一贊)은 낮이 되고 1찬(一贊)은 밤이 되어 도합 364일 반을 얻고, 기(踦)와 영(嬴) 2찬을 더하여 365일 4분의 일이 이루어진다. 중수(中首)의 초일은 동지의 처음이며, 기(踦)와 영(嬴) 2 찬은 대설의 끝으로,

....

8 劉韶軍 點校 : '卦'는 대전에는 없다. 이것을 도장본에 의거해 보충하였다.

또한 두루 돌아서 다시 시작한다. 『태현』의 수(首)에서는 모두 『주역』 괘기(卦氣)로 차서를 삼았지만, 그 명칭은 변경하였다.

故中者, 中孚也, 周者, 復也, 礥·閑者, 屯也, 少者, 謙也, 戾者, 睽也. 餘皆倣此. 故玄首曰, 八十一首, 歲事咸貞. 測曰, 巡乘六甲, 與斗相逢. 曆以紀歲, 而百穀時雍, 皆謂是也.

그러므로 『태현』의 중수(中首)는 『주역』의 「중부괘(中孚卦)」이며, 『태현』의 주수(周首)는 『주역』의 「복괘(復卦)」이며, 『태현』의 현수(礥首)·한수(閑首)는 『주역』의 「준괘(屯卦)」이고, 『태현』의 소수(少首)는 『주역』의 「겸괘(謙卦)」이고, 『태현』의 려수(戾首)는 『주역』의 「규괘(睽卦)」이다. 나머지도 모두 이와 같다. 그러므로 「현수(玄首)」에서 말하기를 "81수(首)에 1년의 일이 모두 바르게 된다"라 하고, 측(測)에서 말하기를 "순번으로 돌려서 6갑에 올라타면 북두성과 서로 만난다. 성인은 역법으로 한 해의 절기를 기록하자 온갖 곡식들이 제때에 익으니 때는 조화롭고 풍년이다"라고 한 것은 모두가 이것을 말한 것이다.[9]

┃易有元亨利貞, 玄有㒺直蒙酋冥.

『주역』에는 원(元)·형(亨)·리(利)·정(貞)이 있고, 『태현』에는 망(㒺)·직(直)·몽(蒙)·추(酋)·명(冥)이 있다.[10]

五者, 太玄之德. 㒺, 北方也, 於易爲貞. 直, 東方也, 於易爲元. 蒙, 南方也, 於易爲亨. 酋, 西方也, 於易爲利. 冥者, 未有形也.

망(㒺)·직(直)·몽(蒙)·추(酋)·명(冥) 이 다섯 가지는 『태현』의 덕이다. 망은 북

....

9 역주 : 이런 것은 결국 『태현경』의 근본 사유가 『주역』에 뿌리를 두고 있음을 말한 것이다.
10 역주 : 『주역』이나 『태현경』의 기본 구조는 동일한 것임을 밝힌 것인데, 다만 '망'과 '명'을 '정'에 함께 관련지은 것은 차이점에 해당한다.

방이니 『주역』에서는 정(貞)이 된다. 직은 동방이니 『주역』에서는 원(元)이
된다. 몽은 남방이니 『주역』에서는 형(亨)이 된다. 추는 서방이니 『주역』에서
는 리(利)이다. 명은 형이 있지 않은 것이다.

故玄文曰, 罔蒙相極, 直酋相勑,[11] 出冥入冥, 新故更代. 玄首起冬至, 故分
貞以爲罔冥. 罔者, 冬至以後, 冥者, 大雪以前也.
이에 「현문」에 말하기를 "망과 몽은 서로 다하고, 직과 추는 서로 삼가하여,
명(冥)에서 나와 명(冥)으로 들어가 새것과 옛것이 서로 대신하여 바뀐다"라고
하였다. 『태현』의 수(首)는 동지에서 일어나기 때문에 정(貞)을 나누어 망과
명으로 삼았다. 망은 동지 이후이고, 명은 대설 이전이다.

▌易大衍之數五十, 其用四十有九, 玄天地之策各十有八, 合爲三十
六策. 地則虛三, 用三十三策. 易揲之以四, 玄揲之以三.
『주역』에서 대연(大衍)의 수는 50이고 그 쓰는 것은 49이며, 『태현』에서는 하
늘과 땅의 책이 각각 18로서 (천과 지의 책을) 합하여 36 책이 된다. 땅은
3을 비워 33 책을 쓴다. 『주역』에서는 (수효를 손으로 집어) 세는 것을 4로
하고, 『태현』에서는 (수효를 손으로 집어)세는 것을 3으로 한다.

太玄揲法, 掛一而中分其餘, 以三揲 一作搜, 一作渙. 之, 幷餘於艻, 一艻之
後而數其餘, 七爲一, 八爲二, 九爲三.
『태현』의 (수효를 손으로 집어) 세는 방법은 1을 걸어 놓고 가운데에서 그
나머지를 나누고 설(揲)이 어떤 판본에는 수(搜)로 되어 있고 어떤 판본에는 환(渙)으로
되어 있다. 3으로 세어 아울러 손가락에 나머지를 끼고, 한번 손가락에 낀 뒤에
그 나머지를 세어 7을 1로 삼고, 8을 2로 삼고, 9를 3으로 삼는다.[12]

· · · · · · · · · · · · · · · · ·

11 역주 : 이 글자는 원문에는 '勑'으로 되어 있으나, 「玄文」에는 '直酋相勑'으로 되어
    있다. 여기서는 「현문」의 내용이 맞는 것으로 보아 '직추상칙'의 '勑'자로 해석하였다.
12 역주 : 『태현경』에서 세는 법을 구체적으로 밝히고 있다. 기본 구조는 『주역』과

▌易有七八九六, 謂之四象, 玄有一二三, 謂之三摹.

『주역』에서는 7, 8, 9, 6을 두어 4상(四象)이라고 하고,『태현』에서는 1, 2, 3을 두어 3모(三摹)라고 한다.[13]

皆畫卦首之數也.

모두가 (『주역』의) 괘와 (『태현』의) 수(首)의 수(數)를 그린 것이다.[14]

▌易有象, 玄有首.

『주역』에는 단(象)이 있고『태현경』에는 수(首)가 있다.[15]

象者, 卦辭也, 首者, 亦統論一首之義也.

단(象)은 괘사(卦辭)이며, 수(首)는 또 한 수(首)의 뜻을 통론한 것이다.[16]

▌易有爻, 玄有贊. 易有象, 玄有測.

『주역』에는 효(爻)가 있고,『태현』에는 찬(贊)이 있다.『주역』에는 상(象)이 있고,『태현경』에는 측(測)이 있다.

....

같지만 3을 중심으로 한다는 것이 가장 큰 차이점이다.
13 역주 :『주역』의 우주론은 2제곱 승으로 전개되는 태극-음양-사상-팔괘의 구조로 이루어져 있고, 이 중 사상을 각각 7·8·9·6으로 적용함에 비하여,『태현경』에서는 1·2·3이란 삼모로 전개되는 것을 밝힘으로써 그 차이점을 밝히고 있다.
14 역주 :『주역』의 괘와『태현경』의 首의 수가 각각 어떤 식으로 의미를 갖는지를 밝히고 있다.
15 역주 : 여기서부터는『주역』의 십익에 해당하는 각각이『태현경』의 어떤 것에 적용되는가를 밝힌 것이다.
16 역주 :『주역』의 象은『태현경』에서는 首에 해당하는데,『태현경』의 수가 어떤 의미가 있는지를 밝히고 있다.

測所以解贊也.
측은 찬(贊)을 해설한 것이다.

▌易有文言, 玄有文.

『주역』에는 「문언전」이 있고, 『태현』에는 「현문(玄文)」이 있다.

文解五德幷中首九贊, 文言之類也.
「현문」은 오덕(五德)과 중수(中首) 9찬(九贊)을 풀이한 것으로, 『주역』의 「문언전」과 같다.

▌易有繫辭, 玄有攡, 瑩, 掜, 圖, 告.

『주역』에는 「계사전(繫辭傳)」이 있고, 『태현』에는 「현리(玄攡)」·「현영(玄瑩)」·「현예(玄掜)」·「현도(玄圖)」·「현고(玄告)」가 있다.

五者皆推贊太玄, 繫辭之類也.
「현리」·「현영」·「현예」·「현도」·「현고」) 다섯 가지는 모두 『태현』을 미루어 찬한 것으로, 『주역』「계사전」과 같다.

▌易有說卦, 玄有數.

『주역』에는 「설괘전(說卦傳)」이 있고, 『태현』에는 「현수(玄數)」가 있다.

數者, 論九贊所象, 說卦之類也.
수(數)는 9찬이 본뜬 것을 논한 것으로, 『주역』의 「설괘전」과 같다.

▌易有序卦, 玄有衝.

『주역』에는 「서괘전(序卦傳)」이 있고, 『태현』에는 「현충(玄衝)」이 있다.

衝者序八十一首, 陰陽相對而解之,[17] 序卦之類也.
충(衝)은 81 수(首)를 차례하고 음과 양을 상대하여 해설한 것으로, 『주역』의 「서괘전」과 같다.

▌易有雜卦, 玄有錯.

『주역』에는 「잡괘전(雜卦傳)」이 있고, 『태현』에는 「현착(玄錯)」이 있다.

錯者雜八十一首而說之.
착(錯)은 81 수(首)를 섞어서 말한 것이다.

▌殊道而同歸, 百慮而一致,[18] 皆本於太極兩儀三才四時五行, 而歸 於道德仁義禮也.

길이 다르더라도 한 곳으로 돌아가고, 온갖 생각이 서로 같아지니, 모두가 태극과 양의(兩儀), 3재(三才), 4시(四時), 5행(五行)에 근본하여 도(道)·덕(德)·인(仁)·의(義)·예(禮)로 귀결한 것이다.[19]

····················
17　劉韶軍 點校 : '之'는 대전에는 없다. 이것을 도장본에 의거해 보충하였다.
18　역주 : 『주역』「계사전하」5장에는 "天下何思何慮, 天下同歸而殊塗, 一致而百慮."라는 말이 있는데, 사마광은 이 말을 응용하여 말한 것이다.
19　역주 : 결론적으로 『태현경』이 『주역』과 어떤 관계를 가지고 있는가를 한마디로 정리하고 있다. 최종적으로 우주론적 시각에서는 태극, 양의, 삼재, 사시, 5행이란 틀 및 그것을 인도론 측면에서 적용한 도, 덕, 인, 의, 예라는 구조틀에서는 『태현경』이나 『주역』이 모두 동일한 구조를 가지고 있음을 밝히고 있다. 이런 견해는 『태현경』이 『주역』을 이해하는 계단이 된다는 하나의 증거가 된다. 이처럼 『태현경』에서 말한 우주와 인간에 관한 것은 『주역』과 동일한 사유와 구조를 가지고

周易	太玄經
2종의 기호(一, --)	3종의 기호(一, --, ···)
6位	4중(위로부터 方·州·部·家)
64卦	81首
卦辭	首辭
1卦 6爻(64괘×6효= 총 384효)	1首 9贊(81수×9찬= 총 729찬)
爻의 명칭 : 아래부터 陽일 경우 九, 陰일 경우 六을 붙임 : 初, 2, 3, 4, 5, 上	首의 명칭 : 아래부터 : 初一, 次二, 次三, 次四, 次五, 次六, 次七, 次八, 上九
爻辭	首辭
元·亨·利·貞	罔·直·蒙·酋·冥
大衍之數 50	天地之策 36策
四象(7, 8, 9, 6)	三摹(1, 2, 3)
彖	首
象	測
爻	贊
文言傳	玄文
繫辭傳	玄攡, 玄瑩, 玄掜, 玄圖, 玄告
說卦傳	玄數
序卦傳	玄衝
雜卦傳	玄錯

· · · · · · · · · · · · · · · · ·

있기 때문에 사마광은 흥미를 가지고 주석을 한 것이다.

태현집주서 太玄集注序

사마광(司馬光)

▌漢五業主事宋衷始爲玄作解詁, 吳鬱林太守陸績作釋失,[20] 晉尚書郎范望作解贊, 唐門下侍郎平章事王涯注經及首測. 宋興, 都官郎中直昭文館宋惟幹通爲之注, 秦州天水尉陳漸作演玄, 司封員外郎吳秘作音義. 慶曆中, 光始得太玄而讀之, 作讀玄. 自是求訪此數書皆得之, 又作說玄.

한(漢)나라의 오업주사(五業主事)인 송충(宋衷)이 처음으로 『태현』을 위해서 『태현해고(太玄解詁)』를 지었고, 오(吳)나라의 울림태수(鬱林太守)인 육적(陸績)이 『태현석실(太玄釋失)』을 지었고, 진(晉)나라의 상서랑(尙書郎)인 범망(范望)이 『태현해찬(太玄解贊)』을 지었고, 당(唐)나라 문하시랑(門下侍郎) 평장사(平章事) 왕애(王涯)가 『태현』 및 「현수(玄首)」와 「현측(玄測)」을 주석하였다. 송(宋)나라가 흥기하자 도관랑(都官郎) 중직(中直) 소문관(昭文館) 송유간(宋惟幹)이 모두 주석하였고, 진주(秦州) 천수위(天水尉) 진점(陳漸)이 『연

....

20 劉韶軍 點校 : '失'은 대전본에는 '玄'으로 되어 있고, 장사호본, 오류거본에는 '正'으로 되어 있고, 도장본에는 '失'로 되어 있다. 육적은 『술현』에서 말하기를 "그 말에 그대로 따르고, 그 잘못된 것은 해석을 따라 바로 한다(因仍其說, 其失者, 因釋而正之.)"라고 한다. 四部叢刊 明萬玉堂에서 번각한 宋衷 本 『태현경』 권10 끝에는 南宋 兩浙東路 茶鹽司幹辦公事인 張寔이 교감한 「題記」에서 말한 "宋衷의 「解詁」, 육적의 「釋失」이란 것이 있다. 이것에 의거하면 마땅히 도장본을 따라 '失'로 써야 한다.

현(演玄)」을 지었고, 사봉원외랑(司封員外郎) 오비(吳秘)가 『태현음의(太玄音義)』를 지었다. 송나라 인종의 경력(慶曆)년 간에 사마광은 처음 『태현』을 얻어 읽고 「독현(讀玄)」을 지었고, 이로부터 위의 여러 책을 찾아서 모두 얻고 또 「설현(說玄)」을 지었다.[21]

疲精勞神三十餘年, 訖不能造其藩籬. 以其用心之久, 棄之似可惜, 乃依法言爲之集注. 誠不知量, 庶幾來者或有取焉. 其直云宋者, 仲子也, 云小宋者, 昭文郎中也.

30여 년 동안 정기를 피로하게 하고 정신을 수고롭게 했지만 끝내 『태현』의 울타리에도 나아갈 수 없었다. 하지만 오랫동안 마음을 썼기 때문에 포기하는 것이 애석한 듯 하여 이에 『법언』에 의지하여 『태현집주』를 만들었다. 진실로 스스로의 분수를 알지 못하지만 미래에 후배들이 취할 점이 있기를 바란다. 주석에서 곧바로 '송(宋)'이라 한 사람은 중자(仲子)인 송충(宋衷)이고, '소송(小宋)'이라 한 사람은 소문낭중(昭文郎中)인 송유간(宋惟幹)이다.

元豊五年六月丁丑, 司馬光[22]序
원풍(元豊)[23] 5년[24] 6월 정축일에 사마광은 서문을 쓰다.[25]

. . . .

21 역주 : 사마광은 자신이 『태현경』에 주석을 하기에 앞서 기존에 나온 『태현경』에 대한 주석서를 검토하고 그것을 통해 자신이 주석을 했음을 밝히면서 아울러 자신이 「독현」과 「설현」을 지은 내력을 밝히고 있다. 이것은 암암리에 기존의 주석서가 문제가 있음을 말한 것이다. 사마광은 『태현집주』에서 이상 거론한 주석가들의 여러 판본을 교감하고, 그 중에서 가장 신빙성 있는 판본을 통해 『태현경』의 본문을 이해하고 있다.

22 劉韶軍 點校 : '사마광'은 도장본에는 없다. 장사호본에 의거해 보충하였다.

23 역주 : 元豊은 북송의 神宗인 趙頊의 치세에 쓰였던 마지막 년호이다. 1078년에서 1085년까지 쓰였다.

24 역주 : 1082년이다.

25 역주 : 사마광은 30여년이란 오랜 기간 『태현경』을 이해하고자 했지만 쉽게 이해되지 않았는데, 그동안 쏟은 노력을 포기하는 것에 대한 아쉬움에서 사마광은 『법언』을 의지하여 집주를 만들었다는 『태현집주』에 대한 기본입장을 말한다. 이런 것은 사마광의 겸손의 표현으로 이해된다.

제 1 권

태현집주[太玄集注]

▌諸家皆謂之太玄經. 陳曰, 史以雄非聖人而作經, 猶吳楚之君僭號
稱王, 蓋誅絶之罪也. 按, 子雲法言, 解嘲等書止云太玄. 然則經非
子雲自稱, 當時弟子侯芭之徒從而尊之耳, 今從之.

많은 학자들은 모두 『태현경』이라고 말한다. (이처럼 '경'이라 한 연유에 대해
알아보자.) 진점(陳漸)이 말하기를 "역사에서 양웅은 성인이 아닌데 경을 지은
것은 『춘추』에서 오나라와 초나라의 군주가 왕이라 참칭(僭稱)한 것과 같은
것이니,[1] 사형에 처해야 할 죄에 해당한다고 여겼다"라고 하였다. 살펴보건대,
양웅의 『법언(法言)』,[2] 『해조(解嘲)』[3] 등의 책에서는 다만 『태현』이라고 하였다.
그렇다면 '경(經)'은 양웅이 자칭한 것이 아닌 것으로, 당시의 제자인 후파(侯芭)
의[4] 무리들이 추종하여 높인 것일 뿐인데, (사마광 나는) 지금 이것을 따른다.[5]

· · · · · · · · · · · · · · · · · · · ·

1 역주 : 초나라 莊王이 왕을 僭稱한 것 및 오나라의 闔閭 등이 왕을 참칭한 것이
  그것이다.
2 역주 : 양웅의 대표작으로, 『논어』의 체재를 모방한 문답체의 수상론집이다. 13권.
  옛날 성인과 경서에 어긋나는 법가나 음양가 등 제자의 사조를 바로잡고 선왕이나
  古聖이 정한 典則에 의해 대도를 밝히려고 하였다. 즉, 원시유가의 인위적 도덕교
  화를 기초로 하여 그 예악과 군신간 질서의 이상을 도가의 무위의 정치와 결부시
  키고, 또한 만물 생육의 법칙인 천도에 따라 백성의 양육을 꾀해야 하며, 천명은
  피할 수 없음을 인정하였다. 인성론에서 선악혼교설을 주창하였다. 북송 이전에는
  맹자·순자에 버금가는 것으로 평가되어 이 책의 全篇目이 『한서』 「양웅전」에 수록
  되어 이례적인 존중을 받았으나, 양웅이 僞政權인 王莽의 대부(家老)가 되었다는
  사실은 송대 이후의 절의관에 따라 비난의 대상이 되기도 하였다.
3 역주 : 양웅이 지은 책으로, 다른 사람이 양웅 자신을 비웃을 때 그것에 대한 일종의
  자기변호를 한다는 뜻의 책이다. "人有嘲雄, 以玄之尚白, 雄解之, 号曰, 解嘲." 참조.
4 역주 : 侯芭. 중국 전한 때의 鉅鹿에 살았던 학자. 이름은 侯輔라고도 한다. 양웅의
  제자. 양웅이 저술한 『태현』과 『법언』을 전수받았으며, 양웅이 죽은 뒤 心喪 3년
  을 지냈다. 후파가 양웅을 섬긴 것에 대해 『漢書』 「揚雄傳」에 다음과 같은 내용이
  실려 있다. "雄家素貧, 耆酒, 人希至其門. 時有好事者載酒肴從遊學, 而鉅鹿侯芭常
  從雄居, 受其太玄法言焉. 雄年七十一, 天鳳五年卒, 侯芭爲起墳, 喪之三年."
5 역주 : 이것은 사마광이 『태현』을 후파가 『태현경』으로 높인 것을 따른다는 입장을
  밝힌 것으로, 『태현』을 '경'으로 높이고 존중하는 말에 해당한다.

█ 宋, 陸依揚子舊本分玄之贊辭爲三卷, 一方爲上, 二方爲中, 三方
爲下, 次列首衝錯測攡瑩數文掜圖告凡十一篇.

송충(宋衷)과 육적(陸績)이 양웅의 옛날 판본에 의거해 『태현경』의 「찬사(贊辭)」를 3권으로 나누었다. 1방(一方)이 상권, 2방(二方)이 중권, 3방(三方)이 하권으로, 차례로 「현수(玄首)」·「현충」·「현착」·「현측」·「현영」·「현리」·「현수(玄數)」·「현문」·「현예」·「현도」·「현고」로 하였으니, 모두 11 편이다.

范散首測於贊辭之間, 王因之. 小宋依易之序, 以玄首準卦辭, 測準小象, 文準文言, 攡瑩掜圖準繫辭, 告數準說卦, 衝序卦, 錯準雜卦, 吳因之.

범망(范望)은 「찬사(贊辭)」 사이에 수측(首測)을 흩어놓으니, 왕애(王涯)는 이를 따랐다. 송유간(宋惟幹)은 『주역』의 차례에 의거해 「현수(玄首)」로써 『주역』의 「계사전」을 본받고, 「현측」은 「소상전」을 본받고, 「현문」은 「문언전」을 본받고, 「현리」·「현영」·「현예」·「현도」는 「계사전」을 본받고, 「현고」·「현수(玄數)」는 「설괘전」을 본받고, 「현충」은 「서괘전」을 본받고, 「현착」은 「잡괘전」을 본받았는데, 오비(吳秘)는 이를 따랐다.

范本於觀覽講解差便, 今從之. 宋陸又於贊辭之前列天 - 始始, 始中, 始終, 中始, 中中, 中終, 終始, 終中, 終終. 地 - 下下, 下中, 下上, 中下, 中中, 中上, 上下, 上中, 上上. 人 - 思內, 思中, 思外, 福小, 福中, 福大, 禍生, 禍中, 禍極, 諸家本皆無之.

범망본은 강해(講解)를 보기에 조금 편리하니 지금 (사마광의 『태현집주』에서는) 이를 따른다. 송충과 육적은 또 찬사(贊辭)의 앞에 천(天)에는 시시(始始)·시중(始中)·시종(始終), 중시(中始)·중중(中中)·중종(中終), 종시(終始)·종중(終中)·종종(終終)의 순서로 서술하였고, 지(地)에는 하하(下下)·하중(下中)·하상(下上), 중하(中下)·중중(中中)·중상(中上), 상하(上下)·상중(上中)·상상(上上)의 순서로 서술하였고, 인(人)에는 사내(思內)·사중(思中)·사외(思外), 복소(福小)·복중(福中)·복대(福大), 화생(禍生)·화중(禍中)·화극(禍極)의 순서로 서술하였는데, 제가의 판본에는 모두가 없는 것들이다.[6]

현수서 玄首序

▌馴乎玄, 渾行無窮正象天.

따라 운행 하는구나 현이여, 혼연하게 운행하여 다함이 없는 것은 바로 하늘의 운행을 본받은 것이다.[7]

宋曰, 馴, 順也. 陸曰, 渾然象天周運. 光謂, 揚子[8]嘆玄道之順, 渾淪而行, 終則復始, 如天之運動無窮也.

송충은 말하기를 "순(馴)은 따른다(順)는 것이다"라고 하였다. 육적은 말하기를 "혼연하게 하늘을 본받아 두루 돌아서 운행한다는 것이다"라고 하였다. 사마광은 생각하기를, "양웅이 현도가 따라 행하는 것이 혼륜하게 행하여 마치면 다시 시작하는 것이, 하늘의 운동이 다함이 없는 것과 같음을 찬탄한 것이

· · · · · · · · · · · · · · · ·

7 역주 : 天은 圓을 가리킨다. 이 문장에서 말하는 '현'자는 두가지 의미로 풀이할 수 있다. 하나는『태현경』체계의 형성을 말한 것이고, 다른 하나는 우주만물의 형성, 세계관을 말한 것이다. 첫 번째 의미로 본다면, 현은『태현경』을 의미한다. 말하자면『태현경』은 천도에 순응하여 천과 같이 주행하면서 영원히 그침이 없다는 것이다.『한서』「양웅전」에서 양웅은 「자서」에서 "大潭思渾天"하여『태현경』을 지었다고 한다.『태현경』은 바로 당시 천문역법 등 자연과학 지식을 흡수하고 혼천설에 의거하고 그것을 구조로 삼아 이루어진 것이다. 두 번째 의미로 본다면, 현은 음양 두 기가 혼돈하여 미분한 상태라는 것으로, 말하자면 현의 특징은 주행이 무궁하고 운동이 그치지 않아 천이 圓轉하는 것과 같이 순환무궁하면서 영원히 멈춤이 없다는 것이다.
8 劉韶軍 點校 : 명초본에는 '揚子' 아래에 '曰'자가 있다. 이것을 대전본, 도장본에 의거해 삭제하였다.

다"라고 하였다.

▌陰陽毗參,
음과 양 둘이 배합하여 셋이 된다.

毗, 毗至切. 宋曰, 毗, 二也. 王曰, 毗, 配合也. 光謂, 一生二, 二生三, 配而
三之, 以成萬象.

비(毗)는 비(毗)와 지(至)의 반절이다. 송충은 말하기를 "비(毗)는 둘이다"라고
하였다. 왕애는 말하기를 "비(毗)는 짝하여 합한다(配合)는 것이다"라고 하였
다. 사마광은 생각하기를 "1은 2를 낳고, 2는 3을 낳고, 짝하여 3을 함으로써
만상을 이룬다"라고 하였다.[9]

▌以一陽乘一統, 萬物資形.
일양이 (동지에 이르러) 일통(一統)을 타는 것으로써[10] 만물이 의지하여 형을
이룬다.

一陽謂冬至也. 太初上元十一月甲子, 朔旦冬至無餘分. 後千五百三十九
歲, 甲辰朔旦冬至無餘分. 又千五百三十九歲, 甲辰朔旦冬至無餘分. 又千

· · · · · · · · · · · · · · · · · ·

9 역주 : 사마광은 『老子』41장, "一生二, 二生三, 三生萬物."의 사유를 통해 "음양비
   참"을 해석한다. 여기서 사마광은 『주역』을 노자의 사유를 통하여 해석하는 것을
   알 수 있다.
10 역주 : '統'은 일반적으로 天·地·人을 가리킨다. 이것은 3統曆에 근본한 것으로, 말
   하자면 1統이면서 3統을 겸하여 갖춘다는 것이다. 이 구절은, 두가지로 해석할
   수 있다. 먼저 세계관에 나아가 말하면, 이것은 음양이 서로 짝하고 서로 셋이
   되니 만물이 이로 말미암아 생한다는 것이다. 음양 두기가 소장하여 운행하고 만
   물이 성쇠하는 1陽을 보아 정한다. 그러므로 1양이 1통을 탄다고 한 것이다. 다음,
   『태현경』이란 책에 나아가 말하면, 양의 획과 음의 획이 서로 짝하고 합하여 셋이
   되어 '一'획을 이루니 곧 천지인 3方(즉 3통)이 있고, 3방 가운데 괘를 그으면 『태현
   경』이 연계되어 이루어진다는 것이다.

五百三十九歲, 還甲子朔旦冬至無餘分. 凡千五百三十九歲爲一統, 三統爲一元. 一統朔分盡, 一元六甲盡.

1양은 동지를 뜻한다. 태초의 상원(上元) 11월 갑자(甲子) 삭단(朔旦) 동지에는 여분(餘分)이 없다. 뒤의 1,539 세, 갑신(甲辰) 삭단 동지에 여분이 없다. 또 1,539 세, 갑신 삭단 동지에 여분이 없다. 또 1,539 세, 돌아온 갑자 삭단 동지에도 여분이 없다. 무릇 1,539세가 1통(一統)이 되고, 3통이 1원(一元)이 된다. 일통에 삭분(朔分)이 다하고, 1원에 6갑(六甲)이 다한다.[11]

▌方州部家, 三位疏成.

방(方)과 주(州)와 부(部)와 가(家)니, 1(혹은 天)·2(혹은 地)·3(혹은 人) 3위(三位)가 펴서 이룬다.

范本疏作疎, 王小宋本作統, 今從宋陸本[12]. 宋曰, 疏, 布也. 光謂, 揚子名首之四重以方州部家者, 取天下之象言之. 故一玄都覆三方, 方同九州, 枝載庶部[13], 分正群家. 玄者, 天子之象也, 方者, 方伯之象也, 州者, 州牧之象也, 部者, 一國之象也, 家者, 一家之象也. 上以統下, 寡以制衆, 而綱紀定矣. 三位, 一二三也. 以一二三錯布於方州部家而八十一首成矣.

범망본에 소(疏)는 소(疎)로 되어 있고, 왕애본, 송유간본에는 통(統)으로 되어 있는데, 지금 송충본과 육적본을 따른다. 송충은 말하기를 "소(疏)는 편다(布)는 것이다"라고 하였다. 사마광은 생각하기를, "양웅이 각 수(首)를 '4번 겹쳐놓고[四重]' 이를 방·주·부·가로 이름한 것은, 천하의 상을 취하여 말한 것이다. 그러므로 1현(一玄)은 모두 3방 (三方)을 덮고, (1방은 3 로 나누어져 있으므

· · · · · · · · · · · · · · · ·

11 역주 : '1統'에 대한 것을 숫자로 계산하여 그 의미를 밝히고 있는데, 3통이 '1元'이 된다는 것이다.
12 劉韶軍 點校 : 명초본에는 '宋陸本' 아래에 '作疏' 두 글자가 있다. 이것을 모든 책의 주석의 예[注例] 및 대전본, 도장본에 의거해 삭제하였다.
13 劉韶軍 點校 : 명초본에 '部'는 '邦'으로 되어 있다. 이것을 이 책재[本書=『태현경』]을 가리킨다] 「현도(玄圖)」에 의거해 고쳤다.

로) 3방은 9주를 함께 하고, (1주는 3部로 나누어져 있으므로) 9주가 갈래를 달리해 서부(庶部=27부)를 싣고, (1부가 3家로 나누어져 있으므로) 27가 나뉘어 81가(家)를 바르게 한다. 현(玄)은 천자(天子)의 상이고, 방(方)은 방백(方伯)의 상이고, 주(州)는 주목(州牧)의 상이고, 부(部)는 1국(一國)의 상이고, 가(家)는 1가(一家)의 상이다. 위로써 아래를 거느리고, 적은 것으로써 많은 것을 제압하니 기강이 정해진다. 3위는 1, 2, 3이다. 1, 2, 3을 방, 주, 부, 가에 뒤섞어 펌으로써(=3×3×3×3) 81 수(首)를 이룬다"라고 하였다.[14]

▌曰, 陳其九九, 以爲數生.

말하기를 그 9×9(=81)한 산법(算法)을 펼쳐 수(數)가 태어나는 것을 삼는다.

陸曰, 玄數起於三, 爲方州部家, 轉而相乘, 以成八十一首, 七百二十九贊之數也.

육적이 말하기를 『태현경』의 수는 3에서 일어나 방·주·부·가가 되고, 한번 돌아 서로 곱하여(9×9 하여) 81 수(首), (81×9 하여) 729 찬(贊)의 수(數)를 이룬다"라고 하였다.

▌贊上羣綱, 乃綜乎名.

찬으로 여러 강령을 거론하니,[15] 이에 이름을 종합한 것이다.[16]

· · · · · · · · · · · · · · · · · ·

14 역주 : 『태현경』의 방·주·부·가라는 글자가 갖는 의미를 밝히고, 방·주·부·가가 각각 어떤 의미연관을 갖고 81수(首)가 되는 것인지도 밝히고 있다. 『태현경』은 현에서부터 모든 현상이 생성 발전하는 과정을 수리적으로 논증하기 때문에 현은 우주의 총 원리이지만 '현'은 나뉘어져 3으로 된다. 방·주·부·가의 변화를 부호로 나타낸 것이 '首'다.

15 역주 : 『태현경』 每 首에는 初一, 次二, 次三, 次四, 次五, 次六, 次七, 次八, 上九의 9贊이 달려 있다. 여기의 찬은 매 수 9찬의 辭를 말한다.

16 역주 : 찬은 『태현경』의 찬으로, 『주역』의 爻에 해당한다. 『태현경』 매 수에는 9찬이 있으니 모두 729贊이 된다. 綱은 『태현경』의 81수를 말한다. 上은 81수를 729찬

二宋, 陸, 王本綱作剛,¹⁷ 今從范本. 上, 時掌切, 擧也. 揚子作玄, 以七百二
十九贊爲漫漶難知, 故以八十一首擧上其名, 區別其誼, 使炳然散殊, 若
網¹⁸在綱, 有條而不紊. 故曰, 贊上羣綱, 乃綜¹⁹乎名也.

송충본, 송유간본, 육적본, 왕애본은 강(綱)을 강(剛)으로 쓰고 있는데, 지금
범망본을 따른다. 상(上)은 시(時)와 장(掌)의 반절이니, 거론한다(擧)는 것이
다. 양웅이 『태현경』을 지을 때 729찬이 모호하고 분명하지 않아서 알기가
어렵다고 여겼다. 그러므로 81수(首)로 그 이름을 거론하여 그 마땅함을 구별
하고, 분명하게 분산시켜 다르게 하였으니, 그물에 벼리가 있는 것 같아 조리
가 있고 문란하지 않았다. 그러므로 "찬으로 여러 강령을 거론하니, 이에 이름
을 종합한 것이다"라고 하였다.

▌八十一首, 歲事咸貞.

81 수(首)에 1년 중의 일이 모두 바르게 된다.²⁰

首者, 九贊之端首也.²¹

수(首)는 9찬의 단수(端首)다.

. . . .

위에 맨다는 것이다. 81수는 729찬을 분별하여 統領하니 마치 그물에 강령이 있는
것이다. 종합하면 729찬을 종합적으로 묶음으로써 81首의 이름을 이룬다.

17 劉韶軍 點校 : 명초본에 '剛' 아래 '誤也' 두 글자가 있다. 이것을 모든 책의 주석의
례[注例] 및 대전본, 도장본에 의거해 삭제하였다.

18 劉韶軍 點校 : '若網在綱'은 명초본에는 '若綱在網'으로 되어 있다. 이것을 오류거
본에 의거해 고쳤다.

19 劉韶軍 點校 : '綜'은 명초본에는 '摠'으로 잘못 쓰여 있다. 이것을 正文 및 대전본,
도장본에 의거해 고쳤다.

20 역주 : '咸'은 '皆'로, '모두'라는 뜻이다. '貞'은 '바르다[正]'는 것이다. 2찬은 하루에
해당하는데, 81수 729찬에서 매 2개의 찬은 하루의 주야에 해당한다. 364日半에
踦를 가하고 2개의 찬을 가득차게 하여 한해의 日數를 이루고, 한해 가운데 음양
의 소식, 만물의 성쇠의 과정을 표시한다. 그러므로 '한해의 일이 모두 바르다'고
말한 것이다.

21 劉韶軍 點校 : '首者'에서 '首也'까지의 여덟 글자는 명초본에는 '贊上羣綱' 명구
주석의 문장의 끝에 있다. 이것을 도장본에 의거해 옮겼다.

▌盛哉日乎, 炳明離章, 五色淳光.

그 빛이 성대하구나! 태양이여! 밝고 밝아 문채가 빛나니, 5색의 순수한 광채
를 발한다.[22]

陸曰, 所以於測篇首而述日者, 謂行於七百二十九贊之中, 爲晝夜休咎之
徵也. 日含五行之精以爲光明, 故稱淳光. 光[23]謂, 晝夜循環, 寒暑運行, 以
生萬物, 成立歲功, 皆日之所爲也. 故揚子嘆以爲敍測之端. 炳亦明也, 離,
文也, 淳, 粹也. 物之五色, 非日不彰[24].

육적은 말하기를 "측편(測篇)의 수(首)에 태양을 기술한 이유는 729찬 가운데
에서 행한 것이 밤과 낮의 '길하괴休' '흉한졤' 징조가 된다는 것을 말한 것이
다. 태양은 5행의 정기를 함유하여 광명을 삼기 때문에 순수한 빛이라 일컫는
다"라고 하였다. 사마광은 생각하기를 "밤과 낮이 순환하고 추위와 더위가 운
행함으로써 만물을 낳고 한 해의 공을 성립하니, 모두 태양이 하는 바이다.

· · · · · · · · · · · · · · · · ·

22 역주 : '炳', '離', '章'은 모두 '밝다'는 것으로, 『주역』 「離卦」의 문의를 취한 것이다.
   '盛'은 태양 빛이 '빛나고 밝다'는 것이다. 해의 운행은 낮과 밤을 구분하는데, 729
   찬에서 매 2개의 찬은 주와 야가 되고, 364일 半을 합하니 바로 '해의 운행에 응하
   고 한 해의 공을 이룬다'는 것이다.
23 劉韶軍 點校 : '光'은 명초본에는 빠져 있다. 이것을 장사호본에 의거해 보충하였다.
24 劉韶軍 點校 : '不彰' 아래 명초본에는 '舊本炳作丙' 5 글자가 있다. 이것을 모든
   책의 주석의 예 및 대전본, 도장본에 의거해 삭제하였다.

그러므로 양웅이 감탄하여 '측'을 풀이하는 단서로 삼았다. 병(炳) 또한 밝다(明)는 것이고, 이(離)는 문채난다(文)는 것이고, 순(淳)은 순수하다(粹)는 것이다. 사물의 5색이란 태양이 아니면 드러나지 않는다"라고 하였다.[25]

▌夜則測陰, 畫則測陽.
밤에는 음을 헤아리고, 낮에는 양을 헤아린다.

一日兩贊, 前贊爲畫, 後贊爲夜. 凡日法八十一分, 畫贊直前半日, 夜贊直後半日[26].
하루는 두 개의 찬(贊)이니, 앞의 찬은 낮이 되고, 뒤의 찬은 밤이 된다. 무릇 하루는 81분을 본받으니, 낮의 찬 직전이 하루의 반이고, 밤의 찬 직후가 하루의 반이다.

▌畫夜之測, 或否或臧
낮과 밤을 헤아리는 데 혹은 좋지 않은 것이 있고 혹은 좋은 것이 있다.[27]

否, 音鄙. 宋曰, 否, 不善也. 范曰, 臧, 善也.
비(否)는 음이 비(鄙)이다. 송충은 말하기를 "비(否)는 좋지 않다(不善)는 것이다"라고 하였다. 범망은 말하기를 "장(臧)은 착하다(善)는 것이다"라고 하였다.

---

25 역주 : 해가 행한 공능을 말한다. 이 구절은, 해가 갖는 공능성을 특히 사물들의 색과 관련해 풀이하면서, 해가 모든 사물의 근본이 된다는 것을 말한 것이다.
26 劉韶軍 點校 : '凡日'에서 '後半日'까지의 19글자는 명초본에는 中首 초일 주석의 문장의 끝에 있다. 이것을 도장본, 장사호본에 의거해 옮겼다.
27 역주 : '測'은 '헤아려 예시한다'는 뜻이 있다. '臧'은 '善'이다. '不善'은 '否'다. 「玄數」에서는 "休則逢陽, 咎則逢陰"이란 말이 있다. 『태현경』은 점서이므로 주야와 관련된 '臧否'의 설이 있다.

▌陽推五福以類升, 陰幽六極以類降.

양은 5복을[28] 미루어 무리와 함께 올라가고, 음은 6극에[29] 숨어 무리와 함께
내려온다.[30]

陽爲出, 陰爲入, 陽爲顯, 陰爲隱. 陽爲善, 陰爲禍. 故曰, 陽推五福以類升,
陰幽六極以類降, 皆謂贊之陰陽也. 晝爲陽, 夜爲陰.

양은 나아가는 것, 음은 들어가는 것, 양은 나타나는 것, 음은 숨는 것, 양은
좋은 것, 음은 화이다. 그러므로 양은 5복을 미루어 무리로써 오르고, 음은
6극에 숨어 무리로 내려오니, 모두 찬의 음과 양을 일컬은 것이다. 낮은 양이
고, 밤은 음이다.[31]

▌升降相關, 大貞乃通.

음과 양이 오르고 내려와 서로 사귀니, 크게 바른 것이어야 비로소 통한다.

關, 交也. 升降相交, 然後三儀大正之道乃通, 明二者不可偏廢. 偏廢則正
道否塞而不行也.

관(關)은 사귄다(交)는 것이다. 오르내리면서 서로 사귄 뒤에 3의(三儀)의 크
고 바른 도가 비로소 통하니, 두 가지(=음과 양) 중에 하나를 버려서는 안되는

· · · · · · · · · · · · · · · ·

28 역주 : 오복은 인간의 다섯 가지 福. 『書經』 「洪範」에서 말하는 壽, 富, 康寧, 攸好
德, 考終命이다.
29 역주 : '6극'은 여섯 가지 나쁜 일로서, 곧 凶短折, 疾, 憂, 貧, 惡, 弱이다.
30 역주 : '陽推'는 양기가 만물을 성장하게 하는 작용을 갖추고 있다는 것이다. '陰幽'
는 음기가 만물을 잠기어 숨게 하는 작용을 가지고 있다는 것이다. 「玄攡」에서는
"日一南而萬物死, 日一北而萬物生."이라 한다. 양기가 날로 성대하면 만물이 위로
향하는데, 이것은 사물이 상승단계에 처하는 것을 상징한다. 음기가 점차 자라면
만물이 죽음으로 향하는데, 이것은 사물이 물러나는 단계에 처한다는 것을 상징한
다. 양은 吉하기에 福으로써 말하고, 음은 凶하기에 極으로 말한다.
31 역주 : 양과 음에 대해 의미 차이를 각각 출과 입, 현과 은, 선과 화, 주와 야 등으로
차별화된 의미 부여를 하고 있다. 여기서 음양에 대한 전형적인 이해를 볼 수 있다.

것을 밝힌 것이다. 한쪽이 버려지면 바른 도는 막혀서 행해지지 않게 된다.

┃ 經則有南有北, 緯則有西有東. 巡乘六甲, 與斗相逢.

날줄[經]에는 남쪽과 북쪽이 있고, 씨줄[緯]에는 서쪽과 동쪽이 있다. 해는 돌아
다니다가 6갑에 타서 북두성과 서로 만난다.[32]

宋曰, 日右行而斗左回, 故相逢也. 光謂, 巡, 行也. 十日行乘十二子而爲六
甲. 逢, 迎也.

송충은 말하기를 "태양은 오른쪽으로 행하고 북두성은 왼쪽으로 돌기 때문에
서로 만난다"라고 하였다. 사마광은 생각하기를 "순(巡)은 행한다(行)는 것이
다. 10일 행하다가 12간지를 타게 되면 60갑자가 된다. 봉(逢)은 맞이한다(迎)
는 것이다"라고 하였다.

┃ 曆以紀歲, 而百穀時雍.

(성인은) 역법으로 한 해의 절기를 기록하고, 온갖 곡식들이 제때에 익으니
때는 조화롭고 풍년이다.

范本紀作記, 今從二宋,陸,王本. 宋曰, 雍, 和也. 光謂, 日運行於上, 而有
寒暑四時. 聖人治曆, 所以紀一歲之氣節, 然後事不失時, 而百穀和熟, 人
得以自養也.

범망본에 기(紀)는 기(記)로 되어 있는데, 지금 송충본, 송유간본, 육적본, 왕애
본을 따른다. 송충은 말하기를 "옹(雍)은 조화롭다(和)는 것이다"라고 하였다.

....

32 역주 : 6甲은 10日을 12干支와 서로 짝하면 그 가운데에 甲子, 戊戌, 甲甲, 甲午,
甲辰, 甲寅 등이 있는데 이것을 6갑이라고 한다. 말하자면 해가 운행하여 6갑을
타고 두루 운행하여 다시 시작하여 한해의 일을 이룬다. 해는 우로 행하여 좌로
되돌아오는데, 북두성은 좌로 행하여 우로 도니, 각각 한번 周天한 것이다.

사마광은 말하기를 "태양이 위에서 운행하여 춥고 더운 4계절이 있다. 성인이
역법을 다스리는 것은 한 해의 절기를 기록하려는 것이니, 그렇게 한 뒤에
농사일이 때를 잃지 않아 온갖 곡식이 풍작을 이루어 사람들이 스스로를 봉양
할 수 있다"라고 하였다.

	(1,1)	(1,2)	(1,3)	(2,1)	(2,2)	(2,3)	(3,1)	(3,2)	(3,3)
(1,1)	1 中	10 羨	19 從	28 更	37 睟	46 廓	55 減	64 沈	73 成
(1,2)	2 周	11 差	20 進	29 斷	38 盛	47 文	56 唫	65 內	74 闕
(1,3)	3 礥	12 童	21 釋	30 毅	39 居	48 禮	57 守	66 去	75 失
(2,1)	4 閑	13 增	22 格	31 裝	40 法	49 逃	58 羠	67 晦	76 劇
(2,2)	5 少	14 銳	23 夷	32 衆	41 應	50 唐	59 聚	68 瞢	77 馴
(2,3)	6 戾	15 達	24 樂	33 密	42 迎	51 常	60 積	69 窮	78 將
(3,1)	7 上	16 交	25 爭	34 親	43 遇	52 度	61 飾	70 割	79 難
(3,2)	8 干	17 㪍	26 務	35 斂	44 竈	53 永	62 疑	71 止	80 勤
(3,3)	9 狩	18 傒	27 事	36 彊	45 大	54 昆	63 視	72 堅	81 養

중中

☰☷ 一方一州一部一家.

1방, 1주, 1부, 1가다.

中

중(中)

陽家, 水, 準易中孚.[33] 中之初一[34], 日舍牽牛初度, 冬至氣應, 陽氣始生, 兼準坎. 所以然者, 易以八卦重爲六十四卦, 因爻象而定名, 分坎離震兌直 二十四氣, 其餘六十卦, 每卦直六日七分. 玄以一二三錯布於方州部家, 而 成八十一數. 每首直四日有半, 起於冬至, 終於大雪, 準易卦氣直日之叙而 命其名. 或以兩首準一卦者, 猶閏月之正四時也. 坎離震兌在卦氣之外. 故 因中應釋飾附分至之位而準之. 揚子本以顓頊及太初曆作太玄, 故日躔宿 度氣應斗建不皆與今治曆者相應. 中者, 心也, 物之始也. 中孚者, 誠發於

· · · · · · · · · · · · · · · · · ·

33 역주 : 中首는 『주역』 「중부괘」의 논리에 준해 설정된 것이다. 하지만 내용상으로
보면 중화의 논리와 『주역』 「건괘」의 논리를 한데 응용해 중화가 가장 중요하다는
것과 어떤 때 어떤 행위를 하는 것이 가장 바람직한 것인가를 밝히고 있다. 이
견해는 『주역』을 포함한 유가가 추구하는 기본적인 사유를 가장 잘 보여준다. 이
런 점에서 '중'을 제일 먼저 거론하고 있다. 「玄衝」에서는 "中則陽始."라고 한다.
34 劉韶軍 點校 : '中之初一'은 명초본에는 '中一之初'로 되어 있다. 이것을 모든 책
주석의 예 및 장사호본에 의거해 고쳤다.

中而信著於外也. 洪範, 五事,[35] 思曰睿, 睿作聖.

중수(中首)는 양가(陽家)이고, (5행에서는) 수(水)이며, 『주역』「중부괘(中孚卦)」에 준한다. 중수(中首)의 초일(初一)에서 태양은 견우성의 초도(初度)에 머물러, 동지의 기와 응하니 양기가 처음 생겨나는 것이며, 아울러 「감괘(坎卦)」에도 준한다. 그렇게 되는 이유는, 『주역』에서는 (小成卦) 8괘를 거듭하여 64괘가 되고, 효의 상에 근거하여 (괘의) 이름을 정하는데, 「감괘」, 「이괘」, 「진괘」, 「태괘」를 곧바로 24기로 나누어 배당시키고, 그 나머지 60괘는 매 괘마다 곧바로 6일 7분이 되기 때문이다. 『태현경』에서는 1·2·3을 방(方)과 주(州)와 부(部)와 가(家)에 뒤섞어 펼쳐놓아 81수(首)를 이룬다. 매 수(首)에 곧바로 4일 반을 배당시키고, 동지에서 시작되어 대설에서 마치니, 역의 괘기설(卦氣說)의 일수(日數) 배당 순서에 따라 수(首)의 이름을 정한 것이다. 혹은 두 수(首)로 한 괘에 준한 것은 윤달로 4계절을 바로 잡는 것이다. 「감괘」, 「이괘」, 「진괘」, 「태괘」는 괘기 밖에 있다. 그러므로 (『태현경』의 81 首 中 1 번째 首인) 중수(中首)와 (『태현경』의 81 수 중) 41번 째 수인 응수(應首)와 (『태현경』의 81 수 중) 21째 수인 석수(釋首)와 (『태현경』의 81괘 중) 61 번째 수인 식수(飾首)가 분지(分至)의 자리에 붙은 것에 따라 준한 것이다.[36] 양웅은 본래 전욱(顓頊)[37] 및 태초의 역법으로 『태현경』을 만들었다. 그러므로 해의 운행과 별의 도수와 기의 응함과 북두성은 모두 오늘날 역법을 다스리는 것과 서로 응하지 않는다. 중(中)은 마음(心)이란 뜻으로, 사물의 시작이다. 중부(中孚)란 정성이 속에서 일어나 믿음이 밖으로 드러난 것이다.[38] 『서경』「홍범」에서는 다섯 가지 일을

. . . .

35 역주 : 『書經』「洪範」의 五事는 "一曰貌, 二曰言, 三曰視, 四曰聽, 五曰思. 貌曰恭, 言曰從, 視曰明, 聽曰聰, 思曰睿, 恭作肅, 從作乂, 明作哲, 聰作謀, 睿作聖."이다.

36 역주 : 이 구절은, 봄·여름·가을·겨울 4계절의 춘분·하지·추분·동지를 『태현경』의 해당 首에 적용하여 풀이한 것이다. "중수"가 동지라면 "응수"는 하지가 된다. "석수"가 "춘분"이라면 "식수"는 가을이 된다.

37 역주 : 중국 전설에 나오는 삼황오제의 하나. 『淮南子』「天文訓」에 보면 그가 共工과 제위를 놓고 다투었다는 설이 있는데, 그때 공공의 힘이 넘쳐 不周山에 서 있던 天柱를 부러뜨렸다고 한다. 이 때문에 하늘은 북서로 기울고 일월성신은 북서를 향해 운행하게 되었다는 것이다. 『史記』에는 黃帝의 손자이며 昌意의 아들로서, 아들은 鯀, 손자는 禹王이라고 한다. 그는 高陽氏라고 했는데, 천하를 잘 다스려 명군으로서 이름이 높았다.

말하기를 "생각하는 것은 슬기로워야 하며, 슬기로움은 성인을 만든다"라고
하였다.

▌陽氣潛萌于黃宮, 信無不在乎中.[39]

양기가 황궁에[40] 잠복하여 싹을 틔우니, 가운데에 있지 않음이 없다는 것을
말한 것이다.[41]

首者, 明天地以陰陽之氣, 發斂萬物, 而示人法則者也. 黃, 中之色也. 中直
冬至之初, 陽氣潛生於地中, 如人宮室也. 信無不在乎中者, 揚子嘆三儀萬
物變化云爲, 原其造端,[42] 無不在乎中心也.[43] 信, 辭也.

수(首)는 하늘과 땅이 음과 양의 기로써 만물을 발생시키고 거두어들인 것을
밝혀 사람에게 법칙을 보여준 것이다. 황은 중앙의 색이다.[44] 중수(中首)는
바로 동지의 처음에 양기가 땅속에서 은밀하게 생겨나는 것이니, 마치 사람이
궁실에 사는 것이다. "가운데에 있지 않는 것이 없다"라고 말한 것은, 양웅이
3의(儀)(=1,2,3 혹은 천·지·인)가 만물을 변화시킨다고 운운하면서 찬탄한 것
으로, 그 단서의 근원을 캐보면 중심에 있지 않은 것이 없다는 것이다. 신(信)

....

38 역주 : 이런 사유는 『대학』6장의 "誠於中, 形於外."와 관련이 있다.
39 역주 : 이것은 『태현경』 首의 辭다. 이하 81수도 같다. 원래 「玄首都序」와 합해져
    있던 것인데, 독자적으로 편을 이룬 것이다. 즉 『한서』 「양웅전」에서 말하는 十一
    篇의 「太玄首」가 그것인데, 『주역』 「象傳」에 상당한다. 대개 범망이 解贊했을 때
    여러 首 아래에 흩어져 있었다.
40 역주 : 황궁은 두가지로 풀이할 수 있다. '황종'(12律의 맨 처음. 즉 冬至를 상징한
    다)과 '地中'이란 의미 이 두가지로 해석할 수 있다.
41 역주 : '信'은 1년 24氣 72候 盈虛의 소식을 의미한다. 이 구절은, 동지 때는 양기가
    땅속에 잠겨 맹아하고 있는데, 만물의 변화가 이것으로 말미암아 발단하지 않음이
    없음을 말한 것이다.
42 역주 : 『중용』12장에 "君子之道, 造端乎夫婦, 及其至也, 察乎天地也." 라는 말이 나
    온다.
43 劉韶軍 點校 : "中心也"는 명초본에는 "中"과 "也" 두 글자 사이가 공백이다. 이것을
    대전본, 도장본, 장사호본에 의거해 보충하였다.
44 역주 : 황색은 5행에서 중앙에 해당하는 색이다.

은 말한다(辭)는 것이다.

初一：昆侖旁薄, 幽. 測曰：昆侖旁薄, 思之貞也. [45]

초일은, 혼륜한[46] 하늘은 망망하여 만물을 포용하지 않음이 없고, 광대한 대지
는 만물을 싣지 않은 것이 없으니 (천지의 도리가 바르게 행해져), 그윽하면서
심오하도다.

측에 말하기를, 혼륜한 하늘은 망망하여 만물을 포용하지 않음이 없고, 광대한
대지는 만물을 싣지 않은 것이 없다는 것은 생각이 바르다는 것이다.[47]

范小宋本之作諸. 今從宋陸王本. 昆, 音魂. 侖, 盧昆切. 范曰, 昆, 渾也,
侖, 淪也, 天之象也. 旁薄, 猶彭魄也, 地之形也. 幽, 隱也. 王曰, 幽者, 人
之思慮幽深玄遠也. 光謂, 贊者, 明聖人順天之序, 修身治國, 而示人吉凶
者也. 昆侖者, 天象之大也. 旁薄者, 地形之廣也. 夫以天地之廣大, 而人
心可以測知之, 則心之爲用也神矣. 一者, 思之始也. 君子之心可以鉤深致
遠, 仰窮天神, 俯究地靈, 天地且不能隱其情, 況萬類乎. 以其思而未形也,
故謂之幽. 法言曰, 或問神, 曰心, 請問之, 曰, 潛天而天, 潛地而地. 天地,
神明而不測者也. 心之潛也, 猶將測之, 況於人乎. 況於事倫乎. 君子思慮
之初, 未始不在乎正, 故曰, 思之貞也. 易曰, 正其本,[48] 萬物理. 孔子曰,

....

45 역주 : 이것은 『태현경』測의 辭다. 이하 729 측도 같다. 원래 「玄測都序」와 합해져
   있던 것인데, 독자적으로 편을 이룬 것이다. 즉 『한서』 「양웅전」에서 말하는 十一
   篇의 「太玄測」이 그것이다. 范望이 解贊했을 때 諸贊의 끝에 흩어져 있었다.
46 역주 : '昆侖'은 '渾淪하다는 의미다. 주석에서는 발음을 '혼륜'으로 하라고 한다.
   이 구절은, 하늘은 혼륜하면서 포함하지 않은 것이 없고, 땅은 磅礴하면서 싣지
   않은 것이 없으니, 이처럼 천도는 玄遠하고 幽深하며 隱匿하고 있기 때문에 알기
   가 어렵다는 것이다.
47 역주 : 이 구절은, 천체 운행으로부터 말하면, 中首의 초일은 동지의 기가 감응한
   것으로 양기가 비로소 생하여 한 해의 처음이 되고, 천지 운행이 어그러지지 않으
   면서 만물을 포용한다는 것이다. 인사로부터 말하면, 一은 思가 일어나는 것으로
   서, 아직 밖으로 나타나지 않은 것이기에(「玄圖」에서 "一也者, 思之微."라는 것
   참조), 인간은 思에 신중하면서 바르게 하면 통하지 않는 것이 없다는 것이다.

詩三百, 一言以蔽之曰, 思無邪.

범망본과 송유간본에는 지(之)가 '제[諸]'자로⁴⁹ 쓰여 있다. 지금 송충본과 육적본, 왕애본을 따른다. 혼(昆)은⁵⁰ 음이 혼(渾)이다. 륜(侖)은 로(盧)와 곤(昆)의 반절이다. 범망은 말하기를 "혼(昆)은 섞는다(混)는 것이며, 윤은 빠진다(淪)는 것으로, 하늘의 상이다. 방박(旁薄)은 광대무변(廣大無邊)한 것과⁵¹ 같으니, 땅의 형세다. 유(幽)는 은미하다(隱)는 것이다"라고 하였다. 왕애가 말하기를 "유(幽)는 인간의 사려가 그윽하고 깊고 현묘하면서도 심원한 것이다"라고 하였다. 사마광은 생각하기를 "찬(贊)이란 성인이 하늘의 질서를 따르고, 자신을 닦고 나라를 다스리는 것을 밝혀 사람에게 길하고 흉한 것을 보인 것이다. 혼륜(昆侖)이란 하늘의 상이 큰 것이다. 방박(旁薄)이란 땅의 형세가 넓은 것이다. 대저 하늘과 땅이 광대하지만 사람의 마음은 이를 헤아려 알 수 있으니, 마음의 작용이 신비롭다. (제 1贊의)일(一)은 사(思)의 시(始)다. 군자의 마음은 깊은 곳에 있는 이치를 탐구하고 먼 곳에 있는 것을 이르게 할 수 있으니,⁵² 우러러서는 하늘의 신묘함을 궁구하고 굽어서는 땅의 신령스러움을 궁구할 수 있어⁵³ 하늘과 땅조차 그 실정을 숨길 수 없거늘 하물며 만 가지 무리에 있어서랴! 생각을 하지만 그 생각이 아직 나타나지 않은 것을 유(幽)라고 이른다. 『법언(法言)』「문신(問神)」에서 어떤 이가 묻기를 '신(神)이란 무엇입니까?'라고 하니, 대답하기를 '마음[心]이다'라고 하였다. (그 내용에 대해) '청하여 묻겠습니다'하니 대답하기를 '마음이란 하늘에 대하여 생각을 골똘히 하면 하

· · · · · · · · · · · · · · · · · · · ·
48 劉韶軍 點校 : '本'은 명초본에는 '始'로 되어 있다. 이것을 『大戴禮記』「保傳」편 및 대전본에 의거해 고쳤다.
49 역주 : 이 경우 '諸'자는 '지(之)+어(於)'의 준말로 "저"라고 발음을 해야 한다.
50 역주 : '昆'은 맏형일 때는 '곤'으로 발음되나, 뒤섞인다고 할 때는 '혼'으로 발음된다.
51 역주 : '彭魄'은 땅이 광대하여 그 끝이 없는 것을 의미한다. '彭'은 융성함이 많은 모습을 가리킨다. 하늘을 상징하는 혼에 비하여 백은 땅을 상징한다. 『주역』「大有」九四에서는 '匪其彭'을 말하고, 『시경』「齊風·載驅」에서는 "汝水湯湯, 行人彭彭"을 말하고, 『시경』「大雅·大明」에서는 "牧野洋洋, 駟騵彭彭."을 말한다.
52 역주 : "鉤深致遠"은 『주역』「계사전상」11장에 나오는 말이다.
53 역주 : 『주역』「계사전하」2장에는 "古者包犧氏之王天下也, 仰則觀象於天, 俯則觀法於地, 觀鳥獸之文與地之宜, 近取諸身, 遠取諸物, 於是始作八卦, 以通神明之德, 以類萬物之情."라는 말이 나온다.

늘의 일을 알고, 땅에 대해서 생각을 골똘히 하면 땅의 일을 안다. 천지란 것은 본래 신명한 것이어서 사람의 지혜를 초월한 존재이다. 그러나 마음을 가라앉혀서 깊이 생각하면 오히려 그것을 미루어 헤아릴 수 있는 것이다. 하물며 가까이 있는 인간에 대하여, 그리고 인사와 인륜에 대해서는 말할 것도 없다'[54] 라고 말하였다. 군자가 사려하는 처음에는, 일찍이 바르지 않은 것이 없다. 그러므로 '생각이 바른 것이다'[55]라고 말한 것이다. 『주역』에서 말하기를 '그의 근본이 바르게 되면, 만물이 다스려진다'라고 하였다.[56] 공자는 『논어』 「위정(爲政)」에서 말하기를 '『시경』의 시 300편을 한마디로 말한다면 이것은 생각함에 사특함이 없다'고 했다"라고 하였다.

▌次二：神戰于玄, 其陳陰陽. 測曰：神戰于玄, 善惡幷也.

차이는, 신령한 기운이 마음 속[玄][57]에서 싸우고 있으니, 그 펼쳐진 것은 음과 양이다.

측에 말하기를, 신령한 기운이 마음 속[玄]에서 싸우고 있다는 것은 선과 악이 함께 있다는 것이다.

陳, 直刃切. 神者, 心之用也. 人以心腹爲玄. 陰主惡, 陽主善. 二在思慮之中而當夜, 其心不能純正, 見利則欲爲惡, 顧義則欲爲善, 狐疑猶豫,[58] 未

....

54 역주 : 이상의 말은 『법언』「문신」에 나오는 말이다.
55 劉韶軍 點校 : '貞'은 명초본에는 '正'으로 되어 있다. 이것을 대전본, 도장본, 장사 호본에 의거해 고쳤다.
56 역주 : 『大戴禮記』「保傅」에는 "易曰, 正其本, 萬物理. 失之毫釐, 差之千里, 故君子 愼始也."라는 말이 나온다.
57 역주 : 일반적으로 철학에서 말하는 '신'은 우주론적 측면에서 보면 음과 양의 두 기를 가리킨다. 양기가 처음 생기는데 음과 더불어 서로 교차하는 것이 미묘하고 헤아릴 수 없다. 그러므로 '신'이라고 한다. 『주역』「계사전상」5장, "陰陽不測之謂 神." 참조. '신'은 玄冥하고 유심한 경지를 말하기도 한다. 양웅은 '心'을 신으로 여긴다. 양웅은 『법언』「문신」에서 "或問神, 曰心"이라 한 적이 있다. 이 구절은, 음력 11월 동지 때 음양이 소식하면서 유심하고 玄冥한 곳에서 서로 다툰다는 것이다.

知適從, 故曰, 神戰于玄, 其陳陰陽也. 子夏出見紛華盛麗而悅, 入聞夫子
之道而樂, 二者, 交戰於中. 子夏戰勝, 故爲大賢, 不勝則爲小人矣.

진(陳)은 직(直)과 인(刃)의 반절이다. 신(神)이란 마음의 작용이다. 인간은 심
복을 현(玄)으로 삼는다. 음은 악을 주관하고, 양은 선을 주관한다. 이(二)는
사려하는 중(中) 있으면서 밤에 해당하여, 그 마음이 순정할 수 없어 이로운
것을 보면 악을 하고자 하고, 의로운 것을 돌아보면 좋은 일을 하고자 하니,
여우가 의심하여 망설이면서 따를 것을 알지 못하는 것이다. 그러므로 말하기
를 "신령한 것이 마음속(玄)에서 싸우니, 그 펼쳐진 것이 음과 양이다"라고 하
였다. (공자의 제자인) 자하(子夏)는 나가서는 대단히 화려하고 성대한 장식을
보면 기뻐했고, 들어와서는 부자(=공자)의 도를 듣고서 즐거워하였으니, 두
가지가 서로 안에서 싸운다고 하였다.[59] 이런 상황에서 자하는 악화려하고
성대한 것을 추구하고자 하는 욕망과 싸워서 이겼기 때문에 큰 현인이 되었는
데, 이기지 못했으면 소인이 되었을 것이다.

▋次三 : 龍出于中, 首尾信,[60] 可以爲庸. 測曰 : 龍出于中, 見其造也.

차삼은, 용이[61] (때에 맞게) 못에서 나와 하늘로 올라가는데 행동거지가 머리
와 꼬리가 곧게 펼쳐지듯 수미일관(首尾一貫)하니, 본받을 수 있다.[62]

측에 말하기를, 용이 (때에 맞게) 못에서 나와 하늘로 올라간다는 것은, 그것
이 작위함을 드러낸다는 것이다.[63]

. . . .

58 역주 : '猶豫'는 『노자』15장의 "豫若冬涉川, 猶若畏四鄰"이란 말을 참조할 것. 應劭
의 『風俗通』(=『風俗通義』)에서는 "里語稱狐欲渡河無如尾何, 且狐性多疑, 故俗有
狐疑之說."라고 하여 狐疑를 풀이하고 있다.

59 역주 : 이 문장은 『史記』 권23, 「禮書」제1에 나오는 문장으로, 전후 문맥은 다음과
같다. "自子夏, 門人之高弟也, 猶云出見紛華盛麗而說, 入聞夫子之道而樂, 二者心
戰, 未能自決, 而況中庸以下, 漸漬於失敎, 被服於成俗乎."

60 역주 : 信은 '편다(伸)'는 것이다.

61 역주 : 이 때의 '龍'은 '양기'를 뜻한다. 『주역』「문언」에서는 "潛龍勿用, 陽氣潛藏."
을 말한다.

62 역주 : 이 구절은, '용' 즉 양기가 맹아하고 펴면서 깊이 숨어 있는 것에서 나와
만물을 자라게 하고 기르기에 크게 작위함이 있다는 것이다.

宋陸王本作首尾信可罔以爲庸, 范小宋本無罔字, 今從之. 陸曰, 造, 作也.
范曰, 庸, 法也. 王曰, 陽氣益進, 造物之功始見. 光謂三爲成意而處思之
外, 君子旣思之, 則行之, 所爲之迹見於外, 人得而知, 故曰, 龍出于中也.
君子行己, 自始至終, 出處語默, 不失其宜, 信乎可以爲人之常法也. 易曰,
見龍在田, 利見大人.

송충본, 육적본, 왕애본에서는 수미신가망이위용(首尾信可罔以爲庸)이라 되
어 있고, 범망본과 송유간본에는 망(罔)자가 없는데, 지금 이것을 따른다. 육
적은 말하기를 "조(造)는 만든다(作)는 것이다"라고 하였다. 범망은 말하기를
"용(用)은 본받는다(法)는 것이다"라고 하였다. 왕애는 말하기를 "양기가 더욱
나아가니 조물주의 공이 처음으로 나타난 것이다"라고 하였다. 사마광은 생각
하기를 "삼(三)은 뜻을 이룬 것으로 생각을 벗어난 것이다. 군자는 생각했으면
곧 실행하니, 생각한 흔적이 밖에 나타나면 사람이 알게 된다. 그러므로 '용이
중(中)에서 나왔다'라고 하였다. 군자는 자신을 행하는데 처음부터 끝까지 벼
슬에 나아가고 물러나며 말하고 침묵하는 데 그 마땅함을 잃지 않으니, 진실로
다른 사람의 떳떳한 법이 될 수 있다. 『주역』「건괘」에서 말하기를 '나타난
용이 밭에 있으니, 대인을 봄이 이롭다'라고 했다"[64] 하였다.

▌次四 : 庳虛無因, 大受性命, 否. 測曰 : 庳虛之否, 不能大受也.
차사는, (신하가 大任을 받으려면) 자신을 낮추고, 비우고, 있다 하지 않고,
사물의 작용에 따라야 한다. (하지만 능력이 부족한 신하가 그렇게 하지 않기
때문에) 성과 명을 크게 받아도 막히고 통하지 않는다.[65]

· · · · · · · · · · · · · · · · ·

63 역주 : 이 구절은, 양기가 사물을 기르고, 성현이 일을 꾸며 모두 크게 작위함이
    있기에 그 功用을 볼 수 있다는 것이다.
64 역주 : 『주역』「건괘」九二爻에 나오는 말이다.
65 역주 : 양웅은 黃老의 학을 숭상하고 도덕의 설을 추숭하였다. 양웅은 『법언』「問
    道」에서 "老子之言道德, 吾有取焉耳."라고 하였다. 朱熹는 "太玄中高處, 只是黃
    老.(『朱子語類』권67)"라고 하였다. 그러므로 이런 학설이 있다. '비(否)'는 막히고
    통하지 않는 것으로, 『주역』「否卦」의 뜻을 취한 것이다. 이런 의미가 인신되어
    부서지고 훼손된다는 것이 되었다. 次四는 '음'으로 소인의 상이다. 이런 4가지

측에 말하기를, (능력이 부족한 신하가 자신을) 낮추고 비워야 하는데 그렇게 하지 않으니, 막히고 통하지 않아 성과 명을 크게 받을 수 없다는 것이다.

庳, 毗至切. 王曰, 四近於五, 臣位極盛. 當高而自庳, 實而若虛, 有而若無, 因物之功, 不自作爲, 故曰, 庳虛無因. 光謂, 庳, 下也. 中和莫盛於五. 五者, 位之隆, 德之盛也. 四當夜, 小人也, 而逼於五. 不度其德, 進取狂簡,[66] 謂夫 性命之理造次可及也, 故大受之而無辭避. 夫性命, 理之至精者也, 非小人 之所得知也. 故曰, 否. 論語曰, 子罕言命. 又曰, 子貢曰, 夫子之言性與天 道, 不可得而聞也. 子曰, 亡而爲有, 虛而爲盈, 約而爲泰, 難乎有恒矣.

비(庳)는 비(毗)와 지(至)의 반절이다. 왕애는 말하기를 "차사(次四)는 차오(次 五)와 가까우니 신하의 지위가 정점에 이른 것이다. (이 경우 신하는) 높은 지위에 있지만 스스로 낮추고, 차 있지만 빈 듯 하고, 있지만 없는 듯하고, 사물의 공에 따르면서 스스로 작위를 하지 않아야 한다. 그러므로 낮추고, 비우고, 있다고 하지 않고, 사물에 따른다"라고 하였다. 사마광은 생각하기를 "비(庳)는 낮춘다(下)는 것이다. 중화는 차오(次五)보다 성대한 것이 없으니, 차오는 지위가 높고 덕이 성대하기 때문이다. 차사는 밤에 해당하고 소인으로 서 차오에 가깝다. 하지만 그 덕을 헤아리지 못하고, 나아가고 취함을 너무 지나치고 간략하게 한다. 따라서 성명의 이치가 잠깐 사이라도 미칠 수는 있 다고 한 것이다. 그러므로 (능력이 되지 않은 상태지만) 크게 받더라도 사양하 고 피함이 없다. 대저 성명은 이치의 지극히 정밀한 것으로, 소인이 얻어서 알 수 있는 것은 아니다. 그러므로 '막혀서 통하지 않는다'[67] 라고 말한다. 『논 어』「자한」에서 말하기를 '공자는 명에 대해서는 드물게 말하였다'[68] 라고 했

미덕을 갖추지 않고 대임을 맡고자 하면 반드시 부서지고 훼손된다는 것에 이른다 는 것이다. 「玄文」에서는 "小人不能懷虛處乎下, 庳而不可臨, 虛而不可滿, 無而能 有, 因而能作, 故大受性命而無辟也, 故否."라고 한다.

66 역주 : '狂簡'과 '狂狷'에 대해서는『논어』「子路」, "子曰, 不得中行而與之, 必也狂狷 乎, 狂者進取, 狷者有所不爲也." 라는 것과『논어』「公冶長」의 "子在陳, 歸與歸與, 吾黨之小子狂簡, 裴然成章, 不知所以裁之." 참조.

67 역주 : '비색(否塞)하여 통하지 않는다'는 것은『주역』「비괘(否卦)」의 의미를 취한 것이다.

64 태현집주

고, 또 『논어』 「공야장」에서 말하기를 '자공이 말하기를 부자께서 성과 천도에 대해서는 말씀하시는 것을 얻어 들을 수가 없었다'[69] 라고 했고, 『논어』 「술이」 에서 공자는 말하기를 '없으면서 있는 체하고, 비어 있으면서 차 있는 체하고, 가진 것이 없으면서도 풍성한 체하면 한결 같은 마음을 지니기가 어렵다'고 했다"[70]라고 하였다.

┃ 次五 : 日正于天, 利用其辰作主. 測曰 : 日正于天, 貴當位也.

차오는, 해가 하늘의 정 중앙에 떠있으니, 그 알맞은 때를 이롭게 써서 (백성들의) 주인이 된다.[71]

측에 말하기를, 해가 하늘의 정중앙에 떠 있다는 것은 귀한 이가 제자리를 얻었다는 것이다.[72]

范小宋本用作以, 今從宋陸王本. 王曰, 五旣居正, 得位當晝, 且爲一首之 主, 故象日正于天. 辰, 時也. 利用及其明盛之時而爲物主也. 光謂, 三儀 之道莫盛於中正. 故陽家之五, 贊之中也. 陰家四六, 體之中也. 而又當晝 得正, 一首之中最吉者也. 故曰, 日正于天, 以言陽之盛也. 君子有其道, 必 有其時, 有其時, 必有其位, 然後能爲民之父母. 時旣得矣, 位旣正矣, 而不 能以道濟天下, 豈爲民父母之意哉. 故曰, 利用其辰作主.

범망본, 송유간본에서는 용(用)자를 이(以)자로 쓰나, 지금 송충본, 육적본, 왕 애본을 따른다. 왕애는 말하기를 "차오는 이미 중(中)에 처하고 몸이 바르니, 지위를 얻은 것이 낮에 해당하면서 또 한 수(首)의 주인이 된다. 그러므로 해 가 하늘에서 바로 한가운데 떠 있는 것을 본뜬 것이다. 신(辰)은 때(時)이다.

....

68 역주 : 『논어』 「子罕」에 나오는 말이다.
69 역주 : 『논어』 「公冶長」에 나오는 말이다.
70 역주 : 『논어』 「述而」에 나오는 말이다.
71 역주 : 이 구절은, 해가 중천에 있으면서 때를 만났다는 것으로, 광명이 사방을 비
     춘다는 것이다.
72 역주 : 이 구절은, 해가 하늘의 중앙에 위치하는 것을 귀하게 여긴다는 것이다.

이용한 것이 그 밝고 성대한 시기에 미치니 사물의 주인이 된다"라고 하였다. 사마광은 생각하기를 "3의(三儀)의 도는 중정(中正)보다 성대한 것이 없다. 그러므로 양가(陽家)의 5는 찬(贊)의 중(中)이 되고, 음가(陰家)의 4와 6은 몸의 가운데가 된다. 그리고 낮에 해당하면서 바름을 얻었으니, 1수(一首) 가운데서 가장 길한 것이다. 그러므로 '해가 하늘의 정중앙에 떠 있다'라고 말하였으니, 양의 성대함을 말한 것이다. 군자는 그 도가 있으면 반드시 그 때가 있고, 그 때가 있으면 반드시 그 지위가 있으니, 그런 뒤에 백성들의 부모가 될 수 있다. 때를 얻었고 이미 지위도 바르게 되었는데 도로써 천하를 구제하지 못한다면 어찌 백성의 부모가 된다는 뜻이겠는가. 그러므로 말하기를 '그 알맞은 때를 이용하여 (백성들의) 주인 됨이 이롭다'라고 한 것이다"라고 하였다.

▌次六：月闕其摶, 不如開明于西. 測曰：月闕其摶, 賤始退也.

차육은, 달이 (보름을 지나) 그 둥근 것을 이지러뜨리니, 밝음을 서쪽에서 여는 것만 못하다.
측에 말하기를, 달이 그 둥근 것을 이지러뜨린다는 것은 처음 물러난 것을 천하게 여긴다는 것이다.

范本摶作傳, 賤作明. 王本摶作塼, 小宋本摶作摶. 陳讀傳作東. 今摶從宋陸, 賤從諸家. 摶傳塼皆與團同. 王曰, 六爲盛極, 物極則虧, 故象月之過望而闕其摶. 開明于西, 象月之初一也. 玄道貴進, 故一象月初而吉, 六象月闕而凶. 光謂, 團, 圓也. 六以陰質而始過乎中, 故曰, 月闕其摶也. 夫月闕其摶, 明未甚虧, 比之始生於西, 猶爲盛大. 然玄之道貴將進, 賤始退. 故曰, 不如開明于西也, 猶人之盛滿, 心志先退, 而後福祿從之也.

범망본은 단(摶)을 단(傳)으로 쓰고, 천(賤)은 명(明)으로 썼다. 왕애본은 단(摶)을 전(塼)으로 쓰고, 송유간본은 단(摶)을 단(摶)으로 썼다. 진점은 단(傳)을 구두하여 동(東)으로 썼다. 지금 단(摶)은 송충본과 육적본을 따르고, 천(賤)은 제가의 판본을 따른다. 단(摶)·단(傳)·전(塼)은 모두 단(團)과 같다. 왕애는 말하기를 "6(六)은 성대함이 지극한 것이 되니, 사물이 극에 이르면 형세가 기운다. 그러므로 달이 보름을 지나면 그 둥근 것을 이지러뜨린다는 것을 본뜬 것이다. 서쪽에서 밝음을 여는 것은 달의 초일(初一)을 본뜬 것이다. 『태현경』의 도는 나아가는 것을 귀하게 여긴다. 그러므로 초일은 달의 처음을 본뜬 것이므로 길한 것이고, 차육(次六)은 달이 이지러지는 것을 본뜬 것이므로 흉한 것이다'라고 하였다. 사마광은 생각하기를 "단(團)은 둥글다(圓)는 것이다. 육(六)은 음의 바탕으로, 처음으로 중(中)에 지나쳤다. 그러므로 말하기를 '달이 그 둥근 것을 이지러뜨린다'라고 한 것이다. 대저 달이 그 둥근 것을 이지러트리는 것은 밝음이 아직은 심히 이지러지지 않은 것이니, 처음 서쪽에서 생겨나는 것과 비교하면 오히려 성대함이 된다. 그러나 『태현경』의 도는 장차 나아가는 것을 귀하게 여기고 처음 물러나는 것을 천하게 여긴다. 그러므로 말하기를 '서쪽에서 밝음을 여는 것만 같지 못하다'라고 하니, 사람이 성대하고 충만할 때 먼저 물러나기로 마음을 먹은 뒤에 복록이 따르는 것과 같은 것이다"라고 하였다.

▌次七 : 酋酋, 火魁頤, 水包貞. 測曰 : 酋酋之包, 任臣則也.

차칠은, (불과 물의 성질을 잘 섞어서) 성취하고 성취하니, (군주의) 맹렬한 불과 같은 성질은 우두머리를 기르는 것이고, 너그러운 물과 같은 성질은 곧은 것을 포용하는 것이다.[73]

측에 말하기를, (불과 물의 성질을 잘 섞어서) 성취하고 성취하여 (곧은 것을) 포용 한다는 것은 (군주가) 신하를 임용하는 법칙이다.[74]

諸家本作大魁頤, 王本作火魁頤, 今從之. 陸曰, 則, 法也.[75] 任臣用典法

....

73 역주 : 이 구절은, 만물이 성취되는 것은 모두 '수'가 잠그고 '화'가 기르는 공이 필요함을 말한 것으로, 비유하면 군자가 공업을 세우는데 '수'와 '화'가 각각 조화를 이루고 길러주고 저장하는 본성을 필요로 한다는 것이다.
74 역주 : 이 구절은, 군자가 관용을 베풀고 조화를 이루면서 인의를 겸비하는 것이 '수'와 '화'의 본성을 갖추는 것과 같아야 한다는 것이다.
75 劉韶軍 點校 : '則法也'는 명초본에는 '法則也'로 되어 있다. 이것을 대전본, 도장본에 의거해 고쳤다.

也. 范曰, 酋, 就也. 小宋曰, 頤, 養也. 光謂, 魁, 斗之首也. 任, 用也. 七爲
消, 爲敗損, 爲滅天, 有秋之象, 又有刑罰之象. 秋物成就, 故曰, 酋酋. 天
之成物, 必資於秋, 君之馭臣, 必資於法. 子産曰, 太上以德撫民, 其次莫如
猛, 火烈, 人望而畏之, 故鮮死焉. 水懦弱. 人狎而玩之, 故多死焉. 人君之
心, 執法無私, 如火烈烈, 人不敢犯, 以爲物之首, 然不可失養人之道. 寬而
容物, 如水之浮天載地, 無所不包, 然不可懦而失正. 故曰, 火魁頤, 水包
貞, 此人君用臣之大法也.

제가의 판본은 대괴이(大魁頤)로 되어 있고, 왕애본은 화괴이(火魁頤)로 되어
있는데, 지금 이것을 따른다. 육적이 말하기를 "칙(則)은 법(法)이란 것으로,
신하를 임용하는 법전이다"라고 하였다. 범망은 말하기를 "추(酋)는 성취한다
(就)는 것이다"라고 하였다. 소유간은 말하기를 "이(頤)는 기른다(養)는 것이
다"라고 하였다. 사마광은 생각하기를 "괴(魁)는 북두성의 첫 번째 별이다. 임
(任)은 쓴다(用)는 것이다. 칠(七)은 소멸하는 것이 되고, 파괴되어 손실된 것
이 되고, 멸천(滅天)이 되고, 가을의 상이 있고 또 형벌의 상도 있다. 가을은
사물을 성취하기 때문에 '추추(酋酋)'라고 하였다. 하늘이 사물을 성취시킬 때
에는 반드시 가을에 의지하고, 군주가 신하를 부릴 때는 반드시 법에 바탕
한다. 춘추시대 정나라 자산(子産)은 말하기를 '가장 좋은 것은 덕으로 백성들
을 어루만지는 것이고, 그 다음은 맹렬한 정치만한 것은 없다. 불이 작렬하면
사람들이 바라보고 두려워하니 죽는 이가 적다. 물은 부드럽고 약하여 사람들
이 가까이 하고 희롱하기 때문에 많이 죽는다[76]라고 하였다. 인군의 마음이
법을 집행함에 사사로움이 없는 것이 불의 맹렬함과 같으면 사람들이 감히
범하지 못하니 사물의 우두머리가 된다. 그러나 사람을 기르는 도를 잃어서는
안 된다. 너그럽게 사물을 용납함은 마치 물이 하늘을 띄우고 땅을 실어서

- - - - - - - - - - - - - - - - - - - -

76 역주 : 이 말은 『孔子家語』「刑政」에 나오는 말이다. 전후 문맥은 "鄭子産有疾, 謂
   子太叔曰, 我死, 子必爲政, 唯有德者能以寬服民, 其次莫如猛 . 夫火烈民望而畏之,
   故鮮死焉. 水濡弱, 民狎而翫之, 則多死焉, 故寬難. 子産卒, 子太叔爲政, 不忍猛而
   寬, 鄭國多掠盜. 太叔悔之曰, 吾早從夫子, 必不及此. 孔子聞之曰, 善哉. 政寬則民
   慢, 慢則糾於猛. 猛則民殘, 殘則施之以寬. 寬以濟猛, 猛以濟寬, 寬猛相濟, 政是以
   和."이다.

감싸지 않는 바가 없는 것같이 해야 한다. 하지만 나약하면서 바른 것을 잃어서는 안 된다. 그러므로 불은 우두머리를 기르고, 물은 곧은 것을 포용한다고 하였다. 이것이 인군이 신하를 부리는 큰 법이다"라고 하였다.

■ 次八 : 黃不黃, 覆秋常. 測曰 : 黃不黃, 失中德也.

차팔은, 나뭇잎이 누렇게 되어야 할 때 누렇게 되지 않았으니, (가을이 되면 열매를 맺어야 하는) 가을의 떳떳한 도를 뒤집은 것이다.[77]

측에 말하기를, 마땅히 누렇게 되어야 할 것이 누렇지 않았다는 것은 중(中)의 덕을 잃었다는 것이다.

范曰, 黃, 中之色也. 八亦上體之中也. 光謂, 八爲剝落, 又爲沈天,[78] 亦秋之象也. 秋者, 萬物成就收功之時也. 八居中位而當夜, 無中之德, 覆敗秋之常道, 喪其成功也.

범망은 말하기를 "누런 것[黃]은 중(中)의 색이다. 차팔(次八)도 또한 윗몸의 중(中)이다"라고 하였다. 사마광은 생각하기를 "팔(八)은 벗겨져 떨어진 것이며 또 침천(沈天)이 되니 또한 가을의 상이다. 가을이란 만물을 성취하고 공을 거두어들이는 계절이다. 팔(八)은 중(中)의 지위에 있으면서 밤에 해당하니, 중(中)의 덕이 없어 가을의 떳떳한 도를 뒤집고 쓰러뜨려 그 공을 이룬 것을 잃은 것이다"라고 하였다.

■ 上九 : 顚靈氣形反. 測曰 : 顚靈之反, 時不克也.

상구는, 생명이 끊어져 기(氣)는 혼(魂)이 되어 하늘로 올라가고 형(形)은 백(魄)이 되어 땅으로 돌아가니,[79] 기와 형이 근본으로 되돌아가는 것이다.[80]

....

77 역주 : 이 구절은, 누렇게 되어야 할 것이 누렇게 되지 않고 가을의 常道를 뒤집어 패하고 덜어지면 '가을에 열매 맺는[秋實]' 공을 잃게 된다는 것이다.
78 역주 : "沈天"은 『태현경』 「玄數」를 참조하면 9천 중의 8천에 해당하는 천이다. 9천은 中天, 羡天, 從天, 更天, 睟天, 廓天, 減天, 沈天, 成天의 순서다.

측에 말하기를, 생명이 끊어져 기(氣)는 혼(魂)이 되어 하늘로 올라가고 형(形)은 백(魄)이 되어 땅으로 돌아간다는 것은 (인간이) 천명의 때를 이길 수 없다는 것이다.

范曰, 顚, 下也. 死氣爲魂, 其形爲魄. 魂登于天, 魄歸于地, 故言反也. 王曰, 陽極於上, 陰絶於下, 靈魄以顚隊矣, 則氣反於天, 形歸於土. 光謂, 靈者, 心之主, 所以營爲萬務, 物之所賴以生者也. 上九居中之極, 遇禍之窮, 有生之終者也. 靈已隕矣, 則氣形各反其本也. 凡玄之贊辭, 晝夜相間, 晝辭多吉, 夜辭多凶. 又以所逢之首及思福禍述其休咎, 此玄之大指也. 九逢日之晝, 而云顚靈氣形反, 辭若凶者, 何哉. 夫吉凶者, 非幸不幸之謂也. 得君子之道, 雖遇禍猶爲吉, 失君子之道, 雖遇福猶爲凶. 故瑩曰, 天地所貴曰福, 鬼神所祐曰福, 人道所喜曰福, 其所賤所惡皆曰禍. 文曰, 君子年高而極時者也歟. 明君子守正以順命也. 洪範五福有考終命, 孟子曰, 君子盡其道而死者, 正命也.

범망이 말하기를 "전(顚)은 아래로 내려간다(下)는 것이다. 죽으면 기는 혼이 되고, 그 형체는 백이 된다. 혼은 하늘에 오르고 백은 땅에 되돌아간다. 그러므로 되돌아간다고 말한 것이다"라고 하였다. 왕애는 말하기를 "양이 위에서 다하고 음이 아래에서 끊기면, 영백(靈魄)이 아래로 떨어지게 되어 기는 하늘로 돌아가고 형은 땅으로 돌아간다"라고 하였다. 사마광은 생각하기를 "영(靈)이란 마음의 주인으로, 만 가지 업무를 영위하는 것이니, 사물들이 힘입어서 생겨난다. 상구(上九)는 중수(中首)가 지극한 것에 있고 화(禍)가 극에 달한 것을 만나니 생을 마침이 있다. 영이 이미 떨어지면 기와 형이 각각 그 근본으로 돌아간다. 무릇 현의 「찬사(贊辭)」에 밤과 낮은 서로 차이가 있으니, 낮과

· · · · · · · · · · · · · · · · · ·

79 역주 : '極上'이기에 '顚'이라고 한다. '靈'은 '음기'를 일컬은 것이다. 『大戴禮記』「曾子天圓」에서는 "陰之精氣曰靈."이라 한다. '顚靈'은 靈氣가 위에 있는 것이다.
80 역주 : 이 구절은, 음기가 지극이 위면 반드시 아래로 되돌아가고, 양기는 잠겨 있다가 맹아하여 반드시 위로 올라간다는 것이다. 인간의 죽음에 비유하면, 그 정신을 형성한 양기(=天氣)가 지극히 위면 하늘에 되돌아가고, 그 형체를 이룬 음기(=地氣)가 지극하면 땅에 돌아간다는 것이다.

관련된 말에는 길함이 많고 밤과 관련된 말에는 흉함이 많다. 또 만나는 바의 수(首)와 사(思)의 화와 복(福)으로 그 좋고 나쁨을 서술하니, 이것이 『태현경』의 큰 뜻이다. 구(九)는 해의 낮을 만나는데 '생명이 끊어져 기(氣)는 혼(魂)이 되어 하늘로 올라가고 형(形)은 백(魄)이 되어 땅으로 돌아간다'라고 말하니, 그 말이 흉한 것은 무엇 때문인가? 대저 길과 흉이란 다행과 불행을 말하는 것이 아니다. 군자가 도를 얻으면 비록 화를 만나도 오히려 길함이 되고, 군자가 도를 잃게 되면 비록 복(福)을 만나더라도 오히려 흉함이 된다. 그러므로 「현영(玄瑩)」에서 말하기를 '하늘과 땅이 귀하게 여기는 것을 복(福)이라 이르고, 귀신이 돕는 것을 복(福)이라 이르고, 사람의 도가 기뻐하는 것을 복(福)이라고 이르고, 그 천하게 여기는 바와 미워하는 것을 모두 화라고 이른다'라고 하였다. 「현문(玄文)」에서 말하기를 '군자란 나이를 먹을수록 그 때에 맞게 행동을 하는 자인가'라고 한 것은 군자가 바른 것을 지켜서 운명을 따른다는 것을 밝힌 것이다. 『서경』「홍범」의 오복에 '고종명(考終命)'이 있고, 맹자는 말하기를 '군자가 그 도를 다하고 죽는 것은 정당한 수명이다[81]라고 하였다'라고 하였다.

----

81 역주 : 『맹자』「盡心章上」2장에 나오는 말이다.

주周

☰☷ 一方一州一部二家.

1방, 1주, 1부, 2가다.

周

주(周)

陰家, 火, 準復. 入周次八, 日舍婺女. 周, 帀也, 旋也.

주수(周首)는 음가(陰家)이고, (5행에서는) 화(火)이며 『주역』「복괘(復卦)」에
준한다.[82] 주(周)는 차팔에서 들어가고, 태양은 무녀(婺女)에 머문다. 주(周)는
한바퀴 빙돈다(帀)는 것, 회전한다(旋)는 것이다.

▌陽氣周神而反乎始, 物繼其彙.

양기가 신묘한 변화를 두루 돌면서 처음으로 되돌아온다. 사물이 그 무리를
계승하였다.[83]

· · · · · · · · · · · · · · · · · · ·

82 역주 :「玄衝」에서는 "周, 復乎德."이라 하고,「玄錯」에서는 "周旋"이라 한다.
83 역주 : '周'는 '순환운행 하는 것'을 말한다. '神'은 양기가 만물을 육양하는 신묘한
　　공능성을 말한다. 이 구절은, 1년 가운데 음양이 소식하고 交錯하면서 운행하는데,
　　동지에 이르러 음이 극하게 되면 양이 생하여 다시 그 처음으로 되돌아가 만물이

宋曰, 彙, 類也. 光謂, 萬物隨陽入出, 生長收藏, 皆陽之神也. 世功旣畢,
神化旣周, 而復反乎始, 萬物各繼其類而更生也.

송충은 말하기를 "휘(彙)는 무리(類)다"라고 하였다. 사마광은 생각하기를 "만물이 양을 따라 출입하니, 태어나고, 자라고, 거두고, 감추는 것은 모두 양의 신묘한 작용이다. 한 해의 공이 이미 다하고 신묘한 변화가 이미 두루 하였으면 다시 처음으로 되돌아오니, 만물이 각각 그의 무리를 계승하여 다시 태어난다"라고 하였다.

▌初一 : 還于天心, 何德之僭, 否. 測曰 : 還心之否, 中不恕也.

초일은, 하늘의 중심에[84] 돌아오니 어떤 덕이 참람하는가? 막혔다는 것이다.[85]
측에 말하기를, 하늘의 중심에 돌아왔는데 막혔다는 것은 타인의 마음을 헤아려 동정하지 않는다는 것이다.[86]

궐(闕)

해설이 빠졌다.

▌次二 : 植中樞, 周無隅. 測曰 : 植中樞, 立督慮也.

차이는, 중추(中樞)를 세워서 두루 하여 어느 한 곳으로 정해진 곳이 없다.[87]

··················

그 무리를 계속 맹아하면서 펴게 되니, 모두 양기의 공효라는 것이다.

84 역주 : 양기는 다시 북극에서 시작한다. 그러므로 '天心에 다시 되돌아온다'고 한 것이다. 『주역』「復卦·象辭」에는 "復, 其天地之心乎."라는 말이 나온다.

85 역주 : 이 구절은, 양기가 다시 북에서 시작하나 막히고 통하지 않으니, 어떤 德性이라도 착오가 있다는 것이다.

86 역주 : 이 구절은, 반복하여 사색하지만 통하지 않은 것은, 마음에 다른 사람의 마음을 헤아려 배려하는 인자한 덕이 없기 때문이라는 것이다. 『논어』「衛靈公」에는 "其恕乎, 己所不欲, 勿施於人."이란 말이 나온다.

87 역주 : 이 구절은, 중앙의 樞要를 세워 두루 운행하면서 무궁한 方所로 삼는다는 것이다.

측에 말하기를, 중추(中樞)를 세웠다는 것은 가운데에서 생각을 세운 것이다.[88]

督猶中也. 衣之背縫謂之督. 無隅猶言無方也. 二思之中, 又體之中也, 而當日之晝, 象君子立慮於中以應萬變, 如樞之運, 無所不周. 故曰, 植中樞, 周無隅.

독(督)은 중(中)과 같다.[89] 옷의 등 가운데의 바느질 선을 독(督)이라고 한다. '귀퉁이가 없다(無隅)'라는 것은 어느 한곳으로 정해진 곳이 없다는 말과 같다. 이(二)는 사(思)의 중(中)이고 또 몸체의 중앙으로서 하루의 낮에 해당하니, 군자가 중(中)에서 생각을 세워 만 가지 변화에 응하는 것을 본뜬 것이니, 마치 지도리가 운행하는 것이 두루 하지 않은 것이 없다는 것이다.[90] 그러므로 "중추를 세워서 두루 하여 어느 한 곳으로 정해진 곳이 없다"라고 하였다.

▌次三：出我入我, 吉凶之魁. 測曰：出我入我, 不可不懼也.
차삼은, 나[91]에게서 나가고 나에게 들어오니, 길하고 흉한 것의 머리다.[92]
측에 말하기를, 나에게서 나가고 나에게 들어온다는 것은 두려워하지 않을 수 없다는 것이다.

夫外物之來, 入乎思也, 言行之動, 出乎思也. 得其宜則吉, 失其宜則凶. 三居成意之地, 思之隆也, 而當日之夜, 故戒之曰, 吉凶之出亦自我, 吉凶之入亦自我, 爲吉凶之魁首, 可不懼乎. 一出一入, 周之義也.

· · · · · · · · · · · · · · · · · ·

88 역주 : 이 구절은, 중앙의 추요를 세워 正度의 표준으로 삼는다는 것이다.
89 역주 :『장자』「養生主」에는 "緣督以爲經"이란 말이 나온다. '督'은 중앙에 추요를 세워 정도의 표준으로 삼는다는 것이다.
90 역주 :『장자』「齊物論」에는 "樞始得其環中, 以應無窮."이란 말이 나온다.
91 역주 : '我'는 '次三'을 가리킨다.
92 역주 : '魁'는 '首'로서, '시작'이다. 이 구절은, 선악의 행위는 뜻을 이루는 것에서 시작하는 것으로, 선을 행하면 길하고 악을 행하면 흉하기에, 뜻을 이루는 처음에 길흉이 잠겨 있다는 것이다.

대저 밖의 사물은 와서 생각[思]에 들어간다. 말과 행동의 움직임은 생각[思]에서 나간다. 그 마땅한 것을 얻으면 길하고, 그 마땅한 것을 잃으면 흉하다. 삼(三)은 뜻을 이룬 자리에 있어, 사(思)의 융성함이지만 하루의 밤에 해당한다. 그러므로 경계하기를, 길하고 흉한 것이 나가는 것도 또한 나로부터 하고, 길하고 흉한 것이 들어오는 것도 또한 나로부터 하여, (내가) 길하고 흉한 것의 우두머리가 되니 어찌 두려워하지 않을 수 있겠는가!라고 한 것이다. "한번 나가고 한번 들어온다"라고 한 것은 두루 돈다(周)는 뜻이다.

▌次四 : 帶其鉤鞶, 錘以玉環.[93] 測曰 : 帶其鉤鞶, 自約束也.

차사는, 그 쇠 띠와 가죽 띠를 (탄탄하게) 두르고, (예에 맞게) 옥고리로 드리웠다.[94]

측에 말하기를, 그 쇠 띠와 가죽 띠를 탄탄하게 둘렀다는 것은 진퇴하는데 있어서 스스로의 행동을 흐트러짐이 없게 단속한다는 것이다.

錘, 直僞切. 鉤所以綴帶爲急也. 鞶, 革帶也. 錘與縋義同, 謂以繩有所係也. 玉以象君子之德, 環以象周旋無缺也. 君子德義可尊, 作事可法, 容止可觀, 進退可度, 以臨其民, 故曰, 帶其鉤鞶, 錘以玉環, 言以禮自約束, 周旋無缺也. 帶與環皆周之象.

추(錘)는[95] 직(直)과 위(僞)의 반절이다. 구(鉤)는 띠를 탄탄하게 매는 것이다. 반(鞶)은 혁대(革帶)다. 추(錘)는 추(縋)와 뜻이 같으니, 새끼로 묶는 것이 있다는 말이다. 옥은 군자의 덕을 형상한 것이고,[96] 환(=고리)은 두루 돌아 빠트림

. . . .

93 劉韶軍 點校 : '環'은 명초본에는 '鐶'으로 되어 있다. 이것을 주석의 문장 및 도장본, 장사호본에 의거해 고쳤다.
94 역주 : "쇠 띠와 가죽 띠를 두르고 옥고리를 드리운다"는 것은, 비유하면 인간이 자신의 몸가짐을 단정하게 약속한 것으로, 예법을 잃지 않았다는 것이다.
95 역주 : '錘'는 『태현경』주석에서는 반절로는 '쥐'로 발음하라고 한다. 중국어로는 chuí로 발음되는데, 여기서는 우리나라에서 일반적으로 발음하는 '추'로 발음한다.
96 역주 : 이것은 일종의 比德說이다. 『예기』 「聘義」에서는 "夫昔者, 君子比德於玉焉. 溫潤而澤, 仁也. 縝密以栗, 知也. 廉而不劌, 義也. 垂之如隊, 禮也. 叩之其聲淸越

이 없는 것을 형상한 것이다. 군자는 덕과 의는 높일 만하고, 일을 한 것이 법으로 삼을 만하고, 행동거지는 관찰할 만하고, 진퇴는 본받을 만한 것으로써 그 백성에게 임한다. 그러므로 "그 쇠 띠와 가죽 띠를 탄탄하게 두르고 옥의 고리를 드리웠다"라고 하였으니, 말하자면 예로 스스로의 몸가짐을 흐트러짐이 없이 잘 단속하여 주선함에 결함이 없어야 한다는 것이다. 띠와 고리는 모두 두루 돈다는 상이다.

▌次五 : 土中其廬, 設其金輿, 厥戒渝. 測曰 : 廬金戒渝, 小人不克也.

차오는, 땅 가운데에 (아름다운) 그 오두막집을 짓고 살면서 그 금수레[군주의 수레]를 타고 편안하게 살 수 있지만 (덕이 없으면 오래 보존할 수 없기 때문에) 그 변하는 것을 경계하였다.[97]

측에 말하기를, (아름다운) 오두막집과 금수레로 편안한 삶을 살지만 변하는 것을 경계하였다라는 것은 소인은 이런 생활을 이기지 못한다는 것이다.

土中有廬, 得中也. 設其金輿, 所乘安也. 夫廬非不美也, 輿非不堅也. 然小人必不能久而行之, 故曰, 厥戒渝. 孔子曰, 中庸之爲德也, 其至矣乎. 民鮮能久也. 又曰, 人皆曰予知, 擇乎中庸而莫能期月守也. 土中其廬, 周之象也.

"땅 가운데에 오두막집이 있다"라고 한 것은 거처함이 중(中)을 얻은 것이다. "그 금수레를 베풀었다"는 것은 타는 것이 편안하다는 것이다. 대저 오두막집이 아름답지 않은 것이 아니요, 수레가 견고하지 않은 것이 아니다. 그러나 소인이라면 반드시 오래 살면서 행할 수는 없다. 그러므로 "그 변하는 것을

以長, 其終詘然, 樂也. 瑕不掩瑜, 瑜不掩瑕, 忠也. 孚尹旁達, 信也. 氣如白虹, 天也. 精神見於山川, 地也. 圭璋特達, 德也. 天下莫不貴者, 道也. 詩云, 言念君子, 溫其如玉, 故君子貴之也."라고 하여 玉을 군자에 비유하여 말하고 있다.

97 역주 : 아름다운 오두막집과 금수레는 성대한 복이라 할 수 있지만, 반드시 그 변화를 경계해야 함을 말한 것이다. 즉 복을 머금은 것이 극하게 되면 화가 오기 때문에, 편안하지만 위태로움을 잃지 말라는 것이다.

경계한다"라고 하였다. 공자는 "중용의 덕 됨이 그 지극한 것인저! 백성들 가운데 능히 오래한 자가 적었다"[98]라고 했고, 또 말하기를 "사람들이 모두 말하기를 '나는 지혜롭다'라고 하나 중용을 가려 한 달도 지킬 수 없다"[99]라고 하였다. "땅 가운데 그 오두막집을 짓고 살았다"라고 한 것은 두루 한다는 상이다.

▌次六：信周其誠, 上亨于天. 測曰：信周其誠, 上通也.

차육은, 믿을 만한 진실한 것이[100] 그 (법도를 어김이 없고 한 번도 쉼이 없이 운행하는 眞實無妄한 天道와 같이) 정성스러운 것을 두루 하니, 위로 하늘에 형통한 것이다.

측에 말하기를, 믿을 만한 진실한 것이 (그 법도를 어김이 없고 한 번도 쉼이 없이 운행하는 眞實無妄한 天道와 같이) 정성스러운 것을 두루 한다는 것은, 위로 통한다는 것이다.

王曰, 玄經之例, 以五爲陽數, 又居中位, 故爲陽首之主. 六爲陰數, 又居盛極, 故爲陰首之主. 光謂, 反復其信, 皆出至誠, 非由浮飾, 故可以上通于天也. 왕애는 말하기를 "『태현경』의 관례는 5(五)로 양수(陽數)를 삼는데, 또 중위(中位)에 있다. 그러므로 양수(陽首)의 주인이 된다. 6(六)은 음수(陰數)가 되고 또 성대함이 지극한 것에 있다. 그러므로 음수(陰首)의 주인이 된다"라고 하였다. 사마광은 생각하기를 "그 믿음을 반복한다는 것은 모두 '지극히 정성스러운 것'에서[101] 나온 것이지 과장되게 꾸미는 것으로 말미암은 것은 아니다.

....

98 역주 : 『논어』「雍也」에 나오는 말이다.
99 역주 : 『중용』7장 "子曰, 人皆曰予知, 驅而納諸罟陷阱之中, 而莫之知辟也. 人皆曰予知, 擇乎中庸, 而不能期月守也."에 나오는 말이다.
100 역주 : 이 '信'자를 '편다'는 '伸'자로 볼 수 있다면, 이 경우는 천도가 운행하면서 만물을 生生하는 것이 무한하게 펼쳐진다는 것으로 볼 수 있다. 葉子奇는 "信, 人道也, 誠, 天道也. 人能確然以實, 馴而周復其自然之誠, 故可以上通於天也. 以其當晝, 福之隆, 故能盡善之如此也."라 주석하여, 신은 인도로 보고, 성은 천도로 본다.
101 역주 : '至誠'에 대해 『中庸』32장에서는 "唯天下至誠, 爲能經綸天下之大經, 立天

그러므로 위로 하늘에 통할 수 있다"라고 하였다.

▌次七 : 豐淫見其朋, 還于蒙, 不克從. 測曰 : 豐淫見朋, 不能從也.

차칠은, 자신이 크게 풍요롭게 된 상황에서 친구를 만나 그 어릴 때 상황으로 다시 돌아왔는데, 어릴 때 친구들이 무지몽매하여 친구들을 좇을 수 없다.[102]

측에 말하기를, 자신이 크게 풍요롭게 된 상황에서 친구를 만났다는 것은, 어릴 때 친구들이 무지몽매하여 좇을 수 없다는 것이다.

궐(闕)

해설이 빠졌다.

▌次八 : 還過躬外, 其禍不大. 測曰 : 還過躬外, 禍不中也.

차팔은, 돌아와 화를 만났지만 그 화가 몸밖에 있어 몸을 상하지 않으니, 그 화는 크지 않다.

측에 말하기를, 돌아와 화를 만났지만 몸밖에 있다는 것은 화가 몸에 들어오지 않았다는 것이다.

范本過作遇, 今從二宋, 陸, 王本(闕)

범망본에는 과(過)가 우(遇)로 되어 있으니, 지금 송충본, 송유간본, 육적본,

· · · · · · · · · · · · · · · · ·

下之大本, 知天地之化育." 및 26장 "故至誠無息. 不息則久, 久則徵, 徵則悠遠."을 말한다. 이런 '지성'을 '眞實無妄'이라고 풀이한다.

102 역주 : '豐'은 '크다'는 것이고, '淫'은 '지나치게 과하다'는 것이다. '蒙'은 童蒙이 '유치하다'는 것이다. 『주역』 「序卦傳」에는 "蒙者, 蒙也, 物之稚也."라는 말이 나온다. '克'은 '능하다'는 것이다. 2와 7은 모두 '火'가 된다. 그러므로 '朋'이다. 7은 '火王'에 해당한다. 그러므로 '豐淫'이라 한 것이다. 2는 '火始'로서, 微弱하고 유치하다. 그러므로 '蒙'이라 한 것이다. 이 구절은, 자신이 크게 풍요로운 상황이 되어 다시 돌아와 친구들을 만났지만, 친구들이 유치하고 우매하다고 여기면서 좇지 않는다는 것이다.

왕애본을 따른다. 해설이 빠졌다.

▌上九 : 還于喪, 或棄之行. 測曰 : 還于喪, 其道窮也.
상구는, 도가 손상된 것에 돌아가니 혹 버리고 떠났다.
측에 말하기를, 도가 손상된 것에 돌아갔다는 것은, 그 도가 다한 것이다.[103]

生極則反乎死, 盛極則反乎衰, 治極則反乎亂. 九處周之極, 逢禍之窮, 當
日之夜, 故曰, 還于喪. 夫國家將興, 則人歸之, 將亡, 則人去之, 故曰, 或
棄之行.
생을 다하면 죽음으로 돌아가고, 성대함이 지극하면 쇠약한 것으로 돌아가고,
다스림이 다하면 어지러움으로 돌아간다. 구(九)는 주수(周首)가 지극한 것에
처하고, 화가 다한 것을 만나고, 하루의 밤에 해당한다. 그러므로 "(도가) 손상
된 것에 돌아간다"라고 하였다. 대저 국가가 장차 일어나려면 사람들이 돌아
오고, 장차 망하려면 사람들이 떠난다. 그러므로 말하기를 "혹 버리고 떠났다"
라고 하였다.

· · · · · · · · · · · · · · · · ·
103 역주 : 『노자』40장에서는 "反者, 道之動."을 말하고, 『주역』「계사전하」2장에서는
"窮則變, 變則通, 通則久."를 말한다. 즉 이런 것은 '物極必返'을 말한 것이다.

현礥

䷂ 一方一州一部三家.

1방, 1주, 1부, 3가다.

현
현(礥)

礥, 下珍切, 又音賢. 陽家, 木, 準屯. 宋曰, 礥, 難也. 光謂, 物之初基, 必有
艱難. 唯君子能濟之.

현(礥)은 하(下)와 진(珍)의 반절이며[104], 또 음은 현(賢)이다. 현수(礥首)는 양
가(陽家)이고 (5행에서는) 목(木)이며, 『주역』「준괘(屯卦)」에 준한다.[105] 송충
은 말하기를 "현(礥)은 어렵다(難)는 것이다"라고 하였다. 사마광은 생각하기
를 "사물이 처음 기틀을 잡을 때는 반드시 어려움이 있다. 오직 군자라야 구제
할 수 있다"라고 하였다.[106]

....

104 역주 : '礥'은 '딱딱하다'고 할 때는 '현'으로 발음하고, '어렵다'고 할 때는 '흔'으로
    발음된다.
105 역주 : 「玄錯」에서는 "礥, 拔難."이라 하고, 「玄首」에서는 "物生之難也."라고 한
    다. 「說文」에서는 "難也, 象草木初生, 屯然而難."이라 한다.
106 역주 : 『주역』「屯卦」는 겨울 속에 봄기운이 들어 있는 상이다. 땅 속에 있는 모든
    미물과 칩복해 있던 생물들이 봄철이 되어 자신의 생명을 이루기 위해서 밖으로
    나오느라 어려움을 겪는 것을 상징하는 괘이다. 「屯卦·大象」에는 "구름과 우레

▌陽氣微動, 動而礥礥, 物生之難.[107]

양기가 미약하게 움직이니, 움직이지만 (음기의 차가운 기운이 매서워 양의 기운을 받아 움직이는 초목들이) 어렵고 어려운 상황에 처하니, 사물이 태어나는데 어려운 때이다.[108]

礥礥, 難貌[109].

현현(礥礥)은 어려운(難) 모양이다.[110]

▌初一 : 黃純于潛, 不見其畛, 藏鬱於泉. 測曰 : 黃純于潛, 化在嘖也.

초일은, 누런 양기가 땅 속에 잠겨 있어 순수하나 사람은 아직 그 경계를 볼 수 없으니, 그것은 황천의 아래에서 응결하고 있기 때문이다.[111]

측에 말하기를, 누런 양기가 땅 속에 잠겨 있다는 것은 화육(化育)이 유심(幽深)한 가운데에서 행해진다는 것이다.

· · · · · · · · · · · · · · · · · ·

　가 준이니, 군자가 이를 본받아 경륜한다(象曰, 雲雷, 屯, 君子, 以, 經綸)"라는 말이 있다. 사마광은 「준괘」의 이런 점을 감안하여 사물이 처음 기초를 닦을 때에는 어려움이 있고, 따라서 이런 어려움을 극복하려면 반드시 군자라야 함을 말하고 있다.

107　劉韶軍 點校 : 명초본에는 '難' 아래에 '也'자가 있다. 이것을 모든 책 首辭의 례 및 도장본에 의거해 삭제하였다.

108　역주 : 이 구절은, 동지의 계절에 양기가 내려갔다가 다시 오르지만 음기가 아직 사납고, 양기가 움직이면서 만물을 기르고자 하지만 반드시 험난함을 만난다는 것으로, 만물이 처음 생할 때 그 시절도 屯難하다는 것이다.

109　劉韶軍 點校 : '貌'는 명초본에는 '也'로 되어 있다. 이것을 대전본, 도장본에 의거해 고쳤다.

110　역주 : 앞서 말한 『주역』「屯卦」의 의미와 거의 유사하다. 『주역』「둔괘·象辭」에서는 "준은 강한 것과 부드러운 것이 처음 사귀어 어렵게 나오며 험한 가운데 움직인다(象曰, 屯, 剛柔始交而難生, 動乎險中.)"라는 말이 있는데, 이런 점과도 통한다.

111　역주 : '黃純'은 땅 속에 잠겨 살고 있는 양기를 말한다. 初一은 陽首가 양의 자리에 처했기에 '純'이라고 한다. 이 구절은, 양기가 지하에서 잠겨 살고 있으면서 만물을 化育하지만 아직 그 형적을 드러내지 않았다는 것이다.

畛, 音眞. 嘖與賾同, 士革切. 陸曰, 嘖, 隱也. 光謂, 嘖, 幽深難見者也. 一非
中位而云黃者, 陽氣未見, 猶在地中也. 家性爲礙, 一爲思始, 始有拔難之心
者也. 陽氣潛於地中, 純粹廣大, 藏鬱於泉, 以化育萬物, 而人莫見其畛界
也. 猶君子有拔難之心, 精純幽遠, 利澤將施於天下, 而人未之知者也.

진(畛)은 음이 진(眞)이다. 색(嘖)은[112] 색(賾)와 같으니, 사(土)와 혁(革)의 반
절이다. 육적은 말하기를 "색(嘖)은 숨는다(隱)는 것이다"라고 하였다. 사마광
은 생각하기를 "색(嘖)은 심오하여 보기 어려운 것이다. 일(一)은 중(中)의 지
위는 아닌데 황(黃)이라고 이른 것은 양기가 보이지 않지만 여전히 땅속에
있기 때문이다. 가성(家性)이 어려운 것이 되는 것은, 일(一)은 사(思)의 시(始)
가 되고, 처음 어려움에서 빠져나오려는 마음이 있기 때문이다. 양기가 땅속
에 숨어 순수하고 광대하며 황천에 무성하게 숨어 만물을 화육시키는데, 사람
들은 그 경계를 보지 못한다. 이것은 마치 군자는 어려움에서 빠져나오려는
마음이 정밀하고 순수하며 그윽하고 심원해, 이로운 은택을 장차 천하에 베풀
고자 하나 사람들이 아직 알지 못하는 것과 같다"라고 하였다.

▌次二 : 黃不純, 屈于根. 測曰 : 黃不純, 失中適也.

차이는, 누런 양기가 순수하지 못하니, 뿌리에 굴복(屈伏)하여 생겨날 수 없다.
측에 말하기를, 누런 양기가 순수하지 못하다는 것은 (일이) 적당함을 잃어
성취할 수 없다는 것이다.

小宋本適作道. 今從諸家. 二爲思中而當夜, 故曰, 黃不純. 陽氣不純, 則萬
物失其性, 屈于根而不能生. 小人妄慮, 則萬事失其適, 隳其功而不能成.

송유간본에는 적(適)이 도(道)로 되어 있다. 지금 제가의 판본을 따른다. 이
(二)는 사(思)의 중(中)이 되고 밤에 해당한다. 그러므로 "누런 양기가 순수하

....

112 역주 : '嘖'은 우리나라에서는 일반적으로 '책'으로 발음하는데, 『태현경』 주석에
서는 '색'으로 발음하라고 한다. 중국어 발음으로는 '嘖'과 '賾'은 모두 'zé'로 발음
된다.

지 못하다"라고 하였다. 양기가 순수하지 못하면 만물이 그 본성을 잃고 뿌리에 굴복(屈伏)하여 생겨날 수 없다. 소인이 망령된 생각을 하면 모든 일이 그 적당함을 잃고 그 공은 무너져 이룰 수 없다는 것이다.

▌次三：赤子[113]扶扶, 元貞有終. 測曰：赤子扶扶, 父母詹也.

차삼은, 어린아이[백성]는 일을 이루어도 그것을 훼손할 수 있기 때문에 (군자가) 끌어당기고 부여잡아 (大正한 으뜸의 도로 하면) 바르고 곧아 잘 마칠 수 있다.[114]

측에 말하기를, 어린아이[백성]는 일을 이루어도 그것을 훼손할 수 있기 때문에 (군자가)끌어당기고 부여잡아준다는 것은 (백성들이)부모처럼 우러러본다는 것이다.

范本詹作瞻, 今從二宋, 陸, 王本. 詹瞻古字通用. 扶扶, 扳援依慕之貌.[115] 元, 善之長也. 三爲成意而當晝, 象君子將行其志, 拔難濟民, 民皆瞻仰[116] 而歸之, 非有元貞之德, 則不能成玆大功. 故曰, 元貞有終.

범망본에 첨(詹)은 담(瞻)으로 되어 있는데, 지금 송충본, 송유간본, 육적본, 왕애본을 따른다. 첨(詹)과 담(瞻)은 옛글자에서는 통용되었다. '부부(扶扶)'는 끌어당기며 부여잡고 의지하며 사모하는 모양이다. 원(元)은 선한 것의 우두머리다.[117] 삼(三)은 뜻을 이룬 것이 되고 낮에 해당하니, 군자가 장차 그 뜻을 행하여 어려움을 해결하고 백성들을 구제하니 백성들이 모두 우러러보고 돌

---

113 역주 : 일반적으로 어린아이를 말하지만 여기서는 백성을 뜻한다.
114 역주 : 이 구절은, 유치한 자가 다른 사람의 보호와 도움을 얻어 공업을 이루려면 반드시 元貞한 덕이 있어야 그 공업을 이룰 수 있다는 것이다.
115 劉韶軍 點校 : '貌'는 명초본에는 '貞'으로 되어 있다. 이것을 대전본, 장사호본에 의거해 고쳤다.
116 劉韶軍 點校 : '仰'은 명초본에는 '卬'으로 되어 있다. 이것을 대전본, 도장본에 의거해 고쳤다.
117 역주 : 『주역』「건괘·文言」에는 "元者, 善之長也, 亨者, 嘉之會也, 利者, 義之和也, 貞者, 事之幹也. 君子體仁, 足以長人, 嘉會, 足以合禮, 利物, 足以和義, 貞固, 足以幹事. 君子行此四德者, 故曰, 乾, 元亨利貞."라는 말이 나온다.

아오는 것을 본뜬 것으로, 으뜸이 되는 것(元)과 바르고 곧은(貞)[118] 덕이 있지 아니하면 이 큰 공로를 이룰 수 없다. 그러므로 "으뜸이 되고(元) 바르고 곧으니(貞) 마침이 있다"라고 하였다.

▌次四：拔我不德, 以力不克. 測曰：拔我不德, 力不堪也.

차사는, 나를 어려운 상황에서 구해주는 사람이 있지만, 덕으로 하지 않고 힘을 믿고 하면 제대로 할 수 없다.

측에 말하기를, 나를 어려운 상황에서 구해주는 사람이 있지만 덕으로 하지 않았다는 것은 힘이 감당하지 못한 것이다.[119]

小宋本作匪德. 今從諸家. 四當夜, 小人也, 而逢時之福, 無德而以力取勝者也. 終當覆敗, 嗚能濟衆哉.

송유간본에는 비덕(匪德)으로 되어 있다. 지금 제가의 판본을 따른다. 사(四)는 밤에 해당하고 소인으로서, 만난 때는 복(福)이지만 덕이 없으면서 힘으로 이기는 것을 취하고자 한 자다. 마침내 넘어지고 패배함에 당할 것이니, 어찌 중생을 구제할 수 있을 것인가?

▌次五：拔車山淵, 宜于大人. 測曰：拔車山淵, 大位力也.

차오는, 수레를 산과 연못(같은 위험한 상황)에서 구하는 것은 대인의 덕이[120]

....

118 역주 : 이 구절은, 『주역』「건괘」에서 말하는 '元'과 '貞'의 의미를 가지고 말한 것이다.

119 역주 : 이 구절은, 어지러움을 평정하고 세상을 구하지만, 힘으로 하고 덕으로 하지 않으면 반드시 성공한다는 희망이 없다는 것이다.

120 역주 : 大人은 매우 다양한 의미로 사용된다. 가장 일반적인 것은 나이가 많은 인물이나 윗사람을 존경하는 용어로 사용된다. 유가의 경전에서는 크게 세가지 의미로 사용된다. 첫째 王公大人과 같은 지위가 높은 사람을 지칭한다. 『주역』「건괘」九二爻, "見龍在田, 利見大人.", 『史記』「孟子荀卿列傳」, "王公大人初見其術, 懼然顧化, 其後不能行之."참조. 다음 덕행이 고상하고 志趣가 고상한 인물을 지칭한다. 『맹자』「告子上」, "從其大體爲大人, 從其小體爲小人.", 『법언』「學行」,

있어야 가능한 것이다.

측에 말하기를, 수레를 산과 연못(같은 위험한 상황)에서 구하는 것은 대인의 지위를 얻은 자의 힘이라는 것이다.

王曰, 或山或淵,[121] 道之險者. 五爲一首之主, 而又得位當晝, 體正居中, 有大人之德. 拔車以出于險, 則爲萬物之所利見, 故宜于大人. 光謂, 車者, 民所載也. 五, 福之盛也, 而又當晝, 大人得位者也. 故可以載民於險阻矣.
왕애는 말하기를 "혹은 산이라 하고 혹은 연못이라 한 것은 길이 험한 것을 의미한다. 오(五)는 1수(一首)의 주인이면서 또 지위를 얻고 낮에 해당하니, 몸체가 바르고 중(中)에 있어 대인의 덕이 있다. 수레를 뽑아내 험한 데서 나오면 만물들이 보고 이로운 것으로 삼는다. 그러므로 (이런 일은) 대인이라야 마땅하다"라고 하였다. 사마광은 생각하기를 "수레란 백성들을 싣는 것이다. 오(五)는 복(福)이 성대하고 또 낮에 해당되니, 대인이 지위를 얻은 것이다. 그러므로 험하고 막힌 곳에서도 백성을 실을 수 있다"라고 하였다.

▌次六：將其車, 入于丘虛. 測曰：將車入虛, 道不得也.
차육은, 장차 그 수레가 끌어서 (가시가 난 험난한 높은) 언덕으로 들어갔다.[122]
측에 말하기를, 장차 그 수레서 (가시가 난 험난한 높은) 언덕으로 들어갔다는 것은 도를 얻지 못한 것이다.

....

"大人之學也爲道, 小人之學也爲利." 阮籍, 「大人先生傳」, "夫大人者, 乃與造物同體, 天下並生, 逍遙浮世與道俱成." 참조. 때론 주대의 경우 占夢하는 관리를 지칭하기도 한다. 『시경』 「小雅·斯幹」, "大人占之"가 나오는데, 朱熹는 『詩集傳』에서 "大人, 太蔔之屬, 占夢之官也."라고 한다.
121 劉韶軍 點校 : '淵'은 명초본에는 '泉'으로 되어 있다. 이것을 대전본, 도장본에 의거해 고쳤다.
122 역주 : 이 구절은, 수레를 도와서 산의 웅덩이와 구얼의 험난한 곳에서 빼내더라도, 또 丘墟와 형극에 들어가는 어려움이 있다는 것이다.

虛與墟同. 六過中而當夜, 象雖有濟民之志, 而不得其道, 則愈險於難矣. 過中者, 失其宜適之象也.

허(虛)는 허(墟)와 같다. 육(六)은 중(中)을 지나치고 밤에 해당하니, 비록 백성들을 구제할 뜻은 있으나 그 도를 얻지 못하면 더욱 어려운 곳에 빠지게 되는 것을 본뜬 것이다. "중(中)을 지나쳤다"는 것은 그것의 마땅한 것과 적당한 것을 상실한 상이다.

▌次七：出險登丘, 或牽之牛. 測曰：出險登丘, 莫之代也.

차칠은, 험난한 곳에서 나와 (높은) 언덕에 올랐는데, 혹 소가 수레를 끄는 것이었다.

측에 말하기를, 험난한 곳에서 나와 (높은) 언덕에 올랐다는 것은 소를 대신할 것이 없다는 것이다.

范本代作伐. 今從諸家. 陸曰, 引車莫如牛, 誰人能代牛者乎. 王曰, 位旣當晝, 難又將終, 猶有八九. 故且登丘陵而未復平途. 光謂, 丘者, 難之小者也. 牛者, 物之有力者也. 七雖當晝, 而涉於禍境, 如已出大險而猶有小難者也. 夫大險已出, 則小難不憂乎不濟也, 況或助之以牛牽車乎. 如君子旣能濟險, 而復有賢才助之也.

범망본에는 대(代)가 (伐)로 되어 있다. 지금 제가의 판본을 따른다. 육적은 말하기를 "수레를 끄는 것은 소만 같은 것이 없는데 어떤 사람이 소를 대신할 자가 있으랴!"라고 하였다. 왕애는 말하기를 "지위가 이미 낮에 해당하니 어려움이 또 장차 마치더라도 오히려 차팔(次八)과 상구(上九)가 있다. 그러므로 또 (높은) 언덕에 올라갔지만 다시 평평한 길이 아니다"라고 하였다. 사마광은 생각하기를 "언덕(=丘)이란 어려움이 작은 것이다. 쇠(牛)란 사물에 힘이 있는 것이다. 칠(七)이 비록 낮에 해당하나 아직은 화(禍)의 경지와 관계하니, 마치 이미 큰 위험을 빠져나왔더라도 오히려 (여전히)조그마한 어려움이 있는 것이다. 대저 큰 위험에서 이미 나왔다면 작은 어려움은 해결되지 않더라도 근심할 것이 아니니, 하물며 혹 소가 수레를 끄는 것을 도와주는데 있어서랴! 마치 군자가 이미 험한 것을 구제할 수 있는데도, 다시 어진 인재가 도와줌이 있는 것이다"라고 하였다.

▌次八：車不扰, 骭軸折. 測曰：車不扰, 躬自賊也.

차팔은, 수레를 (험난한 곳에서 뽑았는데도) 제대로 뽑히지 않았고 (또 험난함을 만나 사람이 소를 대신해서 수레를 끄니), 사람의 정강이와 수레의 굴대가 꺾였다.

측에 말하기를, 수레를 (험난한 곳에서 뽑았는데도) 제대로 뽑히지 않았다는 것은 몸을 스스로 해친 것이다.

宋, 陸本骭作䯊, 音義皆闕. 范本作髀. 小宋云, 䯊當作骨卓, 丑孝切, 車弓也. 今從王本, 下晏切. 王曰, 骭, 人脛也. 無德而將出難, 禍又至. 故象以人代牛, 則引車不扰而骭軸俱折矣. 光謂, 八爲禍中而又當夜, 小人不量其力, 不能拔難, 覆國喪身者也.

송충본과 육적본에는 한(骭)이 한(䯊)으로 되어 있는데, 음과 뜻은 모두 빠졌다. 범망본에는 비(髀)로 되어 있다. 송유간은 말하기를 "한(䯊)은 마땅히 초(䯊)로 써야 하니, 축(丑)과 효(孝)의 반절로서 수레 겹판의 스프링이다"라고 하였다. 지금 왕애본을 따르니, 하(下)와 안(晏)의 반절이다. 왕애는 말하기를 "한(骭)은 사람의 정강이다. 덕이 없이 장차 어려움에서 나오려고 하는데 화(禍)가 또 이른 것이다. 그러므로 사람으로 소를 대신하게 하면, 수레를 끌어 뽑아내지 못하고 정강이와 굴대축이 모두 꺾어지는 것을 본뜬 것이다"라고 하였다. 사마광은 생각하기를 "팔(八)은 화(禍)의 중(中)이 되고 또 밤에 해당하니, 소인이 그 힘을 헤아리지 못해 어려움에서 벗어날 수 없으니, 나라를 망치고 몸을 손상시키는 자이다"라고 하였다.

▌上九 : 崇崇高山, 下有川波其, 人有輯航, 可與過其. 測曰 : 高山
大川, 不輯航不克也.

상구는, (매우 험난한) 높고 높은 산과 아래에 큰 내의 파도가 있지만, 사람이
배가 있어서 함께 건널 수 있다.

측에 말하기를, 높은 산과 큰 내라는 것은 배를 타고 노를 젓지 아니하면 건널
수 없다는 것이다.[123]

其, 音基, 語助. 輯與楫同. 九處難之極, 遇禍之窮, 故曰, 崇崇高山, 下有
川波其, 言險之甚也. 然當日之晝, 其才足以濟險者也. 故曰, 人有輯航, 可
與過其.

기(其)는 음은 기(基)로서 어조사이다. 집(輯)은 즙(楫)과 같다. 구(九)는 난수
(難首)가 지극한 것에 처하고 화(禍)가 다한 것을 만난 것이다. 그러므로 "높고
높은 고산이다. 아래에 큰 내의 파도가 있다"라고 하니, 험난한 것이 심함을
말한 것이다. 그러나 하루의 낮에 해당하여 그 재주는 험난한 것을 구제할
수 있다. 그러므로 말하기를 "사람이 배를 타고 노를 저어 함께 건널 수 있다"
라고 한 것이다.

· · · · · · · · · · · · · · · ·

123 역주 : 이 구절은, 높은 산, 큰 파도는 험난한 것이 지극한 것으로, 지극한 상태라
면 반드시 반대로 되돌아 평이한 곳에 이르고, 노와 배가 있으면 험난한 곳을
지날 수 있는데 만약 노와 배가 없으면 평이한 것으로 바뀔 수 없다는 것이다.
즉 '物極必反'은 일정한 조건을 필요로 한다는 것이다.

▤▤ 一方一州二部一家.
1방, 1주, 2부, 1가다.

閑
한(閑)

陰家, 金, 易準屯. 入閑次四一十八分二十四初, 日次玄枵, 小寒氣應, 斗建
丑位, 律中大呂. 閑, 閑也, 防也.
한수(閑首)는 음가(陽家)이고 (5행에서는) 금(金)이고, 또한 『주역』 「준괘(屯
卦)」에 준한다.[124] 한(閑)은 차사(次四) 18분 24초에서 들어가고, 태양은 현효
(玄枵)에 머물러 소한(小寒)의 기와 응하고, 두(斗)는 축위(丑位)에 세우고, 율
은 대려(大呂)에 맞춘다. 한(閑)은 막다(閑), 방어한다(防)는 것이다.

▌陽氣閑於陰, 礥然物咸見閑.
(미미한) 양기가 움직여 나오지만 음한(陰寒)한 것에 막혀서 나올 수 없다.

....

124 역주: 「玄錯」에서는 "閑, 癡塞"이라 하고, 「玄衝」에서는 "閑孤"라고 한다. 막혀서
　　홀로되니 반드시 屯難함이 있다는 것이다.

만물은 모두 방해 받아 힘들고 어렵게 모두 막히는 것을 당한다.[125]

宋曰, 礥然者, 陽欲出不能之貌也. 陽主出內[126]萬物者也, 而見防遏, 故萬
物亦皆見閑.
송충은 말하기를 "현연(礥然)이란 것은 양기가 나오고자 하는데 나올 수 없는
모습이다. 양은 만물을 출납(出納)하는 것을 주로 하지만 막히고 방해를 당한
다. 그러므로 만물이 또한 모두 막힘을 당한다"라고 하였다.

▌初一 : 蛇伏于泥, 無雄有雌. 終莫受施. 測曰 : 蛇伏于泥, 君不君也.
초일은, 뱀이[127] (아직 용이 되어 하늘로 올라갈 수 없기 때문에) 진흙에 숨어
있고, 수컷[陽]은 힘이 없고 암컷[陰]만 있으니, (백성들은) 끝내 (군주의) 베풀
어짐을 받는 것이 없다.
측에 말하기를, 뱀이 (아직 용이 되어 하늘로 올라갈 수 없기 때문에) 진흙에
숨어 있다는 것은 군주가 (군주의 덕이 없어) 군주 노릇을 못한다는 것이다.

施, 式故切. 一陽而當日之夜, 君不君之象也. 君德龍[128]也, 失道而見閑於
臣, 故曰, 蛇伏於泥也. 無雄有雌, 則終莫受施. 無君有臣,[129] 則澤不下達矣.

· · · · · · · · · · · · · · · · · ·
125 역주 : 이 구절은, 이 때 음기가 아래에서 다하더라도 오히려 위로 장성하여 양기
      가 음에 막히는 바가 되고, 양기가 나오고자 하지만 어렵기 때문에 만물의 생장도
      방해를 받는다는 것이다.
126 역주 : 이 때 '內'자는 '들입 납(=納)'이란 의미다.
127 역주 : '蛇'는 '龍'이다. 땅 속에 잠기어 숨어 있기에 '蛇'라고 말한 것이다. 즉 땅
      속에 숨어있는 양기를 가리킨 것이다. 『주역』「건괘·문언」에서는 "潛龍勿用, 陽
      氣潛藏."을 말한다. 이 구절은, 양기가 땅 속에서 잠겨 있는데, 음기에 의해 막혀
      있어 나오기 어려워 만물에 베풀 수 없다는 것이다. 비유하면 군신이 신하가 막
      는 것을 받아 그 혜택을 백성에게 베풀 수 없다는 것이다. 『법언』「問神」에서는
      "龍蟠於泥, 蚖其肆矣." 라는 말이 있다.
128 역주 : 『주역』에서는 '龍'으로 군주나 위대한 인물을 상징한다. 『주역』「건괘」에
      이런 점이 잘 나온다.
129 劉韶軍 點校 : "無有君臣"은 명초본에는 "無雄有雌"로 되어 있다. 이것을 대전본,
      도장본, 장사호본에 의거해 고쳤다.

시(施)는[130] 식(式)과 고(故)의 반절이다. 일(一)은 양으로서 하루의 밤에 해당하니, 군주가 군주 노릇을 못하는 상이다. 군주의 덕은 용인데, 도를 잃고 신하에게 막힘을 당하였다. 그러므로 말하기를 "뱀이 진흙에 숨었다"라고 하였다. 수컷은 없고 암컷만 있으면 끝내 (군주의) 은택이 베풀어짐을 받을 수가 없다. 군주가 없고 신하만 있으면 (군주의) 은택이 아래로 도달하지 못하게 된다.

▌次二 : 閑其藏, 固珍寶. 測曰 : 閑其藏, 中心淵也.

차이는, 진기한 보물을 감추니, 진실로 진기한 보물이다.[131]

측에 말하기를, 진기한 보물을 감추었다는 것은 마음속이 깊어 사람들이 그것을 헤아릴 수 없다는 것이다.

藏, 族浪切. 二, 思中也, 君子藏器於身, 黙而識之,[132] 待賈而沽,[133] 若閑藏固寶者也.

장(藏)은 족(族)과 랑(浪)의 반절이다. 이(二)는 사(思)의 중(中)이다. 군자가 몸에 자신의 기량을 감추고 묵묵히 알고 있다가 값을 기다려서 물건을 파니, 진실한 보배를 깊이 감춘 것과 같은 것이다.

▌次三 : 關無鍵, 舍金管. 測曰 : 關無鍵, 盜入門也.

차삼은, 관문에 자물쇠가 없기 때문에 관문을 잠그는 쇠 열쇠를 버렸다.

측에 말하기를, 관문에 자물쇠가 없다는 것은 도적이 문으로 들어온다는 것이다.

----

130 역주 : '施'는 '베푼다'고 할 때는 '시'로, '옮긴다'고 할 때는 '이', 이 두가지 발음이 있다.

131 역주 : '固珍寶'의 '固'자를 '단단하다'는 의미로 본다면, 이 구절은, 진기한 보물을 단단하게 지켰다는 의미로 해석할 수 있다.

132 역주 : 『논어』「述而」2장에 나오는 말이다.

133 역주 : 『논어』「子罕」에 나오는 말이다. 원문은 "子貢曰, 有美玉於斯, 韞匵而藏諸, 求善賈而沽諸. 子曰, 沽之哉, 沽之哉, 我待賈者也."이다.

小宋本作金舍管. 今從諸家. 鍵, 其偃切. 舍與捨同. 鍵, 鎖牡也. 管, 所以
出鍵者也. 關無鍵, 則舍金管而不用矣. 三爲成意而當日之夜, 不能防閑,
失其權重, 故盜入門也. 易曰, 弗過防之, 從或戕之, 凶. 又曰, 慢藏誨盜.
송유간본에는 금사관(金舍管)으로 되어 있다. 지금 제가의 판본을 따른다. 건
(鍵)은 기(其)와 언(偃)의 반절이다. 사(舍)는 사(捨)와 같다. 건(鍵)은 관문의
자물쇠다. 관(管)은 자물쇠를 여는 열쇠다. "관문에 자물쇠가 없다"라는 것은
관문을 여는 열쇠를 버려 쓸모가 없는 것이다. 삼(三)은 뜻을 이룬 것이 되나
하루의 밤에 해당하여 방어할 수 없으니, 그 권세의 중한 것을 상실한 것이다.
그러므로 도둑이 문에 들어온다는 것이다. 『주역』에서 말하기를 "지나치게 방
비하지 못하면 좇아서 혹 해치니, 흉하리라"[134]라고 하였다. 또 말하기를 "감추
는 것을 게으르게 하는 것은 도둑질을 가르치는 것이다"[135]라고 하였다.

■ 次四 : 拔我輗軏, 小得利小征. 測曰 : 拔我輗軏, 貴以信也.
차사는, (짐을 싣고 가는) 나의 수레의 예월을[136] 뽑아 멀리갈 수 없으니, 조금
가서 조금 얻는 것을 이롭게 여긴다.[137]
측에 말하기를, 나의 수레의 예월을 뽑았다는 것은 (백성을 다스리는 것을)
믿음으로 하는 것을 귀하게 여긴다는 것이다.

范曰, 輗軏喩信也. 논어曰, 大車無輗, 小車無軏.(關)
범망은 말하기를 "예월(輗軏)은 믿음(信)을 비유한 것이다"라고 하였다. 『논
어』에서 말하기를 "큰 수레에 예가 없고, 작은 수레에 월이 없다"[138]라고 하였

· · · · · · · · · · · · · · · · · ·
134 역주 : 『주역』「小過卦」九三爻의 말이다.
135 역주 : 『주역』「계사전상」8장에 나오는 말이다. 「解卦」六三爻의 뜻을 풀이한 것
       이다.
136 역주 : '輗'는 큰 수레의 끌채와 횡목이 서로 잇닿는 부분이고, '軏'은 수레의 채와
       횡목을 서로 연결시켜 주는 핀 즉 멍에다.
137 역주 : 이 구절은, 수레는 輗軏을 기다린 이후에 움직이고, 일은 믿음을 기다린
       이후에 거행하는 것이니, 輗가 없고 믿음이 없으면 천하에 큰 일을 행할 수 없다
       는 것이다.

다. 해설이 빠졌다.

▌次五 : 礭而閑而, 拔我姦而, 非石如石, 厲. 測曰 : 礭閑如石, 其敵堅也.

차오는, (간사한 것을 뿌리 뽑는 것이) 어렵고 어려운데, 돌같이 단단하지 않은 것 같은데 (돌같이 굳세고 단단하게 법을 사용하니), 위태롭다.[139]

측에 말하기를, (간사한 것을 뿌리 뽑는 것이) 어렵고 어려운데 돌같이 (단단하게) 한다는 것은 그의 적이 견고한 것이다.

范曰, 五處尊位, 當拔除其姦. 非石之固, 而使如石, 故危也. 光謂, 五居盛位, 爲物藩衛, 而欲以不正拔物, 故敵堅如石而身危也.

범망이 말하기를 "오(五)는 높은 지위에 처하니 마땅히 그 간사한 것을 뽑아 없애야 한다. 돌처럼 단단한 것이 아닌데 하여금 돌과 같이 한다. 그러므로 위태롭다"라고 하였다. 사마광은 생각하기를 "오(五)는 성대한 지위에 있으면서 사물을 막아주는 울타리가 되는데, 바르지 않는 것으로써 사물을 뽑고자 한다. 그러므로 상대의 견고함은 돌과 같아서 자신이 위태롭다"라고 하였다.

▌次六 : 閑黃埴, 席金第. 測曰 : 閑黃埴, 以固德也.

차육은, 적을 막는데 견고한 성으로 하면서 땅에 쇠붙이를 대자리처럼 깔아 수비하면, 그 수비는 훌륭한 것이 된다.[140]

측에 말하기를, 적을 막는데 견고한 성으로 한다는 것은 단단한 덕으로 한다는

· · · · · · · · · · · · · · · · · ·

138 역주 : 『논어』「爲政」에 나오는 말이다. 전문은 "子曰, 人而無信, 不知其可也. 大車無輗, 小車無軏, 其何以行之哉."이다.
139 역주 : 이 구절은, 간사한 것의 견고함이 반석과 같아서, 뽑아 제거하고자 해도 매우 어려워 그 위태로움이 몸에 미친다는 것이다. 『주역』「계사전하」5장에는 "孔子嘆曰, 德薄而位尊, 知小而謀大, 力小而任重, 鮮不及矣."라는 말이 있다.
140 역주 : 이 구절은, 밖으로는 견고한 성을 쌓아 막고, 안으로는 강한 쇠 대자리를 깔아서 방비하니, 걱정이 몸에 미치지 않는다는 것이다.

것이다.

小宋本垓作埃. 今從諸家. 范曰, 五堵爲垓. 王曰, 垓, 古㙩字, 謂城也. 筮,
簀也. 光謂, 席猶藉也. 金, 至堅之物. 六, 福之隆也, 而又當晝, 君子以德
自防, 外患無從而危者也. 故曰, 閑黃垓, 席金筮.
송유간본에는 치(垓)는 애(埃)로 되어 있다. 지금 제가의 판본을 따른다. 범망
은 말하기를 "다섯 겹의 담을 치(垓)라고 한다"라고 하였다. 왕애는 말하기를
"치(垓)는 옛날의 치(㙩)자로, 성(城)을 말한다. 자(筮)는 대자리(簀)다"라고 하
였다. 사마광은 생각하기를 "석(席)은 깔개(藉)와 같다. 쇠붙이[金]는 지극히
단단한 물건이다. 육(六)은 복(福)이 융성한 것이고 또 낮에 해당하니, 군자는
덕으로 스스로를 방어하면 외환이 좇아서 위태롭게 할 것이 없다. 그러므로
말하기를 "적을 막는데 견고한 성으로 하면서 땅에 쇠붙이를 대자리처럼 깐
다"라고 하였다.

▎次七：跙跙, 閑于遽篨, 或寢之廬. 測曰：跙跙之閑, 惡在舍也.
차칠은, (행동이 바르지 못한 악질의 인간이) 여관에 들어오는 것을 막았으나,
이미 악질의 인간이 나의 집에 들어왔는데도 알지 못한다.[141]
측에 말하기를, (행동이 바르지 못한 악질의 인간이) 여관에 들어오는 것을
막았다는 악질의 인간이 집에 있다는 것이다.

范本, 遽篨作籧除. 王, 小宋本作籧篨. 今從宋陸本. 跙, 七余, 莊助二切.
遽, 音渠, 篨, 音除. 王曰, 跙跙, 行不正貌. 籧跙, 傳舍. 或寢之廬, 閑外而
失內也. 七爲禍生, 位且當夜, 失閑之道也. 光謂, 惡人已跙跙然入其室, 而
不自知者也. 秦大發兵備胡, 而胡亥亡其國, 故曰, 惡在舍也.
범망본에는 거저(遽篨)는 거제(籧除)로 되어 있다. 왕애본, 송유간본에는 거저

....
141 역주 : 이 구절은, 행위가 부정한 것이 흡사 밖을 막는데 견고한 성이 없고 안으로
   아름다운 자리가 없는 것과 같으니, 걱정이 반드시 몸에 이른다는 것이다.

(邌篨)로 되어 있다. 지금 송충본, 육적본을 따른다. 거(跙)는[142] 칠(七)과 여(余), 장(莊)과 조(助)의 두 반절이다. 거(邊)는 음이 거(渠)이고, 저(篨)는 음이 제(除)다.[143] 왕애는 말하기를 "저저(跙跙)는 행동이 바르지 않는 모양이다. 거저(邌跙)는 여관이다. "이미 악질의 인간이 나의 집에 들어왔는지도 알 수 없다'라고 한 것은 밖은 막았지만 안은 잃은 것이다. 칠(七)은 화(禍)가 발생하는 것이 되고 지위는 또 밤에 해당하니, 막는 도를 상실한 것이다"라고 하였다. 사마광은 생각하기를 "나쁜 사람이 이미 머뭇거리다가 그 집으로 들어갔지만 (주인은) 스스로 알지 못한 것이다. 진(秦)나라가 크게 군사를 일으켜 오랑캐의 침략을 대비했지만, 호해(胡亥)가[144] 그 나라를 망하게 하였다. 그러므로 '악질의 인간이 집에 있다'라고 한 것이다"라고 하였다.

▌次八 : 赤臭播關, 大君不閑, 克國乘家. 測曰 : 赤臭播關, 恐入室也.
차팔은, (음양이 다투어 생긴) 악한 기운[赤臭]이 관문에 흩어져 있는데 대군이 관소(關所)를 신중하게 지키지 않으면, (악한 기운이 들어와) 제후의 나라를 다스리고 대부의 집을 다스리게 된다.[145]
측에 말하기를, (음양이 다투어 생긴) 악한 기운이 관문에 흩어져 있다는 것은 집으로 들어올까 두려워 한다는 것이다.

王本不閑作不開, 小宋本作不關. 今從宋, 陸, 范本. 王曰, 赤臭者, 陰陽交爭, 殺象之氣也, 播於遠關之外. (闕)
왕애본에는 불한(不閑)이 불개(不開)로 되어 있고, 송유간본에는 불관(不關)으

．．．．．．．．．．．．．．．．．．

142 역주 : '跙'는 우리나라 발음으로는 '거'라 하는데, 중국어로는 jù, qū, qiě, zhù, qiè 등 다양하게 발음된다.
143 역주 : '篨'는 우리나라에서는 흔히 '저'라고 발음하는데, 『태현경』 주석에서는 '제'라고 발음하라고 한다. '篨'는 중국어로는 chú로 발음되는데, '除'도 중국어로는 chú로 발음된다.
144 역주 : 진시황의 아들을 말한다.
145 역주 : 이 구절은, 도적이 문에 닥쳤지만 군자는 덕이 두텁기에 막지 않고 싸워도 승리하니, 나라를 다스리고 집안을 다스리는데 이롭다는 것이다.

로 되어 있다. 지금 송충본, 육적본, 범망본을 따른다. 왕애는 말하기를, "악한 기운[赤臭]이라는 것은 음과 양이 서로 다툰다는 것으로, 살상의 기운이 먼 관문 밖까지 뿌려진 것이다"라고 하였다. 해설이 빠졌다.

▌上九 : 閑門以終, 虛. 測曰 : 閑門以虛, 終不可實也.

상구는, 문호를 막는 것으로써 마치니, 비어서 얻는 것이 없다.

측에 말하기를, 문호를 막아 얻는 것이 없다는 것은 끝내 채울 수 없다는 것이다.

王曰, 處閑之極, 當夜之位, 失閑之宜, 如閑其門戶, 人之所以自終, 必且虛而無獲. 光謂, 閉門自終, 不與物交, 愼則愼矣, 而終無所得, 求之功業, 不亦遠乎. 易曰, 括囊, 無咎無譽.

왕애는 말하기를 "한수(閑首)가 지극한 것에 처하고 밤의 지위에 해당하여 한수(閑首)의 마땅함을 상실하니, 마치 그 문호를 막아 사람이 스스로 마치게 하여, 반드시 또한 비어서 얻는 것이 없는 것과 같다"라고 하였다. 사마광은 생각하기를 "문을 닫아 스스로 마치고 사물과 사귀지 않으면서 삼갈 때는 삼가지만 끝내 얻는 것이 없으니, 공업을 구하는 것이 또한 멀지 않겠는가?『주역』에서는 "주머니를 여미듯이 하니, 허물도 없고 칭찬도 없을 것이다"[146]라고 하였다.

---

146 역주 :『주역』「困卦」六四爻에 나오는 말이다.

≡≡ 一方一州二部二家.
1방, 1주, 2부, 2가다.

少
소(少)

少, 陽家, 土, 準謙. 入少次五, 日舍虛宿.
소수(小首)는 양가(陽家)이고 (5행에서는) 토(土)이며 『주역』「겸괘(謙卦)」에
준한다.[147] 소(小)는 차오(次五)에서 들어가고, 태양은 허수(虛宿)에 머문다.

▍陽氣澹然施於淵, 物謙然能自截.
양기가 (아직 힘이 미미하기 때문에) 연못에서 움직이지 않고 담연하게 시행
하니, 만물은 겸손하게 따라 스스로 지킬 수 있다.[148]

• • • • • • • • • • • • • • • • • •
147 역주 :「玄衝」에서는 "少, 微也."라고 한다.「玄錯」에서는 "少也, 約."이라 한다.
　　 미약하면서 가득차지 않으니, '謙'이 되는 이유다.
148 역주 : 이 구절은, 양기가 묵묵하게 심연에서 베풀어지고, 만물도 미약하게나마
　　 스스로 그 섬세하고 미세함을 지킨다는 것이다.

范王小宋本謙作溓. 今從宋陸本. 小宋本能作克. 今從諸家. 溓, 音斂. 鐵與纖同. 宋曰, 澹然, 不動也. 謂陽上見防閑, 於是澹然施意於淵, 不復動也. 溓然者, 言萬物見陽氣不動, 亦溓然自約也. 光謂, 萬物當發生, 尙能自守其纖細, 如人之謙也.

범망본, 왕애본, 송유간본에 겸(謙)은 렴(溓)으로 되어 있다. 지금 송충본, 육적본을 따른다. 송유간본에 능(能)은 극(克)으로 되어 있다. 지금 제가의 판본을 따른다. 렴(溓)은 음이 렴(斂)이다. 섬(鐵)은 섬(纖)과 같다. 송충은 말하기를 "담연(澹然)이란 움직이지 않는 것이다. 생각하건데 양이 위에서 막힘을 당하니, 이에 움직이지 않고 뜻을 연못에 베풀고 다시 움직이지 않는다는 것이다. 겸연(溓然)이란 만물이 양기가 움직이지 않는 것을 보고 또한 겸연하게 스스로 묶는 것을 말한 것이다"라고 하였다. 사마광은 생각하기를 "만물이 발생할 때에 당해서는 오히려 그 섬세함을 지킬 수 있으니, 마치 사람이 겸손한 것과 같은 것이다" 라고 하였다.

▌初一 : 冥自少, 眇于謙. 測曰 : 冥自少, 不見謙也.

초일은, 그윽하고 (은미하게 아래에 처하면서) 스스로를 적다고 여기고, 겸손하게 다른 사람에게 알려지는 것을 구하지 않는다.
측에 말하기를, 그윽하고 (은미하게 아래에 처하면서) 스스로를 적다고 여긴다는 것은, 스스로 드러내고자 하지 않아 겸손한 것이다.[149]

小宋本自作目. 今從諸家. 一者, 思[150]之微也. 當日之晝, 處衆之下, 內自謙抑, 而不求人知者也. 故曰, 冥自小, 眇于謙. 眇, 微也.

송유간본에 자(自)는 목(目)으로 되어 있다. 지금 제가의 판본을 따른다. 일(一)은 사(思)의 미미함이다. 하루의 낮에 해당하고 무리들의 아래에 처하니,

----

149 역주 : 이 구절은, 겸손하고 자신을 드러내지 않아야 비로소 '上謙'이란 것이다. 『노자』38장에서는 "上德不德, 是以有德."을 말한다.
150 劉韶軍 點校 : '思'는 명초본에는 '惡'으로 되어 있다. 이것을 대전본, 도장본, 장사호본에 의거해 고쳤다.

안으로 스스로 겸손하되 남이 알아주는 것을 구하지 않는다. 그러므로 말하기를 "그윽하고 (은미하게 아래에 처하면서) 스스로를 적게 여기고, 겸손하게 다른 사람에게 알려지는 것을 구하지 않는다" 라고 하였다. 묘(眇)는 미미하다(微)는 것이다.

■次二：自少不至, 懷其岫. 測曰：自少不至, 謙不誠也.

차이는, 소인이 겸손해하면서 몸을 뭇 사람들의 아래에 처하지만 (성실함이 없기에) 피를 흘리는 걱정을 면할 수 없다.

측에 말하기를, 소인이 겸손해하면서 몸을 뭇 사람들의 아래에 처한다는 것은 겸손함이 진실하지 못한 것이다.[151]

二爲思中, 而當日之夜, 小人之謙, 貌恭心狠, 不以其誠. 故憂未免也.

이(二)는 사(思)의 중(中)이 되고 하루의 밤에 해당하니, 소인의 겸손은 얼굴은 공손하지만 마음은 거칠어, 그 진실하지 못한 것으로 한다. 그러므로 근심을 면하지 못한다.

■次三：動戴其得, 人主之式. 測曰：戴其得, 其謙貞也.

차삼은, 행동을 겸손하게 하면서 백성의 마음을 얻으니, 그것이 인주(人主)의 법이다.[152]

측에 말하기를, 행동을 겸손하게 하여 백성의 마음을 얻는다는 것은 그 겸손함이 바른 것이다.

· · · · · · · · · · · · · · · ·

151 역주 : 『노자』38장에서는 "下德不失德, 是以無德."을 말한다.
152 역주 : 이 구절은, 움직임을 미미하게 하면서 작위하지 않고 능력 있는 사람에게 맡기고, 아울러 현명한 자가 돕게 하는 것이 군주가 되는 법칙이란 것이다. 『管子』「明法解」에서는 "明主操術任臣下, 使群臣效其智能, 進其長技 … 身無煩勞而分職, 故明法曰, 主不身下爲, 而守法爲之可也."라 하고, 『淮南子』「主術訓」에서는 "人主之術, 處無爲之事, 而行不言之敎, 淸靜而不動, 一度而不搖, 因循而任下, 責成而不勞."라고 한다.

范本作韱其得人謙貞也. 今從諸家.(闕)

범망본에는 "섬기득인겸정야(韱其得人謙貞也)"로 되어있다. 지금 제가의 판본을 따른다. 해설이 빠졌다.

▌次四:貧貧, 或妄之振. 測曰:貧貧妄振, 不能守正也.

차사는, 가난하고 가난함을 드러내면서, 어떤 경우에는 망령되이 구해달라는 것을 떨친다.[153]

측에 말하기를, 가난하고 가난함을 드러내면서 망령됨을 떨친다는 것은 바름을 지킬 수 없다는 것이다.

王曰, 失位當夜, 妄有所求, 非謙靜之時所宜然也. 光謂, 家性爲少, 四爲下祿, 故貧也. 在中之下, 不自多大, 自旌其貧者也. 故曰, 貧貧. 當日之夜, 不能守正, 自旌其貧, 妄求振救,[154] 斯亦鄙矣.

왕애는 말하기를 "지위를 잃고 밤에 해당하면서 망령되게 구하는 바가 있으니, 겸손하면서 조용히 있어야 할 때에 마땅히 할 짓은 아니다"라고 하였다. 사마광은 생각하기를 "가성(家性)이 소(小)가 되고, 사(四)는 하록(下祿)이 된다. 그러므로 가난한 것이다. 중(中)의 아래에 있으면서 스스로 많고 크다고 여기지 않으니, 스스로 그 가난을 나타낸 것이다. 그러므로 '가난하고 가난하다'라고 하였다. 하루의 밤에 해당하여 바름을 지킬 수 없고, 스스로 그 가난을 나타내 망령되이 구제해주기를 바라지만 이 또한 비루한 것이다"라고 하였다.

▌次五:地自沖, 下于川. 測曰:地自沖, 人之所聖也.

차오는, 땅이 스스로 낮추고 비워 내보다 아래 하였다.

· · · · · · · · · · · · · · · · ·

153 역주 : 이 구절은, 가난한데 스스로 그 가난함을 드러내면서 망령되이 구제를 구한다는 것이다.

154 劉韶軍 點校 : '救'는 명초본에는 '動'으로 되어 있다. 이것을 대전본, 도장본, 장사호본에 의거해 고쳤다.

측에 말하기를, 땅이 스스로 낮추고 비웠다는 것은 사람이 성인으로 우러러본다는 것이다.

王曰, 能居正中, 又當晝位, 如地之能自沖虛, 下于川谷, 川谷歸之, 則爲百谷王矣. 光謂, 五者福之盛也. 地體卑沖, 故百川就之. 聖人謙損, 故百祿歸之.

왕애는 말하기를 "바르게 중(中)에 있을 수 있고 또 낮의 지위에 해당하니, 마치 땅이 스스로 텅 비워 내와 계곡보다 낮게 할 수 있어 (물이) 내와 계곡에 돌아가면 모든 계곡의 왕이 된다는 것과 같다"[155]라고 하였다. 사마광은 생각하기를 "오(五)는 복(福)이 성대한 것이다. 땅의 몸체를 낮추고 비웠다. 그러므로 온갖 내들이 나아간다. 성인이 겸손하고 덜어낸다. 그러므로 온갖 녹봉이 돌아왔다"라고 하였다.

▌次六 : 少持滿, 今盛後傾. 測曰 : 少持滿, 何足盛也.

차육은, 겸허해야 할 때에 도리어 가득 차 있다. 지금은 성대하지만 뒤에는 기울지게 된다.[156]

측에 말하기를, 겸허해야 할 때에 도리어 가득 차 있다는 것은 어찌 (계속적으로) 성대할 수 있겠는가 하는 것이다.

王曰, 當自少之時, 極盛之位, 位旣當夜, 德又失謙. 謙虛之時, 反欲持滿, 今雖盛大, 後必傾危.

왕애는 말하기를 "스스로 겸손해야 할 때에 당하여 지극히 융성한 지위에 거처하니, 지위가 이미 밤에 해당하고 덕이 또 겸손을 잃었다. 겸손하고 비워야

----

155 역주 : 『노자』66장에 "江海所以能爲百谷王者, 以其善下之, 故能爲百谷王."이란 말이 나온다.

156 역주 : 이 구절은, 六이 지극히 성대하여, 마땅히 자신을 낮추면서 자신을 경계해야 하지만 지금은 도리어 가득 찬 것으로 스스로를 믿으니, 처한 것이 성대한 지위더라도 뒤에는 반드시 기울어짐과 위태로움이 있다는 것이다.

할 때에 도리어 가득하고자 하니, 지금은 비록 융성하지만 뒤에는 반드시 기울어져서 위태롭게 될 것이다"라고 하였다.

■ 次七 : 貧自究, 利用見富. 測曰 : 貧自究, 富之聘也.

차칠은, 가난한 이유를 스스로 자신에게 궁구하고, 부가 장차 저절로 이르는 것을 봄이 이롭다.

측에 말하기를, 가난한 이유를 스스로 자신에게 궁구한다는 것은 부가 이른다는 것이다.

七雖爲消, 而當日之晝, 君子也. 君子之貧也, 求諸己而不求人, 是以人樂與之, 故曰, 貧自究, 利用見富. 聘, 問也. 言富者自將問而與之, 況見之乎. 논어曰, 義然後取, 人不厭其取.

칠(七)은 비록 소멸되는 것이 되나 하루의 낮에 해당하니 군자이다. 군자가 가난한 것은 (그 원인을) 자신에게 구하고 남에게 구하지 않으니, 이 때문에 사람들이 즐겁게 함께 한다. 그러므로 "가난한 이유를 스스로 자신에게 궁구하고, 부가 장차 저절로 이르는 것을 봄이 이롭다"라고 하였다. 빙(聘)은 방문한다는 것이다. 말하자면, 부가 스스로 장차 방문하여 함께 하는 것이니, 하물며 그것을 봄에 있어서랴! 『논어』에서 말하기를 "의로운 이후에 (이익이 되는 것을) 취하면 사람들이 그 취하는 것을 싫어하지 않는다"[157]라고 하였다.

■ 次八 : 貧不貧, 人莫之振. 測曰 : 貧不貧, 何足敬也.

차팔은, 가난한데도 가난하지 않다고 허세를 부리니, 사람들이 그것을 구제하지 않는다.

측에 말하기를, 가난한데도 가난하지 않다고 허세를 부리는 것은 어찌 족히 공경할 수 있겠는가 하는 것이다.

. . . .

157 『역주 : 『논어』 「憲問」에 나오는 말이다.

王曰, 當少不少, 當貧不貧, 則人莫之振也. 光謂, 八爲耗, 又當夜, 小人貧
而强爲不貧者也. 如是則人誰振之, 亦衆所賤惡也.

왕애는 말하기를 "당연히 겸손해야 하는데도 겸손하지 않고, 당연히 가난한데
도 가난하지 않다고 하면 사람들이 구제하지 않는다"라고 하였다. 사마광은
생각하기를 "팔(八)은 소모함이 되고 또 밤에 해당하니, 소인이 가난한데도
억지로 가난하지 않다고 한 것이다. 이와 같이하면 누가 구제할 것인가? 또한
모든 사람들이 천히 여기고 미워하는 바이다"라고 하였다.

▌上九 : 密雨溟沐, 潤于枯瀆, 三日射谷. 測曰 : 密雨射谷, 謙之敬也.

상구는, 가랑비가 부슬부슬 내려 마른 것들을 적셔주니, 삼일 만에 계곡을 가득
채웠다.
측에 말하기를, 가랑비가 계곡을 가득 채웠다는 것은 겸손함의 공경함이다.

溟, 音脈. 射, 時亦切. 范曰, 雨之細者稱溟雨. 小宋曰, 溟沐, 猶霢沐也.
光謂, 小雨, 至微也. 枯瀆, 至燥也. 積潤不已, 三日之後, 乃至射谷. 九處
少之極, 當日之晝, 如君子積謙以至功名光大, 非躁動而得之也. 此言謙道
收功之遠.

맥(溟)은[158] 음이 맥(脈)이다. 석(射)은 시(時)와 역(亦)의 반절이다. 범망은 말
하기를 "비가 가는 것을 일러 맥우(溟雨)라고 한다"라고 하였다. 송유간은 말
하기를 "맥목(溟沐)은 맥목(霢沐)이다"라고 하였다. 사마광은 생각하기를 "가
랑비는 지극히 미세한 것이다. 고독(枯瀆)은 지극히 건조한 것이다. 오랫동안
적시고 그치지 않아 삼일 뒤에는 이에 계곡을 채우기에 이르렀다. 구(九)는
소수(少首)가 지극한 것에 처하고 하루의 낮에 해당하니, 마치 군자가 겸손을
쌓아 공로와 명성이 빛나고 큼에 이르는 것이지, 조급하게 움직여 얻는 것이
아닌 것과 같다. 이것은 겸손한 도가 공로를 거두는 바가 원대함을 말한 것이
다"라고 하였다.

. . . .

158 역주 : '溟'자는 '가랑비가 온다' 라는 의미일 때는 '멱'이라고 발음한다.

려戾

一方一州二部三家.
1방, 1주, 2부, 3가다.

戾
려(戾)

戾, 陰家, 水, 準睽. 戾者, 相乖反也.
려수(戾首)는 음가(陰家)이고, (5행에서는) 수(水)이며, 『주역』「규괘(睽卦)」에
준한다.[159] 려(戾)는 서로 어그러지고 반대된다는 것이다.

▌陽氣孚微, 物各乖離, 而觸其類.
양기가 처음 변화하여 나오나 그 기운이 미약하여 (음기를 제어할 수 없어),
사물들이 각각 떠나 그 무리들과 닿는다.

卵之始化, 謂之孚. 艸之萌甲亦曰, 孚. 然則孚者物之始化也. 陰氣始化,
其氣尙微, 萬物之形粗可分別, 則各以類生,[160] 而相乖離矣, 戾之象也.

. . . .
159 역주 : 「玄衝」에서는 '戾, 內反.'이라 하고, 「玄錯」에서는 '戾相反'이라 한다.

알이 처음 부화하여 나오는 것을 부(孚)라고 이른다. 풀이 껍질을 뚫고 싹이 나오는 것을 또한 부(孚)라고 한다. 그렇다면 부(孚)란 사물이 처음 변화하는 것이다. 양기가 처음으로 변화할 때 그 기는 아직 미약하지만 만물의 형을 대략 분별할 수 있다. 각각 무리에 따라 태어나서 서로 어그러져 떨어지니, 이것이 려수(戾首)의 상이다.

▋初一 : 虛既邪, 心有傾. 測曰 : 虛邪心傾, 懷不正也.
초일은, 마음을 비웠지만 이미 사특하니, 마음에 기울어짐이 있다.[161]
측에 말하기를, 마음을 비운 것이 사특하고 마음에 기울어짐이 있다고 한 것은 마음이 바르지 않다는 것이다.

虛者, 神之所宅也. 一, 思之微也. 居戾之初, 當日之夜, 虛邪則心傾矣.
허(虛)는 정신이 집으로 여기는 곳이다. 일(一)은 사(思)가 미미한 것이다. 려수(戾首)의 처음에 있으면서 하루의 밤에 해당하니, 비운 것이 사특하면 마음이 기울어진다.

▋次二 : 正其腹, 引其背, 酋貞. 測曰 : 正其腹, 中心定也.
차이는, 그 안[腹]을 바르게 하고 그 밖[背]을 끌어당겨 올바른 것에 나아갔다.
측에 말하기를, 그 안[腹]을 바르게 하였다는 것은 안으로 마음이 정해진 것이다.

范曰, 酋, 就也. 腹以喩內, 背以喩外, 光謂, 若先正其內以引其外, 則不相乖戾而皆就正矣. 是故君子正心以待物, 修身以化人, 齊家以刑國, 治國以平天下.

. . . .
160 劉韶軍 點校 : '生'은 명초본에는 '至'로 되어 있다. 이것을 대전본, 도장본, 장사호본에 의거해 고쳤다.
161 역주 : 이 절은 마음에 주관적인 편견이나 사욕을 품으면 사물에 대한 인식에도 반드시 왜곡이 있다는 것이다.

범망은 말하기를 "추(酋)는 나아간다(就)는 것이다. 배[腹]는 안을 비유하고, 등[背]은 밖을 비유한 것이다"라고 하였다. 사마광은 생각하기를 "만약 먼저 그 안을 바르게 하여 그 밖을 끌어들이면 서로 어그러지지 않고 모두가 바른 것에 나아갈 수가 있다. 이런 까닭으로 군자는 마음을 바르게 하여 사물을 기다리고, 몸을 닦아서 사람을 변화시키고, 집을 가지런히 하여 국가를 바로잡고, 국가를 다스려 천하를 태평하게 한다"라고 하였다.

▌次三 : 戻其腹, 正其背. 測曰 : 戻腹正背, 中外爭也.
차삼은, 그 안[腹]에서는 (마음을 바르게 하지 않아) 어긋났고, 그 밖[背]에서는 바르게 하였다.
측에 말하기를, 안[腹]에서는 (마음을 바르게 하지 않아) 어긋났고 밖[背]에서는 바르게 하였다는 한 것은 안과 밖이 다투는 것이다.

小人心不正而求物之正, 身不修而責人之修, 舍內而求外, 棄本而逐末, 是以中外乖爭, 而陷於敗亂也. 二, 三, 皆思也. 故以正腹戻腹言之.
소인은 마음이 바르지 않으면서 사물의 바름을 구하고, 몸은 닦지 않으면서도 타인의 닦기를 요구하니, 안을 버리고 밖을 구하고, 근본을 버리고 말단을 좇는다. 이 때문에 안과 밖이 어긋나 다투어 패란에 빠지게 된다. 이(二)와 삼(三)은 모두 사(思)다. 그러므로 '바른 배'와 '어긋난 배'로 말한 것이다.

▌次四 : 夫妻反道, 維家之保. 測曰 : 夫妻反道, 各有守也.
차사는, 지아비와 지어미가 도를 달리하여 (내외가 相成하니) 오직 집안이 보존된다.
측에 말하기를, 지아비와 지어미가 도를 달리하였다는 것은 각각 지킴이 있다는 것이다.[162]

. . . .
162 역주 : 이 구절은, 내심이 맑고 비어있고 안정되면, 이목이 총명해져 천지만물의

夫治外, 妻治內, 道相戾也. 然而內外相成, 以保其家. 四爲下祿[163]而當晝, 故有是象.

지아비는 밖을 다스리고 지어미는 안을 다스리니, 도가 서로 어긋난다. 그러나 안과 밖이 서로를 이루어주어 그 집안을 보전한다. 사(四)는 하록(下祿)이 되나 낮에 해당한다. 그러므로 이 상이 있다.

▌次五 : 東南射兕, 西北其矢. 測曰 : 東南射兕, 不得其首也.
차오는, 동남쪽에서 외뿔 소를 쏘아야 하는데 서북쪽에서 그 화살을 쏘았다. 측에 말하기를, 동남쪽에서 외뿔 소를 쏘았다는 것은 그 향하는 방향을 얻지 못한 것이다.

射, 時亦切. 首, 舒救切. 宋曰, 首, 向也. 光謂, 五以小人而居盛位, 擧措大繆, 不能服猛者也. 故曰, 東南射兕, 西北其矢, 言失其所向也.
석(射)은 시(時)와 역(亦)의 반절이다. 수(首)는 서(舒)와 구(救)의 반절이다. 송충은 말하기를 "수(首)는 향한다(向)는 것이다"라고 하였다. 사마광은 생각하기를 "오(五)는 소인으로서 성대한 지위에 있으나, 행동거지가 크게 잘못되어 사나운 것들을 복종시킬 수 없다. 그러므로 '동남쪽에서 외뿔 소를 쏘아야 하는데 서북쪽에서 화살을 쏘았다'고 한 것은 그 향할 바를 잃었음을 말한 것이다"라고 하였다.

▌次六 : 準繩規矩, 不同其施. 測曰 : 準繩規矩, 乖其道也.
차육은, 수준기와 먹줄과 곡자와 그림쇠로서, 그 베풀어지는 것이 동일하지

· · · · · · · · · · · · · · · · ·

변화에 대해 모두 명백한 인식에 도달할 수 있다는 것이다. 『관자』 「內業」에서는 "定心在中, 耳目聰明."을 말하고, 『순자』 「解蔽」에서는 "凡觀物有疑, 中心不定, 則外物不淸, 吾慮不淸, 則未可定然否也."를 말한다.
163 劉韶軍 點校 : '祿'은 명초본에는 '福'으로 되어 있다. 이것을 「玄數」 및 도장본, 장사호본에 의거해 고쳤다.

않다.(하지만 모두 법에 맞는 것이다.)
측에 말하기를, 수준기와 먹줄과 곡자와 그림쇠라는 것은 그의 도가 어긋났다는
것이다.

王本, 乖作孤. 今從諸家. 王曰, 準繩規矩, 曲直方圓, 雖乖戾不同, 各有所
施, 終得其道, 此亦得戾之宜也. 光謂, 準平繩直規矩方圓, 所施不同, 皆可
爲法. 君子出處語默, 其迹不同, 而皆合於道. 六爲上祿而當晝, 故有是象.
왕애본에는 괴(乖)가 고(孤)로 되어 있다. 지금 제가의 판본을 따른다. 왕애는
말하기를 "수준기와 먹줄과 곡자와 그림쇠는 굽고, 곧고, 모나고, 둥근 것으로
비록 어긋나서 동일하지 않더라도 각각 베푸는 바가 있어 마침내 그 도를 얻
으니, 이것은 또한 '려(戾)'의 마땅함을 얻은 것이다"라고 하였다. 사마광은 생
각하기를 "수준기는 평평하게 하고, 먹줄은 곧게 하고, 곡자는 모나게 하고,
그림쇠는 둥글게 하여 베풀어지는 것이 동일하지 않아도 모두가 법으로 삼을
만하다. 군자는 나가고 가만히 있으며, 말하고 침묵하는 것이 그 행적이 동일
하지 않더라도 모두 도에 합한다. 육(六)은 상록(上祿)이 되고 낮에 해당한다.
그러므로 이 상이 있다"라고 하였다.

■ 次七：女不女, 其心予, 覆夫諝. 測曰：女不女, 大可醜也.
차칠은, 여자인데 여자가 아니고, (여자의 자아심이 관여하여) 그 마음이 지아
비의 지혜를 덮었다.
측에 말하기를, 여자인데 여자가 아니라는 것은 크게 가히 추한 것이다.

諝, 須與切. 予與與同. 王曰, 諝, 智也. 光謂, 夫倡婦和, 道之常也. 今乃乖
戾, 棄同卽異. 女則覆夫之智, 臣則敗君之功, 大可醜也.
서(諝)는 수(須)와 여(與)의 반절이다. 여(予)는 여(與)와 같다. 왕애는 말하기
를 "서(諝)는 지혜롭다(智)는 것이다"라고 하였다. 사마광은 생각하기를 "지아
비는 부르고 아내는 화답하는 것이 도의 떳떳함이다. 지금은 이에 어긋나 같
은 것을 버리고 다른 것으로 나아간다. 여자는 지아비의 지혜로움을 덮고,

신하는 군주의 공을 무너뜨리니, 크게 추한 것이다"라고 하였다.

▌次八 : 殺生相午, 中和其道. 測曰 : 殺生相午, 中爲界也.
차팔은, 죽이고 살리는 것들이 서로 교차하나, 그 도를 중화에 맞게 하였다.
측에 말하기를, 죽이고 살리는 것들이 서로 교차한다는 것은 중(中)을 경계로
삼은 것이다.

范本午作矢. 今從諸家. 午, 古忤字, 逆也. 八爲剝落, 有殺物之象. 天有殺
生, 國有德刑, 其道相逆, 不可偏任. 必以中和調適其間, 然後陰陽正而治
道通也. 一曰, 午, 交午也, 殺生往來相交午也.
범망본에는 오(午)가 시(矢)로 되어 있다. 지금 제가의 판본을 따른다. 오(午)
는 옛날의 오(忤)자로서 거슬린다(逆)는 것이다. 팔(八)은 벗겨지고 떨어져 사
물을 죽이는 상이 있다. 하늘은 죽이는 것과 살리는 것이 있고, 국가는 덕과
형벌이 있어 그 도가 서로 거스리니 한쪽만 운용하면 안 된다. 반드시 중화로
그 사이를 알맞게 한 연후에 음과 양이 바르게 되고 다스리는 도가 통하게
된다. 어떤 이는 말하기를 "오(午)는 교차한다는 뜻이니, 살생의 왕래가 서로
교차하는 때이다"라고 하였다.

▌上九 : 倉靈之雌, 不同宿而離, 失則歲之功乖. 測曰 : 倉靈之雌,
失作敗也.[164]
상구는, (歲星인) 창령(倉靈: 木星)의 웅(雄: 金星)인 태백성(太白星)이 성수(星
宿)를 함께할 수 없어 떠나니, (있는 지위들이) 잘못되면 공이 어그러져 그
해의 곡물이 성숙할 수 없다.
측에 말하기를, (歲星인) 창령(倉靈: 木星)의 웅(雄: 金星)인 태백성이라는 것

· · · · · · · · · · · · · · · · ·

164 역주 : 이 구절은, 5星이 하늘에 연이어 있으면서 서로 연관되어 있는데, 만일
    그 차례가 괴리되면 풍년이 들지 않는다는 것이다.

은 (있는 지위들이) 잘못되면 1년 농작이 풍요롭게 되지 않는다는 것이다.

倉靈, 木之精, 歲星也. 其雌, 金之精, 謂太白也. 漢書天文志, 歲與太白合
則爲白衣之會, 爲水. 太白在南, 歲在北, 名曰, 牝牡, 年穀大熟. 太白在北,
歲在南, 年或有或亡. 此言金木性殊, 同離一宿則有變, 邪正道反, 同處一
朝則有亂. 九處戾之極, 逢禍之窮, 當日之夜, 故有是象.

창령(倉靈)은 나무의 정령이며 세성(歲星)이다. 그 암컷은 금(金)의 정령이니
태백(太白)을 말한다.[165] 『한서』 「천문지」에서는 "세성[倉靈]이 태백성[雌]과
합하면 백의지회(白衣之會)가 되고,[166] 수(水)가 된다. 태백성은 남쪽에 있고
세성이 북쪽에 있는 것을 이름 하여 빈모(牝牡)라고 하니, (이렇게 되면) 한해
의 곡식이 크게 익는다. 그런데 태백성이 북쪽에 있고 세성이 남쪽에 있으면
한해의 곡식이 크게 잘되기도 하고 안되기도 한다"라고 하였다. 이 말은 쇠[金]
와 나무[木]는 성질이 다른데 함께 떠나 한 곳에 묵으면 변화가 발생해 사특함
과 바른 도가 반대되고, 장소를 함께하여 한 곳으로 향하면 어지러워진다.
구(九)는 려수(戾首)가 지극한 것에 처하고 화(禍)가 다한 것을 만나고 하루의
밤에 해당한다. 그러므로 이 상이 있다.

---

165 역주 : 『史記索隱』에서 晉灼은 "歲, 陽也, 太白, 陰也."라고 한다.
166 역주 : '昴星'은 저명한 星團인데, 그 별의 기운이 구름 같지만 구름이 아니고 안
    개 같지만 안개가 아니어서 멀리서 보면 '白氣'처럼 보인다. 그러므로 '백의'라고
    칭한다. 후세에 점성가들이 견강부회하여 凶災의 징조로 삼았다. 『사기』 「天官書」,
    "昴曰髦頭, 胡星也, 爲白衣會." 및 『漢書』 「天文志」, "凡五星, 歲與塡合則爲內亂,
    與辰合則爲變謀而更事, 與熒惑合則爲飢, 爲旱, 與太白合則爲白衣之會, 爲水."
    등 참조.

▦ 一方一州三部一家.

1방, 1주, 3부, 1가다.

上

상(上)

上, 時掌切. 陽家, 火, 準升.[167] 入[168]上次七, 日舍危, 三十六分一十五秒, 大寒氣應.

상(上)은 시(時)와 장(掌)의 반절이다. 상수(上首)는 양가(陽家)이고, (5행에서는) 화(火)이고, 『주역』 「승괘(升卦)」에 준한다. 상(上)은 차칠(次七)에서 들어가고, 태양은 위수(危宿)에 머물러 36분 15초에 대한(大寒)의 기에 응한다.

▌陽氣育物于下, 咸射地而登乎上.

양기가 아래에서 만물을 육성하니, 모든 식물은 양기의 힘을 빌려 땅 가운데에

••••••••••••••••••

167 역주:「玄錯」에서는 "上, 志高."라고 말한다. 뜻이 높으니 반드시 승진을 구한다는 것이다.

168 劉韶軍 點校:'入'은 명초본에는 없다. 이것을 모든 책 주석의 예 및 대전본, 도장본, 장사호본에 의거해 보충하였다.

서 싹을 내어(마치 양기가 그 기운을 땅에 쏘는 것 같이) 위로 상승한다.[169]

射, 時亦切.
석(射)은 시(時)와 역(亦)의 반절이다.

▌初一：上其純心, 挫厥鋤鋤. 測曰：上純其心, 和以悅也.
초일은, 그 순일한 마음을 숭상하여, 그 날래고 조급하게 나아가는 것을 꺾었다. 측에 말하기를, 그 순일한 마음을 숭상하였다는 것은 화합하면서 기뻐한 것이다.

鋤, 音讒. 王曰, 壟壟, 銳進貌. 光謂, 一爲思始而當晝, 能以純一之心日就月將, 不失和悅, 以至高大, 挫其銳進躁急之志, 是以求道則得道, 干祿則得祿. 老子曰, 挫其銳.
참(鋤)은 음이 참(讒)이다. 왕애는 말하기를 "참참(壟壟)은 날래게 나아가는 모양이다"라고 하였다.[170] 사마광은 생각하기를 "일(一)은 사(思)의 시(始)가 되고 낮에 해당하니, 순일한 마음으로 일취월장하고 화합하고 기뻐함을 잃지 않는 것으로 높고 큰 것에 이르고 그 날래게 나아가는 조급한 뜻을 꺾는다. 이 때문에 도를 구하면 도를 얻고, 녹을 구하면 녹봉을 얻는다. 노자는 '그 날카로운 것을 꺾는다'고 했다"[171]라고 하였다.

▌次二：上無根, 思登于天, 谷在于淵. 測曰：上無根, 不能自活也.
차이는, 위로는 뿌리 내릴 곳이 없는데[172] 하늘에 올라가려고 생각하니, 곤궁

....
169 역주 : 이 구절은, 만물이 양기를 받아 땅 아래에서 양육되는데, 모두 싹을 틔워 위로 올라가 땅을 뚫고 나오고자 한다는 것이다.
170 역주 : 「玄錯」에서는 "銳, 壟壟."이라고 한다.
171 역주 : 『노자』56章, "知者不言, 言者不知. 塞其兌, 閉其門, 挫其銳, 解其紛, 和其光, 同其塵, 是謂玄同."에 나오는 말이다.
172 역주 : 다만 의기가 장대하다는 것이다.

하여 연못에 빠져 있는 것 같다.

측에 말하기를, 위로는 뿌리 내릴 곳이 없다는 것은 스스로 살 수 없다는 것이다.

范本活作治. 今從諸家. 谷, 窮也. 凡物有根則能生, 人有德則能升. 二爲
思中當夜, 躁於進取, 其志欲登於天, 而不免窮在於淵, 猶木無根而上生,
終不能自活也.

범망본에는 활(活)이 치(治)로 되어 있다. 지금 제가의 판본을 따른다. 곡(谷)은
곤궁하다(窮)는 것이다. 대저 만물은 뿌리가 있으면 살 수 있고, 사람은 덕이
있으면 오를 수 있다. 이(二)는 사(思)의 중(中)이 되고 밤에 해당하는데, 나아가
취함에 조급하여 그 뜻이 하늘에 오르고자 하나 곤궁하게 연못에 있음을 면치
못한다. 이것은 마치 나무에 뿌리가 없으면서 위로 뻗어 올라가 사는 것으로,
끝내 스스로 살 수 없는 것이다.

▌次三 : 出于幽谷, 登于茂木, 思其珍穀. 測曰 : 出谷登木, 知方向也.

차삼은, (새가) 깊숙한 골짜기에서 나와 무성한 나무에 오르고, 그 진기한 곡
식 먹을 것을 생각하였다.[173]

측에 말하기를, (새가) 깊숙한 골짜기에서 나와 무성한 나무에 올라갔다는 것
은 향할 방향을 안 것이다.

宋曰, 方, 則道也. 王曰, 珍穀, 謂草木之實可食而珍美者. 光謂, 珍穀喩美
道也. 君子棄惡就善, 舍邪趣正, 如鳥出幽谷而登茂木也. 三爲思上, 故曰,
思其珍穀. 詩云, 出自幽谷, 遷于喬木. 孟子謂陳相曰, 吾聞出於幽谷遷于
喬木者, 未聞下喬木而入於幽谷者也.

송충은 말하기를 "방(方)은 즉 길(道)이다"라고 하였다. 왕애는 말하기를 "진곡
(珍穀)이란 풀과 나무의 열매로서, 먹을 수 있는 진기하고 아름다운 것을 이른

....

173 역주 : 이 구절은, 군자가 악을 버리고 선에 나아가고, 위를 향하여 진취하는 것이
새가 깊은 골짜기에서 나와 무성한 나뭇가지에 오르는 것과 같다는 것이다.

것이다"라고 하였다. 사마광은 생각하기를 "진곡은 아름다운 도를 비유한 것이다. 군자가 악을 버리고 선에 나아가며, 사특한 것을 버리고 바른 곳으로 나아가는 것이, 마치 새가 깊은 골짜기에서 나와 무성한 나무에 오르는 것과 같다. 삼(三)은 사(思)의 상(上)이 된다. 그러므로 '그 진기한 곡식을 생각 한다'라고 하였다. 『시경』에서 말하기를 '깊은 골짜기에서 훨훨 날아 높은 나무에 옮겨 앉았네'[174]라고 하였다. 맹자가 진상(陳相)에게 말하기를 '나는 들으니 깊은 골짜기에서 나와 높은 나무에 옮겨갔다는 말은 들었어도, 높은 나무에서 내려가 깊은 골짜기로 들어갔다는 말은 듣지 못하였다'고 했다[175]"라고 하였다.

▋次四：卽上不貞, 無根繁榮, 孚虛名. 測曰：卽上不貞, 妄升也.
차사는, 위로 나아가는 것이 바르지 않고, 뿌리가 없이 번성하게 꽃이 피니, 진실로 헛된 이름이다.
측에 말하기를, 위로 나아가는 것이 바르지 않다는 것은 (오를 자격이 없는데) 오른 것이 망령된 것이다.

卽, 就也. 榮, 木華也. 四爲福爲祿, 故曰, 就上. 當日之夜, 故曰, 不正. 夫以不正而得祿, 猶木無根而有榮, 雖其繁多, 何可久也, 信惟虛名而已, 無益於實也. 論語曰, 不義而富且貴, 於我如浮雲. 二在下體, 欲升而不能得者也. 四居福祿, 雖升而不以正者也.
즉(卽)은 나아간다(就)는 것이다. 영(榮)은 나무의 꽃(木華)이다. 사(四)는 복(福)이 되고 녹봉도 된다. 그러므로 "위로 나아간다"라고 하였다. 또 하루의 밤에 해당하므로 바르지 않은 것이다. 대저 바르지 않은 것으로 녹봉을 얻는 것은, 마치 나무가 뿌리 없이 꽃이 핀 것과 같으니, 비록 그 번성하여 많다고 한들 어찌 오래갈 수 있겠는가? 정말로 오직 헛된 이름일 뿐으로, 진실에 이익이 없다. 『논어』에서 말하기를, "의롭지 않으면서 부유하면서 귀한 것은 나에

· · · · · · · · · · · · · · · · · ·
174 역주 : 『시경』 「小雅·鹿鳴」에 나오는 말이다.
175 역주 : 『맹자』 「滕文公章上」3에 나오는 말이다.

게는 뜬 구름과 같다"[176]라고 하였다. 이(二)는 몸체의 아래에 있으면서 오르고자 하되 오를 수 없는 것이다. 사(四)는 복(福)과 녹봉에 있는데, 비록 올랐지만 바른 것으로 하지 않은 것이다.

▌次五 : 鳴鶴升自深澤, 階天不悠. 測曰 : 鳴鶴不悠, 有諸中也.
차오는, 학의 울음소리가 깊은 연못에서부터 하늘까지 높이 들리니, 부끄럽지 않다.
측에 말하기를, 우는 학이 부끄럽지 않다는 것은 중(中)에 있다는 것이다.

悠與作同. 階猶登也. 五爲中和, 又爲盛福, 上之至美者也. 君子之道闇然而日章, 雖聲聞于天, 亦無所愧. 詩曰, 鶴鳴於九皐, 聲聞于天.
작(悠)은 작(作)과 같다. 계(階)는 등(登)과 같다. 오(五)는 중화가 되고 또 성대한 복(福)도 되어 위에서 지극히 아름다운 것이다. 군자의 도는 은근하게 날마다 빛나[177] 비록 명성이 하늘에 들릴지라도 또한 부끄러워 할 것이[178] 없다. 『시경』에서 말하기를 "학이 물가 언덕에서 우니, 울음소리가 하늘에 들리네"[179]라고 하였다.

▌次六 : 升于堂, 顚衣到裳, 廷人不慶. 測曰 : 升堂顚到, 失大衆也.
차육은, 전당에 오르는데 웃옷과 아래옷을 바꾸어 입으니,[180] 조정 사람들이 기뻐하지 않았다.
측에 말하기를, 전당에 오르는데 웃옷과 아래옷이 바뀌었다는 것은 대중의

---

176 역주 : 이 말은 『논어』「述而」16에 나오는 말이다.
177 역주 : 이 말은 『중용』33장의 "詩曰, 衣錦尙絅, 惡其文之著也. 故君子之道, 闇然而日章."이란 말에서 따온 것이다.
178 역주 : 명성이 천하에 알려진다는 것이다.
179 역주 : 이 말은 『시경』「小雅·彤弓」에 나오는 말이다.
180 역주 : 소인으로 군자의 지위에 있는 자를 비유한 것이다.

바람을 잃은 것이다.

王曰, 衣下曰裳. 慶, 喜也. 六爲上祿, 故曰, 升于堂. 當日之夜, 小人而君
子之位者也. 故曰, 顚衣到裳. 小人在上, 則下皆不悅, 故曰, 廷人不慶.
왕애는 말하기를 "옷의 아래를 상(裳)이라고 한다. 경(慶)은 기쁘다(喜)는 것이
다. 육(六)은 상록(上祿)이 된다. 그러므로 당에 올랐다고 한다. 하루의 밤에
해당되니, 소인으로서 군자의 지위에 있는 것이다. 그러므로 말하기를 '윗옷과
아래옷을 바꾸어 입었다'라고 하였다. 소인이 위에 있게 되면 아래에서 모두
기뻐하지 아니한다. 그러므로 말하기를 '조정사람들이 기뻐하지 않았다'고 했
다"라고 하였다.

▍ 次七 : 升于顚台, 或拄之材. 測曰 : 升台得拄, 輔拂堅也.
차칠은, 쓰러질 것 같은 높은 대에 올랐지만 버텨주는 것이 좋은 재목이어서
위태롭지 않았다.
측에 말하기를, 쓰러질 것 같은 높은 대에 올라 버팀목을 얻었다는 것은 도와
주는 것이 단단한 것이다.[181]

范, 小宋本拂作弗. 今從宋, 陸, 王本. 拄, 陟主切. 拂, 古弼字. 七在上體而
爲敗損, 故曰, 升于顚臺. 然而當日之晝, 雖在衰危而得良輔, 如將顚之臺,
拄以良材, 則高而不危也.
범망본, 송유간본에 불(拂)은 불(弗)로 되어 있다. 지금 송충본, 육적본, 왕애
본을 따른다. 주(拄)는 척(陟)과 주(主)의 반절이다.[182] 불(拂)은 옛날에는 필

. . . .

181 역주 : 잘 보필해주는 신하가 있으면, 나라는 굳건해지기 때문에 위태롭지 않다는
    것이다.
182 역주 : '拄'는 우리 발음으로는 '주'가 되고 중국어로는 zhǔ 라고 발음된다. 拄는
    『태현경』 주석을 따라 반절로서 발음하면 '추'가 된다. '척(陟)'은 중국어로는 zhì
    라고 발음된다. '척(陟)'과 主釋의 반절음을 중국어로 발음한다면 zhǔ에 가깝게
    소리 난다. 『태현경』 주석에서는 이런 점을 취해 반절을 말하고 있다.

(弼)자다. 칠(七)은 상체에 있으면서 파괴되고 손실된 것이 된다. 그러므로 "쓰러져가는 전대에 올랐다"라고 하였다. 그러나 하루의 낮에 해당하니, 비록 쇠약하고 위태로움이 있으나 어진 보좌를 얻었으니, 마치 장차 쓰러져가는 누대지만 좋은 재목으로 버티면 높아도 위태롭지 않은 것과 같다.

次八 : 升于高危, 或斧之梯. 測曰 : 升危斧梯, 失士民也.

차팔은, 높고 위태로운 데 올라갔는데 혹 사다리에 도끼질하기도 하였다. 측에 말하기를, 위태로운 데 올라서 사다리에 도끼질을 하였다는 것은 선비와 백성들의 마음을 잃은 것이다.

王曰, 八遷遇之地, 位且當夜, 而務進不已, 如升高履危, 而或斧去其梯, 欲求復下, 不可得矣. 光謂, 八爲禍中而當夜, 象小人驕亢於上, 不恤士民, 如升高斧梯, 危莫之救矣. 士民者, 國之梯也, 君賴以尊者也.

왕애는 말하기를 "팔(八)이 옮겨 만나는 지위에 있고 지위는 또 밤에 해당하나 나아가는 것을 힘써 그치지 아니하니, 마치 높은 곳에 올라 위험한 곳을 밟고 있으면서 혹 도끼로 그의 사다리를 제거하여 다시 아래로 내려가는 것을 구하고자 하나 얻을 수 없는 것과 같다"라고 하였다. 사마광은 생각하기를 "팔(八)은 화(禍)의 중(中)이 되고 밤에 해당한다. 그러므로 소인이 교만하여 윗사람과 겨루고 선비와 백성들을 돌보지 않는다는 것을 본뜬 것이니, 마치 높은 곳에 올라간 상태에서 도끼로 사다리를 제거하니 위태로운데도 구제할 수 없는 것과 같다. 선비와 백성이란 국가의 사다리이며, 군주는 선비와 백성을 힘입어 높아지는 것이다"라고 하였다.

上九 : 棲于藺, 初亡後得基. 測曰 : 棲藺得基, 後得人也.

상구는, 재난에 깃들었다.(혹은 마른 고목에 깃들었다) 처음에는 망했으나 뒤에는 양기가 맹아하고 지엽(枝葉)이 나서 재건의 기틀을 얻었다.
측에 말하기를, 재난에 깃들었지만 재건의 기틀을 얻었다는 것은 뒤에 현인의 도움을 얻은 것이다.

菑與災同. 物之上, 故曰, 棲. 九爲禍極, 又爲殄絕, 故曰, 棲于菑. 然當日之
晝, 是得賢人而爲之助者也. 豈唯[183]救亡乃可以立國家之基也. 詩曰, 樂只
君子, 邦家之基. 一曰, 菑當作栀, 木立死曰栀. 棲于枯木, 孤危之甚也.
치(菑)는 재(災)와 같다. 사물의 위에 있기 때문에 서(棲)라고 한다. 구(九)는
화(禍)의 극(極)이 되고 또 완전히 없어진 것이 된다. 그러므로 "재앙에 깃들었
다"라고 하였다. 그러나 하루의 낮에 해당하니, 이것은 현인을 얻어 도움을
받는 것이 된다. 오직 망하는 것을 구해야 이에 국가의 기틀을 세울 수 있다.
『시경』에서 말하기를[184] "즐거우신 군자님이시여! 나라의 터전이시네"라고 하
였다. 일설에 "치(菑)는 마땅히 치(栀)로 써야 한다고 하니, 나무가 서서 말라
죽은 것을 치(栀)라고 한다. 마른 나무에 깃드니 외롭고 위태로움이 심한 것이
다"라고 하였다.

· · · · · · · · · · · · · · · · ·

183 劉韶軍 點校 : '唯'는 명초본에는 '爲'로 되어 있다. 이것은 대전본, 도장본, 장사호
   본에 의거한 것이다.
184 역주 : 이 말은 『시경』「小雅·崇丘」에 나오는 말이다.

一方一州三部二家.

1방, 1주, 3부, 2가다.

干

간(干)

陰家, 木, 準升. 干者, 上而有所干犯也. 諫說者, 以言干上. 故干有諫說之象.
간수(干首)는 음가(陽家)이고 (5행에서는) 목(木)이고 『주역』「승괘(升卦)」에
준한다.[185] 간(干)이란 위에 외람된 짓을 한 바가 있는 것이다. 간언하고 설득
하는 자는 말로 위에 거스른다. 그러므로 간(干)에는 간언하고 유세하는 말의
상이 있다.

▋陽扶物如鑽乎堅, 鎗然有穿.

양기가 만물을 도와주는 것이 마치 위에서 견고한 음기를 뚫는 것과 같으니,
합연히[186] 뚫림이 있다.[187]

· · · · · · · · · · · · · · ·

185 역주 :「玄錯」에서는 "干, 在朝."라 하고,「玄衝」에서는 "干, 狂也."라고 한다. 『說
文』에서는 "干, 犯也."라고 한다.
186 역주 : '鎗然'은 견고한 것을 뚫는 소리다.

范王本作陽氣扶物而鑽乎堅. 今從二宋陸本. 鉝, 音閤. 宋曰, 鉝, 陷聲也.
光謂, 是時陰氣猶堅於上, 故陽氣扶萬物, 如鑽之鉝然有穿也.

범망본, 왕애본에는 양기부물이찬호견(陽氣扶物而鑽乎堅)으로 되어 있다. 지금 송충본, 송유간본, 육적본, 왕애본을 따른다. 합(鉝)은 음이 합(閤)이다. 송충은 말하기를 "합(鉝)은 구멍이 파이는 소리다"라고 하였다. 사마광은 생각하기를 "이 때에 음기는 오히려 위에서 견고하다. 그러므로 양기가 만물을 돕는 것이 (즉 싹을 틔우게 하는 것이) 마치 뚫어서 합연히 구멍이 생기는 것이다"라고 하였다.

■ 初一：丸鑽, 鑽于內隙, 厲. 測曰：丸鑽于內, 轉丸非也.

초일은, (조금씩) 구멍을 뚫고 흘러들어가고 사람의 마음속 틈새를 뚫고 들어가니, 위태롭다.
측에 말하기를, (조금씩) 구멍을 뚫고 들어간다는 것은 점차 뚫고 들어간 것이 그르다는 것이다.

丸者, 流轉無所不入者也. 佞邪之人, 硏求人心, 得其間隙, 從而說之, 以納其非, 則無所不入, 此國家所以危也. 孔子, 惡利口之覆邦家者. 一爲思始而當夜, 故有是象. 班固答賓戲曰, 商鞅挾三術以鑽孝公.

환(丸)은 흘러 돌아가 들어가지 않는 곳이 없다는 것이다. 간사한 사람은 사람 마음을 연구하여 그 틈새를 얻어 이를 이용하여 달래어 그 그른 것을 받아들이게 하니, 먹히지 않는 것이 없다. 이것이 국가가 위태롭게 되는 이유다. 공자는 "약삭빠르게 둘러대는 말이 나라와 집안을 망치는 것을 미워한다"[188]라고 하였다. 일(一)은 사(思)의 시(始)가 되고 밤에 해당하므로 이 상이 있다. 반고(班固)가 「답빈희(答賓戱)」에 말하기를, "상앙(商鞅)이 세 가지 술수를 가지고 진나라 효공(孝公)을 뚫었다[189]"라고 하였다.

· · · · · · · · · · · · · · · · · ·

187 역주 : 이 구절은, 대한 때에 양기가 아래에서 만물을 도와 견고한 음을 뚫고 그 싹을 나오게 한다는 것이다.
188 역주 : 이 말은 『논어』「陽貨」16에 나오는 말이다.

▌次二 : 以微干正, 維用軌命. 測曰 : 以微干正, 維大諫微也.

차이는, 미미한 상태로써 바른 것을 구하니, 바른 법도의 말을 사용할 수 있다. 측에 말하기를, 미미한 상태로써 바른 것을 구한다는 것은 기미에서 크게 간한 다는 것이다.

范, 王本測無維字. 今從二宋陸本. 宋曰, 謂大諫其事在微時. 王曰, 二位當晝, 知諫錚之道, 當及事之幾微而干之, 則易爲功. 然後以正道維持之, 則能用軌法之命矣. 光謂, 二爲方沮而當晝, 故有是象. 孔子曰, 諫有五, 直諫爲下. 度君而行之, 吾從諷諫矣. 軌, 法也. 志在正君之號令, 使應法度也.

범망본, 왕애본의 측에는 유(維)자가 없다. 지금 송충본, 송유간본, 육적본을 따른다. 송충은 말하기를 "크게 간하는 것은 그 일이 미세할 때에 있다는 것이 다"라고 하였다. 왕애는 말하기를 "이(二)는 지위가 낮에 해당하고 간하는 도를 아니, 마땅히 일의 기미가 미미할 때에 미쳐서 간섭한다면 쉽게 공을 이룰 수 있다. 그런 연후에 바른 도로써 유지하면 법에 따른 명령을 사용할 수 있다"라고 하였다. 사마광은 생각하기를 "이(二)는 바야흐로 가로막혔지만 낮에 해당한다. 그러므로 이 상이 있다. 공자가 말하길, "간하는 것이 다섯 가지가 있는데, 직간(直諫)이 아래가 된다. 군주를 헤아려 행한다면 나는 풍간(諷諫)을 따르리라"[190]라고 하였다. 궤(軌)는 법(法)이란 것이다. (간하는) 뜻이 군주의 호령을 바로 하는 데 있으므로, 법도로 맞게 해야 한다"라고 하였다.

• • • • • • • • • • • • • • • •

189 역주 : 『文選』에 나오는 말이다. 전문은 "商鞅挾三術以鑽孝公, 李斯奮時務而要始皇."이다. 李周翰은 注에서 말하기를 "三術은 帝道·王道·霸道를 말한다. 일설에는 王道·霸道·富國強兵之道를 가리킨다"라고 한다. 『한서』「敍傳上」에도 나온다. 이에 대해 顏師古는 "應劭曰, 王·霸·富國強兵爲三術也. 王, 一也. 霸, 二也. 富國強兵, 三也."라고 주석한다.

190 역주 : 이 말은 『白虎通』에 나오는 말이다.

▌次三：箝[191]鍵挈挈, 匪貞. 測曰：箝鍵挈挈, 干祿回也.

차삼은, 재갈을 먹이고 열쇠를 걸듯이 달래어 합하기를 구함이 급하고 절실하니, 바른 것이 아니다.

측에 말하기를, 재갈을 먹이고 열쇠를 걸듯이 달래어 합하기를 구함이 급하고 절실하다는 것은 녹봉을 구함이 사특한 것이다.[192]

箝, 渠淹切. 宋曰, 回, 邪也. 光謂, 箝者, 緘束使不得移. 鍵者, 固結使不得離, 皆縱横之術說人求合者也. 鬼谷子有內鍵飛箝篇. 挈挈, 急切貌. 干, 求也. 祿, 福也. 言小人以術說人,[193] 急切求合, 非正道也. 詩云, 愷愷君子, 求福不回.

겸(箝)은 거(渠)와 엄(淹)의 반절이다. 송충은 말하기를 "회(回)는 사특하다(邪)는 것이다"라고 하였다. 사마광은 생각하기를 "겸(箝)은 묶어서 옮겨가지 못하게 한다는 것이다. 건(鍵)은 단단히 묶어서 떨어질 수 없게 한다는 것이니, 모두 합종연횡술로 사람들을 달래서 합하기를 구한다는 것이다. 『귀곡자』에는 「내건(內鍵)」, 「비감(飛箝)」편이 있다. 설설(挈挈)은 급박하고 절실한 모양이다. 간(干)은 구한다(求)는 것이다. 록(祿)은 복(福)이다. 말하자면 "소인이 꾀로 사람을 달래서 급박하고 절실하게 합하고자 하니 바른 도가 아닌 것이다. 『시경』에서 말하기를 '점잖으신 군자여! 복(福)을 구함에 사특하지 않네'라고 했다"[194]라고 하였다.

▌次四：干言入骨, 時貞. 測曰：干骨之時, 直其道也.

차사는, (윗사람에게) 직언이 뼈에 사무치듯 절실하니 때에 합당하였다.[195]

. . . .

191 劉韶軍 點校：'箝'은 명초본에는 없다. 이것을 대전본, 도장본, 장사호본에 의거해 보충하였다.

192 역주：이 구절은, 위를 간하여 급하게 재갈을 먹이니, 이것은 정도가 아닌 것으로 녹을 구한다는 것이다.

193 劉韶軍 點校：'說人'은 명초본에는 없다. 이것을 대전본, 도장본, 장사호본에 의거해 보충하였다.

194 역주：이 말은 『시경』 「大雅·旱麓」에 나오는 말이다.

측에 말하기를, (윗사람에게) 직언이 뼈에 사무치듯 절실하니 때에 합당하였다는 것은 그 도를 곧게 하여 직언한 것이다.

干言, 直言犯上者也. 入骨諫深切也. 夫切直之言, 不得其時則自取怨咎, 而無益於人. 故君子貴於時正也. 家性爲干, 四爲福而當晝, 故有是象.
간언(干言)은 직언하여 윗사람을 범한 것이다. 입골(入骨)은 타이름이 깊고 간절한 것이다. 대저 절실하고 곧은 말은 그 때를 얻지 못하면, 스스로 원망과 허물을 취하게 되어 사람에게 유익함이 없다. 그러므로 군자는 때의 바름을 귀하게 여긴다. 가성(家性)이 간(干)이 되는데, 사(四)는 복(福)이 되고 낮에 해당한다. 그러므로 이 상이 있다.

▌次五 : 蚩蚩, 干于丘飴, 或錫之坏. 測曰 : 蚩蚩之干, 錫不好也.
차오는, 어리석은 소인이 (자신의 덕을 헤아리지 않고 높은 지위를 구하는 것이 마치) 산더미처럼 쌓인 음식을 구하는 것과 같으니 (사람들이 천하게 여겨 미워하며) 날기와 같은 추악한 사물을 준다.
측에 말하기를, 어리석고 어리석으면서 (높은 지위를) 구하였다는 것은 준 것이 좋은 것이 아닌 것이다.

飴, 與之切. 坏, 音醅. 范曰, 飴, 美食也. 王曰, 丘, 聚也. 光謂, 蚩蚩, 愚貌. 丘以喩高大. 飴, 餳也, 以喩甘美. 坏, 未燒瓦, 以喩惡物. 五以小人而干盛位, 不度其德, 如見丘飴之美利, 不循己分而求之, 則人皆賤惡而以惡物與之矣.
이(飴)는 여(與)와 지(之)의 반절이다. 배(坏)는 음이 배(醅)이다. 범망은 말하기를 "이(飴)는 맛있는 음식(美食)이다"라고 하였다. 왕애는 말하기를 "구(丘)는 모인다(聚)는 것이다"라고 하였다. 사마광은 생각하기를 "치치(蚩蚩)는 어

....

195 역주 : 이 구절은, 윗사람을 직간하는데 말이 깊고 절실하나, 반드시 적당한 때의 기미를 잡아야 공효를 얻을 수 있다는 것이다.

리석은 모양이다. 구(丘)로써 높고 큰 것을 비유한 것이다. 이(飴)는 당(餳)으로, 아름다운 맛을 비유한 것이다. 배(坏)는 굽지 않는 기와, 곧 날기와로서, 추악한 사물에 비유한 것이다. 오(五)는 소인으로 성대한 지위를 구하는데 그 덕을 헤아리지 않으니, 이것은 마치 산더미처럼 쌓인 음식이 아름답고 맛있는 것을 보고 자신의 분수를 따르지 않고 구한다면, 사람들이 모두 천하게 여기고 미워하면서 추악한 사물로 준다는 것과 같다"라고 하였다.

▌次六 : 幹干於天, 貞馴. 測曰 : 幹干之貞, 順可保也.

차육은, 나무의 줄기가 위로 뻗어 하늘로 치켜 올라가니, 바로 하여 따르면 길하다.

측에 말하기를, 줄기가 하늘로 뻗어 올라가는 것을 구하는데 바르다는 것은, 바른 것으로 따른 것이면 보존할 수 있다는 것이다.

馴, 順也. 六逢福而當晝, 干而至於極大, 如木之幹乃至于天, 盛之至也. 然以正順而致之則吉, 以邪逆而致之則凶, 故曰, 貞馴, 順可保也.

순(馴)은 따른다(順)는 것이다. 육(六)이 복(福)을 만나고 낮에 해당하니, 구하는 것이 지극히 큰 것에 이른 것으로, 이것은 마치 나무의 줄기가 하늘에 이르러 성대함이 지극한 것과 같다. 그러나 바르고 따르는 것으로 이룬다면 길하고, 사특하고 거역하는 것으로 이룬다면 흉하다. 그러므로 "바른 것으로 따른 것이면 보존할 수 있다"라고 하였다.

▌次七 : 何戟解解, 遘. 測曰 : 何戟解解, 不容道也.

차칠은, 창을 메고 범하는 짓을 행하다가 분쟁을 만났다.

측에 말하기를, 창을 메고 범하는 짓을 행하였다는 것은 도를 용납하지 않은 것이다.

何, 胡可切. 解, 胡買切. 二宋陸王本遘作覯. 今從范本. 小宋解解作鮮鮮.

今從諸家. 光謂, 何, 擔[196]也. 小人之性多所干犯, 如何戟而行, 遇物絓羅, 不容於道也.

하(何)는 호(胡)와 가(可)의 반절이다. 해(解)는 호(胡)와 매(買)의 반절이다. 송충본, 송유간본, 육적본, 왕애본에는 구(遘)가 구(覯)로 되어 있다. 지금 범망본을 따른다. 송유간은 해해(解解)를 선선(鮮鮮)으로 쓰고 있다. 지금 제가의 판본을 따른다. 사마광은 생각하기를 "하(何)는 매다(擔)는 것이다. 소인의 성품은 범하는 것이 많으니, 마치 창을 메고 길을 가다가 사물을 만나는 대로 얽히고 걸려서 도에 용납되지 않는 것과 같다"라고 하였다.

▌次八 : 赤舌燒城, 吐水于缾. 測曰 : 赤舌吐水, 君子以解祟也.

차팔은, (소인이 사특한 짓을 하면서 군자를 誣害하는 것은) 붉은 혀가 성을 불사르는 것과 같으니, (군자는) 단지에서 물을 뽑아내 불을 껐다.

측에 말하기를, (소인이 사특한 짓을 하면서 군자를 誣害하는 것과 같은) 붉은 혀가 성을 불사르자 물을 뽑아내어 불을 껐다는 것은 군자가 그것으로써 화를 푼 것이다.[197]

王本于作干. 今從諸家. 祟, 音粹. 范曰, 祟[198]猶禍也.(闕)

왕애본에는 우(于)가 간(干)으로 되어 있다. 지금 제가의 판본을 따른다. 수(祟)는 음이 수(粹)다. 범망은 말하기를 "수(祟)는 화(禍)와 같다"라고 하였다. 해설이 빠졌다.

- - - - - - - - - - - - - - - -

196 劉韶軍 點校 : '擔'은 명초본에는 '檐'으로 되어 있다. 이것을 대전본, 도장본, 장사호본에 의거해 고쳤다.

197 역주 : 이 구절은, 윗사람을 간하다가는 화를 만나니, 군자는 스스로 화를 풀고 걱정을 흩트리는 법이 있다는 것으로도 이해할 수 있다.

198 劉韶軍 點校 : '祟'는 명초본에는 없다. 이것을 范望의 解贊 및 대전본, 장사호본에 의거해 보충하였다.

■ 上九 : 干于浮雲, 從墜于天. 測曰 : 干于浮雲, 乃從天墜也.

상구는, 뜬 구름같은 (不義의) 부귀를 구하면[199] 하늘에서부터 떨어지게 된다. 측에 말하기를, 뜬 구름같은 (不義의) 부귀를 구한다는 것은 하늘에서부터 떨어진다는 것이다.

王小宋本經無從字. 今從宋陸范本. 王曰, 處干之極, 不能自反, 位旣當夜, 窮而無之,[200] 如干雲不止, 轉而[201]上進, 旣失其道, 乃墜于天, 凶其宜也. 光謂, 九爲禍極而當夜, 故有是象.

왕애본, 송유간본 경문에는 종(從)자가 없다. 지금 송충본, 육적본, 범망본을 따른다. 왕애는 말하기를 "간수(干首)가 지극한 것에 처하여 스스로 되돌아갈 수 없고, 지위는 이미 밤에 해당하여 다하여 없어지니, 이것은 마치 구름에서 구하는 것을 그치지 않고 옮겨서 위로 나아갔으나 이미 그의 도를 잃어버린 것과 같으니, 이에 하늘에서 떨어져 흉하게 되는 것은 마땅하다"라고 하였다. 사마광은 생각하기를 "구(九)는 화(禍)의 극(極)이 되고 밤에 해당한다. 그러므로 이 상이 있다"라고 하였다.

---

199 역주 : 『논어』 「述而」에 "子曰, 飯疏食飮水, 曲肱而枕之, 樂亦在其中矣. 不義而富且貴, 於我如浮雲."라는 말이 나온다.
200 劉韶軍 點校 : '之'는 장사호본에는 '柰'로 되어 있다.
201 劉韶軍 點校 : '而'는 대전본, 도장본, 장사호본에는 '求'로 되어 있다.

一方一州三部三家.
1방, 1주, 3부, 3가다.

저
저(狶)

王本狶 作狶, 音佇. 小宋作疋, 音疎. 陳云, 一本作鈰, 丁呂切. 一本作疋,
所菹折. 吳云, 說文, 疋, 通也. 從爻, 從疋, 亦聲. 束, 疋, 守[202]皆同聲. 揚
子用古字, 字書多收不盡. 狶, 爻疋與疎音義同. 陽家, 金, 準臨. 陸曰, 臨,
狶 皆進貌也. 小宋曰, 狶, 通也. 光謂, 狶, 進也, 大也.
왕애본에는 저(狶)는 저(狶)로 되어 있으니, 음은 저(佇)다. 송유간본에는 소(疋)
로 되어 있으니, 음은 소(疎)다. 진점은 말하기를 "어떤 판본에는 소(鈰)로 되어
있으니, 정(丁)과 려(呂)의 반절이다. 한 판본에는 석(疋)으로 되어 있으니, 소
(所)와 석(折)의 반절이다"라고 하였다. 오비는 말하기를 "『설문』에서는 소(疋)
는 통한다(通)는 것이다. 효(爻)와 소(疋)를 따르니, 또한 소리이다. 속(束), 소
(疋), 수(守)는 모두 같은 소리다. 양웅은 옛글자를 쓰는데, 『자서(字書)』에 다

---

202 劉韶軍 點校 : '守'는 명초본에는 '束'으로 되어 있다. 이것을 대전본, 도장본, 장사
    호본에 의거해 고쳤다.

수록하지 못한 것이 많다. 소(䂮), 소(疻)는 소(疎)와 음의(音義)가 같다"라고
하였다. 저수(䂮首)는 양가(陽家)이고 (5행에서는) 금(金)이며『주역』「임괘(臨
卦)」에 준한다.[203] 육적은 말하기를 "임(臨)과 저(䂮)는 모두 나아가는 모양이
다"라고 하였다. 송유간은 말하기를 "저(䂮)는 통한다(通)는 것이다"라고 하였
다. 사마광은 생각하기를 "저(䂮)는 나아간다(進), 또는 크다(大)는 것이다"라고
하였다.

▎陽氣彊內而弱外, 物咸扶䂮而進乎大.

양기는 안에서 강성하나 (밖에는 음기가 아직 성하기 때문에) 밖에서는 약하
다. 그러나 만물은 양기가 펴서 흩어지기 때문에 작은 것에서 큰 것으로 나아
간다.[204]

陽進而大, 故曰, 彊內. 陰氣猶盛, 故曰, 弱外. 扶䂮, 布散之貌.

양기가 나아가면서 커진다. 그러므로 "안에서 강하다"라고 하였다. 음기는 오
히려 성대하다. 그러므로 "밖에서는 약하다"라고 하였다. 부저(扶䂮)는 펴서
흩어진(布散) 모양이다.

▎初一 : 自我蔮蜀, 好是冥德. 測曰 : 蔮蜀冥德, 若無行也.

초일은, 미천한 때부터 아직 행동할 수는 없지만 나아가는 것에 뜻을 두니,
좋아한 것은 그윽한 덕이다.
측에 말하기를, 아직 행동할 수는 없지만 나아가는 것에 뜻을 두고 그윽한
덕을 좋아한다는 것은 (사람이 알지 못하는 덕을 행하는 것은 흡사) 아직 행하
지 않는 것 같다는 것이다.[205]

....

203 역주 :「玄錯」에서는 "䂮也, 進."이라 한다.
204 역주 : 초목이 처음 위로 나오는 때를 말한다.
205 역주 : 이 구절은, 양기가 완만하게 장대하여 만물을 도와 자라나게 하지만 그
      주재하는 것을 힘쓰지 않으니, 스스로 이런 현명한 덕을 좋아한다는 것이다.『노

范本, 冥作宜. 今從宋陸王本. 匍匐者, 雖未能行而志於進者也. 一, 思之微也, 故曰, 冥. 君子自微賤之時, 人未之知, 而己好是冥德, 進而大之, 匍匐而前, 若將無有得行之時, 言汲汲於進德不能待也.

범망본에 명(冥)이 의(宜)로 되어 있다. 지금 송충본, 육적본, 왕애본을 따른다. 포복(匍匐)은 아직 행동할 수는 없지만 나아가는 것에 뜻을 둔 것이다. 일(一)은 사(思)의 미약한 것이다. 그러므로 말하기를 "명(冥)"이라고 하였다. 군자가 스스로 미천할 때에는 사람들이 아직 알지 못하지만, 자신이 이 그윽한 덕을 좋아하여 나아가 크게 하려고 포복하면서 앞에 나아가는 것이 장차 행동할 때를 얻지 못하는 것처럼 하니, 덕에 나아가는 것에 급급하여 기다릴 수 없는 것을 말한 것이다.

▌次二 : 熒㷿猛猛, 不利有攸往. 測曰 : 熒㷿猛猛, 多欲往也.

차이는, (조그마한) 횃불을 밝히고 (밤에 사냥을 나가는 식의) 탐욕을 부렸지만 도리어 개에게 물리니, 가는 것이 이롭지 않았다.[206]

측에 말하기를, (조그마한) 횃불을 밝히고 (밤에 사냥을 나가는 식의) 탐욕을 부렸지만 개에게 물렸다는 것은 이익을 탐하고 욕심을 쫓은 것이 많았다는 것이다.

猛, 他合切. 范曰, 熒者, 光明小見之貌. 猛猛, 貪欲之意也. 王曰, 猛猛, 犬食貌.

탑(猛)은 타(他)와 합(合)의 반절이다. 범망을 말하기를 "형(熒)은 광명이 적게 드러난 모양이다. 탑탑(猛猛)은 탐욕스럽다는 뜻이다"라고 하였다. 왕애는 말하기를 "탑탑(猛猛)은 개가 먹는 모양이다"라고 하였다.

<hr />

자』10장에서는 "生而不有, 爲而不恃, 長而不宰, 是謂玄德."을 말한다.
206 역주 : 이 구절은, 불빛이 희미하여 가는 것이 마땅하지 않은데 탐욕을 부려 나가고자 하니, 큰 개에게 물리는 큰 화를 당할까 두렵다는 것이다.

▌次三 : 卉炎于狩, 宜于丘陵. 測曰 : 卉炎丘陵, 短臨長也.

차삼은, (밤에 수렵을 한다면) 풀을 태워 그 빛으로 나아가되 언덕에 있는 것
이 마땅하다.

측에 말하기를, (밤에 수렵을 한다면) 풀을 태워 그 빛으로 나아가되 언덕에
있는 것이 마땅하다는 것은 짧은 것을 가지고 긴 것에 임한 것이다.[207]

王曰, 三爲當晝, 能扶陽而進, 如百卉遇炎陽之氣, 當狩進之時, 宜其處于
丘陵而下臨衆木矣. 光謂, 熒, 火之微, 炎則稍進矣, 以短卉小火[208]而能臨
物者, 以其託於丘陵, 如君子之擇術也. 荀子曰, 西方有木焉, 名曰, 射干.
莖長四寸, 生於高山之上, 而臨百仞之淵. 木莖非能長也, 所立者然也.

왕애는 말하기를 "삼(三)은 낮에 해당하는 것이 되니, 양을 도와 나아갈 수
있는 것이 마치 온갖 풀들이 뜨거운 태양의 기를 만난 것과 같으니, 나아갈
때에 당하여 언덕에 처하여 아래로 뭇 나무를 굽어보는 것이 마땅하다"라고
하였다. 사마광은 생각하기를 "형(熒)은 불의 미약한 것이요, 염(炎)은 (불이)
조금 더 세진 것이다. 짧은 풀과 작은 불로써 사물에 임할 수 있는 것은 그것이
언덕에 의탁하기 때문이니, 마치 군자가 술수를 택하는 것과 같다. 『순자』는
말하기를 "'서쪽에 나무가 있는데 사간(射干)이라고 이름 한다. 줄기의 길이가
4촌인데 높은 산위에 자라서 8백자나 되는 높은 곳에서 백인(百仞)이나 되는
깊은 연못에 임한다. 이것은 나무의 줄기가 길어서가 아니라 그 나무가 서
있는 자리가 그러해서이다'라고 했다"[209]라고 하였다.

. . . .

207 역주 : 이 구절은, 짧은 풀이 구릉에서 나서 무성하게 자라나 아래로 뭇 나무를
     내려 본다는 것이다. 『순자』「勸學」에서는 "四方有木焉, 名曰射干, 莖長四寸, 生
     於高山之上, 而臨百仞之淵. 木莖非加長也, 所立者然也."를 말한다.
208 劉韶軍 點校 : '短卉小火'는 명초본에는 '短火小卉'로 되어 있다. 이것을 대전본,
     도장본, 장사호본에 의거해 고쳤다.
209 역주 : 이 말은 『순자』「권학」에 나오는 말이다.

▌次四：狩于酒食, 肥無譽. 測曰：狩于酒食, 仕無方也.

차사는, (수렵 같은 것에 빠지고) 술과 음식을 배불리 먹어 신체는 살은 쪘으나 명예는 없다.

측에 말하기를, (수렵 같은 것에 빠지고) 술과 음식을 배불리 먹었다는 것은 군주에게 벼슬하는 마땅한 방법이 없다는 것이다.

四爲下祿, 小人學未憂而仕, 所進大者, 酒食而已. 故雖肥無譽也.

사(四)는 하록(下祿)이 되고, 소인의 학문이 넉넉하지 못하는데 벼슬하니, 나아가 큰 것은 술과 음식일 따름이다. 그러므로 살은 찌더라도 명예는 없다.

▌次五：狩有足, 託堅穀. 測曰：狩有足, 位正當也.

차오는, 앞으로 나아가는데 힘이 있고, (훌륭한 말이 끄는) 견고한 수레에 의탁하여 나아갔다.

측에 말하기를, 앞으로 나아가는 데 힘이 있다는 것은 (군자의 덕이 있어) 지위가 정당한 것이다.

王本穀作穀. 今從二宋范陸本. 穀, 穀古字通用. 王曰, 五位當晝, 而又居中體正, 爲爻守之主. 車堅馬良, 可以周行天下, 以此而進, 何往不利哉. 光謂, 中和莫盛於五, 五爲福中, 日又當晝. 君子有中和之德, 而又得位膺福, 如足力已强, 自可進大, 況託堅穀, 無所不之矣.

왕애본에 곡(穀)은 곡(穀)으로 되어 있다. 지금 송충본, 송유간본, 범망본, 육적본을 따른다. 곡(穀)과 곡(穀)은 옛글자에서는 통용되었다. 왕애는 말하기를 "오(五)는 자리가 낮에 해당하고, 또 중(中)에 있고 몸체가 바르기에 저수(狩首)의 주인이 된다. 수레가 견고하고 말이 좋아 천하를 주행할 수 있는데, 이것으로 나아간다면 어디를 간들 이롭지 않겠는가?"라고 하였다. 사마광은 생각하기를 "중화는 오(五)보다 성대한 것이 없으니 오(五)는 복(福)의 중(中)이 되고 하루의 낮에 해당한다. 군자가 중화의 덕이 있고, 또 지위를 얻고 복(福)을 받는 것이, 마치 발의 힘이 이미 강해져서 스스로 나아가 클 수 있는 것과 같은데, 하물며 견고한 수레에 의지하면 가지 못할 곳이 없음에야 더 말할 것이 있겠는가"라고 하였다.

▌次六：獨狩逝逝, 利小不利大. 測曰：獨狩逝逝, 不可大也.

차육은, 홀로 나아가고 나아가니, 작은 일에는 이롭지만 큰일에는 이롭지 않다.[210]

측에 말하기를, 홀로 나아가고 나아갔다는 것은 큰일에는 불가하다는 것이다.[211]

小宋本逝逝作晰晰. 今從諸家.(闕)

송유간 본에는 서서(逝逝)가 석석(晰晰)으로 되어 있다. 지금 제가의 판본을 따른다. 해설이 빠졌다.

▌次七：白日臨辰, 可以卒其所聞. 測曰：白日臨辰, 老得勢也.

차칠은, (이미) 날은 저물어가나 낮 사이의 빛은 남아 있으니, 스스로 힘쓰면 좋은 결과가 들리는 바를 다할 여지는 있다.[212]

측에 말하기를, (이미) 날은 저물어가나 낮 사이의 빛은 남아있다는 것은 나이가 들어 노력하여 세력을 얻었다는 것이다.[213]

(闕)

해설이 빠졌다.

....

210 역주 : '逝逝'는 '홀로 간다'는 것이다. 『설문』에서는 "逝, 往也."라 하고 있다.
211 역주 : 이 구절은, 한사람이 홀로 나아가면서 다른 사람의 도움을 구하지 않으니, 작은 일은 되지만 큰일은 위태롭다는 것이다.
212 역주 : '辰'은 時다. '卒'은 '다한다'는 것이다. '勢'는 '세력'이다.
213 역주 : 이 구절은, 사람이 나이가 들어 장수하면서 노력하는 것은 해가 이미 '오시'를 지난 것과 같은데, 늙었지만 힘을 발휘하여 공을 세우고 그 재지를 발휘하면 그 배운 것을 다 할 수 있다는 것이다.

█ 次八 : 蚤虱之狩, 厲. 測曰 : 蚤虱之狩, 不足賴也.

차팔은, 벼룩과 이처럼 백성을 착취하여 스스로를 배불리니, 위태롭다.
측에 말하기를, 벼룩과 이처럼 백성을 착취하였다는 것은 힘입기에 부족하다
는 것이다.[214]

范曰, 家性爲狩, 亦附於人, 故以爲喩. 蚤虱之性, 苟尋而進, 故危也.

범망은 말하기를 "가성(家性)이 저(狩)가 되니, 또한 사람에게 붙는다는 것이
다. 그러므로 비유로 삼았다. 벼룩과 이의 본성은 구차하게 찾아 나아가는
것이다. 그러므로 위태롭다"라고 하였다.

█ 上九 : 全狩, 絭其首尾, 臨于淵. 測曰 : 全狩之絭, 恐遇害也.

상구는, (나아가기를) 온전히 하는 것은 (잡고자 하는 짐승의) 머리와 꼬리를
묶어 심연에 임하는 것과 같아 (매우 위험한 것이므로) 신중하게 해야 한다.
측에 말하기를, (나아가기를) 온전히 하여 잡고자 하는 짐승의 머리와 꼬리를
묶어 죽인다는 것은 해를 만날까 두려워한다는 것이다.[215]

二宋陸本作全狩之絭絭其雖尾尾臨于淵. 今從范王本. 范本害作困. 今從
陸王本. 絭, 音弮, 又厥萬切. 小宋曰, 絭, 縛也. 光謂, 九爲進大之極, 進極
則退, 大極則消. 君子欲全進大之道, 非恭愼則不可, 故恐懼, 如以繩繫首
尾臨于淵, 乃免咎也.

송충본, 송유간본, 육적본은 전저지권권기수미미임우연(全狩之絭絭其雖尾尾

....

214 역주 : 이 구절은, 벼룩과 이가 나아가 인간의 고혈을 빨아먹고 사람들에게 악함
    이 되니, 움직였을 때 위태로운데 나아감이 이와 같으면 취하기에 부족하다는
    것이다.
215 역주 : 이 구절은, 극대한 것이 나아가 취하는 것이 있으면 반드시 처하는 곳마다
    조심스럽고 신중하게 하는 것을 심연에 임하는 것과 같이 해야 하니, 그것은 나아
    감이 극하면 물러가게 되고 아울러 곤혹한 상황을 만나기 쉽기 때문이다. 『시경』
    「小雅·小旻」에서는 "戰戰兢兢, 如臨深淵, 如履薄氷."이라고 한다.

臨于淵)으로 되어 있다. 지금 범망본, 왕애본을 따른다. 범망본에 해(害)는 곤(困)으로 되어 있다. 지금 육적본, 왕애본을 따른다. 권(縓)은 음이 권(券)이고, 또 궐(厥)과 만(萬)의 반절이다. 송유간은 말하기를 "권(縓)은 묶는다(縛)는 것이다"라고 하였다. 사마광은 생각하기를, "구(九)는 나아가고 큰 것이 지극한 것이 되니, 나아가는 것이 다하면 물러나고, 큰 것이 다하면 소멸한다. 군자는 나아가 크는 도를 온전히 하고자 하면 공손하고 삼가지 않으면 안된다. 그러므로 두려워하니, 이것은 (끈으로)짐승의 머리와 꼬리를 묶어 죽이되 깊은 못에 임하는 것과 같이 신중하게 해야 이에 허물을 면하는 것이다"라고 하였다.

䷆ 一方二州一部一家.

1방, 2주, 1부, 1가다.

羨

선(羨)

羨, 于線切. 陰家, 水,²¹⁶ 準小過. 舊準臨卦, 非也. 王曰, 羨者, 邪曲不正之
象. 光謂, 周禮有璧²¹⁷羨, 不圓之璧也.

선(羨)은²¹⁸ 우(于)와 선(線)의 반절이다. 선수(羨首)는 음가(陽家)이고 (5행에
서는) 수(水)이고 『주역』「소과괘(小過卦)」에 준한다.²¹⁹ 옛날에 「임괘(臨卦)」
에 준한다고 한 것은 그릇된 것이다. 왕애는 말하기를 "선(羨)이란 사특하고
굽어 바르지 않은 상이다"라고 하였다. 사마광은 생각하기를 "『주례』에 벽선
(璧羨)이²²⁰ 있는데, 둥글지 않은 구슬이다"라고 하였다.

•••••••••••••••••••

216 劉韶軍 點校 : '水'는 명초본에는 '火'로 되어 있다. 이것을 모든 책 주석의 예 및
    대전본, 장사호본에 의거해 고쳤다.
217 劉韶軍 點校 : '璧'은 명초본에는 '璧'으로 되어 있다. 이것을 주례 및 대전본, 도장
    본에 의거해 고쳤다. 아래도 같다.
218 역주 : 반절식으로 읽으면 '羨'은 '언'으로 읽어야 한다. 여기서는 통상 발음인 '선'
    으로 한다.
219 역주 : 「玄衝」에서는 "羨, 私曲."이라 하고, 「玄錯」에서는 "羨, 曲."이라 한다.

▌陽氣贊幽, 推包羨爽, 未得正行.

양기가 아직 깊은 땅에 있는 만물을 자라도록 돕거나[221] 혹은 음기에 싸여 만물을 밀어내지만 어긋나니,[222] (음기가 여전히 紛雜하기 때문에) 초목은 (땅 위로) 곧바로 뻗어나감을 얻지 못한다.[223]

范曰, 羨者, 言萬物尙爲陰氣所包. 爽, 差也. 光謂, 萬物在幽, 陽氣贊之, 爲陰所包, 陽氣推之, 邪曲差爽, 未得挺然正行而出, 故曰, 羨也.

범망은 말하기를 "선(羨)이란 만물이 여전히 음기에 감싸여진 것을 말한 것이다. 상(爽)은 어그러졌다(差)는 것이다"라고 하였다. 사마광은 생각하기를 "만물이 깊숙한 곳에 있어서 양기가 자라는 것을 돕는데 음기에 싸여 있어서, 양기가 밀어내더라도 사특하고 굽고 어그러져 아직 위로 똑바르게 곧바로 뻗어나가지를 못한다. 그러므로 선(羨)이라 이른 것이다"라고 하였다.

▌初一 : 羨於初, 其次迂塗. 測曰 : 羨于初, 後難正也.

초일은, 처음부터 바르지 않으면, 그 다음은 멀리 도는 길이다.
측에 말하기를, 처음부터 바르지 않았다는 것은 후에 바르게 하기가 어렵다는 것이다.

一爲思始, 始初而邪, 則次後難正矣, 故曰, 其次迂塗. 易曰, 君子作事謀始.

일(一)은 사(思)의 시(始)가 되니, 시작의 처음이 사특하면 이후는 바르게 하기가 어렵다. 그러므로 "그 다음은 멀리 도는 길이다"라고 하였다. 『주역』에서 말하기를 "군자가 일을 할 때에는 시작할 때 신중히 도모한다"[224]라고 하였다.

· · · · · · · · · · · · · · · · · ·

220 역주 : 『周禮』「冬官考工記·玉人」, "璧羨度尺, 好三寸, 以爲度." 참조. 注에서는 "羨, 徑也. 璧羨, 以起度也. 好, 璧孔也."라 하고 있다.
221 역주 : '贊'은 돕는다는 것이다.
222 역주 : '包'는 '싼다'는 것이다. '爽'은 '어그러졌다(差)'는 것이다.
223 역주 : 이 구절은, 이 때 음기가 성대하고 언 얼음이 아직 녹지 않고 만물을 싸고 있기에 만물이 나올 수 없다는 것이다.
224 역주 : 이 말은 『주역』「訟卦」의 "象曰, 天與水違行, 訟. 君子以作事謀始."에서 나

▌次二 : 羡于微, 克復可以爲儀. 測曰 : 羡微克復, 不遠定也.

차이는, 미세한 때에 바르지 않아도, (중도에) 극복하여 법으로 삼을 수 있다.[225]

측에 말하기를, 미세한 때에 바르지 않았는데 극복하였다는 것은 멀리가지 않고 바르게 정할 수 있다는 것이다.[226]

二爲思中, 邪而未遠, 所失尙微, 若能自復於中, 猶可以爲法也. 易曰, 不遠復, 無祗悔, 元吉.

이(二)는 사(思)의 중(中)이 되고 사특하나 아직은 멀리 나가지는 않아 잃은 것이 오히려 미약하니, 만약 스스로 중으로 돌아올 수 있다면 오히려 본보기로 삼을 수 있다. 『주역』에서 말하기를 "멀지 않아 되돌아오니, 후회함에 이르는 것이 없다. 크게 길하다"[227]라고 하였다.

▌次三 : 羡于塗, 不能直如. 測曰 : 羡于塗, 不能直行也.

차삼은, 굽은 길에서 사행(邪行)하니, 곧바로 갈 수 없다.

측에 말하기를, 굽은 길에서 사행한다는 것은 곧바로 갈 수 없다는 것이다.

范本作迂塗. 今從宋陸本. 羡至于三, 失道浸遠, 不若直往之善也.

범망본에는 우도(迂塗)라고 되어 있다. 지금 송충본, 육적본을 따른다. 바르지 않은 것이 삼(三)에 이르러 도를 잃은 것이 점차로 멀어지니, 곧바로 가는 것이 좋은 것만 못하다.

. . . .

온 말이다.

225 역주 : '復'은 '돌아온다'는 것이다. '定'은 '바르다[正]'는 것이다. '儀'는 '法'이다.
226 역주 : 『논어』 「子張」에서는 "君子之過也, 如日月之食焉. 過也, 人皆見之, 更也, 人皆仰之."를 말한다.
227 역주 : 이 말은 『周易』 「復卦」 初九爻의 말이다.

▎次四：羡權正, 吉人不幸. 測曰：羡權正, 善反常也.

차사는, 사곡(邪曲)한 세상에 임기응변의 법을[228] 사용하여 바른 것을 얻는다는 것은 (성현과 같이 선량한) 길인(吉人)에게는[229] 불행한 것이다.

측에 말하기를, 사곡(邪曲)한 세상에 임기응변의 법을 사용하여 바른 것을 얻는다는 것은 상도에 어긋나지만 뜻은 선하다는 것이다.[230]

君子之道未常曲也, 其有曲者, 遭時不得已而行之, 以權正也. 權者, 權其輕重, 所曲者小, 所正者大, 非不幸不可爲也. 若孔子與蒲人盟而適衛, 答南子之拜之類是也. 善反常者, 雖反常道, 志在於善也.

군자의 도는 아직 항상 사곡하지 않는데, 사곡함이 있는 것은 만난 때에 부득이한 때를 만나 행동하되 바른 저울로써 한 것이다. 권(權)이란 그 가볍고 무거운 것을 저울질하여 사벽한 것은 적고 바른 것은 크니, 불행하여 할 수 없는 것은 아니다. 공자가 포(蒲)나라 사람과 동맹을 맺고, 위나라에 가서 남자(南子)가[231] 한 절에 답배한 부류와 같은 것이 이것이다.[232] '선이 떳떳한 것에 반대된다'라는 것은 비록 상도에는 어긋나지만 뜻은 선에 있다는 것이다.

▎次五：孔道夷如, 蹊路微如, 大輿之憂. 測曰：孔道之夷, 奚不遵也.

차오는, 빈 큰길은 평탄한데, 그것을 버리고 희미한 좁은 길을 따르는 것은, 큰 수레[즉 성인]의 걱정거리다.[233]

∙∙∙∙∙∙∙∙∙∙∙∙∙∙∙∙∙∙∙∙∙∙

228 역주 : '權'은 '임기응변하는 것'이다.
229 역주 : 『주역』「계사전하」12장, "吉人之辭寡, 躁人之辭多.", 揚雄, 『法言』「問明」, "吉人凶其吉, 凶人吉其凶." 참조.
230 역주 : 이 구절은, 성현이 굴신하고 임기응변함으로써 정도를 펴니, 비록 부득이한 것이지만 상도에 잘 되돌아간다는 것이다.
231 역주 : 衛나라 靈公의 부인이다.
232 역주 : 이 말은 王安石의 『王文公全集』 권7 「答王深甫書」에도 나온다. 전후 문장은 "孔子見南子爲有禮, 則孔子何不告子路曰, 是禮也, 而曰天厭之乎. 孟子曰, 男女授受不親, 禮也. 嫂溺則援之以手者, 權也. 若有禮而無權, 則何以爲孔子. 天下之理, 固不可以一言盡. 君子有時而用禮, 故孟子不見諸侯, 有時而用權, 故孔子見南子也. 孔子與蒲人盟而適衛者, 將以行法也. 不如是, 則要盟者得志矣."이다.

측에 말하기를, 빈 큰이 평탄하다는 것은 어찌 따르지 않겠는가 하는 것이다.

宋陸本大作泰. 今從范王小宋本. 蹊, 音奚. 王曰, 孔道謂空道也. 蹊, 邪徑也. 空道坦夷, 不之踐履, 蹊路微狹而遵之. 又乘大車, 必見覆敗, 憂其宜矣. 光謂, 踐田成徑謂之蹊. 大輿以象聖人之道, 人所載也. 五爲中和, 故曰, 孔道夷如. 然其時當夜, 爲小人, 故曰, 蹊路微如. 孔子[234]曰, 攻乎異端, 斯害也已. 老子曰, 大道甚夷, 而民好徑.

송충본, 육적본에 대(大)는 태(泰)로 되어 있다. 지금 범망본, 왕애본, 송유간본을 따른다. 혜(蹊)는 음이 혜(奚)이다. 왕애는 말하기를 "공도(孔道)는 빈길(空道)이다. 혜(蹊)는 사특한 길(邪徑)이다. 빈 길이 평탄한데 밟고 가지 않고, 좁은 길이 협소한데 그 길을 따른다. 또 큰 수레를 타면 반드시 뒤집히고 부서지니 근심하는 것이 마땅하다"라고 하였다. 사마광은 생각하기를 "밭을 밟아 지름길이 된 것을 혜(蹊)라고 한다. 큰 수레는 성인의 도를 형상화환 것이니, 사람을 싣는 것이다. 오(五)는 중화가 된다. 그러므로 '빈 길이 평탄하다'고 한 것이다. 그러나 그 때는 밤에 해당하고 소인이 된다. 그러므로 '좁은 길이 희미한 듯한 것을 따른다'라고 하였다. 공자는 '이단을 공격하면 이에 해로울 뿐이다'[235]라고 했으며, 노자는 '대도는 매우 평이하나 백성들은 지름길을 좋아한다'고 했다'[236]라고 하였다.

▌次六：大虛既邪, 或直之, 或翼之, 得矢夫. 測曰：虛邪矢夫, 得賢臣也.

차육은, (神이 사는) 대허(大虛)가 이미 사특하지만 혹 곧게 하고 혹 돕기도 하니, 곧은 신하를 얻은 것이다.[237]

....

233 역주 : '孔道'는 '큰 길'이다. '夷'는 평평한 것[平]이다. '如'는 어조사다. '蹊'는 '좁은 길'이다. 『노자』53장에서는 "大道甚夷, 而民好徑."을 말한다.
234 劉韶軍 點校 : '子'는 명초본에는 없다. 이것을 대전본, 도장본에 의거해 고쳤다.
235 역주 : 이 말은 『논어』「爲政」에 나오는 말이다.
236 역주 : 이 말은 『노자』54장에 나오는 말이다.

측에 말하기를, 대허(大虛)가 사특하지만 곧은 신하를 얻었다는 것은 어진 신하를 얻은 것이다.

大虛謂神所宅也. 矢夫, 直臣也. 羨而過中, 故曰, 大虛旣邪. 當日之晝, 故或直之, 或翼之, 得賢臣以正其邪也. 齊桓公得管仲, 行若狗彘, 强伯諸侯. 衛靈公得仲叔圉, 祝佗, 王孫賈, 雖無道而不喪.

대허(大虛)는 신(神)이 사는 곳을 이른다. 시부(矢夫)는 곧은 신하(直臣)이다. 사곡한 것으로서 중(中)을 지나쳤다. 그러므로 "신이 사는 대허(大虛)가 이미 사특하다"라고 하였다. 하루의 낮에 해당하니 혹은 곧게 하고 혹은 돕기도 한다는 것은, 어진 신하를 얻어 그 사곡한 것을 바로잡았다는 것이다. 춘추시대 제나라 환공(桓公)이 관중(管仲)을 얻으니, 행실은 개나 돼지와 같았으나 제후의 강력한 패자가 되었다. 또 위나라 영공(靈公)이 중숙어(仲叔圉)[238]와 축타(祝佗)와 왕손가(王孫賈)를 얻으니, 비록 영공이 무도하였지만 지위를 상실하지 않았다.[239]

▌次七 : 曲其故, 迂其塗, 屬之訓. 測曰 : 曲其故, 爲作意也.

차칠은, (고분하게) 옛 것을 좇지 않아 그 행한 것이 우곡(迂曲)하니, (작위한 것이) 몸이 위태롭게 된다는 가르침이다.[240]

측에 말하기를, (고분하게) 옛 것을 좇지 않는다는 것은 작위하였기 때문이다.

· · · · · · · · · · · · · · · · · · · ·

237 역주 : 이 구절은, 군주의 마음이 불공평하고 바르지 않고 偏邪하여 화란을 불러 일으켰지만, 賢臣이 보좌하여 바르게 하였다는 것이다.
238 역주 : 위나라 대부 '孔圉' 즉 孔文子를 가리킨다. 『춘추좌씨전』 「哀公十一年」, "子言衛靈公之無道也, 康子曰, 夫如是, 奚而不喪. 孔子曰, 仲叔圉治賓客, 祝鮀治宗廟, 王孫賈治軍旅, 夫如是, 奚其喪." 참조.
239 역주 : 『論語』 「憲問」에 "子言衛靈公之無道也, 康子曰, 夫如是, 奚而不喪. 孔子曰, 仲叔圉治賓客, 祝鮀治宗廟, 王孫賈治軍旅, 夫如是, 奚其喪."이란 말이 나온다.
240 역주 : 이 구절은, 옛날에 이루어진 법을 바꾸고 그것을 따라 행하여 작위하는 바가 있다는 것이다.

范王小宋本訓作馴. 今從宋陸本.(闕)

범망본, 왕애본, 송유간본에는 훈(訓)이 순(馴)으로 되어 있다. 지금 송충본, 육적본을 따른다. 해설이 빠졌다.

■ 次八 : 羨其足, 濟于溝瀆, 面貞. 測曰 : 羨其足, 避凶事也.

차팔은, 한쪽 발로 서는 것은 도랑과 개울을 건너기 위함이니 (몸을 온전히 보전하는) 바른 곳으로 향하는 것이다.
측에 말하기를, 한쪽 발로 서는 것은 흉한 일을 피한다는 것이다.

面, 向也. 八爲禍中而當晝, 故邪其足者以避溝瀆也. 君子屈其節者, 以避禍患也, 其終也歸於向正而已. 法言曰, 塗雖曲而通諸夏, 則由諸, 川雖曲而通諸海, 則由諸. 又曰, 水避礙則通于海, 君子避礙則通于理.

면(面)은 향한다(向)는 것이다. 팔(八)은 화(禍)의 중(中)이 되나 낮에 해당한다. 그러므로 그 발을 한쪽으로 서는 것은 도랑이나 개울을 피하기 위한 것이다. 군자가 그의 절개를 굽히는 것은 재앙과 환란을 피하기 위함이나, 그 마침에는 바른 곳으로 향할 따름이다. 『법언』에 말하기를 "길이 비록 굽었으나 나라 안으로 통하면 모두가 그 길을 따라서 가고, 개울이 비록 굽었으나 바다로 통하면 모두가 그 물을 따라서 간다"[241]라고 하였다. 또 말하기를 "물은 장애를 피하면 바다와 통하고, 군자는 장애를 피하면 이치에 통달한다"[242]라고 하였다.

■ 上九 : 車軸折, 其衡拕, 四馬就括, 高人吐血. 測曰 : 軸折吐血, 不可悔也.

상구는, 수레 굴대가 꺾이고, 그 가로 댄 나무가 꺾이고, 사마(四馬)가 나아가

---

241 역주 : 『법언』「問道」에 나오는 말이다.
242 역주 : 『법언』「君子」에 나오는 말이다.

다가 묶여 앞으로 나아가고 못하니, 수레를 탄 지위 높은 사람이 다쳐서 피를 토하였다.[243]

측에 말하기를, 굴대가 꺾이고 피를 토하였다는 것은 난세를 당해 뉘우칠 수 없다는 것이다.

二宋陸本拐作相. 今從范王本. 拐, 音月. 范曰, 拐, 折也. 光謂, 括, 結也. 行邪不已, 至於禍極, 故軸折衡拐, 四馬絓結, 而車上之人被傷也. 高人以 喩在高位者.

송충본, 송유간본, 육적본에는 월(拐)이 상(相)으로 되어 있다. 지금 범망본, 왕애본을 따른다. 월(拐)은 음이 월(月)이다. 범망은 말하기를 "월(拐)은 꺾인다(折)는 것이다"라고 하였다. 사마광은 생각하기를 "괄(括)은 묶는다(結)는 것이다. 행동이 바르지 않은데도 그치지 않아 화(禍)의 극(極)에 이른 것이다. 그러므로 굴대가 꺾이고 가로 댄 나무가 꺾이고 사마(四馬)가 묶여 수레 위의 사람이 다쳤다. 고인은 높은 지위에 있는 사람을 비유한 것이다"라고 하였다.

· · · · · · · · · · · · · · · ·

243 역주 : 이 구절은, 견고한 수레가 꺾여 훼손되고 좋은 말이 묶이게 되면, 수레를 탄 사람은 손상을 당하고 화를 만난다는 것이다. 즉 잘못된 것이 커 화란을 만남을 말한 것이다.

䷟ 一方二州一部二家.
1방, 2주, 1부, 2가다.

差
차(差)

陽家, 火, 準小過. 入差次三十分二十二秒, 日次娵訾, 立春氣應. 斗建寅
位, 律中太簇, 次五日舍營室. 差者, 過之小者也.
차수(差首)는 양가(陽家)이고, (5행에서는) 화(火)이고, 『주역』 「소과괘(小過
卦)」에 준한다.[244] 차(差)는 30분 22초에서 들어가고, 태양은 추자(娵訾)에 머
물러 입춘의 기와 응한다. 두(斗)는 인위(寅位)에 세우고, 율은 태주(太簇)에
맞추고, 차오(次五)에서 태양은 영실(營室)에 머문다. 차(差)는 잘못이 적은
것이다.

▌陽氣蠢闢於東, 帝由羣雍, 物差其容.
(입춘의 계절에) 양기가 동방에서 움직여 열리고, 천제(天帝)가 행차하여 만물

----

244 역주 : 「玄衝」에서는 "差, 過也."라고 한다.

이 서로 조화를 이루고, 초목은 그 생을 완수하여 천차만별의 자태를 보인 다.[245]

陽氣動開於東, 天道由於衆和, 物容差殊, 差之象也.
양기는 동쪽에서 움직여 열리고, 천도는 뭇 사물이 조화로운 것에 말미암기에 사물의 모습이 천차만별로 다르게 되니, 차수(差首)의 상이다.

▌初一 : 微失自攻, 端. 測曰 : 微失自攻, 人未知也.
초일은, 미미한 잘못이 있어도 스스로 잘 다스리면 (큰 결점 없이) 바르게 된다.
측에 말하기를, 미미한 잘못이 있어도 스스로 잘 다스린다는 것은 다른 사람이 아직 알 수 없는 것이다.

一爲思始, 其差尙微, 人未之見, 苟能自治, 不害於正也.
일(一)은 사(思)의 시(始)가 되어, 그 잘못이 아직 미미하여 다른 사람들이 보지 못하니, 만일 스스로 다스릴 수 있다면 바른 것에 해가 되지 않는다.

▌次二 : 寢其所好, 將以致其所惡. 測曰 : 寢其所好, 漸以差也.
차이는, 좋아하는 이욕(利欲)에 미혹되어 점차 사악함에 나가면, 장차 화를 불러일으키는 것에 이른다.
측에 말하기를, 좋아하는 이욕에 미혹되어 점차 사악함에 나간다는 것은 점차 정도와 어긋나게 된다는 것이다.

王本寢作寖. 今從宋陸范本. 好, 呼報切. 惡, 烏路切. 寢, 漸也. 所好謂利欲

....

245 역주 : 이 구절은, 입춘 때 양기가 꿈틀거리다가 개벽하면, 만물이 화락하여 차례로 나와 모두 그 용모를 바꾼다는 것이다. 『주역』「說卦傳」에서는 "帝出乎震.", "萬物出乎震, 震, 東方也."를 말한다.

也, 所惡謂禍殃也. 二爲思中而當夜, 惑於利欲, 寢又以差失將至禍殃也.
왕애본에 침(寢)은 침(寢)으로 되어 있다. 지금 송충본, 육적본, 범망본을 따른
다. 호(好)는 호(呼)와 보(報)의 반절이다. 오(惡)는 오(烏)와 로(路)의 반절이
다. 치(寢)는 점점(漸)이란 것이다. 좋아한다는 것은 이욕(利欲)을 말하고, 싫
어한다는 것은 화를 말한다. 이(二)는 사(思)의 중(中)이 되고 밤에 해당하니,
이욕에 현혹되고 점점 또 잘못되어 장차 화(禍)가 이른다는 것이다.

▌次三 : 其亡其亡, 將至于暉光. 測曰 : 其亡其亡, 震自衛也.
차삼은, (평화로운 세상에 살면서도) 항상 멸망할 것을 두려워하면 장차 영광
스런 빛남에 이를 것이다.
측에 말하기를, (평화로운 세상에 살면서도) 항상 멸망할 것을 두려워한다는
것은 (항상) 두려워하면서 스스로를 지킨다는 것이다.[246]

王曰, 震, 懼也. 光謂, 三爲思上而當晝, 能知其過, 常若將亡, 震懼自衛,
乃至暉光也.
왕애는 말하기를 "진(震)은 두려워한다(懼)는 것이다"라고 하였다. 사마광은
생각하기를 "삼(三)은 사(思)의 상(上)이 되고 낮에 해당하니, 그 잘못을 알
수 있어 항상 장차 망할 듯 여겨 떨고 두려워하면서 스스로를 지키니, 이에
빛나는 데 이른다"라고 하였다.

▌次四 : 過小善善, 不克. 測曰 : 過小善, 不能至大也.
차사는, 작은 선에 지나치게 집착하여, 그 잘못을 극복하지 못하였다.
측에 말하기를, 작은 선에 지나쳤다는 것은 큰 것에 이를 수 없다는 것이다.[247]

....

246 역주 : 이 구절은, 편안하면서 위태로움을 잊지 않고, 온전하면서 망하는 것을 잊
지 않고, 항상 스스로 경계하여 미미한 것에서 막아 덕을 쌓고 업을 닦으면, 반드
시 광휘에 이르게 된다는 것이다. 『주역』「계사전하」5장에서는 "君子安而不忘危,
存而不忘亡, 治而不忘亂, 是以安身而國家可保也."를 말한다.

小人偏介, 不協中庸, 過於小善, 不能至大也. 如尾生, 鮑焦, 要離之類.
소인이 거만하고 완고하여 중용에 맞지 않고 작은 선에 지나쳐서 큰 것에 이를 수 없으니, 미생(尾生)과[248] 포초(鮑焦)와[249] 요리(要離)와[250] 같은 무리다.

▌次五 : 過門折入, 得彼中行. 測曰 : 過門折入, 近復還也.
차오는, 문을 지나갔으나 (잘못된 것을 알고) 꺾어 들어가니, 저 중도에 맞는 행동을 얻었다.[251]
측에 말하기를, 문을 지나갔으나 (잘못된 것을 알고) 꺾어 들어갔다는 것은 가까운 곳에서 (잘못을 고치고) 다시 돌아왔다는 것이다.[252]

范本彼作此. 今從宋陸本. 折之列切. 家性爲差. 五位中和, 如行已過門而能折入,[253] 不失其中行也.
범망본에는 피(彼)가 차(此)로 되어 있다. 지금 송충본, 육적본을 따른다. 절(折)은 지(之)와 열(列)의 반절이다. 가성(家性)이 차(差)가 된다. 오(五)는 자리는 중화니, 만일 간 것이 이미 문을 지나갔으나 꺾여 들어갈 수 있으면 중도에 맞는 행실을 잃지 않게 된다.

. . . .
247 역주 : 『주역』 「계사전하」에서는 "善不積, 不足以成名."을 말한다.
248 역주 : 『장자』 「盜跖」에 "尾生與女子期於梁(橋)下, 女子不來, 水至不去, 抱梁柱而死." 라는 말이 나온다.
249 역주 : 주나라 초기의 은사다. 사마천의 『사기』 卷83 「魯仲連鄒陽列傳」에 "魯連見新垣衍而無言. 新垣衍曰, 吾視此圍城之中者, 皆有求於平原君者也. 今吾觀先生之玉貌, 非有求於平原君者也, 曷爲久此圍城之中而不去. 魯仲連曰, 世以鮑焦爲無從頌而死者, 皆非也."라는 말이 나온다.
250 역주 : 춘추시대 吳나라 사람이다. 당시의 저명한 자객이다.
251 역주 : 「玄圖」에서는 "中和莫盛乎五."라고 한다. 이 구절은, 비록 인의를 버렸지만, 잘못을 고쳐 의를 행하여 중화의 도를 얻었다는 것이다.
252 역주 : 이 구절은, 곧바로 잘못을 고치고, 도의로 돌아왔다는 것이다.
253 역주 : '入'은 명초본에는 '之'로 되어 있다. 이것을 대전본, 장사호본에 의거해 고쳤다.

▌146 태현집주

▌次六：大跌, 過其門, 不入其室. 測曰：大跌不入, 誠可患也.

차육은, (잘못을 저질러) 크게 넘어지고 그 문을 지나갔지만, 그 집으로 들어가지 못하였다.

측에 말하기를, (잘못을 저질러) 크게 넘어져 들어가지 못하였다는 한 것은 진실로 근심할 만한 것이다.[254]

六過於中, 跌已大矣. 過門不入, 遂至失所也. 孔子曰, 過而不改, 是謂過矣.

육(六)은 중(中)을 지나쳤으니, 넘어짐이 이미 크다. 문을 지나쳐서 들어가지 못하니 드디어 마땅한 곳을 잃는 데에 이르렀다. 공자는 말하기를 "잘못이 있는데 고치지 않는 것, 이것을 '잘못'이라고 말한다"[255]라고 하였다.

▌次七：累卵業業, 懼貞安. 測曰：累卵業業, 自危作安也.

차칠은, 계란을 쌓아올리는 것 같이 위태롭고 위태롭지만, (화에 임하여) 두려워하니 바르고 편안하다.

측에 말하기를, 계란을 쌓아 올려 위태롭고 위태롭다는 것은 스스로 위태롭다고 여겨 편안하게 만든다는 것이다.[256]

過以入禍, 故曰, 累卵. 當日之晝, 故能自危. 臨禍而懼, 則不失正安矣.

잘못을 저질러서 화(禍)에 들어갔다. 그러므로 "계란을 쌓아 올렸다"라고 하였다. 하루의 낮에 해당한다. 그러므로 스스로 위태로울 수 있다. 화(禍)에 임하여 두려워하면 바르고 편안한 것을 잃지 않게 된다.

······················

254 역주 : 이 구절은, 큰 잘못이 있는데 고치지 않으면 반드시 큰 우환이 있다는 것이다.
255 역주 : 『논어』「위령공」에 나오는 말이다.
256 역주 : 이 구절은, 화에 임하여 스스로 위태롭지만 항상 경계하고 삼가면서 그 바름을 잃지 않으면, 위태로운 것이 편안한 것이 된다는 것이다.

次八 : 足纍纍, 其步躒躍, 輔銘滅麋. 測曰 : 足纍纍, 履禍不還也.

차팔은, 발이 피로하고 피로하여 걷기가 힘들고 그 발걸음을 급하게 가니, 경(黥)을 당해 광대뼈와 눈자위가 함몰당하고 눈썹이 없어지는 화를 당했다.[257] 측에 말하기를, 발이 피로하고 피로하다는 것은 화(禍)를 밟은 것이 깊어져 돌아올 수 없다는 것이다.

范本躒躍作蹉蹉, 王本作蹉裏. 今從二宋陸本. 蹉, 七何折. 躒, 汝陽切. 躍, 倉回切. 小宋曰, 躒躍, 急行貌. 光謂, 輔, 頰車也. 銘, 當作名, 目上爲名. 麋與眉同. 足累累, 其步躒躍, 謂邪行不已, 履禍寖深而不自知也. 故陷輔及名, 至於滅眉, 猶易之過涉滅頂, 凶也.

범망본에는 양최(躒躍)가 차양(蹉蹉)으로 되어 있고, 왕애본에는 차양(蹉裏)으로 되어 있다. 지금 송충본, 송유간본, 육적본을 따른다. 차(蹉)는 칠(七)과 하(何)의 반절이다. 양(躒)은 여(汝)와 양(陽)의 반절이다. 최(躍)는 창(倉)과 회(回)의 반절이다. 송유간은 말하기를 "양최(躒躍)는 급하게 가는 모양이다"라고 하였다. 사마광은 생각하기를 "보(輔)는 광대뼈의 잇몸이다. 명(銘)은 마땅히 명(名)으로 써야 하니, 눈 위가 명이 된다. 미(麋)는 미(眉)와 같다. '발이 피로하고 걷기가 힘들고 그 발걸음을 급히 했다'라고 한 것은 사특한 행위가 그치지 않아 화(禍)를 밟은 것이 점점 깊어지나 스스로 알지 못한 것이다. 그러므로 광대뼈와 눈 위가 함몰되다가 눈썹이 없어지는 데 이르니, 『주역』에서 말하기를 '잘못하여 물을 건너다 이마까지 빠졌으니 흉하다'[258]라고 한 것과 같은 것이다"라고 하였다.

上九 : 過其枯城, 或蘗靑靑. 測曰 : 過其枯城, 改過更生也.

상구는, (나라가 망한) 그 메마른 성을 지나지만 (잘못을 고치니) 혹은 움이

---

257 역주 : 이 구절은, 화를 밟으면서 스스로 반성할 줄 모르면 黥을 당해 눈썹이 없어지는 흉을 당한다는 것이다. 『주역』「大過卦」에서는 "過涉滅頂, 凶."을 말한다.
258 역주 : 『주역』「대과괘」上六爻에 나오는 말이다.

푸르고 푸르게 다시 싹을 틔웠다.[259]

측에 말하기를, (나라가 망한) 그 메마른 성을 지났다는 것은 잘못을 고쳐서 다시 태어났다는 것이다.

蘖, 牙葛切. 木斬而復生曰, 蘖. 過而不已, 至於禍極, 故曰過其枯城. 枯城者, 亡國之象也. 然當日之畫, 君子能改過自新, 興衰起廢者也. 故曰, 或蘖靑靑也.

얼(蘖)은 아(牙)와 갈(葛)의 반절이다. 나무를 베었는데 다시 난 것을 얼(蘖)이라고 이른다. 잘못하고 그치지 않으니 화(禍)의 극(極)에 이르렀다. 그러므로 "그 메마른 성을 지나갔다"라고 하였다. 고성(枯城)은 나라가 망한 상이다. 그러나 하루의 낮에 해당하니 군자가 잘못을 고치고[260] 스스로 새로워질 수 있으면, 쇠약함을 일으키고 쓰러진 것을 일어나게 할 수 있다. 그러므로 "혹은 움이 푸르고 푸르다"라고 하였다.

· · · · · · · · · · · · · · · ·

259 역주 : 이 구절은, 간 것이 지극하면 되돌아간다는 것으로, 잘못을 고쳐 스스로 새롭게 되면 마치 고목이 봄을 만나 새로운 가지가 난 것과 같다는 것이다. 『주역』 「대과괘」에서는 "枯楊生稊.", "枯楊生華."를 말한다.

260 역주 : 『논어』 「술이」에 "君子不重則不威, 學則不固, 主忠信, 無友不如己者, 過則勿憚改."라는 말이 나온다.

동童

一方二州一部三家.

1방, 2주, 1부, 3가다.

童

동(童)

陰家, 木.[261]

동수(童首)는 음가(陽家)이고 (5행에서는) 목(木)이다.[262]

▌陽氣始窺, 物僮然咸未有知.

(입춘의 절기에) 양기가 미약하게 땅 위에 나타나자 만물이 처음 외피를 벗으니, 만물이 어린 듯 하여 모두 아직 앎이 있지 않다.

范曰, 立春之節, 萬物孚甲始出, 枝葉未舒, 故謂之童. 光謂, 陽氣微見地上, 故曰, 始窺.

· · · · · · · · · · · · · · · ·

261 역주 : 『주역』「蒙卦」에 준한다. 「玄錯」에서는 "童, 無知."라고 한다.
262 역주 : 여기는 『주역』의 어떤 괘에 준하는 것인지를 밝히고 있지 않다. 의미하는 것을 보면 『주역』「몽괘」와 관련이 있지 않은가 한다.

범망은 말하기를 "입춘 절기에는 만물이 껍질을 벗고 처음으로 나오니, 가지와 잎은 아직 펴지 못한 것이다. 그러므로 동(童)이라고 하였다"라고 하였다. 사마광은 생각하기를 "양기가 미약하게 땅 위에 나타난다. 그러므로 말하기를 '처음 외피를 벗고 가지와 잎을 낸다'라고 했다"라고 하였다.

▌初一：顚童不寤, 會我蒙昏. 測曰：顚童不寤, 恐終晦也.
초일은, 어리석은 사람이 (스승을 구해) 깨우치고자 했지만, (스승을 구해) 만난 것이 어리석은 것이어서 깨달을 수 없었다.
측에 말하기를, 어리석은 사람이 (스승을 구해) 깨우치지 못하였다는 것은 (일생이) 어리석은 것으로 마칠 것을 두려워한 것이다.[263]

一爲思始而當夜, 顚童之人不寐於學, 終亦歸於蒙昏而已.
일(一)은 사(思)의 시(始)가 되고 밤에 해당하니, 어리석은 사람이 배움에서 깨우치지 못하고, 끝내 또한 어리석은 상태로 돌아갈 따름이다.

▌次二：錯于靈蓍, 焯于龜資, 出泥入脂. 測曰：錯蓍焯龜, 比光道也.
차이는, 시초를 뒤섞어 점을 치고, 거북이 껍질을 불살라 점을 치니, 얽힌 데에서 나와 광명에 들어간 것이다.[264]
측에 말하기를, 시초를 뒤섞어 점을 치고 거북이 껍질을 불살라 점을 쳤다는 것은 (혼몽한 아동이) 명덕(明德)이 있는 사람에 가까워졌다는 것이다.

王本龜資作元龜, 而注云, 灼于元龜, 資取吉凶之兆, 蓋經誤也. 焯與灼同.

. . . .

263 역주 : 이 구절은, 무지한 小童은 마땅히 스승을 구하여 그 깨달음을 구해야 하는데, 몽매한 스승을 만나 어둡고 무지몽매하면 종신토록 무지몽매할까 두렵다는 것이다.
264 역주 : 이 구절은, 어둡고 무지몽매한 동자가 학문에 종사하여 광명하게 된 것을 비유한 것이다.

比, 頻寠切. 泥, 滯泥之象. 脂, 所以爲明也. 二爲思中而當晝, 能以闇求明,
如錯著灼龜以決其疑, 出於滯泥而入於光明, 故曰, 比光道也. 比, 近也. 錯
者, 錯綜著數以筮也.

왕애본에는 구자(龜資)가 원구(元龜)로 되어 있는데, 주석하기를 "원구를 불사
른다는 것은 그것을 통해 길흉의 조짐을 취한다는 것이니, 대개 경문이 잘못된
것이다. 작(焯)은 작(灼)과 같다"라고 하였다. 비(比)는 빈(頻)과 오(寠)의 반절
이다.[265] 니(泥)는 막혀있는 상이다. 지(脂)는 써 밝게 하는 것이다. 이(二)는
사(思)의 중(中)이 되고 낮에 해당하여, 어두운 것으로 밝음을 구할 수 있으니,
마치 시초를 섞어 점을 치고 거북 껍질을 불살라 그 의심스러운 것을 결정하
여 얽힌 데에서 나와 광명에 들어간 것과 같다. 그러므로 말하기를 "명덕이
있는 사람에 가까워졌다"라고 하였다. 비(比)는 가깝다(近)는 것이다. 착(錯)은
시초의 수를 이리저리 섞어서 점을 친다는[266] 것이다.

▌次三 : 東辰以明, 不能以行. 測曰 : 東辰以明, 奚不逝也.
차삼은, 동쪽 하늘에 심성(心星)이 밝게 빛나고 있는데, 갈 수 없다.[267]
측에 말하기를, 동쪽 하늘에 심성(心星)이 밝게 빛나고 있다는 것은 어찌 (배
우러) 가지 않는가 하는 것이다.

小宋本奚不逝作奚不可逝. 今從諸家. 三爲成意, 如東方已明, 可以行矣,
而不能以行, 失時不學者也.

송유간본에는 해불서(奚不逝)가 해불가서(奚不可逝)로 되어 있다. 지금 제가
의 판본을 따른다. 삼(三)은 뜻을 이룬 것이 되니, 동방이 이미 밝아 갈 수
있는 것이다. 그런데 갈 수 없었으니, (배우는) 때를 잃고 배우지 못한 것이다.

....

265 역주 : '比'를 『태현경』 주석에서는 반절로서 '보'라고 발음하라고 한다. 여기서는
    우리나라의 일반적인 발음인 '비'를 취한다.
266 역주 : 『주역』 「계사전상」 10장에서는 "參伍以變, 錯綜其數."를 말한다.
267 역주 : 童蒙이 훌륭한 소질이 있으면서도 밝은 스승을 구하여 배우지 않는다는
    것이다.

█次四：或後前夫, 先錫之光. 測曰：或後前夫, 先光大也.

차사는, 앞 지아비[三을 가리킴]에 뒤에 하였으나, 삼(三)보다 먼저 광명을 받았다.

측에 말하기를, 앞 지아비[三을 가리킴]에 뒤에 하였다는 것은 먼저 광명을 받은 것이 크다는 것이다.

궐(闕)

해설이 빠졌다.

█次五：蒙柴求兕, 其得不美. 測曰：蒙柴求兕, 得不慶也.

차오는, 사냥을 나가 땔나무 속에 숨어 있는 외뿔소를 얻었지만, 그 얻은 것이 아름답지 못하였다.

측에 말하기를, 사냥을 나가 땔나무 속에 숨어있는 외뿔소를 얻었다는 것은 얻은 것이 경사롭지 못하다는 것이다.

궐(闕)

해설이 빠졌다.

█次六：大開帷幕, 以引方客. 測曰：大開帷幕, 覽衆明也.

차육은, 장막을 크게 열어 사방의 훌륭한 선비들을 맞아 들였다.

측에 말하기를, 장막을 크게 열었다는 것은 현명한 선비를 많이 초빙하였다는 것이다.[268]

帷幕, 蔽明之物也. 六爲上福, 又爲盛多. 如人君延納四方之士, 無有壅蔽

··················

268 역주 : 이 구절은, 어리석고 유치한 군주는, 문을 활짝 열고 천하의 현량한 선비를 들여 보필로 삼아야 한다는 것이다.

也. 舜賓于四門, 明四目, 達四聰.

유막(帷幕)은 밝음을 가리는 물건이다. 육(六)이 상복(上福)이 되고 또 많은 것이 되니, 마치 인군이 사방의 선비들을 받아들여 가리는 것이 없는 것과 같다. 『서경』에서 말하기를 "순임금은 사방에서 손님이 오게 해, 사방의 눈을 밝히고, 사방의 귀를 통하게 하였다"[269]라고 하였다.

■ 次七 : 修侏侏, 比于朱儒. 測曰 : 侏侏之修, 無可爲也.

차칠은, 한갓 기다라니 장대하면서 무지하니, 아직 크지 못한 난장이에 견준다. 측에 말하기를, 무지한 것이 기다라니 장대하다는 것은 (좋은 지위에 있는) 군자가 제대로 하는 것이 없다는 것이다.[270]

侏, 音株. 修, 長也. 侏侏, 長大貌. 七爲七十, 年已長矣, 而當日之夜. 雖侏侏然長大,[271] 其智識乃比于[272]朱儒, 不免童蒙也. 以象居君子之位, 行小人之道者也.

주(侏)는 음이 주(株)이다. 수(修)는 길다(長)는 것이다. 주주(侏侏)는 길고 큰 모양이다. 칠(七)은 70세가 되니, 나이가 이미 어른이고 하루의 밤에 해당한다. 비록 기다라니 장대하나 그 지혜와 식견이 이에 난장이[侏儒]와 같으니, 어린아이를 면치 못한 것이다. 이것으로 군자의 지위에 있으면서 소인의 도를 행하는 것을 표현한 것이다.

· · · · · · · · · · · · · · · ·

269 역주 : 『서경』「禹書·舜典」에 나오는 말이다.
270 역주 : 이 구절은, 사람이 비록 장대하게 되지만 배우지 않으면 무지하고 완성되지 않은 사람이 되어 작위할 것이 없다는 것이다.
271 劉韶軍 點校 : '大' 아래 명초본에는 '哉' 자가 있다. 이것을 대전본, 도장본, 장사호본에 의거해 삭제하였다.
272 劉韶軍 點校 : '于'는 명초본에는 없다. 이것을 대전본, 도장본, 장사호본에 의거해 보충하였다.

▌次八 : 或擊之, 或刺之, 修其玄鑒, 渝. 測曰 : 擊之刺之, 過以衰也.

차팔은, 혹은 공격하고, 혹은 찌르니 그 무지몽매한 마음을 닦고자 하면,[273] 재앙이 변하여 복(福)이 된다.

측에 말하기를, 공격하고 찔렀다는 것은 어리석은 상태로 늙었다는 것이다.

刺, 七亦切. 不學而愚, 以至衰老, 陷於禍中, 故曰, 或擊之, 或刺之. 然當日之晝, 若尙能從學, 修其玄鑒, 猶足以變禍爲福也. 晉平公問於師曠曰, 吾年七十欲學, 恐已暮矣. 師曠曰, 少而好學, 如日出之陽, 壯而好學, 如日中之光, 老而好學, 如炳燭之明. 炳燭之明, 孰與昧行.

척(刺)은 칠(七)과 역(亦)의 반절이다. 배우지 않아서 어리석은 상태로 쇠약하고 늙기에 이르러 화(禍)의 가운데에 빠졌다. 그러므로 "혹은 공격하고 혹은 찔렀다"라고 하였다. 그러나 하루의 낮에 해당하니, 만일 그래도 배움에 종사하여 (무지몽매한) 마음을 닦아 깨끗하게 하면 오히려 화를 고쳐 복(福)이 되게 할 수 있다. 춘추시대 진나라의 평공(平公)이 사광(師曠)에게 묻기를, "내 나이 70인데 배우고자 하니, 아마도 이미 늦었을까 두렵다" 라고 하자 사광이 대답하기를, "젊어서 학문을 좋아하는 것은 떠오르는 태양의 볕과 같고, 장성하여 학문을 좋아하는 것은 한낮의 태양빛과 같고, 늙어서 학문을 좋아하는 것은 (밤에) 촛불을 잡고 밝히는 것과 같으니, 촛불을 잡고 밝히는 것을 누가 어두움과 행한다고 하겠습니까?"[274]라고 하였다.

▌上九 : 童麛觸犀, 灰其首. 測曰 : 童麛觸犀, 還自累也.

상구는, (무지몽매한) 어린 순록이 (스승 격에 해당하는) 물소를 치받으니, 머리가 부서지는 화를 입었다.

측에 말하기를, 어린 순록이 물소를 치받았다는 것은 스스로 재난을 초래한

· · · · · · · · · · · · · · · · · ·

273 역주 : 이 구절은, 잘못된 것은 오로지 다스리고 마음을 수양하여, 어두운 것을 밝게 하라는 것이다. 『노자』10장에서는 "滌除玄覽."을 말한다.
274 역주 : 이 말은 劉向의 『說苑』「建本」에 나오는 말이다.

것이다.

諸家累作纍, 今從小宋本. 力遂切. 王曰, 處童之極, 當夜之位, 昏昧之甚, 不能自反者也. 童麋, 無角之麋也. 光謂, 灰猶麋[275]碎也. 九童之極, 逢禍之窮, 如童麋觸犀麋碎其首, 不量其力, 愚之甚也.

여러 본에는 루(累)가 루(纍)로 되어 있으나 지금 송유간본을 따른다. 루(累)는 역(力)과 수(遂)의 반절이다. 왕애는 말하기를 "동수(童首)의 극치에 처하고 밤의 지위에 해당하니, 혼매함이 심하여 스스로 돌이킬 수 없는 자이다. 동미(童麋)는 뿔이 없는 순록이다"라고 하였다. 사마광은 생각하기를 "회(灰)는 부서진다는 것이다. 구(九)는 동수(童首)의 극치로서 화(禍)가 극에 달한 것을 만나니, 마치 어린 순록이 물소를 치받아 그 머리가 부서진 것처럼 자신의 역량을 헤아리지 못하니 어리석음이 심한 것과 같다"라고 하였다.

· · · · · · · · · · · · · · · · · · ·

275 劉韶軍_點校 : '麋'는 명초본에는 '糜'로 되어 있다. 이것을 대전본, 장사호본에 의거해 고쳤다.

증增

䷏ 一方二州二部一家.

1방, 2주, 2부, 1가다.

曾

증(增)

陽家, 金, 準益.

증수(增首)는 양가(陽家)이고 (5행에서는) 금(金)이니, 『주역』「익괘(益卦)」에 준한다.[276]

▌陽氣蕃息, 物則增益, 日宣而殖.

양기는 번식하여 (안으로 충만하고), 만물이 날로 더욱 늘어나니, 날마다 양기 가 베풀어져 번식하였다.

宋陸本陽氣藩息作陽氣玆蕃息, 王小宋本作陽玆磻息. 今從范本. 陸, 范王 本增益作益增. 今從二宋本. 二宋陸王本而作如. 今從范本.

· · · · · · · · · · · · · · ·

276 역주 : 「玄錯」에서는 "增, 日益."이라 한다.

송충본, 육적본에는 양기번식(陽氣蕃息)이 양기자번식(陽氣玆蕃息)으로 되어 있고, 왕애본, 송유간본에는 양자번식(陽玆礒息)으로 되어 있다. 지금 범망본을 따른다. 육적본, 범망본, 왕애본에 증익(增益)이 익증(益增)으로 되어 있다. 지금 송충본, 송유간본을 따른다. 송충본, 송유간, 육적본, 왕애본에는 이(而)가 여(如)로 되어 있다. 지금 범망본을 따른다.

▌初一：聞貞增默, 外人不得. 測曰：聞貞增默,[277] 識內也.

초일은, 바른 것을 듣고서 그 덕을 증익시키되 침묵할 뿐 밖으로 드러내지 않으니, 다른 사람들은 알지 못한다.

측에 말하기를, 바른 것을 듣고서 그 덕을 증익시키되 침묵한다는 것은 마음으로 기억한다는 것이다.[278]

王本聞作間. 今從諸家. 墨[279]當作默. 一爲思始而當晝. 君子多聞正道以益其德, 默而識[280]之, 不見於外也.

왕애본에는 문(聞)이 간(間)으로 되어있다. 지금 제가의 판본을 따른다. 묵(墨)은 마땅히 묵(默)으로 되어야 한다. 일(一)은 사(思)의 시(始)가 되고 낮에 해당하니, 군자는 바른 도를 많이 들어서 그 덕을 더하되, 묵묵히 기억할 뿐이지[281]

....

277 劉韶軍 點校：'默'은 명초본에는 '墨'으로 되어 있고, 도장본, 장사호본에는 '默'으로 되어 있다. 『태현경』원문은 마땅히 '默'으로 써야 하니, 贊의 말과 같다. 그런데 사마광은 주석에서 말하길, "墨은 마땅히 默으로 써져야 한다(墨當作默)"라고 하니, 집주할 때 正文에서 '墨'으로 쓴 것을 알 수 있다. 그러나 이미 그 잘못된 것을 알았지만 그대로 아직 고치지 않았다. 지금 그렇게 한 이유는 자세하지 않다. 이 正文은 명초본을 좇아 『태현경』의 원문과 합치하고자 한 것으로, 주석의 글은 사마광의 옛 것이다.

278 역주：이 구절은, 정도로써 배우고 默默하게 기억하고, 스스로 그 덕을 증수하면서 다른 사람에게 자랑하지 않는다는 것이다.

279 劉韶軍 點校：'墨'은 명초본에는 없다. 이것을 대전본, 도장본, 장사호본에 의거해 고쳤다.

280 劉韶軍 點校：'識'은 명초본에는 '默'으로 되어 있다. 이것을 대전본, 도장본, 장사호본에 의거해 고쳤다.

281 역주：『논어』「술이」에는 "子曰, 默而識之, 學而不厭, 誨人不倦, 何有於我哉."라

밖으로는 드러내지 않은 것이다.

次二 : 不增其方, 而增其光, 冥. 測曰 : 不增其方, 徒飾外也.

차이는, 그 도를 더하지 않고, 스스로 과장되게 그 (잘난) 빛을 더하니, (도리어) 어두워질 뿐이다.[282]

측에 말하기를, 그 도를 더하지 않는다는 것은 단지 밖을 꾸민 것이다.

范曰, 方, 道也. 冥, 晦也. 王曰, 不增益其道, 而外自夸耀, 欲增其光, 反自冥也. 光謂, 君子增修其道, 而榮名從之, 小人舍內而飾外, 求光而愈晦也.

범망은 말하기를 "방(方)은 도(道)이고, 명(冥)은 어둡다(晦)는 것이다"라고 하였다. 왕애는 말하기를 "그 도를 증익하지 않고 밖으로 스스로 과장하게 자랑하여 그 빛을 더하고자 하나 도리어 스스로 어두웠다"라고 하였다. 사마광은 생각하기를 "군자는 그 도를 더하여 닦으니 영광스런 이름이 따르고, 소인은 안을 버리고 밖을 꾸미며 광채를 구하나 더욱 어두워진다"라고 하였다.

次三 : 木以止漸增. 測曰 : 木止漸增, 不可蓋也.

차삼은, 나무의 뿌리가 태어난 땅에 머무르니[283] 가지와 잎 새가 점차 자랐다.

측에 말하기를, 나무의 뿌리가 태어난 땅에 머무르니 가지와 잎 새가 점차 자라났다는 것은 덮어 숨길 수 없다는 것이다.[284]

范本蓋作盇. 今從宋陸王本. 王曰, 蓋, 掩也. 光謂, 君子之學, 如木根止於所生之土, 而枝葉寖長, 君子止於所守之道, 而德行日新. 法言, 請問木漸,

---

는 말이 나온다. '識'자는 '안대식(識)]'라고 해석되는 경우와 '기억한대지(識)]'라는 것으로 해석되는 경우가 있다.

282 역주 : 『주역』 「恒卦」에서는 "君子以立, 不易方."을 말한다.

283 역주 : 군자가 지켜야할 도에 머물러 덕행이 날로 새로워진다는 것이다.

284 역주 : 무리하게 조장하지 않는다는 것이다.

曰, 止於下而漸於上者, 其木也哉. 亦猶水而已矣,

범망본에는 개(蓋)가 익(益)으로 되어 있다. 지금 송충본, 육적본, 왕애본을 따른다. 왕애는 말하기를 "개(蓋)는 덮어 숨긴다(掩)는 것이다"라고 하였다. 사마광은 생각하기를 "군자의 학문은 나무의 뿌리가 태어난 땅에 머물러 가지와 잎 새가 점점 자라는 것과 같으니, 군자는 지켜야할 바의 도에 머물러 덕행이 날마다 새로워진다"라고 하였다. 『법언』에 말하기를 "나무가 자라는 것을 묻겠습니다"라고 하자 대답하기를, "땅 아래 머물러 위로 점점 자라는 것은 아마도 나무인가 하노라! 또한 물과 같을 따름이다"[285]라고 하였다.

▌次四：要不克, 或增之戴. 測曰：要不克, 可敗也.

차사는, 허리가 약하여 무거운 물건을 등지지 못하는데, 혹 무거운 물건을 머리에 더 이게 되었다.

측에 말하기를, 허리가 약하여 무거운 물건을 등지지 못한다는 것은 실패하였다는 것이다.[286]

四爲下祿而當夜, 無德而享其祿, 如要弱而增戴, 必不勝任矣.

사(四)는 하록(下祿)이 되고 밤에 해당하니, 덕이 없으면서 그 녹봉을 향유하는 것으로, 마치 허리가 약한데 머리에 더한 것과 같아, 반드시 임무를 감당하지 못한다.

▌次五：澤庫其容, 衆潤攸同. 測曰：澤庫其容, 謙虛大也.

차오는, 못은 낮게 있기 때문에 받아들이니, 뭇 빗물이 함께 돌아가는 바가 된다.

· · · · · · · · · · · · · · · ·

285 역주 : 『법언』「學行」에 나오는 말이다.
286 역주 : 이 구절은, 허리가 유약하여 임무를 감당할 수 없는데 또 다시 그 무거운 것을 더하니, 반드시 패하여 떨어짐에 이른다는 것이다.

측에 말하기를, 못은 낮게 있기 때문에 받아들인다는 것은 겸허함이 큰 것이다.[287]

王曰, 如澤之庳下, 衆潤所歸. 光謂, 五, 增之盛也, 衆共益之, 非謙虛何以能至此哉.

왕애는 말하기를 "만일 못이 낮게 있으면 뭇 빗물이 돌아간다"라고 하였다. 사마광은 생각하기를 "오(五)는 보탠 것이 성대한 것으로, 여러 사람이 함께 더하니, 겸허가 아니면 어떻게 이에 이를 수 있겠는가?"라고 하였다.

▌次六 : 朱車燭分, 一日增我三千, 君子慶, 小人傷. 測曰 : 朱車之增, 小人不當也

차육은, 붉은 수레에 촛불을 나뉘어 밝히는데, 하루에 나에게 더하는 것이 삼천이나 될 정도로 매우 많다. 군자에게는 경사스런 일이고, 소인에서는 손상을 당하는 일이다.[288]

측에 말하기를, 붉은 수레에 촛불을 더하였다는 것은 소인은 감당하지 못한다는 것이다.

궐(闕)
해설이 빠졌다.

▌次七 : 增其高, 刃其峭, 丘貞. 測曰 : 增高刃峭, 與損皆行也.

차칠은, (군자가)그 높은 것을 더해주고, 그 가파른 데를 베어내니, 언덕이 바

- - - - - - - - - - - - - - - -
287 역주 : 『노자』66장에서는 "江海所以能爲百谷王者, 以其善下之."를 말한다.
288 역주 : 이 구절은, 出行하면 朱車가 화려한 뚜껑을 하고 다니고, 집에 있으면 등불이 휘황한데 또 하루에 삼천봉록을 더한다는 것으로, 군자가 공이 있고 덕이 있어 봉록을 받으면 창성하기에 경사스럽지만, 소인은 공과 덕이 없는데 봉록을 받으면 부당한 것으로, 반드시 패하여 덜어짐에 이른다는 것이다.

르게 되는 도이다.

측에 말하기를, (군자가)그 높은 것을 더해주고, 그 가파른 데를 베어냈다는 것은 (자신을) 덜어 함께 간다는 것이다.[289]

七居上體而爲禍基, 可懼之地也. 家性爲增, 增而不已, 必受其殃. 七當日之晝, 君子之道也. 故能每自裁損以保其安. 夫丘之所以傾者, 以峭也. 若能每增其高, 輒刃其峭, 使之陂陁, 則終無傾矣. 此丘之正道也. 正考父三命玆益恭, 一命而傴, 再命而傴, 三命而俯.

칠(七)은 상체에 있지만 화(禍)의 기틀이 되니 두려워해야할 자리다. 가성(家性)이 증(增)이 되니, 더함을 그치지 않으면 반드시 그 화를 받는다. 칠(七)은 하루의 낮에 해당하니, 군자의 도이다. 그러므로 매양 스스로 줄임으로써 그 편안함을 보전할 수 있다. 대저 언덕이 기울어지는 이유는 가파르기 때문이다. 만약 매양 그 높은 곳을 더하고 번번이 그 가파른 곳을 깎아서 비탈지게 할 수 있다면 끝내 기울어지는 것이 없을 것이다. 이것이 언덕의 바른 도이다. 『춘추좌씨전』에서 말하기를 "정고보(正考父)는 세 번 명을 받은 상경이었으나, 더욱 공경한 행동을 취하였다. 처음 명을 받았을 때는 고개를 숙이고, 두 번째 명을 받았을 때는 등을 구부리고, 세 번째 명을 받았을 때는 몸을 굽혔다"[290]라고 하였다.

▌次八：兼貝以役, 往益來剢. 測曰：兼貝以役, 前慶後亡也.

차팔은, 재산이 많아도 천한 일에 종사하고 이익을 구하는 것을 그치지 않으니, 갈 때[앞]는 그 부를 증익하나 올 때[뒤]는 그 부가 깎이었다.

측에 말하기를, 재산이 많아도 천한 일에 종사하고 이익을 구하는 것을 그치지 않았다는 것은 앞에는 경사지만 뒤에는 망한다는 것이다.

· · · · · · · · · · · · · · · · · · ·

289 역주 : 이 구절은, 군자는 높은 지위에 처할수록 자신은 더욱 겸손하고 공손하면서 그 덕을 닦으니, 이것은 산이 높으면 높을수록 그 뾰쪽함을 깎아 위태로움이 없다는 것이다. 『주역』「계사전하」7장에서는 "損, 德之修也."를 말한다.

290 역주 : 『춘추좌씨전』「昭公7년조」에 나오는 말이다.

酈, 他歷切, 削也. 貝, 富資也. 役, 賤事也. 以富貴而爲賤事, 貪求不已.
往雖得益, 來必被削, 故曰, 前慶後亡.

탁(酈)은 타(他)와 역(歷)의 반절이니, 깎는다(削)는 것이다. 패(貝)는 부유함의
바탕이다. 역(役)은 천한 일이다. 부자이면서 천한 일을 하니, 탐욕스럽게 구하
는 것이 그치지 않는 것이다. 갈 때[前]에는 비록 이익을 얻지만 올 때[後]에는
반드시 삭감된다. 그러므로 "앞에는 경사였지만 뒤에는 망한다"라고 하였다.

▌上九 : 崔嵬不崩, 賴彼峽崥.[291] 測曰 : 崔嵬不崩, 羣士擂擂也.

상구는, 가파른 높은 산이 무너지지 않은 것은 저 산기슭이 지탱해준 데에
힘입었기 때문이다.
측에 말하기를, 가파른 높은 산이 무너지지 않았다는 것은 모든 선비들이 보좌
하고 있기 때문이다.[292]

宋陸本峽崥[293]作峽崥. 今從范王小宋本. 崔, 徂回切. 峽, 於兩切. 崥, 必弭
切. 擂, 渠良切. 范曰, 峽崥, 山足也. 王曰, 擂擂者, 扶助之貌. 光謂, 九處增
之極, 逢禍之窮, 然而免咎者, 以群士爲之助, 如高山不崩以峽崥爲之足也.

송충본, 육적본에는 앙비(峽崥)가 협비(峽崥)로 되어 있다. 지금 범망본, 왕애
본, 송유간본을 따른다. 최(崔)는 저(徂)와 회(回)의 반절이다.[294] 앙(峽)은 어

· · · · · · · · · · · · · · · · ·

291 劉韶軍 點校 : '峽崥'는 기타본 정문 및 주석의 문장에는 '峽崥'로 되어 있는 등,
   잡다하고 어지러워 하나가 아니다. 대개 山과 土를 따른다고 하면 고루 괜찮지만,
   이것을 하나하나 비교하지 않는다.
292 역주 : 이 구절은, 군주가 높은 지위에 처했지만 위태롭지 않은 것은 賢臣이 보좌
   하기 때문이니, 바로 높고 험준한 산이 붕괴하지 않는 것은 峽崥가 다리 역할을
   한 때문이란 것이다.
293 劉韶軍 點校 : '峽崥'는 지금 남아 있는 만옥당에서 새긴 범망본에는 '峽崥'로 되어
   있다. 아래에서 인용한 범망의 주에도 '峽崥'로 되어 있다. 이것은 모두 사마광
   『태현집주』의 옛것을 따른 것으로, 만옥당본에 의거해 고치지 않는다.
294 역주 : '崔'는 중국어 발음으로는 cuī다. '徂'는 중국어 발음으로는 cú다. '回'는 중
   국어 발음으로 huí다. 崔(cuī)를 徂(cú)와 回(huí)의 반절로 하라는 것은 이같은
   중국어 발음을 기준으로 한 것이다.

(於)와 양(兩)의 반절이다. 비(崥)는 필(必)과 미(弭)의 반절이다.[295] 강(畺)은 거(渠)와 량(良)의 반절이다. 범망은 말하기를 "앙비(峡崥)는 산의 아래 부분이다"라고 하였다. 왕애는 말하기를 "강강(畺畺)이란 돕는 모양이다"라고 하였다. 사마광은 생각하기를 "구(九)는 증수(曾首)의 극치에 처하여 화(禍)가 극에 달한 것을 만났으나 허물을 면한 것은 모든 선비들이 도와주었기 때문이니, 마치 높은 산이 무너지지 않는 것은 산기슭으로 발을 삼은 것과 같은 것이다"라고 하였다.

295 역주 : '崥'는 bǐ로 발음된다. '必'은 bì로 발음하고, '弭'는 mǐ 로 발음된다. '崥'의 발음[bǐ]을 필[bì]과 미[mǐ]의 반절로 하라는 것은 중국어 발음을 기본으로 말한 것이다.

제 2 권

태현집주[太玄集注]

예 銳

▤ 一方二州二部二家.
1방, 2주, 2부, 2가다.

銳
예(銳)

陰家, 土, 準漸. 入銳次五三十一分一十三秒, 驚蟄氣應.
예수(銳首)는 음가(陽家)이고 (5행에서는)토(土)이고 『주역』「점괘(漸卦)」에 준한다.[1] 예(銳)는 차오(次五) 31분 13초에 들어가고 경칩(驚蟄)의 기와 응한다.

▌陽氣岺以銳, 物之生也, 咸專一而不二.
양기가 날로 높아짐으로써 민첩하게 되니, 만물이 성장하는 것이 모두 전일하여 둘이 아니다.[2]

岺, 鉏簪切. 岺然銳貌, 道尙專.
잠(岺)은 저(鉏)와 잠(簪)의 반절이다. 잠연(岺然)하게 민첩한 모양이니, 도는

....
1 역주 : 「玄錯」에서는 "銳, 摯摯."이라고 한다.
2 역주 : '둘이 아니다[不二]'는 것은 생장하는데 '間隙이 없다'는 것이다.

166 태현집주

전일함을 숭상한다.

初一 : 蟹之郭索, 後蚓黃泉. 測曰 : 蟹之郭索, 心不一也.

초일은, 게가 발은 많으나 조급하게 움직이니 지렁이가 땅속 물을 먹는 것보다
못한 것이다.[3]

측에 말하기를, 게가 발은 많으나 조급하게 움직인다는 것은 마음을 씀이 전일
하지 않다는 것이다.

范曰, 郭索[4], 多足貌.[5] 王曰, 郭索, 匡禳也. 吳曰, 匡禳, 躁動貌. 光謂, 荀
子曰, 蚓無爪牙之利, 筋骨之强, 上食埃土, 下飮黃泉, 用心一也. 蟹六跪而
二敖, 非蛇蟺之穴無所寄託者, 用心躁也. 一爲思始而當夜, 家性爲銳, 故
有是象也. 跪, 去[6]委切, 足也.

범망은 말하기를 "곽삭(郭索)은 게의 발이 많은 모양이다"라고 하였다. 왕애는
말하기를 "곽삭은 광양(匡禳)이다"라고 하였다. 오비는 말하기를 "광양은 조급
하게 움직이는 모양이다"라고 하였다. 사마광은 생각하기를 『순자(荀子)』에
'지렁이는 날카로운 손톱, 예리한 어금니, 억센 근골이 없어도 위로는 흙을
먹고 아래로는 땅 속의 물을 마시는데, 이것은 마음을 쓰는 것이 한결같기
때문이다'[7]라고 하였다. 게는 여섯 개의 발과 두 개의 더듬이가 있어 뱀이나

· · · · · · · · · · · · · · · · ·

3 역주 : 이 구절은, 『荀子』「勸學」, "蚓無爪牙之利, 筋骨之强, 上食埃土, 下飮黃泉,
用心一也, 蟹八跪而二螯, 非蛇蟺之穴無可寄托者, 用心躁也."에서 나온 것이다.

4 역주 : '蟹'는 속명과 雅號가 있다. 하나는 '螃蟹'다. 『廣韻』에서는 "螃蟹本只名蟹,
俗加螃字."라고 한다. 왜 螃字를 쓰는가? 그것이 直行하지 못하고 옆으로 가기 때
문이다. 다른 하나는 '郭索'이다. 이것은 蟹가 조급하고 불안한 것으로, 그 때에
晞晞한 소리를 낸다. 이 소리를 상징하여 郭索이라 한다. 이밖에 게의 이름으로
介士, 無腸公子, 橫行將軍 등이 있다.

5 劉韶軍 點校 : 오늘날 판본인 범망의 주에는 이 구절이 없다. 오직 '수유곽삭다족
지해(雖有郭索多足之蟹)'라는 말만 있다. 사마광은 생각하기를 "이것은 범망의 주
를 인용한 것으로, 대개 범망의 주의 뜻을 節取한 것이다"라고 하였다.

6 劉韶軍 點校 : '去'는 명초본에는 '夫'로 되어 있다. 이것을 대전본, 도장본, 장사호
본에 의거해 고쳤다.

지렁이의 굴이 기탁할 것이 없는 것과 같은 것은 아니지만, 마음을 쓰는 것이 조급하다. 일(一)은 사(思)의 시(始)가 되고, 밤에 해당하고 가성(家性)은 예(銳)가 된다. 그러므로 이 상이 있다. 궤(跪)는 거(去)와 위(委)의 반절이니, 발[足]이다"라고 하였다.

▌次二 : 銳一無不達. 測曰 : 銳一之達, 執道必也.

차이는, 민첩하게 해야 할 일은 전일하지 않으면 성공할 수 없다.

측에 말하기를, 민첩하게 해야 할 일을 전일하게 해야 도를 잡음이 굳다는 것이다.[8]

二爲思中而當晝, 故曰, 銳一無不達. 咸有一德曰, 德惟一, 動罔不吉. 德二三, 動罔不凶. 荀子曰, 行衢道者不至, 事兩君者不容. 目不兩視而明, 耳不兩聽而聽. 螣蛇無足而飛, 梧鼠五枝而窮. 詩曰, 鳲鳩在桑, 其子七兮. 淑人君子, 其儀一兮. 其儀一兮, 心如結兮. 故君子結於一也.

이(二)는 사(思)의 중(中)이 되고 낮에 해당한다. 그러므로 "민첩하게 해야 할 일은 전일하게 하면 도달하지 아니함이 없다"라고 하였다. 『서경』 「함유일덕(咸有一德)」에서 말하기를 "덕이 순일하면 움직이는데 길하지 않은 것이 없고, 덕이 둘이나 셋이면 움직이는데 흉하지 않은 것이 없다"라고 하였다. 또 『순자』에서 말하기를 "갈림길을 가는 자는 목적지에 이르지 못하고, 두 임금을 섬기는 자는 용납되지 못한다. 눈은 양쪽 눈으로 보면 밝게 볼 수가 없고, 귀는 양쪽 귀로 들으면 밝게 들을 수가 없다. 등사(螣蛇)는 발이 없지만 날아다니고, 오동나무의 쥐는 다섯 가지 재주를 가지고 있지만 곤궁하다"[9]라고 하였다. 『시경』 「시구(鳲鳩)」에서 말하기를 "뻐꾸기가 뽕나무에 앉았는데 그 새끼는 일곱 마리네. 어진 군자여! 그 거동이 한결같다. 거동이 한결같으니 마음이 맺어 있어 변함이 없네"라고 하였다. 그러므로 군자는 한결같음에 단단히

----

7 역주 : 『순자』 「권학」에 나오는 말이다.
8 역주 : 이 구절은, 專一하면 도달하지 않은 바가 없다는 것이다.
9 역주 : 『순자』 「권학」에 나오는 말이다.

맺어있어야 한다.

■ 次三 : 狂銳盪. 測曰 : 狂銳之盪, 不能處一也.
차삼은, 미친 듯이 민첩하게 취하니 (그것을 정도로 조정하지 않으면) 그 뜻은
요동하게 된다.
측에 말하기를, 미친 듯이 민첩하게 취하니 (그것을 정도로 조정하지 않으면)
그 뜻은 요동하게 된다는 것은 그 처하고자 하는 뜻이 전일할 수 없다는 것이
다.[10]

三爲思終而當夜. 狂者, 進而不一之謂也. 盪然無所守, 則不見成功也. 易
曰, 晉如鼫鼠, 貞厲.
삼(三)은 사(思)의 종(終)이 되고 밤에 해당한다. 광(狂)은 나아가되 전일하지
못함을 이른 것이다. 방탕하여 지키는 것이 없으면 성공을 보지 못한다. 『주
역』「진괘(晉卦)」구사효에서 말하기를 "나아가는 것이 다람쥐 같으니, 바르더
라도 (고집부리면) 위태롭다"[11]라고 하였다.

■ 次四 : 銳于時, 無不利. 測曰 : 銳于時, 得其適也.
차사는, 나아가는 때에 민첩하니, 이롭지 아니함이 없다.
측에 말하기를, 나아가는 때에 민첩하다는 것은 적당한 때를 얻은 것이다.[12]

· · · · · · · · · · · · · · · · ·

10 역주 : 이 구절은, 빨리 나가면서 조급하면 동요하고 안정되지 못해, 마음이 전일한
  것을 이룰 수 없다는 것이다. 『논어』「陽貨」에서는 "古之狂也肆, 今之狂也蕩."을
  말한다.
11 역주 : 『주역』「晉卦」九四爻에 나오는 말이다.
12 역주 : 양웅은 『易傳』에서 '時'를 강조하는 사상의 영향을 받아 사물이 발전하고
  변화하는 것은 '시'를 위반해서는 안된다고 한다. 「玄文」에서는 "當時則貴.", "君子
  修德以俟時, 不先時而起, 不後時而縮."을 말한다. 『법언』「問明」에서는 "潛升在己,
  用之以時, 不亦亨乎.", "時來則來, 時往則往"을 말한다.

四爲福始而當夜, 銳得其時者也. 故無不利.

사(四)는 복(福)의 시(始)가 되고 낮에 해당하니, 민첩함이 그 때를 얻은 것이다. 그러므로 "이롭지 아니함이 없다"라고 하였다.

次五 : 銳其東, 忘其西, 見其背, 不見其心. 測曰 : 銳東忘西, 不能迴避也.

차오는, 그 동쪽에서 민첩하게 나아가 취하고 그 서쪽을 잊으니, 그 밖[背]을 보았지만 그 안[心]을 보지 못한 것이다.

측에 말하기를, 그 동쪽에서 민첩하게 나아가 취하고 그 서쪽을 잊었다는 것은 (마음이 치우쳐 한쪽이 해를) 회피할 수 없다는 것이다.[13]

背, 外也. 心, 內也. 五爲盛福而當夜. 小人知得而不知喪, 見利不顧其害, 貪前忘後, 棄內逐外者也.

배(背)는 밖[外]이다. 심(心)은 안[內]이다. 오(五)는 성대한 복(福)이 되고 밤에 해당한다. 소인이 얻는 것만을 알고 잃는 것을 알지 못하고, 이익만 보고 그 해로움을 돌아보지 않고, 앞에서 탐하고 뒤에서 잊으니, 안을 버리고 밖의 것만을 쫓은 것이다.

次六 : 銳于醜, 含于五軌萬鍾, 貞. 測曰 : 銳于醜, 福祿不量也.

차육은, (군자가 나아가 취하되) 무리의 마음에 합하는 것에 민첩하였기에 그 복록은 오궤(五軌)의 큼과 만종(萬鍾)의 많음을 머금었으니, 그 바름을 잃지 않은 것이다.

측에 말하기를, 무리의 마음에 합하는 것에 민첩하였다는 것은 복(福)과 녹봉

---

13 역주 : 이 구절은, 동쪽으로 나아가 서쪽은 잊고, 밖을 보고 안을 보지 못하는 것은 사물의 편면이 가린 것 때문이니, 바른 도를 구할 수 없다는 것이다. 『순자』 「解蔽」에서는 "凡人之患, 蔽於一曲, 而闇於大理.. 豈不蔽於一曲而失正求也哉."를 말한다.

이 한량없다는 것이다.

醜, 衆也. 六爲上福, 又爲盛多, 當日之晝, 銳之盛美者也. 君子之進取, 務
合衆心而已矣. 故能含容五軌萬鍾, 不失其正也. 古者度塗以軌, 軌者, 兩
轍之間, 其廣八尺. 釜十曰, 鍾. 鍾, 六斛四斗也. 五軌喩廣, 萬鍾喩多.
추(醜)는 무리(衆)이다.[14] 육(六)은 상복(上福)이 되고, 또 성대함이 되고, 하루
의 낮에 해당하니, 민첩함이 성대하고 아름다운 것이다. 군자가 나아가고 취
하되 무리의 마음에 합하기를 힘쓸 따름이다. 그러므로 오궤(五軌)와 만종(萬
鍾)을 담을 수 있지만 그 바름을 잃지 않는다. 옛날에는 수레바퀴 자국으로
길을 측량했다. 궤(軌)란 두 바퀴 사이로서, 그 넓이는 8자다. 솟 10개를 종(鍾)
이라고 한다. 종은 64말을 뜻한다. 오궤는 넓음을 비유하고, 만종은 많은 것을
비유한다.

█ 次七 : 銳于利, 忝惡至. 測曰 : 銳于利, 辱在一方也.
차칠은, 이로움에 민첩하니, 사람들에게 모욕과 미움을 당하기에 이르렀다.
측에 말하기를, 이로움에 민첩하다는 것은 모욕을 당한 이유가 이익만을 향해
취했기 때문이다.

范曰, 忝, 辱也, 光謂, 七爲禍始而當夜, 小人銳於利而蒙辱惡者也. 方, 嚮
也. 辱在一方者, 言其所以取辱者, 在於一嚮見利而不思義也.
범망은 말하기를 "첨(忝)은 욕되다(辱)는 것이다"라고 하였다. 사마광은 생각
하기를 "칠(七)은 화(禍)의 시(始)가 되고 밤에 해당하니, 소인이 이익에 민첩
하여 모욕과 미움을 당한 것이다. 방(方)은 향한다(嚮)는 것이다. 모욕을 당한
이유가 한쪽만을 취했다는 것은, 그 모욕을 취한 이유가 한결같이 이로움을
보는 데 향해 있고 의를 생각하지 않은데 있다는 말이다"라고 하였다.

....

14 역주 : 『시경』 「小雅」에서는 "執訊獲醜."를 말하는데, 이 때의 '醜'는 '무리[衆]'이다.

▌次八 : 銳其銳, 救其敗. 測曰 : 銳其銳, 恐轉作殃也.

차팔은, 그 민첩해야 할 것에 민첩하게 하니, 그 실패할 것을 막을 수 있었다. 측에 말하기를, 그 민첩해야 할 것에 민첩하게 하였다는 것은 (상황이 변하여) 화(禍)가 일어날까 두려워했기 때문이다.

八爲禍中而當晝, 君子見得而思義, 瞻前而顧後, 雖銳其銳, 而常[15]救其敗 失, 故免於殃咎也. 故曰, 恐轉作殃.[16]

팔(八)은 화의 중(中)이 되나 낮에 해당하니, 군자는 얻는 것을 보면 의를 생각 하며,[17] 앞을 보면 뒤를 돌아보아, 비록 그 민첩해야 할 것을 민첩하게 하더라 도 항상 그 실패할 것을 막아야한다. 그러므로 화(禍)와 허물을 면한다. 그러 므로 말하기를 "(상황이 변하여) 화(禍)가 일어날까 두려워한다"라고 하였다.

▌上九 : 陵崝岸峭, 陁. 測曰 : 陵崝岸峭, 銳極必崩也.

상구는, 큰 언덕이 가파르고 강의 언덕이 높은 것은 무너지게 되어 있다. 측에 말하기를, 큰 언덕이 가파르고 강의 언덕이 높다는 것은 민첩함이 극에 달하여 반드시 무너진다는 것이다.[18]

陁, 直爾切. 范曰, 陁, 墮也. 崝謂崝嶸, 峭, 峻也. 崝嶸高峻, 將墮於下, 故 言陁也.

치(陁)는[19] 직(直)과 이(爾)의 반절이다. 범망은 말하기를 "치(陁)는 무너진다

....

15 劉韶軍 點校 : '常'은 명초본에는 '當'으로 되어 있다. 이것을 대전본, 도장본, 장사 호본에 의거해 고쳤다.
16 劉韶軍 點校 : '故曰恐轉作殃' 6글자는 대전본, 도장본, 장사호본에는 없다.
17 역주 : 『논어』「季氏」에 '見得思義'가 보이고 『논어』「憲問」에는 '見利思義.'가 보 인다.
18 역주 : 양웅은 사물의 전화를 중시하고 노자와 『易傳』의 '物極必反'의 사상을 흡수 하여 사물의 전화는 극으로 조건을 삼는다고 여겼고, 대립적인 한 방면이 발전하 여 극단에 가지 않으면 그 반면을 향해 전화할 수 없다고 보았다. 「玄攡」에서는 "陽不極則陰不萌, 陰不極則陽不牙, 極寒生熱, 極熱生寒."을 말한다.

(墮), 정(崢)은 가파르다(崢嶸), 초(峭)는 높다(峻)는 것이다. 가파르고 높고 높
으면 장차 아래로 떨어진다. 그러므로 무너진다고 말한 것이다"라고 하였다.

• • • • • • • • • • • • • • • • • •

19 역주 : '陁'는 뜻에 따라 발음이 '(무너질) 치', '(비탈길) 타', '(기운 모양) 이' 세가지
로 발음된다. 여기서는 (무너질) '치'로 쓰였는데, 그것을 중국어 발음으로 할 때의
음인 zhì를 直[zhí]과 爾[mǐ]의 반절로 발음하라고 한 것이다.

제2권 태현집주[太玄集注] 173

一方二州二部三家.
1방, 2주, 2부, 3가다.

達
달(達)

陽家, 水, 準泰. 入達初一, 日舍東壁.
달수(達首)는 양가(陽家)이고, (5행에서는) 수(水)이고 『주역』「태괘(泰卦)」에
준한다.[20] 달(達)은 초일(初一)에 들어가고, 태양은 동벽(東壁)에 머문다.

▌陽氣枝枚條出, 物莫不達.
양기는 널리 퍼져 가지에서 줄기로, 줄기에서 곁가지로 나가니, 만물이 그 기
를 받지 않음이 없다.

宋曰, 自枝別者爲枚, 自枚別者爲條. 謂陽氣動出, 萬物皆得其理, 無有鉤
纏而不達. 陸曰, 枝枚條出, 言陽布施無不浹也.

....

20 역주 : 「玄錯」에서는 "達, 思通."이라고 한다. 『주역』「서괘전」에서는 "泰者, 通也."
라고 한다.

송충은 말하기를 "가지에서 갈라진 것이 줄기가 되고, 줄기에서 갈라진 것이 곁가지가 된다. 양기가 움직여 나가면 만물이 모두 그 이치를 얻어 끌어당겨 얽혀서 통달하지 않는 것이 없다는 것을 이른 것이다"라고 하였다. 육적은 말하기를 "가지와 줄기와 곁가지가 나온다는 것은, 양이 널리 퍼져 두루 미치지 않는 것이 없다는 것을 말한다"라고 하였다.

▮初一：中冥獨達, 迵迵不屈. 測曰：中冥獨達, 內曉無方也.
초일은, 마음으로 (밝게 만물의) 심오한 도리를 깨달아 홀로 통달하니, 통달함에 다한 것이 없다.
측에 말하기를, 마음으로 (밝게 만물의) 심오한 도리를 깨달아 홀로 통달했다는 것은 안[마음]으로 깨우쳐 미치지 않은 데가 없다는 것이다.[21]

迵, 徒弄切. 范曰, 迵, 通[22]也. 屈, 盡也. 光謂, 一, 思之微者也, 故曰, 中冥. 當日之畫, 君子內明默識, 通達無方者也.
동(迵)은 도(徒)와 롱(弄)의 반절이다. 범망은 말하기를 "동(迵)은 통한다(通)는 것이며, 굴(屈)은 다하다(盡)는 것이다"라고 하였다. 사마광은 생각하기를 "일(一)은 사(思)가 미약한 것이다. 그러므로 말하기를 '안이 어둡다'라고 하였다. 또 하루의 낮에 해당하니, '군자는 마음속이 밝고 묵묵히 알며 통달하여 미치지 않은 데가 없다'라고 했다"라고 하였다.

▮次二：迷腹達目. 測曰：迷腹達目, 以道不明也.
차이는, 내심이 밝지 않으면 (자세하게 사물을 살필 수 없으니), 눈으로 외물

....
21 역주 : 이 구절은, 내심으로 통달하면 앎이 다하지 않음이 없다는 것이다. 『순자』「해폐」에서는 "心何以知, 曰, 虛一而靜 … 虛一而靜, 謂之淸明. 萬物莫形而不見, 莫見而不論, 莫論而失位."를 말한다.
22 劉韶軍 點校 : '通'은 명초본에는 '同'으로 되어 있다. 이것을 대전본, 도장본, 장사호본에 의거해 고쳤다.

을 봐도 도움 되는 것이 없다.
측에 말하기를, 내심이 밝지 않으면 눈으로 외물을 봐도 도움 되는 것이 없다
는 것은 도를 쓴 것이 밝지 못했기 때문이다.[23]

宋陸本作以不道明. 今從范本. 光謂, 二, 爲思中而當夜, 內心不明, 則視外
物不審矣, 故不明於道而恃外察無益也. 以, 用也. 所以迷腹達目, 由其用
道不明故也.

송충본, 육적본에는 이불도명(以不道明)로 되어 있다. 지금 범망본을 따른다.
사마광은 생각하기를 "이(二)는 사(思)의 중(中)이 되고 밤에 해당하니, 내심이
밝지 못하면 외물을 보아도 (자세히) 살피지 못하게 된다. 그러므로 도에 밝지
못하면서 외물을 살피는데 의지하여 이익이 없다. 이(以)는 쓴다(用)는 것이
다. '내심이 밝지 않으면 (자세하게 사물을 볼 수 없으니), 눈으로 외물을 봐도
도움 되는 것이 없다'라고 한 이유는 그 도를 쓴 것이 밝지 못했기 때문이다'라
고 하였다.

▌次三 : 蒼木維流, 厥美可以達于瓜苞. 測曰 : 蒼木維流, 內恕以量也.
차삼은, 푸른 나무의 가지가 아래로 늘어지니, 그의 아름다움은 외와 박의 넝
쿨이 뻗어 위로 도달해 올라갈 수 있다.
측에 말하기를, 푸른 나무의 가지가 아래로 늘어졌다는 것은 자신의 마음[內]
에서 헤아림으로써 다른 사람의 마음을 헤아린 것이다.[24]

量, 力張切. 范曰, 維流, 枝枚垂下也. 瓜苞尋蔓於地, 木不下其枝枚, 則不
得藉以蔓之而達於上. 光謂, 苞與匏同. 三爲進人, 近於祿而當晝. 仁者[25]

· · · · · · · · · · · · · · · · · · ·
23 역주 : 이 구절은, 내심이 맑지 않으면 도리가 통하지 않아, 이목이 총명하더라도
   사물을 보는 것이 밝지 않다는 것이다.
24 역주 : 이 구절은, 인자한 자는 '推己及人'할 수 있고, 그 아름다움이, 나무가 가지를
   아래로 내려 瓜苞가 매달려 뻗어갈 수 있게 한다는 것이다.
25 劉韶軍 點校 : '者'는 명초본에는 '老'로 되어 있다. 이것을 대전본, 도장본, 장사호

己欲立而立人, 己欲達而達人, 不專其美, 如木垂其枝以逮於下, 故瓜苞得而虆之. 詩云, 南有樛木, 甘瓟虆之.

량(量)은 력(力)과 장(張)의 반절이다. 범망은 말하기를 "유류(維流)는 가지와 줄기가 아래로 늘어진 것이다. 외와 박의 덩굴은 땅에서 뻗어날 것을 찾는데, 나무가 그 가지와 줄기를 늘어뜨리지 않으면 덩굴이 뻗어서 위에 도달할 수 없다"라고 하였다. 사마광은 생각하기를 "포(苞)는 포(匏)와 같다. 삼(三)은 나아가는 사람이 되니, 녹봉에 가깝고 낮에 해당한다. 인자한 자는 자신이 서고자 하면 남도 서게 하고, 자신이 통달하고자하면 남도 통달하게 하여[26] 그 아름다움을 독점하지 않으니, 마치 나무가 그 가지를 드리워 아래로 미치게 하는 것과 같다. 그러므로 외와 박이 덩굴을 뻗을 수 있는 것이다"라고 하였다. 『시경』에서 말하기를 '강한 바람에 휘어 드리운 나뭇가지, 단 호박 덩굴이 얽혀 있네'라고 했다"[27]라고 하였다.

▌次四 : 小利小達, 大迷, 扁扁不救. 測曰 : 小達大迷, 獨曉隅方也.
차사는, 적은 것을 이롭게 여기고, 적은 것에 통달하여 큰 것에는 미혹되니, 얻은 것이 협소하여 잘못을 구제할 수 없다.
측에 말하기를, 적은 것에 통달하여 큰 것에는 미혹되었다는 것은 홀로 한 부분과 어느 한편만을 깨달은 것이다.

扁, 必沔切. 陸曰, 獨曉一隅與一方, 言不知四達也. 光謂, 扁扁, 狹小貌. 四爲下祿而當夜, 故爲小利. 小人獨曉隅方, 不達大道, 所得狹小, 不能救其所失也. 盆成括仕於齊, 孟子知其必死, 曰, 其爲人也小有才, 未聞君子之大道也, 則足以殺其軀而已矣.
편(扁)은 필(必)과 면(沔)의 반절이다. 육적은 말하기를 "홀로 한 부분과 어느 한편만을 깨달았다고 한 것은 사방에 통달하는 것을 알지 못한 것이다"라고

....

본에 의거해 고쳤다.
26 역주 : 『논어』「옹야」에 나오는 말이다.
27 역주 : 『시경』「小雅·南有嘉魚」에 나오는 말이다.

하였다. 사마광은 생각하기를 "'편편(扁扁)'은 협소한 모양이다. 사(四)는 하록(下祿)이 되고 밤에 해당한다. 그러므로 작은 이익이 된다. 소인이 홀로 한 부분과 어느 한편만을 깨달아 대도를 통달하지 못하고 얻은 것이 협소하여, 그 잘못된 것을 구제할 수 없다. 분성괄(盆成括)이 제나라에 벼슬하는데 맹자는 그가 반드시 죽을 줄을 알았다. 이에 말하기를 '그 사람됨이 조금 재주는 있었지만 군자의 대도를 듣지 못했으니, 자기 몸을 죽였을 따름이다'라고 했다"[28]라고 하였다.

▌次五：達于中衢, 小大無迷. 測曰：達于中衢, 道四通也.
차오는, 중앙의 네거리에서 통달하니, 큰 일과 작은 일에 미혹됨이 없다. 측에 말하기를, 중앙의 네거리에 통달하였다는 것은 길이 사방으로 통하였다는 것이다.

五爲中和, 又爲著明, 當日之晝, 達之盛者也. 故曰, 道四達也.
오(五)는 중화가 되고, 또 드러나 밝아 하루의 낮에 해당하니, 통달함이 성대한 것이다. 그러므로 말하기를 "길이 사방으로 통하였다"라고 하였다.

▌次六：大達無畛, 不要止洫作, 否. 測曰：大達無畛, 不可徧[29]從也.
차육은, (사통팔달) 광대한 밭에 경계가 없는데 필요 없다고 하여 없애고 밭의 (안쪽) 경계만 바르게 다스리면 (나머지에는 잡초가 생겨나) 다스릴 수 없다. 측에 말하기를, (사통팔달) 광대한 밭에 경계가 없다는 것은 두루 따를 수 없다는 것이다.[30]

....

28 역주：『맹자』「진심장하」에 나오는 말로, 전문은 "盆成括仕於齊, 孟子曰, 死矣盆成括. 盆成括見殺, 門人問曰, 夫子何以知其將見殺. 曰, 其爲人也小有才, 未聞君子之大道也, 則足以殺其軀而已矣."이다.
29 劉韶軍 點校：'徧은 명초본에는 '偏'으로 되어 있다. 이것을 대전본에 의거해 고쳤다.
30 역주：이 구절은, 사물을 인식하지만 확정적인 범위가 없으면, 비록 마음이 통달한

畛, 之忍切. 六爲極大, 過中而當夜, 故曰, 大達無畛. 畛, 田界也. 恤, 所以
明田界也. 作, 治也. 君子之道, 當有壇宇宮庭, 譬如大田無界, 若不要而止
之, 正其溝恤, 而作治於其內, 則荒穢而不修矣. 不可徧從者, 田旣廣大, 從
此則失彼也.

진(畛)은 지(之)와 인(忍)의 반절이다. 육(六)은 지극히 큰 것이 되니, 중(中)을
지나치고 밤에 해당한다. 그러므로 말하기를 "광대한 밭에 경계가 없다"라고
하였다. 진(畛)은 밭의 경계이다. 혁(恤)은 밭의 경계를 밝히는 것이다. 작(作)
은 다스린다(治)는 것이다. 군자의 길에는 마땅히 궁실과 궁정이 있어야 하니,
비유하면 큰 밭에 경계가 없는데, 만약 필요없다고 하여 없애고, 그 봇도랑만
을 바르게 하고 그 안쪽만을 다스리면 (그 나머지는 결과적으로) 거칠고 황무
지가 되어 닦여지지 않게 되는 것이다. '두루 따를 수 없다'라는 것은 밭이
이미 넓고 커서 이것을 따르면 저것을 잃게 된다는 것이다.

▌次七 : 達于砭割, 前亡後賴. 測曰 : 達于砭割, 終以不廢也.

차칠은, 돌침을 사용하여 절개하기에 이르니, 앞에서는 잃었지만 뒤에서는 힘
입어 이로웠다.
측에 말하기를, 돌침을 사용하여 절개하기에 이르렀다는 것은 마침내 고칠
수 없는 병이 되지 않았다는 것이다.[31]

砭, 彼驗切. 王曰, 雖有砭割之損, 終獲愈疾之利. 賴, 利也. 光謂, 砭, 石之
刺病也. 七爲刀, 又爲禍始, 而當晝, 君子達於事變, 知禍之至, 割愛去惡,
如砭割之去病, 雖有亡, 後得其利, 不爲廢疾也.

폄(砭)은 피(彼)와 험(驗)의 반절이다. 왕애는 말하기를 "비록 돌침으로 가르는

....
것이 무한하더라도 확실하게 인식할 수 없다는 것이다. 『순자』「해폐」에서는 "以所
以知人之性, 求可以知物之理, 而無所凝止之, 則沒世窮年不能徧也."를 말한다.
31 역주 : 이 구절은, 돌 침을 놓고 절개하여 병을 물리치는 법에 통하고, 옛것을 제거
하고 새로운 것을 낳게 할 수 있으면, 잃는 바가 있어도 뒤에는 이로움을 얻을
수 있기에 폐질에 걸리지 않는다는 것이다.

상해가 있을지라도 마침내 질병이 낫는 이로움을 얻었다. 뢰(賴)는 이롭다(利)는 것이다"라고 하였다. 사마광은 생각하기를 "폄(砭)은 돌로 아픈 곳을 찌르는 것이다. 칠(七)은 칼이 되고, 또 화(禍)의 시(始)가 되나 낮에 해당하니, 군자는 일의 변화에 통달하여 화(禍)가 이르는 것을 알아서, 아끼는 곳을 가르고 악을 제거하는 것이, 마치 돌침으로 병을 제거하여 비록 잃음이 있을지라도 뒤에는 이로움을 얻어 고칠 수 없는 병이 되지 않는 것과 같다"라고 하였다.

▌次八 : 迷目達腹. 測曰 : 迷目達腹, 外惑其內也.
차팔은, (外物에) 눈이 미혹되어 마음[腹]의 총명함이 혼란스러움에 도달하였다. 측에 말하기를, (外物에) 눈이 미혹되고 마음[腹]의 총명함이 혼란스러움에 도달하였다는 것은 외물에 그 마음이 미혹되었다는 것이다.[32]

二在內體, 故曰, 迷腹. 八在外體, 故曰, 迷目. 惑於外物, 以撓內明, 雖心知其非, 而不能自克, 所以終敗也.
차이(次二)는 내체(內體)에 있기에 "마음[腹]이 미혹되었다"라고 하였다. 차팔(次八)은 외체(外體)에 있기에 "눈이 미혹되었다"라고 하였다. 외물에 미혹됨으로써 마음[內]의 밝음이 흔들리면, 비록 마음으로는 그것이 그른 것을 알지만 스스로 이길 수 없기 때문에 마침내 실패하게 된다는 것이다.

▌上九 : 達于咎, 貞終譽. 測曰 : 達咎終譽, 善以道退也.
상구는, 잘못된 것이 있어 허물을 받더라도, 잘못을 잘 고치면 바로 되어 마침내는 명예를 얻게 된다.
측에 말하기를, 잘못된 것이 있어도 마침내는 명예를 얻는다는 것은 도로써

. . . .

32 역주 : 이 구절은, 이목의 욕심이 그 사유를 어지럽히면, 비록 내심으로 통달하더라도 정확하게 인식할 수 없다는 것이다. 『순자』「해폐」에서는 "耳目之欲接, 則敗其思, 蚊虻之聲聞, 則挫其精. 是以蠲耳目之欲, 而遠蚊虻之聲, 閑靜思則通."을 말한다.

물러나기를 잘한 것이다.[33]

九爲禍終而當晝, 君子知禍之窮, 守正而退, 不失令名也.
구(九)는 화(禍)의 종(終)이 되나 낮에 해당하니, 군자가 화(禍)가 극에 달한
것을 알아 바른 것을 지키고 물러나면 좋은 이름을 잃지 않게 된다.

• • • • • • • • • • • • • • • •

33 역주 : 이 구절은, 통달의 극에는 반드시 과실이 있지만, 바른 도로 예방하면 마침
   에는 명예가 있다는 것이다.

제2권 태현집주[太玄集注] 181

교交

䷊ 一方二州三部一家.

1방, 2주, 3부, 1가다.

交

교(交)

陰家, 火, 準泰.

교수(交首)는 음가(陰家)이고 (5행에서는) 화(火)이며 『주역』「태괘(泰卦)」에 준한다.[34]

▋陽交於陰, 陰交於陽, 物登明堂, 喬喬皇皇.

양기가 (아래로 뻗어) 음기와 사귀는데, 음기는 (오히려 쇠멸하지 않고) 올라가 양기와 사귄다. 만물은 음양의 조화로운 기운을 받아 명당에 오르니, 그 모습이 밝고 성대하다.[35]

....

34 역주 : 『주역』, 「泰卦·象傳」에서는 "天地交, 泰."라고 한다.
35 역주 : 이 구절은, 음양이 서로 만나 태연하면, 만물들이 통달하게 되어 땅에 올라 나온 것이 성대하다는 것이다.

小宋本作陰陽交泰, 雍容無疆.³⁶ 今從諸家. 矞, 音聿. 宋曰, 於七分息卦爲
泰, 升陽在三, 已出地上也. 陸曰, 地下稱黃宮, 故地上稱明堂. 矞矞皇
皇³⁷, 休美貌. 王曰, 矞矞皇皇, 明盛之貌.

송유간 본에는 "음양교태, 옹용무강(陰陽交泰, 雍容無疆)"으로 되어있다. 지금
제가의 판본을 따른다. 율(矞)은 음이 율(聿)이다. 송충은 말하기를 "7분에 소
식괘(消息卦)가 태괘(泰卦)가 되니, 양이 올라 구삼(九三) 위(位)에 있으면 이
미 땅 위로 나간다"라고 하였다. 육적은 말하기를 "땅 아래를 황궁(黃宮)이라
일컫고, 땅 위를 명당(明堂)이라고 일컫는다. 율율황황(矞矞皇皇)이란 아름다
운 모양이다"라고 하였다. 왕애는 말하기를 "'율율황황'은 밝고 성대한 모양이
다"라고 하였다.

初一 : 冥交于神齊, 不以其貞. 測曰 : 冥交不貞, 懷非含慙也.
초일은, 어두운 곳에서 (마음이) 귀신과 사귀는 데에 정제 엄숙해야 하는데,
정성으로 하지 않았다.
측에 말하기를, 어두운 곳에서 마음이 귀신과 사귀는 데에 정성으로 하지 않았
다는 것은 마음속으로 수치심을 품었다는 것이다.

齊與齋同. 范曰, 冥, 暗昧也. 交於鬼神, 雖在冥暗, 不以精誠, 神不福也.
光謂, 一爲思始而當畫, 故有是象.
제(齊)는 재(齋)와 같다. 범망은 말하기를 "명(冥)은 우매한 것이다. 귀신을
사귀는 것은 비록 어두운 곳에 있으나 정성으로 하지 않으면 귀신이 복(福)을
주지 않는다"라고 하였다. 사마광은 생각하기를 "일(一)은 사(思)의 시(始)가
되고 밤에 해당한다. 그러므로 이 상이 있다"라고 하였다.

• • • • • • • • • • • • • • • •
36 劉韶軍 點校 : '疆'은 명초본에는 '彊'으로 되어 있다. 이것을 대전본에 의거해 고쳤다.
37 劉韶軍 點校 : '矞矞皇皇'은 명초본에는 '矞皇'으로 되어 있다. 이것을 대전본, 도장
   본, 장사호본에 의거해 고쳤다.

▌次二 : 冥交有孚, 明如. 測曰 : 冥交之孚, 信接神明也.
차이는, 어두운 곳에서 마음이 신과 사귀는데 믿음이 있으니, 밝은 듯하다.
측에 말하기를, 어두운 곳에서 마음이 신과 사귄 것에 믿음이 있다는 것은
믿음이 신명에 닿은 것이다.

二爲思中而當晝, 君子能以明信交於鬼神者也.
이(二)는 사(思)의 중(中)이 되고 낮에 해당하니, 군자는 밝은 믿음으로써 귀신
을 사귈 수 있다는 것이다.

▌次三 : 交於木石. 測曰 : 交于木石, 不能嚮人也.
차삼은, 나무와 돌을 사귀었다.
측에 말하기를, 나무와 돌을 사귀었다는 것은 (三이 처음 밖에서 교접하나)
사람에게 향할 수 없는 것이다.

三爲成意, 始交於外, 而當日之夜, 交於愚人, 如交木石, 不能相益也. 孔子
曰, 無友不如己者.
삼(三)은 뜻을 이룬 것이 되니, 처음 밖과 사귀지만 하루의 밤에 해당하여 어
리석은 사람과 사귀니, 마치 나무나 돌과 사귀는 것과 같아 서로 도움이 될
수 없는 것과 같다. 공자는 "자신보다 못한 자를 벗하지 말라"[38]라고 하였다.

▌次四 : 往來熏熏, 得亡之門. 測曰 : 往來熏熏, 與神交行也.
차사는, (사람들이 사귀는데 예로써) 가고 오는 무리들이 많으니, 복을 얻기도
하고 화(禍)가 되는 문이기도 하다.[39]

· · · · · · · · · · · · · · · · · ·
38 역주 : 『논어』 「학이」에 나오는 말이다.
39 역주 : 이 구절은, 예는 왕래를 숭상한다는 것으로, 예로써 하여 조화를 이루고 기
　　뻐하면 복을 얻고, 화를 내면 잃는다는 것이다.

측에 말하기를, (예로써) 가고 오는 무리들이 많고 많다는 것은 신과 사귀어 행한다는 것이다[40].

王本神作福. 今從諸家. 王曰, 熏熏, 衆多之貌.(闕)
왕애본에는 신(神)이 복(福)으로 되어 있다. 지금 제가의 판본을 따른다. 왕애는 말하기를 "훈훈(熏熏)은 무리가 많은 모양이다"라고 하였다. 해설이 빠졌다.

▌次五 : 交于鸚猩, 不獲其榮. 測曰 : 交于鸚猩, 鳥獸同方也.
차오는, (예로써 하지 않고 감언이설로 하니) 앵무새와 원숭이를 사귀는 것 같아서, 영예를 얻을 수 없다.
측에 말하기를, 앵무새와 원숭이를 사귄다는 것은 새, 짐승과 길을 함께 한 것이다.[41]

鸚鵡能言, 不離飛鳥, 猩猩能言, 不離禽獸. 五居盛位而當夜, 交物不以禮者也. 交不以禮, 而求榮耀, 安可得哉. 詩云, 兕觥其觩, 旨酒思柔. 彼交匪敖, 萬福來求.
앵무새가 말을 할 수 있으나 나는 새에서 벗어난 것이 아니고, 원숭이가 말을 할 수 있으나 금수에서 벗어난 것이 아니다. 오(五)는 성대한 자리에 있으면서 밤에 해당하니, 사물이 사귀는데 예로써 하지 않는 것이다. 사귀는 것을 예로써 하지 않으면서 부귀와 영광을 구하나 어찌 얻을 수 있을 것인가? 『시경』에서 말하기를 "굽은 쇠뿔 잔에 맛있는 술까지 부드럽네. 저 사귐이 오만하지 않으니, 만복이 모여들 것이다!"[42]라고 하였다.

....

40 역주 : 이 구절은, 4가 복의 처음이 되고, 오고감에 도가 있고 통달하여 강령하고 편안하니, 복을 얻고 화가 없다는 것이다. 『주역』 「泰卦」에서는 "小往大來, 吉亨", "無平不陂, 無往不復, 艱貞, 無咎, 勿恤其孚, 于食有福."이라 한다.
41 역주 : 이 구절은, 頑人과 사귀는데 예의를 익히지 않아 금수와 다름없기에, 영화로움과 복록을 누릴 수 없다는 것이다.
42 역주 : 『시경』 「小雅·桑扈」에 나오는 말이다.

■ 次六：大圈閎閎, 小圈交之, 我有靈肴, 與爾肴之. 測曰：小大之
交, 待賢煥光也.

차육은, 큰 우리에 부유한 군자가 많은데 작은 우리에서 녹봉이 없는 선비와
사귀니, 내[군주]에게 좋은 안주가 있어 네[현량한 신하]와 함께 씹어 먹는다.[43]
측에 말하기를, 부유한 군자가 녹봉이 없는 선비와 사귄다는 것은 (군주가)
어진 선비[신하]를 대우함이 환하게 빛난다는 것이다.

二宋陸王本閎閎作閣閣. 今從范本. 范王本肴作骰,. 今從二宋陸本. 范本
骰之或作散之. 圈, 求晚切. 王曰, 圈者, 骰羞之器. 待賢之道, 煥然有光,
交道之盛也. 光謂, 圈, 養畜閑也. 閎閎, 大貌. 靈, 善也. 肴, 骨體也. 肴之
字[44]當作餚, 餚, 啖也. 大圈以喩富有之君子, 小圈以喩無祿之士. 六爲盛
多而當晝, 君子有祿, 樂與賢者共之. 易曰, 我有好爵, 吾與爾靡之,

송충본, 송유간본, 육적본, 왕애본에는 굉굉(閎閎)이 각각(閣閣)으로 되어 있
다. 지금 범망본을 따른다. 범망본, 왕애본에는 효(肴)가 효(骰)로 되어 있다.
지금 송유간본, 육적본을 따른다. 범망본에 효지(骰之)는 어떤 경우는 산지(散
之)로 되어 있다. 권(圈)은 구(求)와 만(晚)의 반절이다. 왕애는 말하기를 "권
(圈)이란 안주를 담는 그릇이다. 어진 이를 대접하는 도가 환연하게 빛이 있으
니, 사귀는 도가 성대한 것이다"라고 하였다. 사마광은 생각하기를 "권(圈)은
가축을 기르는 마굿간이다. 굉굉(閎閎)은 큰 모양이다. 영(靈)은 좋다(善)는
것이다. 효(肴)는 골체(骨體)라는 것이다. 효(肴)자는 마땅히 효(餚)로 써야 하
니, 효(餚)는 씹는다(啖)는 것이다. 큰 우리는 부유한 군자를 비유한 것이고,
작은 우리는 녹봉이 없는 선비를 비유한 것이다. 육(六)은 성대하게 많음이
되고 낮에 해당하니, 군자가 녹봉이 있어 즐겁게 어진 이와 함께 하는 것이다.
『주역』에서 말하기를 '나에게 좋은 벼슬이 있으니 내가 너와 더불어 나누어
가질 것이다'라고 했다"[45]라고 하였다.

....

43 역주 : 이 구절은, 소국이 대국과 사귐에 대국은, 마땅히 예로써 서로 대해야 한다
는 것이다.
44 劉韶軍 點校 : '字'는 명초본에는 없다. 이것을 대전본, 도장본, 장사호본에 의거해
보충하였다.

▌次七：交于鳥鼠, 費其資黍. 測曰：交于鳥鼠, 徒費也.

차칠은, 새와 쥐를 사귀니, 그 밑천인 먹을 기장을 허비하였다.

측에 말하기를, 새와 쥐를 사귄다는 것은 쓸데없이 허비한 것이다.

七爲敗損而當夜, 交非其人, 徒費而已. 法言曰, 頻頻之黨, 甚於鸒斯, 亦賊夫糧食而已矣.

칠(七)은 훼손된 것이 되고 밤에 해당하니, 사귀는 것이 그 사람[적임자]이 아니므로 쓸데없이 허비한 것일 따름이다. 『법언』에 말하기를 "자주자주 하는 무리들이 메까치보다 심하니, 또한 이 양식을 빼앗길 따름이다"[46]라고 하였다.

▌次八：戈矛往來, 以其貞, 不悔. 測曰：戈矛往來, 征不可廢也.

차팔은, (군자는 우호로 사귀고 병기를 잡고 왕래해서는 안 된다. 하지만) 병기[戈矛]를 잡고 왕래하나 그것을 바르게 사용하니 후회하지 않는다.

측에 말하기를, 병기[戈矛]를 잡고 왕래한다는 것은 정벌을 폐할 수 없다는 것이다.

八爲禍中, 交不以好而以兵者也. 故曰, 戈矛往來. 然當日之畫, 君子交兵, 所以沮亂禁暴, 不得已而用之, 不違於正, 故無悔也. 夫鞭朴不可弛於家, 刑罰不可廢於國, 征伐不可偃於天下, 用之有本末, 行之有逆順耳.

팔(八)은 화(禍)의 중(中)이 되니, 사귀는 것을 우호로 하지 않고 병기로 하는 것이다. 그러므로 말하기를 "병기[戈矛]를 잡고 왕래하는 상황이 벌어진다"라고 하였다. 그러나 하루의 낮에 당하니, 군자가 전쟁을 하는 이유는 어지러움을 막고 폭력을 금하기 위한 것으로, 부득이할 경우만 사용하고 바른 것을 어기지 않는다. 그러므로 후회가 없다. 대저 회초리는 가정에서 느슨하게 해서는 안 되고, 형벌은 국가에서 폐지해서는 안 되고, 정벌은 천하에 그쳐서는

······················
45 역주 : 『주역』「中孚」 九二爻에 나오는 말이다.
46 역주 : 『법언』「학행」에 나오는 말이다.

안 되니, 사용하는 데에는 근본과 말단이 있고, 행하는 데에는 역리와 순리가
있을 뿐이다.

▌上九：交于戰伐, 不貞, 覆于城, 猛則噉. 測曰：交于戰伐, 奚可遂也.
상구는, (소인이) 서로 싸우고 정벌하는데 그 전쟁이 바르지 않기 때문에 성을
전복시키고, 맹렬할 때에는 약한 나라를 삼키기도 하였다.
측에 말하기를, 서로 싸우고 정벌하였다는 것은 어떻게 성공할 수 있겠는가
하는 것이다.

九爲禍窮而當夜, 小人交戰, 爭勝不以其正, 覆國喪家者也. 以桀攻桀, 德
不相殊, 則以猛噉弱而已, 無有優劣也.
구(九)는 화(禍)가 극에 달한 것이 되고 밤에 해당하니, 소인이 서로 전쟁을
하는데 바르지 않은 것으로 이긴 것이니, 나라를 망치고 집안을 잃는 자이다.
걸(桀) 임금으로 걸 임금을 공격하는데 덕이 서로 다르지 않다면, 맹렬한 것으
로 약한 것을 삼키는 것일 따름이지, 우열은 있지 않다.

연耎⁴⁷

一方二州三部二家.

1방, 2주, 3부, 2가다.

耎

연(耎)

耎與輭同. 陽家, 木, 準需. 入耎初一, 日舍奎. 入次九八分二十秒, 日次⁴⁸
降婁, 雨水氣應. 斗建卯位, 律中夾鍾.

연(耎)은 연(輭)과 같다. 연수(耎首)는 양가(陽家)이고 (5행에서는) 목(木)이며,
『주역』「수괘(需卦)」에 준한다.⁴⁹ 연(耎)은 초일(初一)에서 들어가고, 태양은
규수(奎宿)에 머문다. 차구(次九) 8분 20초에서 들어가고, 태양은 강루(降婁)
에 머물러 우수(雨水)의 기와 응한다. 두(斗)는 묘위(卯位)에 세우고, 율은 협
종(夾鐘)에 맞춘다.

. . . .

47 劉韶軍 點校 : '耎'은 명초본에는 '㬰'으로 되어 있다. 주석의 문장에는 어떤 경우는
    '㥏'으로 되어 있다. 이것을 도장본, 장사호본에 의거해 일률적으로 '耎'으로 쓴다.
48 劉韶軍 點校 : '次'는 명초본에는 '사(舍)'로 되어 있다. 이것을 대전본, 도장본, 장사
    호본에 의거해 고쳤다.
49 역주 : 「玄衝」에서는 "耎, 有畏."라 하고, 「玄錯」에서는 "耎也, 退."라고 한다.

▌陽氣能剛能柔, 能作能休, 見難而縮.

양기는 강할 수도 부드러울 수도 있고, 활동할 수도 있고 쉴 수도 있는데, 봄의 찬 기운을 만나면 거두어들이고 숨는다.

難, 乃旦切.

난(難)은 내(乃)와 단(旦)의 반절이다.

▌初一 : 赤卉方銳, 利進以退. 測曰 : 赤卉方銳, 退以動也.

초일은, 풀과 나무가 싹을 틔울 때에는 먼저 구부러져 나오니, 물러나는 것으로써 나아가는 것을 이롭게 여기기 때문이다.

측에 말하기를, 풀과 나무가 싹을 틔울 때에는 먼저 구부러져 나온다는 것은 물러나 움직일 때를 본다는 것이다.[50]

范曰, 赤卉, 草木萌芽也. 光謂, 萌芽之生, 必先勾屈, 如君子退讓而身益進也.

범망은 말하기를 "적훼(赤卉)는 풀과 나무가 싹을 틔운다는 것이다"라고 하였다. 사마광은 생각하기를 "싹이 날 때는 반드시 먼저 굽히니, 마치 군자가 물러나지만 몸이 더욱 나아가는 것과 같다"라고 하였다.

▌次二 : 奚其心, 作疾. 測曰 : 奚其心, 中無勇也.

차이는, 그 마음이 유연하기 때문에 질병이 일어났다.

측에 말하기를, 그 마음이 유연하다는 것은 마음에 용기가 없다는 것이다.

二爲思中而當夜. 家性爲奚, 以無勇爲病者也. 春秋傳曰, 仁而不武, 無能

---

50 역주 : 이 구절은, 초목이 싹을 틔워 땅에서 나오는데, 음기에 의해 어려움을 당해 펴지 못하게 되면 물러나 움츠리면서 나아감을 기다린다는 것이다. 비유하면 세상이 험난할 때는 나아가는 것이 이롭지 않기에, 현명한 자는 기미를 알고 잠시 물러나 피하고 때를 기다리다가 나간다는 것이다.

達也.

이(二)는 사(思)의 중(中)이 되고 밤에 해당한다. 가성(家性)은 연(㚒)이 되니, 용기가 없는 것으로 병통을 삼는다. 『춘추좌씨전』에서 말하기를 "(군자가 말하기를) 인자하기만 하고 굳세지 아니하면 현달할 수 없다"[51]라고 하였다.

▌次三 : 㚒其郗, 守其節, 雖勿肆, 終無拂. 測曰 : 㚒其郗, 體不可肆也.

차삼은, 그 무릎을 굽혀 바르게 앉아 그 절개를 지키니, 비록 (곤란한 시대를 만나 마음이) 제멋대로 하지 못하더라도 끝내 도를 거슬림이 없다.[52]
측에 말하기를, 그 무릎을 굽혀 바르게 앉았다는 것은 몸이 자유로울 수 없다는 것이다.

郗與膝同. 拂, 扶勿切. 王曰, 拂, 戾也. 光謂, 三在下體, 故曰, 㚒其郗. 雖不得自肆, 終未違[53]於常道也.

슬(郗)은 슬(膝)과 같다. 불(拂)은 부(扶)와 물(勿)의 반절이다. 왕애는 말하기를 "불(拂)은 거슬리다(戾)는 것이다"라고 하였다. 사마광은 생각하기를 "삼(三)은 하체에 있다. 그러므로 '그 무릎을 구부린다'라고 하였다. 비록 스스로 제멋대로 하지 못하더라도 끝내 떳떳한 도에서 어긋나지 않은 것이다"라고 하였다.

....

51 역주 : 『춘추좌씨전』「宣公4년조」에 나오는 말이다. 전후 문맥은 다음과 같다. "楚人獻黿於鄭靈公. 公子宋與子家將見. 公之食指動, 以示子家, 曰, 他日我如此, 必嘗異味. 及入, 宰夫將解黿, 相視而笑. 公問之, 子家以告, 及食大夫黿, 召子公而弗與也. 子公怒, 染指於鼎, 嘗之而出. 公怒, 欲殺子公. 子公與子家謀先. 子家曰, 畜老, 猶憚殺之, 而況君乎. 反譖子家, 子家懼而從之. 夏, 弑靈公. 書曰, 鄭公子歸生弑其君夷, 權不足也. 君子曰, 仁而不武, 無能達也. 凡弑君, 稱君, 君無道也. 稱臣, 臣之罪也."
52 역주 : 이 구절은, 그 몸을 유연히 구부리면서 그 절조를 지키면, 그 뜻을 이루지 못하더라도 끝내 정도에는 거스르지 않는다는 것이다.
53 劉韶軍 點校 : '違'는 명초본에는 '達'로 되어 있다. 이것을 대전본, 도장본, 장사호본에 의거해 고쳤다.

▌次四 : 奭其哇, 三歲不嚼. 測曰 : 奭哇不嚼, 時數失也.

차사는, (물러날 때에 당하여) 그 목구멍을 부드럽게 하고 오랫동안[三歲] 말하
지 않았다.

측에 말하기를, 그 목구멍을 부드럽게 하고 말하지 않았다는 것은 적극적으로
발언하는 때를 잃었다는 것이다.[54]

哇, 於佳切. 嚼, 竹角切, 又音晝. 王曰, 哇, 喉也. 光謂, 四爲下祿, 又爲條
暢而當夜, 可語而默者也. 孔子曰, 言及之而不言謂之隱.

왜(哇)는 어(於)와 가(佳)의 반절이다. 주(嚼)는 죽(竹)과 각(角)의 반절이고,[55]
또 음은 주(晝)이다. 왕애는 말하기를 "왜(哇)는 목구멍(喉)이다"라고 하였다.
사마광은 생각하기를 "사(四)는 하록(下祿)이 되고, 또 막힘없이 잘 통하는 것
이 되나 밤에 해당하니, 말할 수 있지만 침묵하는 것이다. 공자는 말하기를
'상대가 말을 했는데도 대꾸하지 않는 것은 속을 감추는 것이다'고 하였다"[56]라
고 하였다.

▌次五 : 黃菌不誕, 俟于慶雲, 測曰 : 黃菌不誕, 俟逑耦也.

차오는, (인군이 덕이 없어) 영지[黃菌]가 나지 않으니 경사로운 구름이 나타나
는 때를 기다린다.

측에 말하기를, 영지가 나지 않았다는 것은 짝[聖君과 賢臣]이 나오기를 기다
린다는 것이다.[57]

· · · · · · · · · · · · · · · · · ·

54 역주 : 이 구절은, 혀를 오그리고 삼년동안 말하지 않으니, 마땅히 말할 때 말하지
   않았기에 그 時數를 잃었다는 것이다.
55 역주 : '嚼'는 뜻에 따라 '(부리 혹은 말하다) 주', '(쫄) 탁', '(별 이름) 독' 등 세가지로
   발음된다. 여기서는 말한다는 의미의 '주'로 쓰였다.
56 역주 : 『논어』「계씨」에 나오는 말이다. 전문은 "孔子曰, 侍於君子有三愆. 言未及
   之而言謂之躁, 言及之而不言謂之隱, 未見顏色而言謂之瞽."
57 역주 : 이 구절은, 芝草가 나지 않아 상서로운 구름을 기다려 상서로운 단서를 드
   러내고, 선비가 나아가지 않고 명군을 기다리니, 명군과 현신이 서로 짝이 되는
   것이다.

二宋陸本作救禍也, 王本作佚朹耦也. 吳[58]曰, 朹, 古仇字. 今從范本. 逑[59],
音仇. 王曰, 居中體正, 爲奘之主, 而又得位當晝. 黄菌謂靈芝也. 誕, 生也.
靈之未生, 將待慶雲, 同表嘉瑞, 須待之義也. 光謂, 逑, 匹也. 芝不生者佚
慶雲, 士不進者佚明君, 君明臣賢, 相匹偶也.

송충본, 송유간본, 육적본은 구화(救禍)로 되어 있다. 왕애본은 사구우(佚朹耦)
로 되어 있다. 오비는 말하기를 "구(朹)는 옛날의 구(仇)자다"라고 하였다. 지
금 범망본을 따른다. 구(逑)는 음이 구(仇)다. 왕애는 말하기를 "오(五)는 중
(中)에 있고 몸체가 바라서 연수(奘首)의 주인이 된다. 또 지위를 얻고 낮에
해당한다. 누런 버섯은 영지를 말한다. 탄(誕)은 난다(生)는 것이다. 영지가
아직 나지 않았기에 장차 경사로운 구름을 기다려 상서로움을 함께 드러내니,
모름지기 기다린다는 뜻이다"라고 하였다. 사마광은 생각하기를 "구(逑)는 짝
(匹)이다. 영지가 나지 않는 것은 경사스런 구름을 기다리는 것이고, 선비가
나아가지 않는 것은 명군을 기다리는 것이니, 명군과 현신이 서로 짝이 된다"
라고 하였다.

▌ 次六 : 縮失時, 或承之菑. 測曰 : 縮失時, 坐逮後也.
차육은, 물러나야 할 때를 놓쳤으니, 혹은 화(禍)가 이어지게 된다.
측에 말하기를, 물러나야 할 때를 놓쳤다는 것은 때를 놓쳤다가 연루되었다는
것이다.[60]

菑與災同. 王曰, 居地過滿, 而又失位遇夜, 乖於處奘之宜, 是縮而失時者
也. 光謂, 君子進退消息, 與時偕行. 六過中而當夜, 退縮後時, 則災承之矣.
치(菑)는 재(災)와 같다. 왕애는 말하기를 "머문 땅이 지나치게 가득 찼고, 또

. . . .
58 劉韶軍 點校 : 명초본에는 '吳' 위에 '二'자가 있다. 이것을 대전본, 도장본, 장사본
   에 의거해 삭제하였다.
59 劉韶軍 點校 : '逑'는 명초본에는 '述'로 되어 있다. '仇' 아래 명초본에는 '一'자가 있
   다. 이것은 모두 대전본, 도장본, 장사호본에 의거해 고치거나 삭제한 것이다.
60 역주 : 이 구절은, 움츠러들어 미치지 못하고, 앉아서 좋은 기회를 놓치면, 재화가
   생긴다는 것이다.

그 지위를 잃고 밤을 만나, 마땅히 부드러운 곳에 있어야 하는 데에서 어그러졌으니, 이것은 위축되어 물러나야할 때를 잃은 것이다"라고 하였다. 사마광은 생각하기를 "군자는 나아가고 물러나며 융성하고 쇠퇴함을 때와 함께 행한다.[61] 육(六)이 중(中)을 지나치고 밤에 해당하니, 물러나야 할 때를 놓치면 화(禍)가 이어질 것이다"라고 하였다.

▍**次七 : 詘其節, 執其術, 共所殟. 測曰 : 詘節共殟, 內有主也.**

차칠은, (七은 禍의 시작에 해당하므로) 그 절개를 굽혔지만, 그 도술을 잡으니, 몸을 죽을 때까지 변하지 않는다.

측에 말하기를, 절개를 굽혔지만 죽을 때까지 함께 한다는 것은 주체가 있다는 것이다.

詘與屈同. 殟與沒同. 王曰, 能執其心, 則爲有主. 光謂, 七爲禍始而當晝,
君子屈身而伸道者也. 故曰, 詘其節, 執其術. 君子外雖遜順, 而內主正直,
執是道也, 與之共沒其身而不變者也.

굴(詘)은 굴(屈)과 같다. 몰(殟)은 몰(沒)과 같다. 왕애는 말하기를 "그 마음을 잡을 수 있으면 주체가 있게 된다"라고 하였다. 사마광은 생각하기를 "칠(七)은 화(禍)의 시(始)가 되나 낮에 해당하니, 군자가 몸을 굽혀 도를 편 것이다. 그러므로 말하기를 '그 절개를 굽혀 그 몸을 지키고, 그 술수를 잡아 세상에 전했다'라고 하였다. 군자는 밖으로는 비록 공손하지만 안으로는 바르고 곧은 것을 주로 하여, 이 도를 잡고 그것과 더불어 함께 그 몸이 죽더라도 변하지 않는다"라고 하였다.

· · · · · · · · · · · · · · · · · · · ·

61 역주 : '與時偕行'은 『주역』「損卦」, "損益盈虛, 與時偕行.", 『주역』「益卦」, "凡益之道, 與時偕行." 참조

▌次八：籖枯木, 丁衝振其枝, 小人有奐, 三卻鈞羅. 測曰：籖木之
振, 小人見侮也.
차팔은, 말라서 구멍이 있는 나무가 바람 때문에 그 가지가 흔들리듯이, 소인
은 유약하기 때문에 자주자주[三] 물러났지만 그물에 얽혔다.[62]
측에 말하기를, 말라서 구멍이 있는 나무가 흔들린다는 것은 소인이 모욕을
당한 것이다.

王小宋本振作扼. 小宋本枝作柯. 今從宋陸范本. 范本卻作郤. 今從諸家.
籖, 音款.
왕애본, 송유간본에 진(振)은 액(扼)으로 되어 있다. 송유간본에는 지(枝)가
가(柯)로 되어 있다. 지금 송충본, 육적본, 범망본을 따른다. 범망본에는 각
(卻)이 극(郤)으로 되어 있다. 지금 제가의 판본을 따른다. 관(籖)은 음이 관
(款)이다.

▌上九：悔縮, 往去來復. 測曰：悔縮之復, 得在後也.
상구는, 후회하고 물러나니, 가면 돌아올 수 없지만 오면 다시 그 제자리를
얻는다.
측에 말하기를, 후회하고 물러났다가 돌아왔다는 것은 (명예를) 얻는 것이 후
세에 있다는 것이다.[63]

物之上, 陷於禍極, 苟能悔而自縮, 猶不失道也. 故往則邃去不返, 來則腹
得其所也.
사물의 위로서 화(禍)의 극치에 빠졌으니, 진실로 후회하고 스스로 물러난다
면 오히려 도를 잃지 않게 된다. 그러므로 가면 끝내 돌아오지 못하지만, 오면
다시 제자리를 얻는다.

....
62 역주 : 이 구절은, 고목이 쎈 바람을 만나면 지탱할 힘이 없고, 소인이 몸이 연약하
    면 자주 구금당해 끝내 물러갈 수 없다는 것이다.
63 역주 : 이 구절은, 후회할 것을 만나 스스로 움츠리고 떠나는데, 다시 돌아오면 앞
    으로 나아가는 이로움이 없더라도 뒤에는 반드시 얼음이 있다는 것이다.

▦ ·一方二州三部三家.

1방, 2주, 3부, 3가다.

徯

혜(徯)⁶⁴

陰家, 金, 準需. 陸曰, 徯, 待也.

혜수(徯首)는 음가(陽家)이고, (5행에서는) 금(金)이고, 『주역』「수괘(需卦)」에
준한다. ⁶⁵ 육적은 말하기를 "혜(徯)는 기다린다(待)는 것이다"라고 하였다.

▌陽氣有徯, 可以進而進, 物咸得其願.

양기가 때를 기다리다가 나아갈 수 있을 때 나아가니, 만물이 모두 그 원하는
것을 얻는다.

· · · · · · · · · · · · · · · · · · ·

64 劉韶軍 點校 : '徯'는 명초본에는 '徯'로 되어 있다. 이것은 도장본, 장사호본에 의거
    해 고쳤다. 아래도 같다.
65 역주 : '徯'는 '徯'와 같다. 「玄錯」에서는 "徯也, 弱."이라 하고, 「玄衝」에서는 "徯也,
    出."이라고 말한다.

■ 初一 : 冥賊俟天, 凶. 測曰 : 冥賊之俟, 時無吉也.

초일은, 몰래 사람을 해치는 마음을 품고 기다리니, (하늘로부터 禍를 받아) 흉할 것이다.

측에 말하기를, 몰래 사람을 해치는 마음을 품고 기다린다는 것은 하늘의 복(福)을 받을 때가 없다는 것이다.[66]

一爲思始而當夜, 小人包藏禍賊之心, 必受其殃.

일(一)은 사(思)의 시(始)가 되고 밤에 해당하니, 소인이 화(禍)가 될 일을 꾸미고 남을 해치는 마음을 가지면 반드시 하늘의 재앙을 받게 된다.

■ 次二 : 冥德俟天, 昌. 測曰 : 冥德之俟, 昌將日也.

차이는, 몰래 덕을 쌓고 기다리면, (하늘로부터 복(福)을 받아) 창성하게 된다.

측에 말하기를, 몰래 덕을 쌓고 기다렸다는 것은 (하늘로부터 복(福)을 받아) 창성함이 장차 가까이 있을 것이라는 것이다.[67]

小宋本昌將日作昌將有日. 今從諸家. 王曰, 以德俟時, 昌將不日而至. 光謂, 二爲思中而當晝, 君子積德而隱, 而蒙福於顯, 昌美之至, 將無日也.

송유간본에 창장일(昌將日)이 창장유일(昌將有日)로 되어 있다. 지금 제가의 판본을 따른다. 왕애는 말하기를 "덕으로 때를 기다리니 창성함이 머지않아 이를 것이다"라고 하였다. 사마광은 생각하기를 "이(二)는 사(思)의 중(中)이 되고 낮에 해당하니, 군자는 덕을 쌓아 숨었으나 드러난 데에서 복을 받을 것이니, 창성한 아름다움이 이르는 것이 장차 가까이 있을 것이다"라고 하였다.

• • • • • • • • • • • • • • • • • •

66 역주 : 이 구절은, 몰래 해치고자 하는 마음을 감추고 때를 기다려 움직이지만, 반드시 길한 것이 없고 화를 받는다는 것이다.

67 역주 : 이 구절은, 몰래 덕을 쌓아 때를 기다리면, 창성한 아름다움이 하루가 가기 전에 이른다는 것이다.

▌次三：徯後時. 測曰：徯而後之, 解也.

차삼은, 기다리다가 때를 놓쳤다.

측에 말하기를, 기다리다가 때를 놓쳤다는 것은 게으른 것이다.[68]

王本作徯而後時, 今從諸家. 解與懈同. 三爲思終, 不得其中而當夜, 懈慢後時者也.

왕애본에는 혜이후시(徯而後時)로 되어 있다. 지금 제가의 판본을 따른다. 해(解)는 해(懈)와 같다. 삼(三)은 사(思)의 종(終)이 되고, 그 중(中)을 얻지 못하고 밤에 해당하니, 게을러 때를 놓친 것이다.

▌次四：詘其角, 直其足, 維以徯穀. 測曰：屈角直足, 不伎剌也.

차사는, 그 뿔은 꺾고, 그 발은 곧게 하면서, 오직 녹봉을 기다린다.

측에 말하기를, 뿔을 꺾고 발을 곧게 하였다는 한 것은 흉포하고 비뚤어지지 않은 것이다.[69]

伎, 音實. 剌, 郎達切. 四爲角, 爲下祿而當晝. 穀, 祿也. 伎與忮同, 很[70]也. 剌, 戾也. 屈其角, 不與物校也. 直其足, 行不失正也. 不爲很戾而可以待福祿也. 故曰, 維以徯穀.

치(伎)는[71] 음이 치(實)다. 랄(剌)은 랑(郎)과 달(達)의 반절이다. 사(四)는 뿔이

. . . .

68 역주 : 이 구절은, 나아가야할 때 나아가지 않고, 기다려서 때를 놓치는 게으른 것이 잘못됨을 말한 것이다. 『시경』「대아」에서는 "夙夜匪解"를 말한다.

69 역주 : 이 구절은, 뿔을 구부려 다른 사람에 접촉하지 않고, 발을 바로 하여 정도를 행하면 어그러지지 않으므로 오직 선만을 힘쓴다는 것이다. 『시경』「小雅」에서는 "鹿斯之奔, 維足伎伎."를 말한다.

70 劉韶軍 點校 : '很'은 대전본, 장사호본에는 '狠'으로 되어 있다. 두 글자는 옛날에는 통용되므로 고치지 않는다. 아래도 같다.

71 역주 : '伎'는 우리나라 발음은 흔히 '기'로 발음한다. 그런데 중국어 발음에서는 qi (치)로 발음되는 경우가 있다. 여기서는 일단 『태현경』 주석에 따라 '치'로 발음하는 것을 취한다.

되고, 하록(下祿)이 되나 낮에 해당한다. 곡(穀)은 녹봉(祿)이다. 치(伎)와 [해치다는 혹은 흉악하다라는] 기(忮)는 같으니, 패려궂다(很)는 것이다. 랄(剌)은 어그러진다(戾)는 것이다. 그 뿔을 꺾었다는 것은 사물과 함께 겨루지 않는다는 것이다. 그 발을 곧게 한다는 것은 행동이 바름을 잃지 않았다는 것이다. 흉포하고 비뚤어지지 않아 복록을 기다릴 수 있다. 그러므로 말하기를 "오직 녹봉을 기다린다"라고 하였다.

▌次五：大爵集于宮庸, 小人庫徯空. 測曰：宮庸之爵, 不可空得也.

차오는, 큰 매가 궁정 담장 위에 모여 있으니, (신분이 낮은) 소인이 낮은데서 헛되이 기다렸다.[72]

측에 말하기를, 궁정 담장 위의 매라는 것은 헛되이 얻을 수 없다는 것이다.

五爲宮, 爲宅. 小人而逢盛福, 如大爵集于宮庸. 爵集于倉, 可以得食, 集于宮庸, 何所待也. 小人[73]德庫而位高之象也.

오(五)는 궁궐도 되고 집도 된다. 소인으로서 성대한 복(福)을 만나니, 마치 큰 매가 궁 정 담장 위에 모인 것이다. 매가 창고에 모이면 먹을 것을 얻을 수 있는데, 궁정 담장 위에 모였으니, 무엇을 기다릴 것인가? 소인이 덕은 낮으면서 지위만 높은 상이다.

▌次六：徯福貞貞, 食于金. 測曰：徯福貞貞, 正可服也.

차육은, 복(福)을 기다림이 바르고 바르니, 쇠라도 먹을 수 있다.[74]

....

72 역주 : 이 구절은, 鷹隼이 높은 담에 모여 있는데, 활과 화살이 없으면 헛되이 무엇을 얻겠는가를 하는 것이다. 비유하면 소인이 낮은 곳에 있으면서 공덕이 없으면, 영예로움과 봉록을 받을 수 없다는 것이다. 『주역』「解卦」에서는 "公用射隼於高墉之上, 獲之, 無不利."를 말한다.

73 劉韶軍 點校 : '人'은 명초본에는 없다. 이것을 대전본, 장사호본에 의거해 보충하였다.

74 역주 : 이 구절은, 바른 것으로 복을 기다리면, 반드시 두터운 봉록을 향유한다는

측에 말하기를, 복(福)을 기다림이 바르고 바르다는 것은 바른 것으로 복종할 수 있다는 것이다.

金者堅剛之物. 六爲上福而當晝, 徯之盛者也. 正以待福, 雖金可食, 況其餘乎. 正可服者, 可以服行以待福也.

쇠란 굳고 단단한 물건이다. 육(六)은 상복(上福)이 되고 낮에 해당하니, 기다림이 성대한 것이다. 바른 것으로 복을 기다리면 비록 쇠라도 먹을 수 있으니, 하물며 그 나머지에 있어서랴! 바른 것으로 복종할 수 있다고 한 것은, 복종하여 행하면서 복을 기다릴 수 있다는 것이다.

▌次七 : 徯禍介介, 凶人之郵. 測曰 : 徯禍介介, 與禍期也.

차칠은, 화(禍)를 기다리는 것이 사특하니, 흉한 사람의 허물이다.[75]

측에 말하기를, 화(禍)를 기다리는 것이 사특하다는 것은 화(禍)가 바란 것에 응한다는 것이다.

介介, 僻邪之貌. 郵, 過也. 七爲禍始而當夜, 故有是理.

개개(介介)는 편벽되고 사특한 모양이다. 우(郵)는 허물(過)이다. 칠(七)은 화(禍)의 시(始)가 되고 밤에 해당한다. 그러므로 이 이치가 있다.

▌次八 : 不禍禍, 徯天活我. 測曰 : 禍不禍, 非厥訧也.

차팔은, 화(禍)를 화(禍)로 여기지 않으면서 하늘이 나를 살려주기를 기다렸다.

측에 말하기를, 화(禍)를 화(禍)로 여기지 않는다는 것은 자기의 죄가 아니라는 것이다.[76]

· · · · · · · · · · · · · · · · · · ·

것이다.

75 역주 : 이 구절은, 흉인이 사악하여 화를 부르는 짓을 하면 때가 응해 이르는 것이, 마치 傳遞 문서가 기간이 되면 역에 도착한다는 것과 같다는 것이다.

76 역주 : 3과 8은 木이 되는데, 3은 봄에 흥하고 8은 가을에 쇠한다. 가을의 기운이

王本活作治. 今從諸家. 訧, 音尤, 罪也. 八爲禍中而當晝, 君子非罪而逢
禍者也. 儻審己之道, 不以禍爲禍, 天道福善, 必將生我也. 易曰, 困而不失
其所, 亨.

왕애본에는 활(活)이 치(治)로 되어 있다. 지금 제가의 판본을 따른다. 우(訧)
는 음이 우(尤)이니, 죄(罪)이다. 팔(八)은 화(禍)의 중(中)이 되나 낮에 해당하
니, 군자가 죄가 없는데 화(禍)를 만난 것이다. 만약 자기의 도를 살펴서 화
(禍)를 화(禍)로 여기지 않으면, 하늘은 도는 선을 행하는 자에게 복을 주니[77]
반드시 나를 살려줄 것이다. 『주역』에서 말하기를 "곤해도 그 마땅한 곳을
잃지 아니하면 형통하리라"[78]라고 하였다.

┃上九 : 俟厄厄, 天撲之顙. 測曰 : 俟厄之撲, 終不可治也.

상구는, 곱사등이와 곱사등이를 기다리니, 하늘이 이마를 쳤다.[79]
측에 말하기를, 곱사등이를 기다려 이마를 쳤다는 것은 끝내 다스릴 수 없다는
것이다.

撲, 普卜切. 王曰, 厄者, 疾病仰向天也. 光謂, 撲, 擊也. 顙, 額也. 小人不
愼其初, 陷於禍極. 乃始厄厄然俟天[80]之救己, 天且益降之禍矣. 故曰, 天

....

내려 만물을 죽이는 것은 시절이 이에 마땅하다. 그러므로 '화를 화로 여기지 않는
다'. 오는 봄에 양이 생하면 반드시 다시 번성하고 자라난다. 그러므로 하늘이 나를
살리는 것을 기다린다. 비유하면 사람이 죄가 없으면 화를 화로 삼지 않고, 때를
기다려 움직이면 화는 반드시 스스로 소멸한다는 것이다.
77 역주 : '天道福善'은 『서경』「湯誥」, "天道福善禍淫, 降災於夏." 참조.
78 역주 : 『주역』「困卦·象」에 나오는 말이다. 전문은 다음과 같다. "困, 上兌下坎. 困,
亨, 貞大人吉無咎, 有言不信. 象曰, 困, 剛揜也. 險以說, 困而不失其所, 亨, 其唯君
子乎. 貞大人吉, 以剛中也."
79 역주 : 이 구절은, 흉인의 죄악이 하늘을 덮으나 스스로 그 잘못을 고칠 줄 모르면
서 하늘이 자기를 구하기를 바라지만 도리어 이미 치는 것을 당한다는 것으로,
이것은 화에 빠지는 극한 상황에는 구할 수 있는 약이 없다는 것이다.
80 劉韶軍 點校 : '天'은 명초본에는 없다. 이것을 대전본, 도장본, 장사호본에 의거해
보충하였다.

撲之顙.

박(撲)은 보(普)와 복(卜)의 반절이다. 왕애는 말하기를 "왕(尪)이란 질병으로 몸이 하늘을 향한다는 것이다(즉 곱사등이라는 뜻)"라고 하였다. 사마광은 생각하기를 "박(撲)은 친다(擊)는 것이다. 상(顙)은 이마(額)이다. 소인이 그 처음을 신중하게 하지 않아 화(禍)의 극치에 빠졌다. 이에 처음으로 (곱사등이처럼) 등을 웅크리고 하늘이 자신을 구제해주기를 기다리는데 하늘이 또 더욱 화(禍)를 내린 것이다. 그러므로 말하기를 "하늘이 이마를 쳤다"라고 하였다.

☷ 一方三州一部一家.
1방, 3주, 1부, 1가다.

從
종(從)

陽家, 水, 準隨.
종수(從首)는 양가(陽家)이고 (5행에서는) 수(水)이며, 『주역』「수괘(隨卦)」에
준한다.

▌陽躍于淵, 于澤, 于田, 于嶽, 物企其足.
양이 연못에서 뛰어 오르고,[81] 못에서 뛰어 오르고, 밭에서 뛰어 오르고, 산악
에서 뛰어 오르니, 만물들은 그 발을 발돋움하면서 좇는다.

宋曰, 陽氣踊躍, 在淵澤田嶽者, 謂其高下備矣, 萬物亦企其足而隨之.
송충은 말하기를 "양기가 뛰어 올라 연못과 밭과 산악에 있다는 것은 그것이

. . . .
81 역주 : '躍於淵'은 『시경』「大雅·文王之什·旱麓」, "鳶飛戾天, 魚躍於淵. 豈弟君子,
遐不作人." 참조.

높고 낮은 것을 갖추었다는 것이니, 만물도 또한 그 발을 발돋움하여 따른다는 것을 말한 것이다"라고 하였다.

▌初一 : 日幽嬪之, 月冥隨之, 基. 測曰 : 日嬪月隨, 臣應基也.
초일은, 태양은 어두운데 달을 부인으로 하고, 달은 어두운데 태양을 따르니, 만물이 기반으로 삼았다.
측에 말하기를, 태양은 달을 부인으로 하고 달이 따른다는 것은 신하가 처음 응하여 따른 것이다.

嬪, 婦也. 基, 始也. 一爲思始, 故曰, 幽冥. 月始過朔, 潛隨日行, 若婦之從夫. 人君有爲, 始發盧於心, 而同德之臣已從而應之, 不謀而叶也.
빈(嬪)은 지어미(婦)이다. 기(基)는 처음(始)이다. 일(一)은 사(思)의 시(始)가 된다. 그러므로 유명(幽冥)이라고 하였다. 달이 처음 초하루를 지나가면 가만히 태양이 가는 데로 따라가니, 마치 부인이 지아비를 따르는 것과 같다. 인군이 큰일을 함에 있어 처음 마음에서 생각이 떠오르면 덕을 함께하는 신하들이 이미 따라 응하여, 도모하지 않아도 한마음이 되는 것이다.

▌次二 : 方出旭旭, 朋從爾醜. 測曰 : 方出朋從, 不知所之也.
차이는, 동방에서 해가 나오는 것이 욱욱하니, 벗들이 너의 무리를 따른다.
측에 말하기를, 동방에서 해가 나오니 벗들이 따른다는 것은 갈 곳을 알지 못한 것이다.

旭旭, 日初出之貌. 醜, 類也. 二爲思中而當夜, 小人之心雜, 將形於外, 如日之方出旭旭然, 反復思慮, 未知所之, 之善則善朋從之, 之惡則惡朋從之, 故曰, 朋從爾醜.
욱욱(旭旭)은 아침 해가 처음 나오는 모양이다. 추(醜)는 무리(類)이다. 이(二)는 사(思)의 중(中)이 되고 밤에 해당하니, 소인의 마음이 잡된 것이 장차 밖으로 나타나려 하는 것이 마치 태양이 동쪽에서 바야흐로 나올 때 욱욱한 것과 같아 사려를 반복하나 가는 곳을 알지 못하다가, 선으로 가면 좋은 벗들이 따르고, 악으로 가면 나쁜 벗들이 따른다는 것이다. 그러므로 말하기를 "벗들이 너의 무리를 따랐다"라고 하였다.

▎次三 : 人不攻之, 自牽從之. 測曰 : 人不攻之, 自然證也.

차삼은, (군자는) 사람들이 자신을 공격해 다스리지 않아도 스스로 본성에 이끌려 선을 따른다.

측에 말하기를, (군자는) 사람들이 자신을 공격해 다스리지 않는다는 것은 자연스럽게 바름을 따른다는 것이다.

三爲思終, 又爲進人而當晝, 君子率性自從於善, 不待攻治也. 證當作正.

삼(三)은 사(思)의 종(終)이 되고, 또 나아가는 사람이 되고 낮에 해당하니, 군자는 본성을 따라서 스스로 선을 따르는 것이지[82] 공격해 다스리는 것을 기다리지 않는다. 증(證)은 마땅히 정(正)으로 써야한다.

▎次四 : 鳴從不臧, 有女承其血匡, 亡. 測曰 : 鳴從之亡, 奚足朋也.

[차사는, (한 지아비가) 울면서 다른 사람이 자기를 따르는 것을 구하는 것은 좋지 않고, 여자가 (지아비가) 잡은 양의 피를 담은 광주리를 받았지만 아무 것도 없다.

측에 말하기를, 울면서 다른 사람이 자기를 따르는 것을 구했지만 아무 것도 없었다는 것은 어찌 벗할 수 있겠는가 하는 것이다.

王本朋作明. 今從諸家. 匡與筐同. 君子修德, 而人自從之, 鳴而求從, 不足善也. 施之夫婦, 則喪配耦而不復獲所求矣. 易曰, 女承筐, 無實. 士刲

....

82 역주 : 『중용』1장, "天命之謂性, 率性之謂道, 修道之謂敎." 참조.

羊, 無血. 無攸利.

왕애본에는 붕(朋)이 명(明)으로 되어 있다. 지금 제가의 판본을 따른다. 광(匡)은 광(筐)과 같다. 군자가 덕을 닦으면 사람들이 스스로 따르는 것이니, 울면서 따르는 것을 구하는 것은 좋을 수 없다. 베푸는 것을 부부에게 하면, 짝을 상실하고 구하는 것을 다시 얻지 못할 것이다. 『주역』에서 말하기를 "여자가 광주리를 받았는데 아무것도 없고, 선비는 양을 찔렀는데 피가 없다. 이로운 것이 없다"[83]라고 하였다.

▌次五 : 從水之科, 滿. 測日 : 從水之科, 不自越也.

차오는, 물이 아래로 흘러 구덩이로 가는 것을 따라가니, 가득하였다.

측에 말하기를, 물이 아래로 흘러 구덩이로 간 것을 따라갔다는 것은 스스로 넘치지 않은 것이다.[84]

王曰, 水之從下, 自然之理. 五旣得位當晝, 爲從之主. 物之從者, 如水之從科. 科者, 坎也. 滿科而已, 不復過越, 得中之道.

왕애는 말하기를 "물이 아래를 따르는 것은 자연의 이치이다. 오(五)는 이미 지위를 얻고 낮에 해당하니, 사물들이 따르는 주인이 된다. 사물이 따른다고 한 것은 물이 구덩이를 따라 흘러가는 것이다. 과(科)는 구덩이(坎)다. 구덩이에 가득 찰 따름이지, 다시 지나쳐서 넘치지 않으니, 중(中)의 도를 얻은 것이다"라고 하였다.

▌次六 : 從其目, 失其腹. 測日 : 從目失腹, 欲丕從也.

차육은, 그 눈이 좋아하는 바를 따르다가 그 배의 편안함을 잃었다.

· ·

83 역주 : 『주역』「歸妹卦」上六爻에 나오는 말이다.
84 역주 : 『맹자』「離婁章下」에서는 "盈科而後進."을 말한다. 『법언』「학행」에서는 "滿而後漸者, 其水乎."를 말한다.

측에 말하기를, 눈이 좋아하는 바를 따르다가 배의 편안함을 잃었다는 것은 크게 따르고자 한 것이다.[85]

王曰, 從其耳目之好, 失其心腹之安, 大從其欲, 亡之道也. 光謂, 六過中而當夜, 徇外欲而亡[86]其內德者也.

왕애는 말하기를 "그 귀와 눈이 좋아하는 것을 따라 하다가 그 마음과 배의 편안함을 잃어버리고, 그 하고자 하는 것을 크게 따르니 망하는 도이다"라고 하였다. 사마광은 생각하기를 "육(六)은 중(中)을 지나치고 밤에 해당하니, 밖의 욕심을 따르다가 그 안의 덕을 잃은 것이다"라고 하였다.

█ 次七：拂其惡, 從其淑, 雄黃食肉. 測曰：拂惡從淑, 救凶也.

차칠은, 그 악을 털고 그 맑은 것을 따르니, 웅황(雄黃)이 썩은 살을 먹었다. 측에 말하기를, 악을 털고 맑은 것을 따랐다는 것은 흉한 것을 구제한 것이다.

小宋本雄作䡾, 音雄, 今從諸家. 七爲禍始而當晝, 君子去惡從善, 如雄黃能去惡肉生善肉也. 故曰, 救凶也.

송유간본에는 웅(雄)이 웅(䡾)으로 되어 있으니, 음은 웅(雄)이다. 지금 제가의 판본을 따른다. 칠(七)은 화(禍)의 시(始)가 되나 낮에 해당하니, 군자가 악을 제거하고 선을 따르는 것이, 마치 웅황(雄黃)이[87] 썩은 살을 제거하고 새살로 돋아나게 하는 것과 같다. 그러므로 말하기를 "흉한 것을 구제한다"라고 하였다.

· · · · · · · · · · · · · · · · · · ·

85 역주 : 이 구절은, 이목의 外欲을 따르다가 심복의 정도를 잃었으니, 크게 욕망을
   따른 것이 망실의 도라는 것이다.
86 劉韶軍 點校 : '亡'은 명초본에는 '忘'으로 되어 있다. 이것을 대전본, 도장본, 장사
   호본에 의거해 고쳤다.
87 역주 : '웅황'은 천연적인 鷄冠石이 분해되어 만들어지는 광물로서, '석웅황'이라 한
   다. 瘡疽를 치료할 수 있다.

▌次八 : 從不淑, 禍飛不逐. 測曰 : 從不淑, 禍不可訟也.

차팔은, (소인이) 따르는 것이 맑지 않고, (소인이 저지르는) 화(禍)가 위로 흩날려 (드센데) 좇아 다스릴 수 없다.

측에 말하기를, (소인이) 따르는 것이 맑지 않다는 것은 화(禍)는 송사할 수 없다는 것이다.[88]

小宋本作訟不淑. 今從諸家. 宋曰, 不可辯訟而解. 光謂, 小人從於不善, 禍發如飛, 不可追治也.

송유간본에는 송불숙(訟不淑)으로 되어 있다. 지금 제가의 판본을 따른다. 송충은 말하기를 "송사는 변론해서 풀 수 없다"라고 하였다. 사마광은 생각하기를 "소인이 불선을 따라 화(禍)를 발한 것이 나는 것과 같으니 좇아서 다스릴 수 없다"라고 하였다.

▌上九 : 從徽徽, 後乃升于階, 終. 測曰 : 從徽徽, 後得功也.

상구는, 따르는 것이 아름답고 아름다우며, 뒤에 (한 단계 더 높은) 계단에 올라가니, (나쁜 상황이) 마쳤다.[89]

측에 말하기를, 따르는 것이 아름답고 아름답다는 것은 뒤에 공로를 얻은 것이다.

范本升作登, 今從諸家. (闕)

범망본에는 승(升)이 등(登)으로 되어 있다. 지금 제가의 판본을 따른다. 해설이 빠졌다.

· · · · · · · · · · · · · · · · · · · ·

88 역주 : 이 구절은, 선하지 않은 것을 따라 하기에 화가 오는데, 화가 오는 것이 나는 것 같아 송사를 하더라도 驅除할 수 없다는 것이다.

89 역주 : '徽徽'는 아름다움이 성한 모양이다. 이 구절은, 선을 따라 아름다운 것으로 나아가니, 덕에 나아가고 업을 닦아 날로 점차 올라가면 반드시 잘 마침이 있다는 것이다.

진進

䷢ 一方三州一部二家.

1방, 3주, 1부, 2가다.

進

진(進)

陰家, 火, 準晉. 入進[90]次六, 日舍婁.

진수(進首)는 음가(陰家)이고 (5행에서는) 화(火)이며, 『주역』「진괘(晉卦)」에 준한다.[91] 진(進)은 차육(次六)에서 들어가고, 태양은 누성(婁星)에 머문다.

▌陽引而進, 物出溱溱, 開明而前.

양이 끌고 나아가니, 사물이 많이 나와 열고서 밝혀 앞으로 나아갔다.

王本引作承. 今從諸家. 宋曰, 萬物隨之而出, 溱溱然盛也.

왕애본에는 인(引)이 승(承)으로 되어 있다. 지금 제가의 판본을 따른다. 송충은 말하기를 "만물이 따라 나가는 것이, 성하고 성하여 성대한 것이다"라고

· · · · · · · · · · · · · · · · · ·

90 劉韶軍 點校 : '進'은 명초본에는 '晉'으로 되어 있다. 이것을 대전본에 의거해 고쳤다.
91 역주 : 『주역』「序卦」에서는 "晉者, 進也."라고 한다.

하였다.

初一：冥進否, 作退母. 測曰：冥進否, 邪作退也.

초일은, 몰래 나아갔지만 바르지 않아서, 물러나는 근본적인 방법[退母]을 만들었다.[92]

측에 말하기를, 몰래 나아갔지만 바르지 않다는 것은 사특하여 물러난 것을 만든 것이다.

王曰, 失進之道, 退之本[93]也. 故曰, 作退母. 光謂, 一爲思始而當夜, 潛進而不以其正者也.

왕애는 말하기를 "나아가는 도를 잃은 것은 물러나는 근본이다. 그러므로 '물러나는 근본적인 방법[退母]을 만들었다'라고 했다"라고 하였다. 사마광은 생각하기를 "일(一)은 사(思)의 시(始)가 되고 밤에 해당하니, 몰래 나아가지만 그것은 바른 것으로써 하지 않은 것이다"라고 하였다.

次二：進以中刑, 大人獨見. 測曰：進以中刑, 刑不可外也.

차이는, 나아가는데 형벌에 적중하는 것으로써 하니, 대인이 홀로 그 핵심을 보았다.[94]

측에 말하기를, 나아가는데 형벌에 적중하는 것으로써 하였다는 것은 형벌을 도외시해서는 안 된다는 것이다.

王本無可字. 今從諸家. 闕

· · · · · · · · · · · · · · · · ·

92 역주 : 이 구절은, 冥暗한 때에 정도로 나아가지 않으니, 반드시 험난한 것을 만나 물러간다는 것이다.

93 劉韶軍 點校 : '本'은 명초본에는 '序'로 되어 있다. 이것을 대전본, 도장본, 장사호 본에 의거해 고쳤다.

94 역주 : 이 구절은, 나아가는 것은 법으로 해야 한다는 것으로, 법칙을 위반하지 않았다는 것은 대인의 獨見이 밝다는 것이다.

왕애본에는 가(可)자가 없다. 지금 제가의 판본을 따른다. 해설이 빠졌다.

次三：狂章章, 不得中行. 測曰：狂章章, 進不中也.

차삼은, 망령되게 나아가 의지할 곳을 잃어버려, 중도에서 행함을 얻지 못하였다.
측에 말하기를, 망령되게 나아가 의지할 곳을 잃었다는 것은 나아간 것이 적중하지 못한 것이다.[95]

王本狂作往. 今從諸家. 三爲思外,[96] 過中而當夜, 妄進者也. 故曰, 狂章章. 章章, 失據貌.

왕애본에 광(狂)이 왕(往)으로 되어 있다. 지금 제가의 판본을 따른다. 삼(三)은 사(思)의 밖이 되고 중(中)을 지나치고 밤에 해당하니, 망령되게 나아간 것이다. 그러므로 "망령되게 나아갔다"라고 하였다. 장장(章章)은 의지할 곳을 잃은 모양이다.

次四：日飛懸陰, 萬物融融. 測曰：日飛懸陰, 君道隆也.

차사는, 해가 날아서 (하늘에 올라가) 음에서 멀리 떨어지니, 만물들이 화락하였다.
측에 말하기를, 해가 날아서 음에서 멀리 떨어졌다는 것은 군주의 도가 융성한 것이다.[97]

· · · · · · · · · · · · · · · · ·

95 역주 : '狂'은 망령되이 나아가는 것을 말한다. 이 구절은, 망령되이 나아가 거처할 곳을 잃고, 행하는 것을 중도로 하지 않는다는 것이다. 『논어』「자로」에서는 "不得中行而與之, 必也狂狷乎. 狂者進取, 狷者有所不爲也."를 말한다.
96 劉韶軍 點校 : '外'는 명초본에는 '中'으로 되어 있다. 이것을 대전본, 도장본, 장사호본에 의거해 고쳤다.
97 역주 : 이 구절은, 양기가 승천하여 음에서 멀리 떨어지니 만물이 화목하고 잘 어울린다는 것이다. 비유하면 군주의 덕이 융성하고 밝음이 비추지 않음이 없어 천하가 화평하다는 것이다.

四爲福始而當晝, 君德進盛, 明無不燭, 如日飛登天, 離陰絶遠, 萬物融融然, 莫不昭明也.

사(四)는 복(福)의 시(始)가 되고 낮에 해당하니, 군주의 덕이 성대하게 나아가고 밝음이 비추지 아니함이 없는 것이, 마치 해가 날아서 하늘로 올라 음에서 아주 멀리 떨어지니 만물이 화락하여 밝지 않음이 없는 것과 같다.

▌次五：進以櫂疏, 或杖之扶. 測曰：進以櫂疏, 制于宗也.

차오는, 나아가는데 쇠스랑과 빗으로써 하여 (머리의 때를 제거하니), 지팡이를 잡은 늙은 현신(賢臣)이 도와주었다.[98]

측에 말하기를, 나아가는데 쇠스랑과 빗으로써 (하여 머리의 때를 제거) 하였다는 것은 종주(宗主)에게 어진 인물의 법도를 정해달라고 한 것이다.[99]

王本櫂作攫, 制作掣. 范本宗作尊. 今從二宋陸本. 宋陸王本杖作枝. 今從范本. 闕

왕애본에는 구(櫂)가 구(攫)로 되어있고 제(制)는 철(掣)로 되어 있다. 범망본에는 종(宗)이 존(尊)으로 되어 있다. 지금 송충본, 송유간본, 육적본을 따른다. 송충본, 육적본, 왕애본에는 장(杖)이 지(枝)로 되어 있다. 지금 범망본을 따른다. 해설이 빠졌다.

▌次六：進以高明, 受址無疆. 測曰：進以高明, 其道迂也.

차육은, 나아가기를 높고 밝은 것으로써 하니, 복(福)을 받음이 끝이 없다.

측에 말하기를, 나아가기를 높고 밝은 것으로써 하였다는 것은 그 도가 멀리까

····················

98 역주 : '疏'는 '빗[梳]'과 같다.
99 역주 : 이 구절은, 나아가는데 쇠스랑과 빗을 통해 때를 제거하여 어지러운 것을 다스렸는데, 또 나이든 賢臣의 도움을 얻었다는 것이다. 비유하면 明君이 간사함을 제거하고 어지러움을 다스리는데 현신이 함께 와서 도우니, 군주가 신하에게 제어를 받았다는 것이다.

지 간 것이다.[100]

范曰, 迂, 遠也. 光謂, 六爲隆福而當晝, 君子進德高明, 受福無疆也.
범망은 말하기를 "우(迂)는 멀다(遠)는 것이다"라고 하였다. 사마광은 생각하
기를 "육(六)은 융성한 복(福)이 되고 낮에 해당하니, 군자가 덕으로 나아감이
높고 밝아서 복(福)을 받는 것이 끝이 없다"라고 하였다.

■ 次七 : 進非其以, 聽咎窒耳. 測曰 : 進非其以, 毁滋章也.
차칠은, (소인은) 나아가는데 올바른 도로써 하지 않으니, 귀에 허물된 말이
가득하다.
측에 말하기를, 나아가는데 그 올바른 도로써 하지 않았다는 것은 비방이 더욱
무성하고 뚜렷하다는 것이다.[101]

七爲禍始而當夜, 小人不以其道進升高位, 衆毁滋章, 塞耳而滿也.
칠(七)은 화(禍)의 시(始)가 되고 밤에 해당하니, 소인이 그 도로써 나아가 높
은 지위에 올라간 것이 아니니, 뭇 비방이 무성하고 뚜렷하여 귀를 막아도
가득하다는 것이다.

■ 次八 : 進于淵, 君子用船. 測曰 : 進淵用船, 以道行也.
차팔은, (군자가 무도한 세상에 인민의 어려움을 구하고자 하여) 못으로 나아
가니, 배를 사용하지 않으면 안 된다.
측에 말하기를, 못으로 나아가는데 배를 사용하였다는 것은 올바른 도로써

....
100 역주 : 이 구절은, 나아가 고명한 것에 이르고, 복을 받는 것이 멀리 자손에게까지
      미친다는 것이다.
101 역주 : 이 구절은, 소인이 나아가는데 잘못이 있으니 그 도로써 하지 않았기 때문
      이다. 즉 잘못된 것이 귀에 가득 찼지만 고치고자 하지 않으니, 잘못됨이 더욱
      심하다는 것이다.

행한다는 것이다.[102]

范本測作進淵且船. 今從諸家. 淵者, 險難之象. 八爲禍中, 故曰, 進于淵.
用船則淵可濟, 憑道則難可涉也.
범망본의 측에는 진연차선(進淵且船)이라 되어 있다. 지금 제가의 판본을 따
른다. 못[淵]이란 험난함을 상징한다. 팔(八)은 화(禍)의 중(中)이 된다. 그러므
로 말하기를 "못으로 나아갔다"라고 하였다. 배를 사용하면 못은 건널 수 있으
나, 맨발로 건너면 건너기가 어렵다.

▍上九 : 逆馮山川, 三歲不還. 測曰 : 逆馮山川, 終不可長也.
상구는, (소인이) 산과 개울의 험난함을 만나 맨발로 가니, 끝내[三歲] 돌아오
지 못하였다.[103]
측에 말하기를, 산과 개울의 험난함을 만나 맨발로 갔다는 것은 끝내 오래갈
수 없다는 것이다.

馮, 古憑字. 九爲禍窮而當夜, 小人進不以道, 至於上極, 而陷於禍, 不能自
返者也.
빙(馮)은 빙(憑)의 옛글자이다. 구(九)는 화(禍)가 극에 달한 것이 되고 밤에
해당하니, 소인이 나아가는 것을 도로 하지 않고, 위가 다한 곳에 이르러 화
(禍)에 빠지니, 스스로 돌아올 수 없다는 것이다.

. . . .
102 역주 : 이 구절은, 못에 나아가 물을 건너는데 배를 쓰니, 행한 것이 그 도를 얻었
다는 것이다. 비유하면 현인이 나아가는데 도를 얻어 행한 것이 덕에 합하니,
험난한 것을 만나더라도 반드시 평탄하게 된다는 것이다.
103 역주 : '逆'은 양웅의 『方言』에는 "逢也."라고 한다. 이 구절은, 나아가는데 산과
개울의 험난한 것을 만나 걸어서 갔기에 끝내 돌아올 수 없다는 것이다.

▦ 一方三州一部三家.

1방, 3주, 1부, 3가다.

釋

석(釋)

陽家, 木, 準解. 入釋次三二十六分一十一秒. 春分氣應. 故兼準震.

석수(釋首)는 양가(陽家)이고, (5행에서는) 목(木)이며,『주역』「해괘(解卦)」에
준한다.[104] 석(釋)은 차삼(次三) 26분 11초에서 들어가고 춘분(春分)의 기와
응한다. 그러므로 겸하여 「진괘(震卦)」와 준한다.[105]

⋯⋯⋯⋯⋯⋯⋯⋯⋯⋯

104 역주 :『설문』에서는 "解, 釋也."라 한다.
105 역주 :『태현경』의 81수 중 첫 번째 首인 中首와 (『태현경』의 81 수 중) 41번째
괘인 應首와 (『태현경』의 81수 중) 21번째 수인 釋首와 (『태현경』의 81 수 중)
61번째 수인 飾首가 分至의 자리에 붙인 것에 인하여 준한 것이다. 이것은 봄·여
름·가을·겨울 4계절의 춘분·하지·추분·동지를『태현경』의 해당 괘에 적용하여
풀이한 것이다. 중수가 동지라면 응수는 하지가 되고, 석수가 춘분이라면, 식수는
가을이 된다.

■陽氣和震, 圜煦釋物, 咸稅其枯, 而解其甲.

양기가 화하고 움직이니, 양기가 지금까지 꽉막혀있던 만물을 풀리게 하였다. 만물은 모두 그 마른 것에서 벗어나고 그 껍질을 풀었다.[106]

稅與脫同. 宋曰, 震, 動也. 圜, 陽形也. 范曰, 煦, 暖也.

세(稅)는 탈(脫)과 같다. 송충은 말하기를 "진(震)은 움직인다(動)는 것이며, 환(圜)은 양(陽)의 형이다"라고 하였다. 범망은 말하기를 "후(煦)는 따뜻하다(暖)는 것이다"라고 하였다.

■初一 : 動而無名, 酋. 測曰 : 動而無名, 不可得名也.

초일은, (군자는 미묘한 사이에) 움직여 만물을 화육하여 이름 하는 것이 없지만, 공덕은 성취한다.[107]

측에 말하기를, 움직이지만 이름 하는 것이 없다는 것은 이름 할 수 없다는 것이다.

王本作洞能無名. 今從諸家. 酋, 就也, 謂成功也. 一爲思始而當晝, 君子動於微眇, 化育萬物, 百姓見其成功, 而無能名焉. 故曰, 動而無名, 酋.

왕애본에는 통능무명(洞能無名)으로 되어 있다. 지금 제가의 판본을 따른다. 추(酋)는 성취한다(就)는 것이니, 공을 이룬 것을 이른 것이다. 일(一)은 사(思)의 시(始)가 되고 낮에 해당하니, 군자는 미묘한 데 움직여 만물을 화육시키는데 백성들은 그 성공을 보아도 그것을 이름 할 수 없다. 그러므로 말하기를 "움직여 (만물을 화육하여) 이름 하는 것이 없지만 공덕은 성취한다"라고 한 것이다.

....

106 역주 : 이 구절은, 양기가 온난하여 만물이 모두 解脫한다는 것이다.
107 역주 : '酋'는 '就'로서 성공을 가리킨다. 이 구절은, 양기가 和柔하면서 진동하여 만물을 화육하니 사람들이 그 성공한 것을 보지만 무엇이 그렇게 한 것인지는 알 수 없다는 것이다.

▌次二：動于響景. 測曰：動于響景, 不足觀聽也.

차이는, (소인은) 메아리와 그림자처럼[108] 사람을 따라 움직인다.

측에 말하기를, 메아리와 그림자처럼 사람을 따라 움직인다는 것은 보고 듣기에 부족하다는 것이다.[109]

響應聲, 景隨形, 皆動不由己者也. 二爲思中而當夜, 小人隨人而動, 如響景然, 故不足觀聽也.

메아리는 소리에 응하고, 그림자는 형체를 따르니, 모두 움직임이 자신에게서 말미암지 않은 것이다. 이(二)는 사(思)의 중(中)이 되고 밤에 해당하니, 소인이 사람을 따라 움직이는 것이, 마치 메아리와 그림자가 그러한 것과 같다. 그러므로 "보고 듣기에 부족하다"라고 하였다.

▌次三：風動雷興, 從其高崇. 測曰：風動雷興, 動有爲也.

차삼은, (군자의 명성이 드러나는 것이) 바람이 사방에서 움직이고 우레가 일어나는 것과 같아 백성들은 그 군자의 높고 숭고한 것을 따른다.[110]

측에 말하기를, 바람이 사방에서 움직이고 우레가 일어난다는 것은 움직임에 공적을 이룸이 있다는 것이다.

二宋陸本作從其高宗, 王本作從其道直高崇. 今從范本. 三爲成意而當晝, 君子動作之迹始見於外, 如風雷之益萬物, 故其功業日就高崇也. 故曰, 動有爲也.

송충본, 송유간본, 육적본에는 종기고종(從其高宗)으로 되어 있고, 왕애본에는

....

108 역주 : 여기의 '영(景)'자는 그림자 '影'자다.
109 역주 : 이 구절은, 움직인 것이 그림자 같아 헛되기만 하고 실질적인 것이 없기에 보고 들을 것이 없다는 것이다.
110 역주 : 이 구절은, 바람이 불고 우레가 일어나 만물을 윤택하게 하면서 기르니, 군자의 공효가 날로 창성해진다는 것이다. 『주역』「解卦·象傳」에서는 "天地解而雷雨作, 雷雨作而百果草木皆甲坼, 解之時大矣哉."를 말한다.

종기도직고숭(從其道直高崇)으로 되어 있다. 지금 범망본을 따른다. 삼(三)은
뜻을 이룬 것이 되고 낮에 해당하니, 군자 동작의 자취가 처음으로 밖에 나타
나는 것이 마치 바람과 우레가 만물에게 이익이 되는 것과 같다. 그러므로
그 공업이 날로 높고 숭고하게 된다. 그러므로 말하기를 "움직이는데 공적을
이룸이 있다"라고 하였다.

▌次四 : 動之丘陵, 失澤朋. 測曰 : 動之丘陵, 失下危也.
차사는, 움직여 못[四]을 떠나 (높은) 언덕[五]으로 가니, (낮은)못의 벗[四]을
잃었다.
측에 말하기를, 움직여 못을 떠나 (높은) 언덕으로 갔다는 것은 아래의 친구를
잃어버렸기에 위태롭다는 것이다.[111]

丘陵以諭高, 澤以諭下. 四爲福始而當夜, 小人之動, 務在升高, 而不顧其
下, 則不免孤危也.
언덕으로써 높은 것을 비유하고, 못으로써 낮은 것을 비유한 것이다. 사(四)는
복(福)의 시(始)가 되고 밤에 해당하니, 소인의 움직임은 높은 데 오르는 데
힘을 써 그 아래를 돌아보지 않으니, 외롭고 위태로운 것을 면치 못하게 된다.

▌次五 : 和釋之脂, 四國之夷. 測曰 : 和釋之脂, 民說無疆也.
차오는, 엉긴 기름을 풀듯이 은택을 베푸니, 사방의 나라가 평화로웠다.
측에 말하기를, 엉긴 기름을 풀듯이 은택을 베푼다는 것은 백성들이 기뻐함이
끝이 없다는 것이다.[112]

· · · · · · · · · · · · · · · · · · ·

111 역주 : 이 구절은, 움직여 높은 곳으로 나아가면서 그 아래를 보지 않아서 아래의
    기반을 잃어버렸기 때문에, 외롭고 위태로움을 면할 수 없다는 것이다.
112 역주 : 이 구절은, 군주가 덕택을 베풀고 사방의 나라를 화해하면, 평화롭고 안일
    하지 않음이 없어 백성들이 모두 기뻐한다는 것이다.

宋陸本和釋之脂作和釋脂民, 王小宋本作和釋脂. 今從范本. 說與悅同. 范
曰, 和脂諭濡協也. 夷, 平也. 光謂, 五以中和居盛位, 當日之晝, 聖人得[113]
位, 布其德澤, 和協四國, 莫不夷懌也.

송충본, 육적본에는 화석지지(和釋之脂)가 화석지민(和釋脂民)로 되어 있고
왕애본, 송유간본에는 화석지(和釋脂)로 되어 있다. 지금 제가의 판본을 따른
다. 열(說)은 기뻐한다는 열(悅)과 같다. 범망은 말하기를 "화지(和脂)는 적시
고 협력한다는 것(濡協)을 비유한 것이다. 이(夷)는 평화롭다(平)는 것이다"라
고 하였다. 사마광은 생각하기를 "오(五)는 중화로 성대한 지위에 있고 하루의
낮에 해당하니, 성인이 지위를 얻어 그 덕택을 베풀어 사방의 나라들을 화평하
게 하니 (백성들이) 기뻐하지 않음이 없다"라고 하였다.

▌次六 : 震于庭, 喪其和貞. 測曰 : 震於庭, 和正俱亡也.

차육은, (가까이 있는) 뜰에서 위엄을 떨치니, 그 화하고 바른 것을 상실하였다.
측에 말하기를, (가까이 있는) 뜰에서 위엄을 떨쳤다는 것은 화평하고 바른
것을 함께 잃은 것이다.

喪, 息浪切. 六二體之內而近於五, 庭之象也. 夫德以柔中國, 刑以威四夷,
以德懷近則近和, 以威憍遠則遠正. 今用震於庭, 失其所宜, 故和正俱亡也.
상(喪)은 식(息)과 량(浪)의 반절이다. 육(六)이 이체(二體)의 안에 있고 차오
(次五)에 가까우니 뜰의 상이다. 대저 덕으로써 나라 안을 부드럽게 하고, 형
으로써 사방의 오랑캐들에게 위엄 있게 해야 하니, 덕으로써 가까운 곳을 품으
면 가까운 곳이 화합하고, 위엄으로써 먼 곳을 두렵게 하면 먼 곳이 바르게
된다. 그런데 지금 뜰에서 위엄 떨치는 것을 사용하니 그 마땅한 것을 잃었다.
그러므로 "화평하고 바른 것을 함께 잃었다"라고 하였다.

. . . .

113 劉韶軍 點校 : '得'이 명초본에는 '之'로 되어 있다. 이것을 대전본, 도장본, 장사호
본에 의거해 고쳤다.

▌次七：震震不侮, 濯漱其詢. 測曰：震震不侮, 解恥無方也.

차칠은, (군자가 자신의) 위엄을 떨쳐 사람들이 무시하지 못하니, 그 수치스러운 것을 빨고 씻었다.[114]

측에 말하기를, (군자가 자신의) 위엄을 떨쳐 사람들이 무시하지 못하였다는 것은 군자가 수치심을 풀어버리니 욕을 줄 방법이 없다는 것이다.

漱, 素候切, 詢, 呼漏切. 漱, 瀚也. 詢, 恥也. 震震, 有威嚴之貌. 七爲禍始而當畫, 君子有威嚴之德, 人不敢侮, 故可以瀚濯其恥也.

수(漱)는 소(素)와 후(候)의 반절이다. 후(詢)는 호(呼)와 루(漏)의 반절이다. 수(漱)는 빤다(瀚)는 것이다. 후(詢)는 수치스럽다(恥)는 것이다. 진진(震震)은 위엄이 있는 모양이다. 칠(七)은 화(禍)의 시(始)가 되나 낮에 해당하니, 군자가 위엄의 덕이 있어 사람들이 감히 무시하지 못한다. 그러므로 그 수치스러운 것을 빨고 씻을 수 있다고 하였다.

▌次八：震于利, 顚仆死. 測曰：震于利, 與死偕行也.

차팔은, 이로운 것을 추구하기를 떨치니, 엎어지고 넘어져 죽었다.[115]

측에 말하기를, 이로움 것을 추구하기를 떨쳤다는 것은 죽음과 함께 간다는 것이다.

小人見利而動, 以陷禍中. 利死偕行, 而不自知也.

소인이 이로운 것을 보고 움직임으로써 화(禍) 속에 빠졌다. 이로움은 죽음과 함께 가는 것인데 스스로 알지 못한다.

· · · · · · · · · · · · · · · · · · · ·

114 역주 : 『설문』에서는 "詢, 詬"라고 한다. 즉 '치욕'이다.
115 역주 : 이 구절은, 화를 만나 스스로 반성할 줄 모르고 도리어 이로움을 쫓으니, 반드시 전복되어 죽음을 당한다는 것이다.

■ 上九 : 今獄後穀, 終說桎梏. 測曰 : 今獄後穀, 于彼釋殃也.

상구는, 지금은 옥살이를 하지만 뒤에는 살아나니, 마침내 질곡에서 벗어났다.[116]

측에 말하기를, 지금은 옥살이를 하지만 뒤에는 살아난다는 것은 저 화(禍)에서 풀려났다는 것이다.

宋陸本彼作皮. 今從范本. 說與脫同. 穀, 生也. 九爲禍窮, 故今獄也. 在釋而當晝, 故後穀也.

송충본, 육적본에 피(彼)는 피(皮)로 되어 있다. 지금 범망본을 따른다. 탈(說)은 '벗는다'는 탈(脫)과 같다. 곡(穀)은 산다(生)는 것이다. 구(九)는 화(禍)가 극에 달한 것이 된다. 그러므로 지금 감옥에 있다는 것이다. 풀리는 데 있고 낮에 해당한다. 그러므로 뒤에 살아났다는 것이다.

<hr />

116 역주 : 이 구절은, '구'가 화의 지극함에 처하였기에 지금은 옥살이 하지만, 화가 다하면 복이 이어지기에 뒤에는 질곡에서 벗어났다는 것이다. 즉 화를 제거하고 복을 얻으니, 마침내 질곡에서 벗어나 화를 면한다는 것이다.

격格

䷡ 一方三州二部一家.

1방, 3주, 2부, 1가다.

格

격(格)

陰家, 金, 準大壯. 格, 拒也.

격수(格首)는 음가(陽家)이고, (5행에서는) 금(金)이고 『주역』「대장괘(大壯卦)」
에 준한다.[117] 격(格)은 막는다(拒)는 것이다.

▌陽氣內壯, 能格乎羣陰, 攘而卻之.

양기는 안에서 장성하여 여러 음을 막을 수 있으니, 음을 물리쳐서 물러나게
하였다.

攘, 汝陽切. 卻, 去切.

양(攘)은 여(汝)와 양(陽)의 반절이다. 각(卻)은 거(去)와 략(略)의 반절이다.

· · · · · · · · · · · · · · · · · ·

117 역주 : 『玄錯』에서는 "格不容."이라고 한다. 양기가 强壯하면 음을 용납하지 않는
다. 이 구절은, 양기가 장대하여 양이 융성하고 음이 소멸한다는 것이다.

▌初一：格內善, 失貞類. 測曰：格內善, 中不宵也.

초일은, 안의 친속(親屬)의 선을 막으니, 바른 법을 잃어버렸다.[118]

측에 말하기를, 안의 친속의 선을 막았다는 것은 마음속의 바른 법이 아니라는 것이다.[119]

范本宵作省. 今從諸家. 吳曰, 宵與肖同, 引漢書入宵天地之貌. 宋曰, 宵, 類也. 類, 法也. 光謂, 善惡之原皆由乎思. 一爲思始而當夜, 拒善而納惡, 故失正類. (二爲思中而當晝, 拒惡而內善, 故幽正)

범망본에 소(宵)는 성(省)으로 되어 있다. 지금 제가의 판본을 따른다. 오비는 말하기를 "소(宵)는 소(肖)와 같으니, 『한서』의 인소천지지모(人宵天地之貌)를[120] 인용한 것이다"라고 하였다. 송충은 말하기를 "소(宵)는 류(類)이니, 류(類)는 법(法)이다"라고 하였다. 사마광은 생각하기를 "선과 악의 근원은 모두가 생각으로 말미암는 것이다. 일(一)은 사(思)의 시(始)가 되고 밤에 해당하니, 선을 막고 악을 받아들였다. 그러므로 바른 법을 잃어버렸다"라고 하였다.(二爲思中而當晝, 拒惡而內善, 故幽正)[121]

▌次二：格內惡, 幽貞. 測曰：格內惡, 幽貞妙也.

차이는, 안의 악을 막고, 그윽하게 바른 도를 잡았다.

측에 말하기를, 안의 악을 막았다는 것은 그윽하게 바른 것이 묘하다는 것이다.

范本作幽貞類. 今從諸家. 幽者, 內潛於心之謂也. 二爲思中而當晝, 拒惡而內善, 故幽正.[122]

....

118 역주 : '類'를 『爾雅』 「釋詁」에서는 "善也."라 한다.
119 역주 : 이 구절은, 안으로 선을 용납하지 않고 막아 버리고, 악을 용납하여 정직하고 선량한 것을 잃어버린 것은 마음을 성찰하지 않은 잘못이란 것이다.
120 역주 : 이 말은 『한서』 「刑法志」, "夫人宵天地之貌, 懷五常之性. 聰明精粹, 有生之最靈者也."에 나오는 말이다.
121 역주 : 이 구절은, 아래 次二에 들어갈 말이 잘못 初一에 들어간 것 같다. 본 번역본에서는 이 구절에 관한 해석은 次二에서 한다.

범망본에는 유정류(幽貞類)로 되어 있다. 지금 제가의 판본을 따른다. 유(幽)는 안으로 마음에 잠긴 것을 이른 것이다. 이(二)는 사(思)의 중(中)이 되고 낮에 해당하니, 악을 막고 선을 받아들인 것이다. 그러므로 그윽하게 바른 것을 잡은 것이다.

▌ **次三：裳格鞏鉤, 渝. 測曰：裳格鞏鉤, 無以制也.**

차삼은, 치마가 가죽 띠와 쇠 띠가 묶는 것을 막으니, 변화하여 혁대의 마땅한 역할을 잃은 것이다.

측에 말하기를, 치마가 가죽 띠와 쇠 띠를 막았다는 것은 제어하는 것이 없다는 것이다.[123]

二宋陸本制作掣, 王作掣. 今從范本. 范曰, 革帶曰, 鞏. 鉤, 所以屬鞏也. 王曰, 鞏鉤所以束其衣裳, 而反格拒之, 故當渝變而失宜也. 光謂, 三居下體, 故曰, 裳. 三爲下上而當夜, 臣拒君命, 不受約束, 必有變也.

송충본, 송유간본, 육적본에는 제(制)는 체(掣)로 되어 있고 왕애본에도 체(掣)로 되어 있다. 지금 범망본을 따른다. 범망은 말하기를 "가죽 띠를 반(鞏)이라고 한다. 쇠 띠는 가죽 띠를 묶는 것이다"라고 하였다. 왕애는 말하기를 "가죽 띠와 쇠 띠는 그 의상을 묶는 것인데 도리어 막았다. 그러므로 변화하여 마땅한 것을 잃은 것에 해당 한다"라고 하였다. 사마광은 생각하기를 "삼(三)이 하체에 있다. 그러므로 상(裳)이라고 하였다. 삼(三)은 아래의 생[下上]이 되고 밤에 해당하니, 신하가 군주의 명을 막고 약속을 받지 않아 반드시 변하는 것이 있다"라고 하였다.

· · · · · · · · · · · · · · · · · ·
122 역주 : 이 말은 원래 初一의 맨 끝부분에 있는 말이다. 의미상 次二에 해당하는 말이 잘못 들어간 것 같다. 여기서는 次二 부분에서 해석한다.
123 역주 : 이 구절은, 의상에서 鉤帶를 제거하여 신체를 제어할 수 없으면 정상적인 상태를 잃게 된다는 것이다.

▌次四：畢格禽, 鳥之貞. 測曰：畢格禽, 正法位也.[124]

차사는, 그물을 쳐 날짐승을 잡는 것을 막으니, 새가 올바로 자랄 수 있게 하는 바른 것이다.

측에 말하기를, 그물을 쳐 새가 올바로 자랄 수 있게 하였다는 것은 바른 법이 제 자리에 선 것이다.[125]

范曰, 畢, 罔也. 光謂, 四爲下祿而當晝, 君子之始得位者也. 得位則可以用法正邪而禁暴矣.

범망은 말하기를 "필(畢)은 그물(罔)이다"라고 하였다. 사마광은 생각하기를 "사(四)는 하록(下祿)이 되나 낮에 해당하니, 군자가 처음으로 지위를 얻은 것이다. 지위를 얻으면 법을 사용하여 사특한 것을 바르게 하고 포악한 것을 금할 수 있다"라고 하였다.

▌次五：膠漆釋, 弓不射, 角木離. 測曰：膠漆釋, 信不結也.

차오는, 활의 아교와 칠이 풀려 활을 쏘지 못하니, 활의 뿔과 나무가 흩어져 제 기능을 하지 못하였다.

측에 말하기를, 활의 아교와 칠이 풀렸다는 것은 믿음으로 맺지 못한 것이다.

射, 食亦切. 王曰, 物相[126]合者莫若膠漆. 角木之爲弓, 格而離之, 其可射乎. 光謂, 五性信, 又爲膠, 爲漆, 爲弓矢. 格者, 物相拒不合之象也. 弓以膠漆附合角木, 故可射. 君以信固結臣民, 故可使. 五以小人而居盛位, 不能以信結物, 上下離心, 故曰, 膠漆釋, 弓不射, 角木離.

....

124 역주 : 이 구절은, 『태현집주』에는 "畢格禽, 鳥之貞"으로 되어 있으나 "畢格, 禽鳥之貞"(鄭萬耕 校釋本)이 더 타당한 것 같아 이렇게 해석하였다.

125 역주 : 이 구절은, 그물을 막고 펼치지 않아 금조가 살게 되었다는 것이다. 비유하면 형은 베풀어졌지만 사용하지는 않으니, 만민이 편안함을 얻게 된 것은 법이 제 기능을 하였다는 것이다. 『예기』「月令」에서는 "田獵置罘羅罔畢."을 말한다.

126 劉韶軍 點校 : '相'은 명초본에는 '當'으로 되어 있다. 이것을 대전본, 도장본, 장사호본에 의거해 고쳤다.

석(射)은 식(食)와 역(亦)의 반절이다. 왕애는 말하기를 "사물이 서로 합하게 하는 것은 아교나 칠만한 것이 없다. 뿔과 나무로 활을 만드는데 (그것들이 붙는 것을) 막고 떨어지게 하면 쏠 수 있겠는가?"라고 하였다. 사마광은 생각하기를 "오(五)의 본성은 믿음이고, 또 아교도 되고, 칠도 되고, 활과 화살도 된다. 격(格)이란 사물이 서로 거부하여 합하지 않는 상이다. 활은 아교와 칠로 뿔과 나무를 붙이는 것이다. 그러므로 쏠 수 있다. 군주는 믿음으로 신하와 백성들을 단결시킨다. 그러므로 부릴 수 있다. 오(五)는 소인으로 성대한 지위지만 믿음으로 사물을 결집하지 못하니 위와 아래가 마음이 떠났다. 그러므로 '활의 아교와 칠이 풀려 활을 쏘지 못하니, 활의 뿔과 나무가 흩어져 제 기능을 하지 못하였다'라고 했다"라고 하였다.

▌次六：息金消石, 往小來奕. 測曰：息金消石, 美日大也.
차육은, 쇠를 낳고 돌을 소멸하니, 작은 것은 가고 큰 것이 왔다.[127]
측에 말하기를, 쇠를 낳고 돌을 소멸한다는 것은 아름다운 것이 날마다 커진 것이다.

范曰, 奕, 大也. 王曰, 所息者金, 所消者石. 所失者至小, 所得者光大. 光謂, 息, 生也. 生金而消石, 以美拒惡之象也. 六爲上祿而當畫, 君子道長而消小人者也. 故曰, 往小來大.
범망은 말하기를 "혁(奕)은 크다(大)는 것이다"라고 하였다. 왕애는 말하기를 "낳은 것은 쇠이고, 소멸하는 것은 돌이다. 잃어버린 것은 지극히 작고, 얻은 것은 빛나고 크다"라고 하였다. 사마광은 생각하기를 "식(息)은 난다(生)는 것이다. 쇠를 낳고 돌을 소멸한다는 것은 아름다운 것으로써 악을 막는 상이다. 육(六)은 상록(上祿)이 되고 낮에 해당하니, 군자의 도는 자라고 소인이 소멸한 것이다. 그러므로 말하기를 '작은 것은 가고 큰 것이 왔다'고 했다"라고 하였다.

....

127 역주 : 이 구절은, 쇠가 나오고 돌이 사라지며, 아름다운 것은 날마다 자라고 추악한 것은 날마다 사라지고, 작은 것이 가고 큰 것이 온다는 것이다.

■次七：格其珍類, 龜縞[128]屬. 測曰：格其珍類, 無以自匡也.

차칠은, (소인이) 그 보배로운 무리를 막으니, 도장과 인끈을 매는 높은 지위에 있는 것이 위태롭다.

측에 말하기를, (소인이) 그 보배로운 무리를 막았다는 것은 스스로 바로잡을 수 없다는 것이다.[129]

縞, 古蛙切. 范曰, 龜爲印, 縞爲綬. 光謂, 君子以善類自正, 故能保其福祿. 七爲綬, 又爲禍始而當夜, 小人去善類而不受者也. 拒其善類, 則拒其福祿也. 棄善失祿, 危孰甚焉.

과(縞)는 고(古)와 와(蛙)의 반절이다. 범망은 말하기를 "구(龜)는 도장이고, 과(縞)는 인끈이다"라고 하였다. 사마광은 생각하기를 "군자는 선한 무리로 써[130] 스스로를 바르게 한다. 그러므로 그의 복록을 보호할 수 있다. 칠(七)은 인끈이 되고, 또 화(禍)의 시(始)가 되고, 밤에 해당하니, 소인이 선한 무리를 거부하고 받지 않은 것이다. 그 선한 무리를 막았다는 것은 그 복록을 막은 것이다. 선을 버리고 녹봉도 잃었으니 위태로움이 무엇보다도 심한 것이다"라고 하였다.

■次八：格彼鞏堅, 君子得時, 小人髥憂, 否. 測曰：格彼鞏堅, 誼不得行也.

차팔은, 군자는 권세가 있는 소인을 (두려워하지 않고) 단단히 막고 때를 얻어 의를 행하나, 소인은 그것을 두려워하여 배제하면서 걱정한다.

측에 말하기를, 군자는 권세가 있는 소인을 (두려워하지 않고) 단단히 막았다는 것은 마땅함을 행할 수 없다는 것이다.[131]

....

128 역주 : 이 글자는 밑의 주석을 참조하면 '縞'자로 보는 것이 타당하다.
129 역주 : 이 구절은, 위에 있는 자가 어진 자에 맡기고 능력 있는 자를 부리지 못하면서 도리어 그 선미한 사람을 막으니, 자신이 보조받을 수 없어 반드시 작록이 위태롭게 된다는 것이다.
130 역주 : 이 때의 '類'자는 '선하다[善]' 라는 의미로도 볼 수 있다.

王本礜作礜. 今從諸家. 髭, 音剔. 闕

왕애본에는 반(礜)이 반(礜)으로 되어 있다. 지금 제가의 판본을 따른다. 척
(髭)은 음이 척(剔)이다. 해설이 빠졌다.

■上九 : 郭其目, 鱎其角, 不庳其體, 撲 測曰 : 郭目鱎角, 還自傷也.
상구는, (소인이) 그 눈을 크게 뜨고, 그 뿔은 높이 하면서, 그 몸을 낮추지
않으니, 적수에게 물리침을 당하였다.
측에 말하기를, (소인이) 눈을 크게 뜨고 뿔을 높이 하였다는 것은 도리어 스
스로 손상된다는 것이다.

鱎, 音矯. 撲, 蒲角切. 范曰, 撲, 擊也. 王曰, 郭目, 張目也. 鱎角, 高其角
也. 光謂, 格者, 用壯拒物者也. 九居上之上, 用壯之極, 逢禍之窮, 當日之
夜. 小人張目高角, 以拒於人, 不卑其體, 故爲物所擊, 還自傷也.
교(鱎)는 음이 교(矯)다. 박(撲)은 포(蒲)와 각(角)의[132] 반절이다. 범망은 말하
기를 "박(撲)은 친다(擊)는 것이다"라고 하였다. 왕애는 말하기를 "곽목(郭目)
은 눈을 크게 뜬다(張目)는 것이다. 교각(鱎角)은 그 뿔을 높이 한 것이다"라고
하였다. 사마광은 생각하기를 "격(格)이란 씩씩한 것을 사용하여 사물을 막은
것이다. 구(九)는 상(上)의 상(上)에 있으면서 씩씩함을 사용한 것이 지극한
것이고, 화(禍)가 극에 달한 것을 만나고, 하루의 밤에 해당하니, 소인이 눈을
부릅뜨고 뿔을 높이는 것으로써 사람들에 거절당하나 그의 몸을 낮추지 않는
다. 그러므로 사물에게 공격당하여 도리어 스스로 손상된다"라고 하였다.

· · · · · · · · · · · · · · · · ·
131 역주 : 이 구절은, 군자가 재위할 때 권세를 두려워하지 않고 강직한 것으로 간사
      한 것을 막을 수 있으니, 이것은 군자가 의를 행하고 도를 통달한 때이다. 그러나
      소인은 다치게 하는 것을 만나면 간사한 것을 막지 않고 걱정한다는 것이다.
132 역주 : '撲'은 『태현경』 주석에서는 '곽'으로 발음하라고 한다. 여기서는 우리나라
      에서 사용하는 음인 '박(혹은 복)'으로 한다. 중국어로는 '撲'은 pū 로 발음된다.

이夷

☵ 一方三州二部二家.
1방, 3주, 2부, 2가다.

夷
이(夷)

陽家, 土, 準豫. 入夷次三, 日舍胃. 夷, 傷也, 平也. 不傷於物則不能平矣.
舊準大壯, 非也.
이수(夷首)는 양가(陽家)이고, (5행에서는) 토(土)이며, 『주역』「예괘(豫卦)」에
준한다.[133] 이(夷)는 차삼(次三)에 들어가고, 태양은 위성(胃星)에 머문다. 이
(夷)는 손상된 것(傷), 평이하다(平)는 것이다. 사물에 손상되지 않으면 평이
할 수 없다. 옛날에는 『주역』「대장괘(大壯卦)」에 준한다고 하는데, 그릇된 것
이다.

▌陽氣傷鬂, 陰無救瘦, 物則平易.
양기가 음을 손상하고 깎고, 음은 병들어도 구제함이 없으니, 사물은 (번식하

· · · · · · · · · · · · · · · ·

133 역주 : 『玄錯』에서는 "夷, 平易."라고 한다. 夷는 '상하게 한대傷」라는 뜻도 있다.
이 구절은, 양기가 장성하여 음을 상하게 하면 사물이 평이하게 된다는 것이다.

고) 평이(平夷)하게 된다.[134]

剔, 音剔. 痪, 戶悔切. 宋曰, 剔, 去也. 陸曰, 陽氣壯, 故夷傷陰而剔除之. 痪, 病也. 爲陽所傷, 故病也. 萬物無陰害, 故平易也. 光謂, 剔, 髡髮也. 大人曰, 髡, 小人曰, 髢, 盡盡身毛曰, 剔. 陽氣劃剔群陰, 陰不能自救其病, 然後物得生殖而平易矣.

척(剔)은 음이 척(剔)이다. 회(痪)는 호(戶)와 회(悔)의 반절이다. 송충은 말하기를 "척(剔)은 제거한다(去)는 것이다"라고 하였다. 육적은 말하기를 "양기가 씩씩하다. 그러므로 음을 상하고 손상시켜서 제거한다. 회(痪)는 병든다(病)는 뜻이니, (음기가) 양에 손상된다. 그러므로 병이 든다. 만물은 음의 피해가 없다. 그러므로 평이하다"라고 하였다. 사마광은 생각하기를 "척(剔)은 머리를 깎는다는 것이다. 대인은 곤(髡)이라 하고, 어린 아이는 체(髢)라 하고, 몸의 털을 다 깎아낸 것을 척(剔)이라고 한다. 양기가 모든 음을 깎아서 음이 스스로 그의 병을 구제할 수 없게 된 연후에 사물은 번식함을 얻어서 평이하게 된다"라고 하였다.

▌初一 : 載幽貳, 執夷內. 測曰 : 載幽執夷, 易其內也.

초일은, 처음에는 둘(=義와 利)에 어두웠지만, 평이(平夷)한 안을 잡았다.
측에 말하기를, 처음에는 어두웠지만 평이한 안을 잡았다는 것은 그 안을 평이(平夷)하게 한 것이다.[135]

范曰, 載, 始也. 光謂, 一爲思始而當晝, 發慮之始, 幽而未顯. 貳謂義利也. 二者交爭, 君子能取義而捨利, 執坦夷之心, 養浩然之氣, 自得於內, 無求於外者也. 子夏曰, 吾戰勝, 故肥.[136] 法言曰, 紆朱懷金之樂也外, 顏氏之

....

134 역주 : 음이 양에 의해 상하게 된다. 그러므로 病이라 일컫는다. 이 구절은, 양기가 음을 상하게 하여 제거하니, 만물이 양을 얻어 양육하여 평이하게 된다는 것이다.
135 역주 : 이 구절은, 思의 처음으로 한결같지 않으니, 마땅히 잡아서 평이하게 하여 마음을 전일하게 해야 한다는 것이다.

230 태현집주

樂也內.

범망은 말하기를 "재(載)는 처음(始)이다"라고 하였다. 사마광은 생각하기를 "일은 사(思)의 (始)가 되고 낮에 해당하니, 생각을 발한 처음에는 어두워 드러나지 않았다. 이(二)는 의로움[義]과 이로움[利]을 이른 것이다. 의로움과 이로움, 두 가지가 서로 다투니, 군자는 의로움를 취하고 이로움을 버릴 수 있으니, 평이한 마음을 잡고 호연의 기를 길러 안에서 스스로 얻지 밖에 구하는 것이 없다. 자하(子夏)는 '나는 (의로움을 보고 영화롭게 여겼고, 부귀한 것을 보고 또 영화롭게 여겼으니, 이 두 가지가 내 마음 속에서) 싸웠지만 이겼으므로 살쪘다'라고 하였다. 『법언』에서는 '제후국 군주의 즐거움은 겉으로 드러난 것이지만, 안회(顏回)의 즐거움은 안에서 솟아난 것이다'라고 했다"[137]라고 하였다.

▌次二：陰夷, 冒于天罔. 測曰：陰夷冒罔, 疏不失也.

차이는, 소인[陰]이 겉으로는 평이하고자 하나, 하늘의 그물에 걸렸다.
측에 말하기를, 소인[陰]이 평이하고자 하나 그물에 걸렸다는 것은 하늘은 성기어도 빠트리지 않는다는 것이다.[138]

陸曰, 天罔雖疏, 不失惡也. 光謂, 二爲罔, 又二爲思中而當夜, 小人爲隱慝, 陰傷於物, 自以人莫能知也. 然冒于天罔, 天必誅之. 老子曰, 天網恢恢, 疏而不失.

· · · · · · · · · · · · · · · · · ·
136 역주 : 『韓非子』「喩老」에 나오는 말이다. 전후 문맥은 "子夏見曾子, 曾子曰, 何肥也. 對曰, 戰勝故肥也. 曾子曰, 何謂也. 子夏入見先王之義, 則榮之, 出見富貴之樂, 又榮之. 兩者戰于胸中未知勝負, 故臞. 今先王之義勝, 故肥也."이다. 『史記』에도 관련된 문장이 나온다.
137 역주 : 『법언』「학행」에 나오는 말이다. '紆朱'는 제후국의 군주 즉 '후왕'을 가리킨다. '후왕'은 金印, 鬼組, 纁朱綬를 차고 있다.
138 역주 : 이 구절은, 음이 마음으로 법도가 아닌 것을 생각하고 은닉을 도모하면 사람들이 알지 못하더라도, 天網은 이미 그것을 알고 잡아서 반드시 毁傷을 입힌다는 것이니, 이와 같은 때에 양기가 음기를 손상시키는 것은 천도의 자연스러움이란 것이다.

육적은 말하기를 "하늘의 그물은 비록 성기어도 악을 빠트리지 않는다"라고 하였다. 사마광은 생각하기를 "이(二)는 그물이 되고, 또 이(二)는 사(思)의 중(中)이 되고 밤에 해당하니, 소인은 사특한 것을 숨기고 은밀히 사물을 손상시키는 것은 스스로 다른 사람들이 알 수 없다고 생각하기 때문이다. 그러나 하늘의 그물에는 걸리니, 하늘은 (이런 사특한 소인을) 반드시 주벌한다. 『노자』에서 말하기를 "하늘의 그물은 굉장히 넓어서 그물의 눈이 성기지만 (선한 자에게는 선을 주고 악한 자에게는 禍를 내려) 조금도 빠뜨리지 않는다'고 했다"[139]라고 하였다.

▌次三：柔, 嬰兒于號, 三日不嗄. 測曰：嬰兒于號, 中心和也.
차삼은, 부드럽기에, 어린아이가 울부짖으며 울었지만 3일 동안 목이 쉬지 않았다.
측에 말하기를, 어린 아이가 울부짖었다는 것은 중심이 화락한 것이다.

二宋陸王本嗄作嚘. 今從諸家. 號, 胡刀切. 嗄, 所嫁切. 王曰, 嚘, 氣逆也. 光謂, 嗄, 聲變也. 三爲成意而當晝, 君子咸德之厚, 至平以易. 如嬰兒雖三日啼號而聲不變者, 和柔故也. 老子曰, 赤子終日號而不嗄, 和之至也.
송충본, 송유간본, 육적본, 왕애본에는 사(嗄)가 우(嚘)로 되어 있다. 지금 제가의 판본을 따른다. 호(號)는 호(胡)와 도(刀)의 반절이다. 사(嗄)는 소(所)와 가(嫁)의 반절이다. 왕애는 말하기를 "사(嚘)는 거스르는 기(逆氣)이다"라고 하였다. 사마광은 생각하기를 "사(嗄)는 소리가 변한 것이다. 삼(三)은 뜻을 이룬 것이 되고 낮에 해당하니, 군자가 덕을 머금은 것이 두터워[140] 지극히 공평하고 간이(簡易)하다. 이것은 마치 어린 아이가 비록 3일 동안을 울었으나 목소리가 변하지 않은 것과 같은 것이니, 그것은 화락하고 부드럽기 때문이다. 『노자』에 말하기를 '어린 아이가 종일토록 울부짖어도 목이 쉬지 않는 것은

· · · · · · · · · · · · · · · ·
139 역주 : 『노자』73장에 나오는 말이다.
140 역주 : 『노자』55장에 "含德之厚, 比於赤子."라는 말이 나온다.

화함이 지극한 것이다'라고 했다"[141]라고 하였다.

■ 次四 : 夷其牙, 或飫之徒. 測曰 : 夷其牙, 食不足嘉也.
차사는, 그 이빨이 손상되어 평이(平夷)하니, 혹 실컷 먹은 것이 헛된 것이다.
측에 말하기를, 그 이빨이 손상되어 평이하다는 것은 먹은 것이 좋을 수 없다
는 것이다.

飫, 依旣切. 王曰, 牙旣平, 無可以食, 徒猶空也. 或飫以食, 徒空爾也. 光
謂, 四爲骨, 爲齒, 又爲福始而當夜, 小人貪祿以自傷者也. 故曰, 夷其牙.
牙傷則雖有美食不能食, 適足飫其徒屬而已.
어(飫)는 의(依)와 기(旣)의 반절이다. 왕애는 말하기를 "이빨이 이미 상해 평
이(平夷)하여 먹을 수 있는 것이 없다. 도(徒)는 헛되다(空)는 것이다. 혹 실컷
먹었지만 다만 헛될 뿐이다"라고 하였다. 사마광은 생각하기를 "사(四)는 뼈가
되고 이빨도 되고, 또 복(福)의 시(始)가 되고 밤에 해당하니, 소인이 녹봉을
탐하여 스스로 손상된 것이다. 그러므로 말하기를 '그 이빨이 상해 평이하다'
라고 하였다. 이빨이 손상되면 비록 아름다운 음식이 있더라도 먹을 수 없고,
다만 그 도속(徒屬)의 배를 부르게 할 뿐이다"라고 하였다.

■ 次五 : 中夷, 無不利. 測曰 : 中夷之利, 其道多也.
차오는, 마음이 평이하니, 이롭지 아니함이 없다.
측에 말하기를, 마음이 평이함이 이롭다는 것은 그 도가 다방면으로 통한 것이
다.[142]

宋陸本其道多作利其多. 今從范王本. 王曰, 中平以御於物, 物所歸往, 何

141 역주 : 『노자』73장에 나오는 말이다.
142 역주 : 이 구절은, '五'는 천자가 되어 평이하면서 은택이 사해에 미치니, 원근을
     막론하고 귀의하여 이롭지 않은 것이 없기에 길이 많다는 것이다.

不利之有乎. 五旣居中體正, 得位當晝, 是其中坦然平易也. 光謂, 五居盛
位而當晝, 能平易其心以待物者也, 則物無遠近皆歸之矣. 易曰, 易簡而天
下之理得矣.

송충본, 육적본에는 기도다작리기다(其道多作利其多)로 되어 있다. 지금 범망
본, 왕애본을 따른다. 왕애는 말하기를 "마음이 평이한 것으로 사물을 거느리
면 사물이 돌아 올 것이니, 어찌 이롭지 않은 것이 있겠는가? 오(五)는 이미
중(中)에 있고 몸체가 바르고, 지위를 얻고 낮에 해당하니, 이것은 그 마음이
평탄하고 평이(平易)한 것이다"라고 하였다. 사마광은 생각하기를 "오(五)는
성대한 지위에 있으면서 낮에 해당하니, 그 마음을 평이(平易)하게 함으로써
사물을 기다릴 수 있다면 사물이 멀고 가까운 것 없이 모두 돌아온다. 『주역』
에서는 '쉽고 간이하나 천하의 이치를 얻는다'고 했다"[143]라고 하였다.

▌次六 : 夷于廬, 其宅丘虛. 測曰 : 夷于廬, 厥德亡也.
차육은, (소인이) 오두막집을 손상하니, 그 집이 빈 언덕이 되었다.
측에 말하기를, (소인이) 오두막집을 손상하였다는 것은 그 덕이 없어진 것이
다.[144]

德者, 君子之常居也. 六過中而當夜, 小人始毀傷其德, 喪其安者也.
덕이란 군자가 항상 거처하는 곳이다. 육(六)은 중(中)을 지나치고 밤에 해당
하니, 소인이 처음으로 그 덕을 손상하여 그 편안함을 상실한 것이다.

▌次七 : 幹柔幹弱, 離木艾金, 夷. 測曰 : 幹柔, 柔勝彊也.
차칠은, 줄기가 부드럽고 줄기가 약한데, 두레박줄 같은 약한 것이 강한 우물

---

143 역주 : 『주역』「계사전상」1장에 나오는 말이다.
144 역주 : 이 구절은, 그 오두막집이 손상되면 집도 폐허가 된다는 것이다. 집으로
    인자함을 비유하였기에 덕이 망한 것이라 한 것이다. 『법언』「수신」에서는 "仁,
    宅也.라"고 한다.

의 난간을 끊고, 약한 숫돌이 강한 쇠를 날카롭게 다스리니, 평이(平夷)하게
되었다.

측에 말하기를, 줄기가 부드럽다는 것은 부드러운 것이 강한 것을 이긴 것이다.
宋陸本測柔幹柔勝彊也. 范本幹柔艾金弱勝彊也, 王本幹柔弱勝彊也[145], 小
宋本柔幹之離柔勝彊也, 今幹柔從王, 柔勝彊從宋陸本. 艾, 魚廢切. 王曰,
雖居過滿, 而得位當晝, 得夷之道. 是能以柔弱之物夷平於堅剛也. 光謂, 離
木如汲綆之斷井幹, 艾金如越砥之利[146]刀劍, 以弱勝强, 終就平夷者也.

송충본, 육적본의 측에는 유간유승강야(柔幹柔勝彊也)으로 되어 있고, 범망본
에는 간유예금약승강야(幹柔艾金弱勝彊也)로 되어 있고, 왕애본에는 간유약
승강야(幹柔弱勝彊也)로 되어 있고, 송유간본에는 유간지리유승강야(柔幹之
離柔勝彊也)로 되어 있는데, 여기서 간유(幹柔)는 왕애본을 따르고, 유승강(柔
勝彊)은 송충본, 육적본을 따른다. 예(艾)는 어(魚)와 폐(廢)의 반절이다. 왕애
는 말하기를 "비록 지나치게 가득찬 곳에 있더라도 지위를 얻고 낮에 해당하
니, 평이(平夷)한 도를 얻었다. 이것은 부드럽고 약한 물건으로 단단하고 굳센
것을 평이(平夷)하게 한 것이다"라고 하였다. 사마광은 생각하기를 "이목(離
木)이란 두레박줄이 우물의 난간을 끊는 것과 같은 것이요, 예금(艾金)은 월나
라 숫돌이 칼날을 예리하게 하는 것과 같은 것이니, 약한 것으로 강한 것을
이겨[147] 마침내 평이(平夷)함으로 나아간 것이다" 라고 하였다.

▌次八 : 夷其角, 厲. 測曰 : 夷其角, 以威傷也.

차팔은, (소인이) 그 뿔이 손상되니, 위태롭다.

측에 말하기를, (소인이) 그 뿔이 손상되었다는 것은 위엄을 부렸기에 손상된

---

145 劉韶軍 點校 : 이 한 구의 8글자는 명초본에는 없다. 이것을 아래 글 및 대전본,
    장사호본에 의거해 보충하였다.
146 劉韶軍 點校 : '利'는 대전본, 장사호본에는 '厲'로 되어 있다. 이것은 명초본 및
    도장본을 따른 것이다.
147 역주 : 『노자』36장에서는 "將欲翕之, 必故張之. 將欲弱之, 必故强之. 將欲去之,
    必故與之. 將欲奪之, 必故予之. 是謂微明. 柔弱勝剛强."을 말한다.

것이다.

八爲禍中而當夜, 小人用威而傷, 自危之道也.
팔(八)은 화(禍)의 중(中)이 되고 밤에 해당하니, 소인이 위엄을 사용하다가
손상되니 스스로를 위태롭게 한 도이다.

▌上九 : 夷于耆, 利敬病年, 貞. 測曰 : 夷耆之貞, 懸車鄉也.
상구는, (늙어서 그 지위를 사양한) 평이한 늙은이인데, (군주가 이처럼) 나이
든 병든 신하를 공경하면 이로우니, (이것은 군주가 취하는) 바른 도이다.[148]
측에 말하기를, 평이한 늙은이를 공경하는 것이 (군주가 취하는) 바른 도라는
것은 (군주가 신하에게) 수레를 매달게 하고 고향으로 향하게 하였다는 것이
다.[149]

陸曰, 致仕而歸於鄉黨也. 王曰, 敬其衰病與高年, 貞之道也. 光謂, 九爲九十,
又爲極. 君子老而辭位自處平易者也. 賢者以老病而歸, 人君所當欽奉也.
육적은 말하기를 "벼슬을 바치고 향당으로 돌아가는 것이다"라고 하였다. 왕
애는 말하기를 "그 쇠약하여 병들고 나이가 많은 신하를 공경하는 것은 바른
도이다"라고 하였다. 사마광은 생각하기를 "구(九)는 90세가 되고, 또 지극한

....

148 역주 : 이 구절은, 벼슬한지 오래되고 나이가 높으면 마땅히 사직하고 귀향하여
     평이하게 늙어가는 것이 나이가 많은 인물이 취할 바른 도라는 것이다. 군주를
     주어로 본다면, 군주가 그런 인물을 공경하는 것이 바른 도라는 식으로 해석이
     가능하다. 여기서는 사마광의 해석을 취해 후자로 번역한다.
149 역주 : '懸車鄉'은 薛廣德과 관련된 말이다. 『漢書』「薛廣德傳」에 薛廣德이 上書
     하여 사직하고 은퇴를 청구한 이야기가 실려 있다. 皇帝는 그의 辭呈을 허락하고
     그에게 安車 駟馬과 황금 60근을 내려주었다. 설광덕은 곧 수레를 몰고 동쪽으로
     沛地에 가서 은퇴하였다. 광덕이 沛郡에 돌아오자, 지방관원은 친히 邊界에서
     그를 영접하였고, 沛 땅 사람들도 영예롭게 생각하였다. 광덕은 뒤에 황제가 준
     안차를 매달아 후세 자손에게 물려주었다. 이로 인해 '현거'는 영예롭게 은퇴한다
     는 뜻이 되었다. 이런 점에서 "懸車之年"은 벼슬에서 물러나야 하는 나이를 말하
     기도 한다. 이른바 70세이다.

것도 된다. 군자가 늙어 지위를 사양하고 스스로 평이한 곳에 처한다는 것이다. 어진 이가 늙고 병들어 고향으로 돌아가면 인군은 마땅히 공경하고 받들어야 한다"라고 하였다.

▦ 一方三州二部三家.

1방, 3주, 2부, 3가다.

樂

락(樂)

音洛. 陰家, 水, 準豫. 入樂次七三分一十八秒. 日次大梁, 穀雨氣應. 斗建
辰位, 律中姑洗.

락수(樂首)는 음가(陰家)이고, (5행에서는) 수(水)이며, 『주역』「예괘(豫卦)」에
준한다.[150] 락(樂)은 차칠(次七) 삼분 18초에서 들어간다. 태양은 대량(大梁)에
머물러 곡우(穀雨)의 기와 응한다. 두(斗)는 진위(辰位)에 세우고, 율은 고선
(姑洗)에 맞춘다.

▌陽始出奧, 舒疊得以和淖, 物咸喜樂.

(淸明의 초기에) 양기가 처음으로 구석에서 나와, 양기가 펴지고 포개져 화락

· · · · · · · · · · · · · · · ·

150 역주 : 『釋文』에서는 "悅, 豫也."라 한다. 『주역』에 대한 孔穎達 疏에서는 "豫者,
取逸豫之義."라고 한다. 「玄錯」에서는 "樂, 佚瀁."이라 한다. '樂'은 '기뻐한다[豫]'
는 뜻에 가깝다.

하고 온화함을 얻을 수 있으니, 사물이 모두 기뻐하고 즐거워한다.[151]

淖, 奴敎切, 和也. 淸明之初, 陽始發出幽奧, 舒展疊積之物, 皆得和淖而喜樂.
뇨(淖)는 노(奴)와 교(敎)의 반절이니, 온화하다(和)는 것이다. 청명의 초기에 양이 비로소 깊숙한 구석에서 발출하니, 펴지고 쌓인 사물들이 모두 화락하고 온화함을 얻어 기뻐하고 즐거워한다.

▌初一 : 獨樂款款, 及不遠. 測曰 : 獨樂款款, 淫其內也.
초일은, (소인이) 홀로 즐기는 것이 관관 하니, 즐거움이 미침이 멀지 않다.
측에 말하기를, (소인이) 홀로 즐기는 것이 관관하다는 것은 그 안을 음란하게 한 것이다.[152]

范曰, 款款, 獨樂貌. 光謂, 一爲思始而當夜, 小人獨樂其身, 而不能與衆共之者也.
범망은 말하기를 "관관(款款)은 홀로 즐기는 모양이다"라고 하였다. 사마광은 생각하기를 "일(一)은 사(思)의 시(始)가 되고 밤에 해당하니, 소인이 홀로 그 자신을 즐기면서 무리와 함께 할 수 없다"라고 하였다.

▌次二 : 樂不可知, 辰于天. 測曰 : 樂不可知, 以時歲也.
차이는, (백성들이 경작하는) 즐거움의 근원을 알지 못하니, 하늘의 때에 맞게 하였기 때문이다.
측에 말하기를, (백성들이 경작하는) 즐거움의 근원을 알지 못한다는 것은 그때의 세월로 하였다는 것이다.[153]

· · · · · · · · · · · · · · · ·

151 역주 : 이 구절은, 양기가 땅위에 나와 올라가면서 그 기운을 펼치니, 쌓인 사물들이 거듭 화락하면서 기뻐하지 않음이 없다는 것이다.
152 역주 : 이 구절은, 즐겁고 기쁜 일을 다른 사람에게 미치지 않고 홀로 희희낙락하면서 즐기니, 그 마음이 미혹되고 어지럽게 된다는 것이다.

陸曰, 謂行德政使民懽樂, 若天時然, 使民不知政之所爲也.

육적은 말하기를 "덕정을 행하여 백성들로 하여금 환락하게 하는 것을 하늘이 때에 맞춰 운행되는 것처럼 하여[154] 백성들로 하여금 정치가 행해진 것을 알지 못하게 한다"라고 하였다.

▌次三 : 不宴不雅, 嘷呱啞咋, 號咷倚戶. 測曰 : 不宴不雅, 禮樂廢也.

차삼은, (마음이) 편안하지 않고 (몸이) 바르지도 않은데 (술을 먹고) 부르짖고 울고불고 큰소리치니, 근심이 환호하면서 가까이 문에 의지해 있을 뿐이다.[155] 측에 말하기를, (마음이) 편안하지 않고 (몸이) 바르지도 않았다는 것은 예악이 폐지된 것이다.

王本嘷作嘩. 今從諸家. 嘷, 古弔, 五弔二切. 啞, 音厄, 咋, 音責. 王曰, 嘷呱啞咋, 皆歡笑之聲也. 光謂, 宴, 安也. 雅, 正也. 三爲成意而當夜, 棄禮廢樂, 沈湎淫洗. 廢禮則不得其安, 廢樂則不得其正. 雖嘷呱啞咋, 苟窮目前之樂, 其憂患何遠哉. 近倚戶外而已. 詩魚藻刺幽王,[156] 言萬物失其性, 王鎬京, 將不能以自樂焉.

왕애본에 교(嘷)가 고(嘩)로 되어 있다. 지금 제가의 판본을 따른다. 교(嘷)는 고(古)와 조(弔), 오(五)와 조(弔)[157] 두 자의 반절이다. 액(啞)은[158] 음이 액(厄)

----

153 역주 : 이 구절은, 季春에는 때에 맞게 수고롭게 일하고, 제방을 쌓아 물길을 통하게 하여 길을 열고 뽕나무를 경작하는 것은 歲事를 즐기는 것이지만, 그것이 왜 즐거운 것인지를 모른다는 것이다.

154 역주 : "하늘의 때가 그러한 것처럼 한다"라는 것은 비가 와야 할 때 비를 내리고 눈이 와야 할 때 눈이 내려서, 모든 사물이 생존하게 한다는 것을 의미한다.

155 역주 : 이 구절은, 불안하여 바르지 않으면서 광적으로 소리를 지르거나, 미친 듯이 실소하고 대성통곡하면서 문에 기대어 웃음을 판다는 것으로, 예의법도를 잃어버림이 심한 것을 비유한 것이다.

156 역주 : 전문은 다음과 같다. 『시경』「小雅·魚藻之什」, "魚在在藻, 有頒其首. 王在在鎬, 豈樂飲酒. 魚在在藻, 有莘其尾. 王在在鎬, 飲酒樂豈. 魚在在藻, 依於其蒲. 王在在鎬, 有那其."

157 역주 : '嘷'는 '웃는 소리'라는 의미일 때는 '교'로 발음하고, '부르짖는다'는 의미일

이다. 책(咋)은 음이 책(責)이다. 왕애는 말하기를 "교고액책(嘷呱啞咋)은 모두
즐겁게 웃는 소리다"라고 하였다. 사마광은 생각하기를 "연(宴)은 편안하다
(安)는 것이고, 아(雅)는 바르다(正)는 것이다. 삼(三)은 뜻을 이룬 것이 되고
밤에 해당하니, 예를 버리고 악을 폐지하여 음란하고 방탕함에 푹 빠진 것이
다. 예를 폐지하면 그 편안함을 얻지 못하고, 악을 폐지하면 그 바른 것을
얻지 못한다. 비록 떠들고 울고 웃고 큰소리치면서 구차하게 눈앞의 즐거움을
다하지만 그 근심이 어떻게 멀겠는가? 근심이 가까이 문밖에 의지해 있을 따
름이다. 『시경』「어조(魚藻)」는 유왕(幽王)을 풍자한 것으로, 만물이 그의 본성
을 잃었는데 왕이 호경(鎬京)에 있으니 장차 스스로 즐기지 못할 것을 말한
것이다"[159]라고 하였다.

▌次四 : 拂其繫, 絶其繻, 佚厥心. 測曰 : 拂繫絶繻也, 心誠快也.
차사는, (군자는) 그 노끈을 제거하고, 그 그물 실을 끊어, 그 마음을 편안하게
하였다.
측에 말하기를, (군자는) 노끈을 제거하고, 그물 실을 끊었다는 것은 마음이
진실로 상쾌해진 것이다.[160]

繫與系同. 繻, 戶圭切. 拂, 去也. 繻維, 網中繩也. 四爲條暢而當晝, 君子
志道, 樂以忘憂, 外物不能累, 樂莫先[161]焉. 故曰, 拂其繫, 絶其繻, 佚厥心.
계(繫)는 계(系)와 같다. 휴(繻)는 호(戶)와 규(圭)의 반절이다. 불(拂)은 제거

．．．．．．．．．．．．．．．．．．．
　　때는 '규'라고 발음된다. 『태현경』 주석에서는 '교'로 발음하라고 한다.
158 역주 : '啞'은 '웃는다'고 할 때는 '액'으로 발음하고, '벙어리'라고 할 때는 '아'라고
　　발음한다.
159 역주 : 『시경』「小雅·魚藻」의 본문과 관련된 전문은 다음과 같다. "魚在在藻, 有
　　頒其首. 王在在鎬, 豈樂飲酒. 魚在在藻, 有莘其尾. 王在在鎬, 飲酒樂豈. 魚在在
　　藻, 依於其蒲."
160 역주 : 이 구절은, 매인 것을 제거하고 구속하는 것이 없어 뜻이 펴지는 것을 얻으
　　면, 마음이 진실로 상쾌해진다는 것이다.
161 劉韶軍 點校 : '先'은 장사호본에는 '大'로 되어 있다.

하다(去)는 것이다. 휴유(繼維)는 그물의 노끈이다. 사(四)는 막힘없이 잘 통하
는 것이 되고 낮에 해당하니, 군자가 도에 뜻을 두고 즐거움으로 근심을 잊어
서 외물이 더럽힐 수 없으니, 즐거움이 이보다 앞선 것이 없다. 그러므로 "그
맨 것을 제거하고, 그 맨 것을 끊어 그 마음을 편안하게 하였다"라고 하였다.

▌次五：鐘鼓喈喈, 管弦嚌嚌, 或承之衰. 測曰：鐘鼓喈喈, 樂後悲也.
차오는, 종고의 소리가 개개하고 관악기와 현악기의 소리가 채채하니, 이러한
환락은 (처음에는) 융성하지만 (후에는) 쇠약하게 된다.
측에 말하기를, 종고의 소리가 개개하였다는 것은 처음에는 즐겁지만 뒤에는
슬프다는 것이다.

嚌, 側皆切. 嚌嚌, 哀思之聲. 五以小人而享盛福, 恣其淫樂, 樂極必悲, 盛
極必衰也.
채(嚌)는 측(側)과 개(皆)의 반절이다. 채채(嚌嚌)는 슬퍼하면서 상념하는 소리
다. 오(五)는 소인으로 성대한 복(福)을 누리고 그 음란한 음악을 제멋대로
연주하니, 즐거움이 다하면 반드시 슬픔에 이르고, 성대함이 지극하면 반드시
쇠약해진다는 것이다.

▌次六：大樂無間, 民神禽鳥之般. 測曰：大樂無間, 無不懷也.
차육은, (백성들이 즐거워하는 것을 함께 하면서) 크게 즐기고 차별이 없으니,
백성들과 신과 새와 짐승들이 즐겼다.
측에 말하기를, (백성들이 즐거워하는 것을 함께 하면서) 크게 즐겁기 차별이
없다는 것은 (백성들을) 품어주지 않음이 없다는 것이다.

般, 蒲干切. 王曰, 六居盛位, 當晝之時, 爲首之主. 無間者, 天地之間, 萬
物咸樂, 人神鳥獸各遂其性而般遊也. 光謂, 般, 樂也. 六爲隆福, 又爲盛
多, 爲[162]極大. 太平之君子兼利萬物, 無有間異, 民神禽鳥, 靡不得所, 樂

熟大焉. 四爲下祿, 獨善其身. 六爲上祿, 兼利天下者也.

반(般)은 포(蒲)와 간(干)의 반절이다.[163] 왕애는 말하기를 "육(六)은 성대한 지위에 있고 낮에 해당하는 때로서, 수(首)의 주인이 된다. 무간(無間)이란 하늘과 땅 사이에서 만물이 모두 즐거워한다는 것이니, 사람과 신과 새와 짐승들이 각각 그의 본성을 이루고 즐겨 노는 것이다"라고 하였다. 사마광은 생각하기를 "반(般)은 즐긴다(樂)는 것이다. 육(六)은 융성한 복(福)이 되고, 또 성대함이 되고, 지극히 큰 것이 된다. 태평시대의 군자가 만물과 이로움을 함께하고 차별이나 우대함이 없이 백성과 신과 새와 짐승들이 그 마땅한 곳을 얻지 아니함이 없으니, 어떤 즐거움이 이보다 크겠는가? 사(四)는 하록(下祿)이 되고 홀로 그 몸을 선하게 한 것이다.[164] 육(六)은 상록(上祿)이 되니, 천하와 이로움을 함께 한 것이다"라고 하였다.

▌次七 : 人嘻鬼嘻, 天要之期. 測曰 : 人嘻鬼嘻, 稱樂畢也.

차칠은, (즐거움이 다하여) 사람이 탄식하고 귀신이 탄식하니, 하늘이 즐거운 시기를 묶고 연장하지 않았다.[165]

측에 말하기를, (즐거움이 다하여) 사람이 탄식하고 귀신이 탄식하였다는 것은 즐거움이 끝났음을 일컫는다.

宋陸本畢作卑. 今從范本. 要, 於宵切. 王曰, 要, 約也. 光謂, 嘻, 嘆聲也. 七爲禍始而當夜, 小人樂極禍來, 人鬼共嘆, 大命近止而不自知也.

송충본, 육적본에 필(畢)은 비(卑)로 되어 있다. 지금 범망본을 따른다. 요(要)는 어(於)와 소(宵)의 반절이다. 왕애는 말하기를 "요(要)는 묶는다(約)는 것이

---

162 劉韶軍 點校 : '爲'는 명초본에는 '又'로 되어 있다. 이것을 도장본에 의거해 고쳤다.
163 역주 : '般'은 중국어 발음일 때는 bān으로 발음되는데, 이것은 '蒲[bó]'와 '干[gān]'의 중국어 반절로 발음하라는 것이다.
164 역주 : 『맹자』 「진심장상」, "窮則獨善其身. 達則兼濟天下." 참조.
165 역주 : 이 구절은, 즐거워하는 것이 법도가 없으면 하늘이 노하고 사람이 원망하니, 즐거움이 다하면 슬픔이 멀지 않다는 것이다.

다"라고 하였다. 사마광은 생각하기를 "희(噫)는 탄식하는 소리다. 칠(七)은 화(禍)의 시(始)가 되고 밤에 해당하니, 소인이 즐거움을 다하자 화(禍)가 와 사람과 귀신이 함께 탄식하니, 큰 운명이 가까이에 머물러 있는데도 스스로 알지 못한 것이다"라고 하였다.

▌次八 : 嘻嘻自懼, 亡[166]彼愆虞. 測曰 : 嘻嘻自懼, 終自保也.
차팔은, (지나친 것을 스스로 반성하고 두려워하면서) 탄식하고 탄식하며 스스로 두려워하니, 저 허물과 근심이 없게 되었다.[167]
측에 말하기를, (지나친 것을 스스로 반성하고 두려워하면서) 탄식하고 탄식하며 스스로 두려워한다는 것은 끝내 스스로 보전할 수 있다는 것이다.

王曰, 樂道將極, 又居禍中, 危之道也. 然而得位當晝, 善於補過. 是於嘻嘻笑樂之中, 而能自懼, 則無愆過與憂虞矣.
왕애는 말하기를 "즐기는 도가 장차 지극하게 되고, 또 화(禍)의 중(中)에 있으니 위태로운 도이다. 그러나 지위를 얻고 낮에 해당하여 허물을 바로잡기를 잘한다. 이것은 탄식하고 탄식하며 웃고 즐기는 가운데 스스로 두려워할 수 있다면 허물이나 근심이 없게 될 것이다"라고 하였다.

▌上九 : 極樂之幾, 不移日而悲, 則哭泣之瀀資. 測曰 : 極樂之幾, 信可悔也.
상구는, 즐거움이 다하여 위태로운 상황에 빠지게 되어 하루가 채 가기 전에 슬픔이 오니, 곧 소리 내어 울며 한탄하게 된다.
측에 말하기를, 즐거움이 다하여 위태로운 상황에 빠지게 되었다는 것은 진실

· · · · · · · · · · · · · · · · · ·

166 劉韶軍 點校 : '亡'은 명초본에는 '忘'으로 되어 있다. 이것을 대전본, 도장본, 장사 호본에 의거해 고쳤다.
167 역주 : 이 구절은, 즐겁지만 스스로를 되돌아보고, 편안하지만 위태로움을 잊지 않으면, 잘못을 저지르거나 우려하는 것이 없게 된다는 것이다.

로 후회하였다는 것이다.

幾, 音機. 譺資與嗟咨同. 陸曰, 幾, 危也. 王曰, 居樂之極而又居當夜, 故
不待移日而悲至矣, 則哭泣嗟咨也. 光謂, 三者戒之於思, 五者戒之於福,
九者戒之於禍, 大指皆言樂不可極, 使人始終反復常念之也.

기(幾)는 음이 기(機)이다. 차자(譺資)는 차자(嗟咨)와 같다. 육적은 말하기를
"기(幾)는 위태롭다(危)는 것이다"라고 하였다. 왕애는 말하기를 "즐거움이 지
극한 것에 있고 또 밤에 해당한다. 그러므로 하루가 가기를 기다리지 않아도
슬픔이 이르니, 소리 내어 울고 탄식 한다"라고 하였다. 사마광은 생각하기를
"삼(三)은 사(思)에서 경계하는 것이요, 오(五)는 복(福)에서 경계하는 것이요,
구(九)는 화(禍)에서 경계하는 것이니, 크게 지적하여 모두 즐거움이 극에 달
해서는 안 되고, 사람으로 하여금 시작부터 끝까지 반복하여 항상 생각하라는
것을 말한 것이다"라고 하였다.

쟁爭

▦ 一方三州三部一家.

1방, 3주, 3부, 1가다.

爭

쟁(爭)

陽家, 火, 準訟.

쟁수(爭首)는 양가(陽家)이고, (5행에서는) 화(火)이고,『주역』「송괘(訟卦)」에 준한다.[168]

▍陰氣氾施, 不偏不頗, 物與爭訟, 各遵其儀.

양기가 널리 베푸니, 편벽되지 않고 치우치지도 않아, 사물이 더불어 다투고 송사하나, 각각 그 마땅함을 따른다.

氾, 敷梵切. 施, 式鼓切. 頗, 普何切. 儀, 宜也. 陽氣氾施平均, 物皆爭進, 求遂其宜也. 詩由儀美萬物之生, 各得其宜也.

····················

168 역주:『주역』「序卦傳」에서는 "飲食必有訟, 故受之以訟."을 말한다.

범(氾)은 부(敷)와 범(梵)의 반절이다. 시(施)는 식(式)과 고(鼓)의 반절이다. 파(頗)는 보(普)와 하(何)의 반절이다. 의(儀)는 마땅하다(宜)는 것이다. 양기가 널리 베풀어져 평평하고 고르니 사물이 모두 다투어 나아가 그 마땅함을 이루기를 구한다. 『시경』「유의(由儀)」에 말하기를 "만물이 태어나 각각 그 마땅함을 얻은 것을 아름답게 여긴다"라고 하였다.

初一 : 爭不爭, 隱冥. 測曰 : 爭不爭, 道之素也.

초일은, 다투지 않을 곳에서 다투니, 밖으로 그 자취가 드러나지 않는다. 측에 말하기를, 다투지 않을 곳에서 다툰다는 것은 도의 바탕이란 것이다.[169]

陸曰, 素, 質也. 王曰, 爭不爭, 謂爭於未形之時, 不見其迹也. 光謂, 一爲思始而當晝, 君子執道之[170]素, 爭於不爭之地, 外無其迹, 而物莫能勝也. 육적은 말하기를 "소(素)는 바탕(質)이다"라고 하였다. 왕애는 말하기를 "'다툴 상황이 아닌데 다투었다'라는 것은 아직 드러나지 않은 때에 다투어 그 자취가 드러나지 않은 것을 이른 것이다"라고 하였다. 사마광은 생각하기를 "일(一)은 사(思)의 시(始)가 되고 낮에 해당하니, 군자는 도의 바탕을 잡아서 다투지 않을 곳에서 다투어 밖으로 그 자취가 없으니, 사물은 승리할 수 없다"라고 하였다.

次二 : 嚇河臞. 測曰 : 嚇河之臞, 何可悃也.

차이는, (파리한 사람이 자신의 힘을 헤아리지 않고) 강을 무너트린다고 을러댔다.

169 역주 : 이 구절은, 유순하고 다투지 않는 덕이라야 진실로 소박하다는 것이다. 『노자』8장에서는 "上善若水, 水善利萬物而不爭, 處衆人之所惡, 故幾於道."를 말하고, 『노자』81장에서는 "聖人之道, 爲而不爭."을 말한다.

170 劉韶軍 點校 : '之'는 명초본에는 없다. 이것을 대전본, 도장본, 장사호본에 의거해 보충하였다.

측에 말하기를, (파리한 사람이 자신의 힘을 헤아리지 않고) 강을 무너트린다고 을러댔다는 것은 무엇을 믿을 수 있는가 하는 것이다.[171]

嚇, 呼駕切. 臞, 其俱切, 瘠也. 惆與怙同. 口拒人謂之嚇. 河之潰溢, 誰能拒之, 而臞瘠之人不量其力, 乃欲以口嚇之, 何足恃也. 詩云, 反[172]予來赫. 하(嚇)은 호(呼)와 가(駕)의 반절이다. 구(臞)는 기(其)와 구(俱)의 반절이니, 파리하다(瘠)는 것이다. 호(惆)는 호(怙)와 같다. 입으로 사람을 막는 것을 하(嚇)라고 한다. 강이 무너져 물이 넘쳐흐르면 누가 막을 수 있겠는가? 그런데 파리한 사람이 그의 힘을 헤아리지 않고 이에 입으로 을러대고자 하면 무엇을 족히 믿겠는가? 『시경』「대아·탕(蕩)」에 말하기를 "도리어 내게 화를 내네"[173]라고 하였다.

■ 次三 : 爭射齦齦. 測曰 : 爭射齦齦, 君子讓鄰也.
차삼은, (군자가) 활쏘기로 다투기를 하는데 공손하게 사양하였다.
측에 말하기를, (군자가) 활쏘기로 다투기를 하는데 공손하게 사양하였다는 것은 군자가 서로에게 (간곡하게) 사양한다는 것이다.[174]

范本, 齦作閵. 今從宋陸王本. 射, 神夜切. 齦, 音銀. 王曰, 君子之爭, 惟射而已. 齦齦, 觀至之貌. 讓鄰與讓相近也, 其意讀齦爲懇也. 光謂, 齦與閵同. 齦齦, 恭讓貌. 孔子曰, 君子無所爭, 必也射乎. 揖讓而升, 下而飮, 其爭也君子.

. . . .

171 역주 : 이 구절은, 불로써 내를 불태우면 물과 불이 서로 다퉈 둘 다 消耗하니, 무엇을 믿을 것인가 하는 해석도 있다.
172 劉韶軍 點校 : '反'은 명초본에는 '伊'로 되어 있다. 이것을 대전본, 도장본, 장사호본에 의거해 고쳤다.
173 역주 : 『시경』「大雅·蕩之什」에 나오는 말로, 전후 문맥은 다음과 같다. "嗟爾朋友, 予豈不知而作. 如彼飛蟲, 時亦弋獲. 既之陰女, 反予來赫."
174 역주 : 『논어』「팔일」에는 "君子無所爭, 必也射乎. 揖讓而升, 下而飮, 其爭也君子."라는 말이 나온다.

범망본에는 은(齦)이 은(誾)으로 되어 있다. 지금 송충본, 육적본, 왕애본을 따른다. 사(射)는 신(神)과 야(夜)의 반절이다. 은(齦)은 음이 은(銀)이다. 왕애는 말하기를 "군자가 다투는 것은 활쏘기뿐이다. 은은(齦齦)은 수고를 치하하는 것이 지극한 모양이다. 양린(讓鄰)은 더불어 사양하면서 서로 가까이한다는 것이니, 그 뜻은 은(齦)을 간절하다는(懇) 것으로 읽는다는 것이다"라고 하였다. 사마광은 생각하기를 "은(齦)은 은(誾)과 같다. 은은(齦齦)은 공손히 사양하는 모양이다. 공자는 '군자는 다투는 것이 없다. 다툰다면 반드시 활쏘기이다. 읍하고 사양하여 당에 오르고, 내려와 술을 마시니, 그 다투는 것이 군자답도다'라고 했다"[175]라고 하였다.

▌次四 : 爭小利, 不酋貞. 測曰 : 小利不絶, 正道乃昏也.
차사는, 작은 이로움을 다투니, 바른 도를 이루어 나아가지 못한다.[176]
측에 말하기를, 작은 이로움을 끊지 못한다는 것은 바른 도가 이에 어두워진다는 것이다.

王曰, 爭不以道, 而爭於小利焉, 宜其不就成貞正之道矣.
왕애는 말하기를 "다투는 것을 도로 하지 않고 작은 이익에서 다투니, 그 곧고 바른 도를 이루어 나가지 못하는 것은 마땅하다"라고 하였다.

▌次五 : 爭于逵, 利以無方. 測曰 : 爭于逵, 爭處中也.
차오는, 아홉 곳으로 통하는 길에서 다투니, 일정한 방향이 없는 것으로 하는 것이 이롭다.
측에 말하기를, 아홉 곳으로 통하는 길에서 다뤘다는 것은 다투는 것이 중(中)에 처했다는 것이다.[177]

. . . .
175 역주 : 이 문장은 『논어』 「학이」에 나온다.
176 역주 : '酋'는 '나아간다(就)'는 것이다. 이 구절은, 작은 이익을 다투고 밝은 도에
　　　분명하지 않으면, 바른 것에 나아갈 수 없다는 것이다.

范曰, 五處中位, 故稱逵, 逵, 九達道也. 光謂, 五爲中和而當晝, 君子執道之要, 統理之會, 應變無方, 物莫能爭.

범망은 말하기를 "오(五)는 중위에 처한다. 그러므로 규(逵)라고 칭하였다. 규(逵)는 아홉 곳으로 통하는 길이다"라고 하였다. 사마광은 생각하기를 "오(五)는 중화(中和)가 되고 낮에 해당하니, 군자가 도의 요체를 잡고, 이치가 모이는 것을 통제하고,[178] 변화에 응하는 것이 일정한 방향이 없으니 사물이 다툴 수 없다"라고 하였다.

▌次六 : 臂膊脛如, 股脚膹如, 維身之疾. 測曰 : 臂膊之脛, 臣大隆也.

차육은, 팔뚝과 어깨가 정강이만큼 커져서 부릴 수가 없고, 넓적다리와 다리가 부은 듯하니, 오직 몸의 질병이다.

측에 말하기를, 팔뚝과 어깨의 정강이만큼 커져서 부릴 수 없다는 것은 신하가 크게 융성한 것이다.[179]

王小宋本脛作脛, 其意[180]音迭, 腫也. 今從[181]宋范陸本. 范本測曰, 臂脛如股. 今從宋陸王本. 范曰, 枝大於幹, 臣大於君, 皆爲疾也. 光謂, 臂膊脛如, 言臂大如脛, 不可使也. 膹, 音噴, 肉腸起也. 六以陰質過中極大, 如臣之强盛, 君不能制者也. 賈誼曰, 天下方病大腫, 一脛之大幾如腰, 一指之大幾如股.

· · · · · · · · · · · · · · · · · · ·

177 역주 : 이 구절은, 中衢九達의 길에 처하여 사통팔달하니 이롭지 않음이 없다는 것이다.
178 역주 : 『주역』 「계사전상」 7장에 "聖人有以見天下之賾, 而擬諸其形容, 象其物宜, 是故謂之象. 聖人有以見天下之動, 而觀其會通, 以行其典禮." 이란 말이 나온다.
179 역주 : 이 구절은, 팔뚝과 어깨가 큰 것이 정강이 같아 쓸 수가 없고, 넓적다리와 다리가 부어서 행동할 수 없다는 것으로, 몸의 질병을 말한 것이다. 이것으로 신하가 강하고 군주가 약하면, 아래가 위를 능멸한다는 형세를 비유한 것이다.
180 劉韶軍 點校 : 대전본에는 '意' 자가 없다.
181 劉韶軍 點校 : '從' 아래 명초본에는 '大' 자가 있다. 이것을 주석의 문장 및 도장본, 장사호본에 의거해 삭제하였다.

왕애본, 송유간본에는 경(脛)이 질(胫)로 되어 있는데, 그 뜻은[182] 음이 질(迭)이라는 것으로, 붓는다(腫)는 것이다. 지금 송충본, 범망본, 육적본을 따른다. 범망본의 측(測)에는 비경여고(臂脛如股)로 되어 있다. 지금 송충본, 육적본, 왕애본을 따른다. 범망은 말하기를 "가지가 줄기보다 크고, 신하가 군주보다 큰 것은 모두가 병이 되는 것이다"라고 하였다. 사마광은 생각하기를 "팔뚝과 어깨가 정강이 같다고 한 것은. 팔뚝의 크기가 정강이와 같아서 부릴 수 없다는 것을 말한 것이다. 진(䐜)은 음이 진(嗔)으로서 몸이 부은 것이다. 육(六)이 음의 바탕으로서 중(中)을 지나친 것이 지극히 크니, 마치 신하가 강성하여 군주가 제어할 수 없는 것과 같다. 한나라의 가의(賈誼)는[183] '천하가 바야흐로 큰 종기를 앓아 정강이 하나의 크기가 거의 허리와 같고, 손가락 하나의 크기가 거의 넓적다리와 같다'라고 했다"[184]라고 하였다.

▌次七 : 爭干及矛軸, 用亨于王前行. 測曰 : 干矛之爭, 衛君躬也.

차칠은, 갑옷을 입고 방패와 창을 잡고 다투니, 방패를 왕의 앞 대열에서 잘 사용하였다.

측에 말하기를, 방패와 창을 잡고 다뤘다는 것은 군주의 몸을 호위한 것이다.[185]

王本爭干及矛作爭干及方測曰干方之爭. 今從諸家. 宋陸本用亨于王前行作用亨于王前行. 今從范王本. 軸與胄同. 行, 戶郎切. 七爲禍始, 用兵以

· · · · · · · · · · · · · · · · · · ·

182 역주 : 劉韶軍은 點校에서 대전본에는 '意' 자가 없다고 했는데, 여기서는 이것을 따라 해석했다.

183 역주 : 賈誼(기원前 200년~기원전 168年), 洛陽人. 西漢 初年의 저명한 정치평론가, 문장가. 저서에는 『新書』十卷이 있다. 代表作으로 「過秦論」,「陳政事疏」(「治安策」이라도 한다),「論積貯疏」 等이 있다.

184 역주 : 賈誼, 『治安策(=「陳政事疏」)』의 "天下之勢方病大瘇. 一脛之大幾如要, 一指之大幾如股."에 나오는 말이다.

185 역주 : 이 구절은, 갑옷을 입고 창을 매고 불선한 것을 막고, 왕의 앞 열에서 군왕의 안전을 도모한다는 것이다. 『시경』 「衛風·伯兮」에 "伯也執殳, 爲王前驅."라는 말이 있다.

爭者也. 故曰, 爭干及矛胄. 用兵以爭, 不以其私而從事, 吉孰大焉. 詩云,
元戎十乘, 以先啓行.

왕애본에 쟁간급모(爭干及矛)가 쟁간급방, 측왈간방지쟁(爭干及方, 測曰干方
之爭)으로 되어 있다. 지금 제가의 판본을 따른다. 송충본, 육적본에는 용형우
왕전행(用亨于王前行)이 용향우왕전행(用亨于王前行)으로 되어 있다. 지금 범
망본을 따른다. 주(軸)는 주(冑)와 같다. 항(行)은 호(戶)와 랑(郎)의 반절이다.
칠(七)은 화(禍)의 시(始)가 되니, 무기를 사용하여 다투는 것이다. 그러므로
"갑옷을 입고 방패와 창을 잡고 다투었다"라고 하였다. 무기를 써서 다툰 것은
자신이 사사로이 종사한 것이 아니니, 길한 것이 이것보다 큰 것이 있겠는가?
『시경』「소아·육월(六月)」에서 말하기를 "큰 병거 열 채로써 앞장서서 길을 여
네"[186]라고 하였다.

次八 : 狼盈口, 矢在其後. 測曰 : 狼盈口, 不顧害也.

차팔은, 이리가 자신의 입을 채울 줄만 알지, (자신을 해치는) 화살이 그 뒤에
있는 것을 모른다.[187]
측에 말하기를, 이리가 자신의 입을 채울 줄만 알았다는 것은 해로움을 돌아보
지 않은 것이다.

王曰, 狼之噬物盈口, 是爭不知後有害之者矣. 光謂, 狼性貪, 但知務盈其
口而不知矢在其後, 如小人爭利而不顧其害也. 天文弧矢星在狼後.

왕애는 말하기를 "이리가 물건을 물어 입을 채운다는 것은, 다투기만 하지
뒤에 해가 있다는 것을 알지 못한 것이다"라고 하였다. 사마광은 말하기를
"이리의 성질이 탐욕스러워 다만 그 입을 채우는데 힘을 쓸 줄만 알고 화살이
그 뒤에 있는 것을 알지 못하니, 마치 소인이 이로움만을 다투고 그 해로운
것을 돌아보지 않는 것과 같다. 천문(天文)에는 호시성(弧矢星)이 낭성(狼星)

---
186 역주 : 『시경』「小雅·六月」에 나오는 말이다.
187 역주 : 이 구절은, 탐욕스런 이리가 먹는 것을 탐하여 입에 만족하는 것만을 구하
    고, 뒤에 弓矢가 있는 것을 돌아보지 않아 해를 당한다는 것이다.

의 뒤에 있다"라고 하였다.

┃上九 : 兩虎相牙, 知掣者全. 測曰 : 兩虎相牙, 知所掣也.
상구는, 두 마리 호랑이가 서로 이빨로 깨물고 싸우니, (싸우지 않고 몸을)
끌어당겨 물러날 줄을 알면 온전하게 된다.
측에 말하기를, 두 마리 호랑이가 서로 이빨로 깨물고 싸운다는 것은 절제하여
물러날 줄 알아야 한다는 것이다.[188]

宋陸本測知所掣作製, 范本作制. 今從王本. 掣, 尺制切. 王曰, 爭之極者,
莫如虎鬪而相牙, 必有死傷之患. 若能懼於患害, 自掣而退, 乃可以全物,
不可以終爭. 故於爭極而見自退之象. 所以能知自退之道者, 以陽當晝故
也. 光謂, 掣, 引也.
송충본, 육적본의 측에는 지소체(知所掣)가 제(製)로 되어 있고, 범망본에는
제(制)로 되어 있다. 지금 왕애본을 따른다. 체(掣)는 척(尺)과 제(制)의 반절이
다. 왕애는 말하기를 "다툼의 극치는 호랑이가 다투면서 서로 물어뜯는 것
만한 것이 없으니, 반드시 죽거나 손상되는 근심이 있다. 만약 우환과 해로움
을 두려워하여, 스스로 끌어 당겨 물러날 수 있다면 이에 사물을 온전하게
할 수 있으니, 끝까지 다퉈서는 안 된다. 그러므로 다툼의 극치에서 스스로
물러나는 상을 보인 것이다. 스스로 물러나는 도를 알 수 있는 이유는, 양으로
서 낮에 해당하기 때문이다"라고 하였다. 사마광은 생각하기를 "체(掣)란 끌어
당긴다(引)는 것이다"라고 하였다.

....

188 역주 : '掣'는 '당겨 나아가지 않음'을 의미한다. 『주역』「睽卦」에서는 "見輿曳, 其
牛掣."를 말한다.

무務

🁣 一方三州三部二家.

1방, 3주, 3부, 2가다.

務

무(務)

陰家, 木, 準蠱. 入務次四, 日舍昴.

무수(務首)는 음가(陰家)이고, (5행에서는) 목(木)이고,『주역』「고괘(蠱卦)」에
준한다.[189] 무(務)는 차사(次四)에서 들어가고, 태양은 묘성(昴星)에 머문다.

▌陽氣勉務, 物咸若其心, 而摠其事.

양기는 힘쓰고 힘쓰니, 만물이 모두 양기가 힘쓰는 마음을 따라 그 일을 다스
렸다.[190]

· · · · · · · · · · · · · · · · · · · ·

189 역주 :『주역』「序卦傳」에서는 "以喜隨人者必有事, 故受之以蠱, 蠱者, 事也."라고
      한다.『爾雅』「釋詁」에서는 "務, 彊也."라 한다.『廣韻』에서는 "事, 務也, 專力也."
      라 한다. '務'는 '從事에 힘쓴다'는 것이다.「玄錯」에서는 "務, 無二."라고 한다.「玄
      衝」에서는 "務則喜."이라 한다. 專力으로 從事하기에 '둘이 없다(無二)'고 하며,
      開物成務하기에 '喜'라고 한다.
190 역주 : '若'은 '따른다[順]'는 것이다.『서경』「堯典」에서는 "欽若昊天."을 말한다.

陽氣勉務而生物, 物咸順其心而自憙, 摠其事而不二也.

양기는 힘쓰고 힘써 만물을 태어나게 하니, 만물은 모두 그 마음을 따라 스스로 기뻐하고 그 일을 다스려 둘이 아니었다.

▌初一 : 始務無方, 小人亦用罔. 測曰 : 始務無方, 非小人所理也.

초일은, (소인이) 처음부터 힘을 쓰나 방향이 없으니, 소인이 또한 없는 것[罔]을 쓴다.

측에 말하기를, (소인이) 처음부터 힘을 쓰나 방향이 없다는 것은 소인이 다스릴 바가 아닌 것이다.

范本作始用無方.[191] 今從宋陸王本. 宋陸王本無人字. 今從范本. 一爲思始, 可以應變無方. 然當日之夜, 非小人之所能爲也. 故曰, 小人亦用罔. 罔, 無也.

범망본에는 시용무방(始用無方)으로 되어 있다. 지금 송충본, 육적본, 왕애본을 따른다. 송충본, 육적본, 왕애본에는 인(人)자가 없다. 지금 범망본을 따른다. 일(一)은 사(思)의 시(始)가 되니 변화에 응하는 것에 방향이 없을 수 있다. 그러나 하루의 밤에 해당하니, 소인이 할 수 있는 바가 아니다. 그러므로 말하기를 "소인이 또한 없는 것을 쓴다"라고 하였다. 망(罔)은 없다(無)는 것이다.

▌次二 : 新鮮自求, 珍潔精其芳, 君子攸行. 測曰 : 新鮮自求, 光于己也.

차이는, (군자가 마음의 때를 제거하고) 새롭고 선명하게 하면서 스스로 수양

『시경』「小雅」에서는 "曾孫是若."을 말한다. 이 구절은, 이 때 양기가 부지런히 노력하여 사물을 자라게 하는데 힘을 쓰기에 만물이 모두 그 마음을 따라 장대하게 되니, 힘을 쓴 것이 둘이 아니라는 것이다.

191 劉韶軍 點校 : 萬玉堂에서 새긴 범망본에는 '始務無方'으로 되어 있어, 사마광이 인용한 것과 맞지 않는다.

하는 것을 구하고, 보배처럼 깨끗하고 그 향기는 정결하니, 군자가 행하는 바이다.

측에 말하기를, (군자가 마음의 때를 제거하고) 새롭고 선명하게 하면서 스스로 수양하는 것을 구하였다는 것은 몸에 빛이 난 것이다.[192]

王本芳作防, 防作臧. 今從諸家. 二爲思中而當晝, 君子精潔其心, 將以有爲者也.

왕애본에 방(芳)은 방(防)으로 되어 있고 행(防)은 장(臧)으로 되어 있다. 지금 제가의 판본을 따른다. 이(二)는 사(思)의 중(中)이 되고 낮에 해당하니, 군자가 그 마음을 정결하게 하여 장차 하는 일이 있다는 것이다.

▌次三 : 不拘不挈, 其心腐且敗. 測曰 : 不拘不挈, 其體不全也.

차삼은, (나무를 갉아먹는 벌레를 잡아) 제지하지 않아 구멍[心]이 파이면, 그 나무[小人]는 부패하여 무너지게 된다.

측에 말하기를, (나무를 갉아먹는 벌레를 잡아) 제지하지 않아 구멍이 파인다는 것은 그 몸체가 온전하지 못하다는 것이다.

宋陸王本其體不全作其滯全. 今從范小宋本. 挈, 尺制切. 三位思終而當夜, 小人觸情而動, 喪心虧體者也.

송충본, 육적본, 왕애본에는 기체부전(其體不全)이 기체전(其滯全)으로 되어 있다. 지금 범망본, 송유간본을 따른다. 체(挈)는 척(尺)과 제(制)의 반절이다. 삼(三)은 사(思)의 종(終)이 되고 밤에 해당하니, 소인이 감정을 자극하여 움직여 마음을 상실하고 육체를 손상시킨 것이다.

. . . .

192 역주 : 이 구절은, 군자가 그 마음을 정결하게 하여 옛 것을 제거하고 새로운 것을 구하고, 進德修業하면서 행하는 바가 있기 때문에 몸에 빛이 난다는 것이다.

■ 次四 : 見矢自升, 利羽之朋, 蓋戴車載. 測曰 : 矢及蓋車, 厥道然也.

차사는, 화살이 스스로 올라가는 것을 보니, (화살에 달린) 화살에 달린 깃털의 도움을 받은 이로움이 있어서이고, 수레가 짐을 싣고 갈 수 있는 것은 이고 덮은 것이 있어서이다.

측에 말하기를, 화살이 위로 올라가고 수레를 덮었다는 것은 (군자가 세상을 구하는) 도가 그러하다는 것이다.[193]

二宋陸測矢及蓋車作見矢及蓋, 范作矢及蓋. 今從王本. 范曰, 矢而自升, 羽之力也. 羽金朋合, 而後乃飛, 猶君臣同心乃馳風化也. 車之載物, 猶君子之濟世也.

송충본, 송유간본, 육적본의 측에는 시급개거(矢及蓋車)가 견시급개(見矢及蓋)로 되어 있고, 범망본에는 시급개(矢及蓋)로 되어 있다. 지금 왕애본을 따른다. 범망은 말하기를 "화살이 스스로 올라간 것은 (화살에 달린) 깃털의 힘이다. 깃털과 (화살의) 쇠가 무리지어 합한 뒤에야 나는데, 이것은 군주와 신하가 마음을 함께해야 풍습을 잘 전파시킬 수 있다는 것과 같다. 수레가 짐을 실었다고 한 것은 군자가 세상을 구제하는 것과 같다"라고 하였다.

■ 次五 : 蜘蛛之務, 不如蠶之緰. 測曰 : 蜘蛛之務, 無益人也.

차오는, 거미가 힘써 움직여 거미줄을 토해내나 누에가 (한번) 토해낸 비단만 같지 못하다.

측에 말하기를, 거미가 힘써 움직여 거미줄을 토해낸다는 것은 다른 사람에게 이익이 없다는 것이다.

緰, 音須, 衫帛也. 王改作襜翟之襜,[194] 音遙. 范曰, 蜘蛛有絲, 雖其勉務,

---

193 역주 : 이 구절은, 동심으로 협력하고 근면하게 종사하는 것이 나라를 일으키고 세상을 구제하는 도라는 것을 비유한 것이다.

194 劉韶軍 點校 : '襜'는 명초본, 대전본, 도장본, 장사호본에는 모두 '襜'로 되어 있다. 이것을 오류거본에 의해 고쳤다.

非人所用, 則不如蠶一繻之利也. 光謂, 五爲織, 爲衣, 爲繭. 小人事非其
事, 勞而無功, 故有是象. 旅獒曰, 不作無益害有益, 功乃成.

수(繻)는 음이 수(須)이니, 여자의 적삼을 만드는 비단이다. 왕애는 요작(繇翟)
의 요(繇)로 바꿔 썼는데, 음은 요(遙)다. 범망은 말하기를 "거미가 실을 뽑는
것은 비록 힘쓰는 일이지만, 사람이 사용하는 것이 아니라면 누에에서 실을
뽑아 하나의 적삼을 만드는 이로움만 같지 못하다"라고 하였다. 사마광은 생
각하기를 "오(五)는 짜는 것이 되고, 옷도 되고, 누에고치도 된다. 소인이 자기
일이 아닌 것을 일삼으니, 힘만 들고 공로가 없다. 그러므로 이 상이 있다.
『서경』「여오(旅獒)」에서 말하기를 '무익한 일을 일으켜 유익한 일을 해치지
않으면 공은 이에 이루어진다'라고 했다"라고 하였다.

▌次六：華實芳若, 用則臧若. 測曰：華芳用臧, 利當年也.

차육은, 꽃과 열매가 향기로운 듯하니, 사용하면 좋은 것 같다.
측에 말하기를, 꽃이 향기로워 사용하면 좋은 것 같다는 것은 그 해에 이롭다
는 것이다.[195]

范本無實字. 今從宋陸王本. 六爲極大, 務之大成者也. 務之大成, 莫若全
德, 華實兼茂, 年時芳盛, 則何用不臧也.

범망본에는 실(實)자가 없다. 지금 송충본, 육적본, 왕애본을 따른다. 육(六)은
지극히 큰 것이 되니, 힘쓴 것이 크게 이루어진 것이다. 힘쓴 것이 크게 이루어
진 것에는 온전한 덕만한 것이 없다. 꽃과 열매가 아울러 성대하고, 한해의
때가 아름답고 성대하면, 어디에 사용한들 좋지 않겠는가?

· · · · · · · · · · · · · · · · · ·

195 역주 : 이 구절은, 꽃과 열매가 융성하게 아름다우니 사용하면 좋다는 것이다.
비유하면 군자가 덕과 재주를 겸비하고 때에 미쳐서 업을 닦으면 그 사업과 공을
이룬다는 것이다.

▌次七：喪其芳, 無攸往. 測曰：喪其芳, 德以衰也.

차칠은, 그 향기를 잃었으니, 갈 곳이 없다.[196]

측에 말하기를, 그 향기를 잃었다는 것은 덕이 쇠약해진 것이다.

喪, 息浪切. 范曰, 七爲失志, 故德衰也.

상(喪)은 식(息)과 량(浪)의 반절이다. 범망은 말하기를 "칠(七)은 뜻을 잃은 것이 된다. 그러므로 덕이 쇠약해진 것이다"라고 하였다.

▌次八：黃中免于禍, 貞. 測曰：黃中[197]免禍, 和以正也.

차팔은, 중정한 것[黃中]으로 힘쓰면 화(禍)를 면하니, 바르다.

측에 말하기를 중정한 것[黃中]으로 화(禍)를 면한다는 것은 조화로움이 바른 것이다.

王曰, 八居過滿, 幾於禍者也, 而得位當晝, 以居上體之中, 是得黃中之道 以免咎悔者也. 光謂, 八爲禍中而當晝, 君子以中正爲務, 雖禍不害也.

왕애는 말하기를 "팔(八)은 지나치게 가득 찬 곳에 있어 화(禍)에 가까운 것이지만, 지위를 얻고 낮에 해당하며 상체의 중(中)에 있으니, 이것은 황중(黃中)의 도를 얻어 허물과 뉘우침을 면한 것이다"라고 하였다. 사마광은 생각하기를 "팔(八)은 화(禍)의 중(中)이 되나 낮에 해당하니, 군자는 중정(中正)으로 힘쓰는 것을 삼으면 비록 화(禍)가 있더라도 해롭지 않다"라고 하였다.

▌上九：務成自敗, 雨成自隊. 測曰：務成自敗, 非厥命也.

상구는, 힘쓴 것이 이루어졌지만 스스로 무너지니, 비가 이루어지면 스스로

---

196 역주 : 이 구절은, 재주와 덕이 이미 쇠하고, 일삼는 것이 쉽게 패하기에 갈 바가 없다는 것이다.

197 역주 : 『주역』 「坤卦·文言」에 "君子黃中通理, 正位居體, 美在其中而暢於四支, 發 於事業, 美之至也."라는 말이 나온다.

(땅으로) 떨어지게 된다.

측에 말하기를, 힘쓴 것이 이루어졌지만 스스로 무너졌다는 것은 그 천명이 아니라는 것이다.[198]

隊與墜同. 王曰, 處務之極, 而失位當夜, 則其所務之業雖成必敗. 如陰成雨隊必至之理, 其可救乎. 光謂, 萬物營爲, 務成終敗, 所以然者, 小人功成驕惰, 不能盡其天命故也.

추(隊)는 추(墜)와 같다. 왕애는 말하기를 "무수(務首)가 지극한 것에 처하여 지위를 잃고 밤에 해당하니, 그 힘쓴 바의 사업이 비록 이루어졌으나 반드시 무너지게 된다. 이것은 마치 음이 비를 이루면 떨어지는 것이 필연적인 이치인 것과 같으니, 그것을 구제할 수 있겠는가?"라고 하였다. 사마광은 생각하기를 "만물이 영위하여 힘써 이루어졌으나 마침내는 무너지는데, 그렇게 되는 이유는, 소인은 공을 이루면 교만하고 게을러져 그 천명을 다할 수 없기 때문이다"라고 하였다.

---

198 역주 : 이 구절은, 만물의 이루어짐은 자연스럽게 된다는 것으로, 급하게 이루어지는 것을 구하면 그 본성을 잃어버리니, 비록 이루어져도 반드시 무너진다는 것이다.

사事

▦ 一方三州三部三家.
1방, 3주, 3부, 3가다.

事
사(事)

陽家, 金, 準蠱.
사수(事首)는 양가(陽家)이고, (5행에서는) 금(金)이고, 『주역』 「고괘(蠱卦)」에 준한다.

▌陽氣大勖昭職, 物則信信各致其力.
양기는 크게 만물을 권면하여 만물이 성장하는 작용을 밝게 하니, 만물은 펴고 펴서 각각 그의 힘을 다하였다.[199]

范本勖作冒. 今從二宋陸王本. 信與伸同. 言陽氣勸勖萬物, 阜[200]膏覈莢,

. . . .
199 역주 : 이 구절은, 양기가 힘써 분명하게 만물을 성장하게 하는 직무를 드러내니, 만물이 모두 힘을 다하여 각각 자신들의 일을 쫓는다는 것이다.
200 劉韶軍 點校 : '阜'는 명초본에는 '부'로 되어 있다. 이것을 대전본에 의거해 고쳤다.

各明其職, 物則信信自竭其力, 各從其事也. 務者, 有所營爲, 事者, 各職其事也.

범망본에는 욱(勖)이 모(冒)로 되어 있다. 지금 송충본, 송유간본, 육적본, 왕애본을 따른다. 신(信)은 신(伸)과 같다. 양기가 만물을 힘써 권하여 열매와 씨를 검고 윤택하게 해 각각 그 맡은 일을 밝게 하면, 만물들은 스스로 그의 힘을 다하여 펴고 펴서 각각의 일을 좇는다는 말이다. 무(務)란 영위함이 있는 것이요, 사(事)란 각각 그 일을 맡는다는 것이다.

▌初一 : 事無事, 至無不事. 測曰 : 事無事, 以道行也.

초일은, 일을 해야 하나 (작위적으로) 일함이 없으니, 일삼지 아니함이 없는 것에 이른다.

측에 말하기를, 일을 해야 하나 (작위적으로) 일함이 없다는 것은 도로써 행한 것이다.[201]

王曰, 萬事皆理, 豈有爲也哉. 正其本而已. 然則處陽當晝,[202] 事之始, 能正其本者也. 光謂, 一爲思始, 心, 精之源, 萬事之本也. 君子澄其源, 正其本, 則事無不治矣. 老子曰, 無爲而無不爲.

왕애는 말하기를 "모든 일에는 모두 이치가 있는데 어찌 인위적으로 하는 것이 있으랴! 그 근본을 바르게 할 따름이다. 이렇게 하면 양에 처하고 낮에

· · · · · · · · · · · · · · · · · · ·

201 역주 : 이 구절은, 일없는 것을 힘써 행하면서 주관적인 맹동을 제거하고 사물의 객관적인 규율을 따르면, 행하지 못함이 없다는 것이다. 이것은 노자의 무위자연 사상을 개조한 것이면서, 『회남자』의 '因勢循理'의 무위설을 계승한 것이다. 『노자』3장에서는 "爲無爲, 則無不治."를 말하고, 57장에서는 "我無爲而民自化 … 我無事而民自富."를 말한다. 『회남자』「修務訓」에서는 "若吾所謂無爲者, 私志不得入公道, 嗜欲不得枉正術, 循理而擧事, 因資而立功, 推自然之勢, 而曲故不得容也."를 말한다.

202 劉韶軍 點校 : 이 구절 이하에서 '無不爲' 1절에 이르기까지의 53글자는 명초본에는 없다. 이것을 대전본, 도장본, 장사호본에 의거해 보충하였다. 그 중 도장본에는 '事無不治矣' 구절 중에 '治'자가 없다. 장사호본에는 '治'가 '理'로 되어 있다. 이것은 대전본에서 '治'로 되어 있는 것에 의거한 것이다.

당하여, 일을 시작함에 있어 그 근본을 바르게 할 수 있는 것이다"라고 하였다. 사마광은 생각하기를 "일(一)은 사(思)의 시(始)가 되고, 마음은 정기의 근원으로 모든 일의 근본이다. 군자는 그 근원을 맑게 하고 그 근본을 바르게 하면 곧 일이 다스려지지 않는 것이 없다. 노자는 '하는 것이 없으면서도 하지 아니함도 없다'라고 했다"[203]라고 하였다.

▌次二：事在樞, 不咨不諏, 喪其哲符. 測曰：不咨不諏, 其知亡也.
초이는, 일을 하는데 핵심이 있는데 (사사로운 지혜를 발휘하고 현명한 인물에게) 물어보지도 도모하지도 않으니, 자기의 지혜로움의 부신을 잃어버렸다.[204]
측에 말하기를, (사사로운 지혜를 발휘하고 현명한 인물에게) 물어보지도 도모하지도 않는다는 것은 그 지혜로움을 잃었다는 것이다.

諏與諏同, 子侯切. 又子于切. 知與智同. 符者, 所守之瑞也. 二爲思中, 故曰, 事在樞. 樞者, 榮辱安危所係[205]之地也. 事方在樞, 思而未行, 宜訪問於善以求至當, 而當日之夜, 愚而自用, 不咨不諏, 以喪其智符也. 堯稽于衆, 舜樂取於人以爲善, 孔子每事問.
주(諏)는 추(諏)와 같으니, 자(子)와 후(侯)의 반절이며 또 자(子)와 우(于)의 반절이다. 지(知)는 지(智)와 같다. 부(符)는 지키는 것의 상서러운 것이다. 이(二)는 사(思)의 중(中)이 된다. 그러므로 "일을 하는데 핵심되는 것이 있다"라고 하였다. 추(樞)란 영화와 욕됨, 편안함과 위태로움이 매어 있는 곳이다. 일이 바야흐로 중심에 있는데 생각만하고 행하지 않으니, 마땅히 선한 것을

· · · · · · · · · · · · · · · · · ·
203 역주 : 이 말은 『노자』 37장과 48장에 각각 나온다.
204 역주 : 이 구절은, 二가 思의 中이 되어 반복하여 고려하는 것이 일의 樞要가 되는데, 자문을 구하지 않고 스스로 자신의 생각을 지극히 하기 때문에 지혜와 도움을 잃게 된다는 것이다.
205 劉韶軍 點校 : '係'는 명초본에는 '升'으로 되어 있다. 이것을 대전본, 도장본, 장사호본에 의거해 고쳤다.

찾아 물음으로써 지극히 마땅함을 구해야 한다. 그러나 하루의 밤에 해당하여, 어리석으면서도 스스로 멋대로 하고, 자문도 하지 않고 묻지도 않는 것으로써 그 지혜의 부신을 잃었다. 요임금은 모든 이에게 상고하고,[206] 순임금은 즐겨 남에게 취하는 것을 좋다고 여겼고,[207] 공자는 모든 일을 물어서 하였다.[208]

▌次三 : 時往時來, 間不容髮. 測曰 : 時往時來, 不失趣也.

차삼은, 제 때에 가고 제 때에 오니, 그 사이가 털끝도 용납하지 않는다. 측에 말하기를, 제 때에 가고 제 때에 왔다는 것은 결행하는 것을 잃지 아니한 것이다.[209]

王本無容字. 今從諸家. 三爲成意, 思慮旣成, 當決志而行, 一失其時, 悔無所及, 故曰, 時往時來, 間不容髮, 言得失之間, 相去微也.

왕애본에는 용(容)자가 없다. 지금 제가의 판본을 따른다. 삼(三)은 뜻을 이룬 것이 되고, 사려가 이미 이루어진 것이니, 마땅히 뜻을 결정하여 행해야 한다. 한번 그때를 잃으면 후회해도 소용없다. 그러므로 "제 때에 가고 제 때에 오니, 그 사이가 털끝도 용납하지 않는다"라고 하니, 얻고 잃은 사이에 서로의 거리가 미미함을 말한 것이다.

▌次四 : 男女事, 不代之字. 測曰 : 男女事, 非厥務也.

차사는, 남자인데 여자의 일을 하는 것은 흉한 것으로, 젖을 주어 아이를 기르는 것은 여자의 일로서 남자가 대신할 수 없다.[210]

....

206 역주:『서경』「大禹謨」, "帝曰, 兪, 允若玆, 嘉言罔攸伏, 野無遺賢, 萬邦咸寧. 稽于衆, 舍己從人." 참조.

207 역주:『맹자』「公孫丑上」8장, "孟子曰, 大舜有大焉, 善與人同, 舍己從人, 樂取於人以爲善." 참조.

208 역주:『논어』「八佾」, "子入太廟, 每事問."

209 역주: '趣'는『설문』에서는 "疾也."라고 한다. 이 구절은, 가고 오는 時機를 잃지 않는다는 것이다.『주역』「계사전하」1장에서는 "變通者, 趣時者也."를 말한다.

측에 말하기를, 남자인데 여자의 일을 하였다는 것은 남자가 힘쓸 일이 아니라는 것이다.

王曰, 事非其事, 必之於凶. 男而女事, 事失之甚. 何不代之字育乎. 四失位當夜, 乖於其宜, 故云然也. 光謂, 男代女事則家凶, 君奪臣職則國亂, 明事各有常也.

왕애는 말하기를 "일삼을 것이 아닌데 일삼으면 반드시 흉하게 된다. 남자이면서 여자의 일을 하니 일을 잘못한 것이 심하다. 어찌 남자가 대신할 수 없는 낳고 기르는 일을 할 것인가? 사(四)는 지위를 잃고 밤에 해당하니, 그것이 마땅한 것에 어그러졌다. 그러므로 그러하다고 말하였다"라고 하였다. 사마광은 생각하기를 "남자가 여자의 일을 대신하면 집안이 흉하고, 군주가 신하의 직분을 빼앗으면 국가가 어지러워지니, (이것은) 일에는 각각의 떳떳함이 있다는 것을 밝힌 것이다"라고 하였다.

▌次五：事其事, 王假之食. 測曰：事其事, 職所任也.

차오는, (신하가) 해야 할 일을 일삼으니, 왕이 식록(食祿)을 주었다.[211]

측에 말하기를, (신하가) 해야 할 일을 일삼는다는 것은 맡은 바 직분이라는 것이다.

王曰, 假, 錫與也. 光謂, 事其事者, 事其所當事也. 恪其任, 故王與之食, 受福祿也.

왕애는 말하기를 "가(假)는 준다(錫與)는 것이다"라고 하였다. 사마광은 생각

· · · · · · · · · · · · · · · · ·

210 역주 : '字'는 『설문』에서는 "乳也."라고 한다. 즉 자녀를 양육한다는 것이다. 이 구절은, 남자가 여자가 하는 일을 하는데, 남자가 어찌 여자를 대신하여 자식을 기를 수 있겠는가 하는 것이다. 비유하면 가사와 나라의 직무는 각각 그 항상됨이 있어 夫妻와 君臣이 서로 대신할 수 없다는 것이다. 嚴君平은 『老子指歸』권20에서 "人君有分, 群臣有職, 審分明職, 不可相代."라는 것을 말한다.

211 역주 : 이 구절은, 그 직무에 힘쓰면 왕이 복록을 준다는 것이다.

하기를 "그 일삼을 것을 일삼았다는 것은 그가 마땅히 해야 할 일을 일삼았다는 것이다. 삼가 그 임무를 행하니 왕이 음식을 주었다고 한 것은, 복록(福祿)을 받았다는 것이다"라고 하였다.

▋次六：任大自事, 方來不救. 測曰：任大自事, 奚可堪也.

차육은, (자신의 능력이나 일의 경중을 따지지 않고) 큰일을 맡아 스스로 일하니, 일할 것이 바야흐로 오나 감당하지 못하였다.[212]
측에 말하기를, (자신의 능력이나 일의 경중을 따지지 않고) 큰일을 맡아 스스로 일한다는 것은 어찌 감당할 수 있을 것인가 하는 것이다.

六過中而極大, 力小而任重者也. 故曰, 任大自事. 事方大來, 故顚覆不救也.
육(六)은 중(中)을 지나치고 지극히 크니, 힘은 작고 책임은 무거운 것이다. 그러므로 "큰 일을 맡아 스스로 일하였다"라고 하였다. 일할 것이 바야흐로 크게 온다. 그러므로 전복되어 구하지 못한다.

▋次七：丈人扶孤, 豎子提壺. 測曰：丈人扶孤, 小子知方也.

차칠은, 지팡이 진 늙은이가 고아를 보살피고, 더벅머리 아이가 술병을 들고[213] 어른을 봉양한다.
측에 말하기를, 지팡이 진 늙은이가 고아를 보살폈다는 것은 어린 아이가 도를 알았다는 것이다.[214]

....

212 역주 : 이 구절은, 임무는 막중하나 힘이 모자라 그 힘을 다하지만, 구할 수 없고 패함에 이른다는 것이다.
213 역주 : '提壺'라고 할 때의 '壺'는 '禮'를 행하는 도구다. '提'는 '사용한다[用]'는 것이다. '제호'는 '호'를 사용하여 예를 행한다는 의미다.
214 역주 : '方'은 '道'다. 『주역』「恒卦」에서는 "君子以立, 不易方."을 말한다. 이 구절은, 장자가 고아와 유약한 이를 보살피고, 어린아이가 병든 노인을 봉양할 줄 아니, 모두 예에 통하고 도에 도달하였다는 것이다.

王曰, 七雖過滿, 而得位當晝, 不失事事之宜. 是丈人有扶持孤弱之事, 小子亦知提壺以致養也.

왕애는 말하기를 "칠(七)은 비록 지나치게 가득하나 지위를 얻고 낮에 해당하니, 일마다 마땅함을 잃지 않았다. 이것은 지팡이 진 늙은이가 부모 없는 고아를 보살피는 일이 있고, 더벅머리 아이도 또한 술병을 들고 어른을 봉양할 줄을 알게 된다는 것이다"라고 하였다.

▌次八 : 女男事, 十年不誨. 測曰 : 女男事, 終家不亨也.

차팔은, 여자인데 남자의 일을 하니, 오랫동안[10년]을 (가르쳐도 소용없어) 가르치지 않았다.

측에 말하기를, 여자인데 남자의 일을 한다는 것은 끝내 가도(家道)가 형통하지 않는다는 것이다.

范本作男女事. 今從宋陸王本. 王曰, 位居過滿而失位當夜, 乖事之宜. 是女代男事. 十年者, 數之極也. 不誨者者, 不可敎也. 光謂, 女任男事, 則家不亨. 臣侵君權, 則國不昌. 十年已往, 力勢已成, 不可復制, 故女不承男之敎, 臣不受君之命也.

범망본에는 남녀사(男女事)로 되어 있다. 지금 송충본, 육적본, 왕애본을 따른다. 왕애는 말하기를 "지위가 지나치게 가득 찬 곳에 있어 지위를 잃고 밤에 해당하니, 일의 마땅함이 어그러졌다. 이것은 여자가 남자의 일을 대신한 것이다. '10년'이란 수가 지극한 것이다. '가르치지 않았다'라는 것은 가르칠 수 없다는 것이다"라고 하였다. 사마광은 생각하기를 "여자가 남자의 일을 맡으면 집이 형통하지 않는다. 신하가 군주의 권한을 침범하면 나라가 창성하지 아니한다. 10년이 이미 지나게 되면 힘과 세력이 이미 이루어져 다시 제재할 수 없다. 그러므로 여자는 남자의 가르침을 받지 않고, 신하는 군주의 명을 받지 않는다"라고 하였다.

▌上九 : 到耳順止, 事貞. 測曰 : 到耳順止, 逆聞順行也.

상구는, (신하의 충언이) 귀에는 거슬렸지만 그것을 따라 행하니, 일이 바르게 되었다.

측에 말하기를, (신하의 충언이) 귀에는 거슬렸지만 그것을 따라 행하였다는 것은 귀에 거슬리는 것을 들었지만 따라 행하였다는 것이다.

到與倒同. 止與趾同. 九爲禍終而當晝, 能納忠補過, 不失正順者也. 忠言逆耳, 利於行, 良藥苦口, 利於病.

도(到)는 도(倒)와 같다. 지(止)는 지(趾)와 같다. 구(九)는 화(禍)의 종(終)이 되나 낮에 해당하니. 충언을 받아들이고 허물을 보충할 수 있으면 바르게 따르는 것을 잃지 않는다. 충언은 귀에 거슬려도 행동에는 이롭고, 좋은 약은 입에는 쓰지만 병에는 이롭다.[215]

· · · · · · · · · · · · · · · · · ·

215 역주 : 이 말은 『孔子家語』 「六本」, "良藥苦口, 利於病, 忠言逆耳, 利於行." 참조.

제 3 권

태현집주[太玄集注]

경更

≡≡ 二方一州一部一家.

2방, 1주, 1부, 1가다.

更

경(更)

更, 居亨切. 陰家, 水, 準革. 入更初一二十分九秒, 淸明氣應, 次八日舍天畢.
경(更)은 거(居)와 형(亨)의 반절이다. 경수(更首)는 음가(陽家)이고 (5행에서
는) 수(水)이고 『주역』「혁괘(革卦)」에 준한다.[1] 경(更)은 초일(初一) 20분 9초
에서 들어가 청명(淸明)의 기와 응하고, 차팔(次八)에서 태양은 천필(天畢)에
머문다.

▌陽氣旣飛, 變勢易形, 物改其靈.

양기가 이미 하늘에 있어 그 형세를 변하고 형체를 바꾸니, 만물이 본성을
바꾸어 신령스럽게 되었다.[2]

· · · · · · · · · · · · · · · · · ·

1 역주: 「玄衝」에서는 "更, 變也."라 하고, 「玄錯」에서는 "更, 造新."이라 한다.
2 역주: 이 구절은, 양기가 하늘 가운데에 올라가 만물이 크게 펴지고 형체를 바꾸
니, 모두 그 어리석음과 완고한 성질을 고쳐 靈明함에 이른다는 것이다.

宋曰, 在天稱飛.

송충은 말하기를 "하늘에 있는 것을 난다고 일컬은 것이다"라고 하였다.

█ 初一 : 冥化否貞, 若性. 測曰 : 冥化否貞, 少更方也.

초일은, 유소년 때에는 바르지 않은 것에 익숙하여 바르지 않으니, (타고난) 본성같이 되었다.[3]

측에 말하기를, 유소년 때에는 바르지 않은 것에 익숙하여 바르지 않다는 것은 어려서 방향을 바꾼 것이다.

少, 詩照切. 一爲思始而當夜, 幼少之時, 習於不正, 如其天性, 不可復改也. 賈誼曰, 幼成若天性, 習貫如自然. 少更方者, 道變於幼少之時也.

소(少)는 시(詩)와 조(照)의 반절이다. 일(一)은 사(思)의 시(始)가 되고 밤에 해당하니, 유소(幼少)년 때에는 바르지 않은 것에 익숙하여 그것이 천성처럼 되면 다시 고칠 수 없다. 가의(賈誼)는 "어려서 이루어진 것은 천성 같고, 습관은 자연 같다"[4]라고 하였다. "젊어서 방향을 바꾸었다"라고 한 것은 도가 어릴 때에 변화한 것이다.

█ 次二 : 時七時九, 軫轉其道. 測曰 : 時七時九, 不失當也.

차이는, (時勢의 盛衰를 알고) 차칠[양의 성대한 때]의 때에 하고, 차구[양의 쇠약한 때]의 때에 하듯 잘 변화하니, 바퀴가 (그 변화하는) 길에 따라 굴렀다.

측에 말하기를, (時勢의 盛衰를 알고) 차칠[양의 성대한 때]의 때에 하고 차구[양의 쇠약한 때]의 때에 하듯 잘 변화하였다는 것은 마땅한 것을 잃지 않은 것이다.[5]

. . . .

3 역주 : '若'자는 '따른다[順]'는 것으로도 해석할 수 있다. 이렇다면 이 구절은, 어린 자가 완고하고 부정한 성질을 고쳐 본성을 따라 행하게 하는 것이 어린 자를 교화하는 도라는 것이다.
4 역주 : 賈誼의 『治安策』에 나오는 말이다.

七者, 陽之盛也. 九者, 陽之衰也. 軫, 輪也.[6] 二思中而當晝, 君子消息盈
虛, 隨時衰盛, 如輪之轉, 應變無窮, 不失正當也.

칠(七)은 양이 성대함이고, 구(九)는 양이 쇠약함이다. 진(軫)은 수레바퀴(輪)
다. 이(二)는 사(思)의 중(中)이 되고 낮에 해당한다. 군자의 벼슬하고 물러남
이 때를 따라서 쇠약해지고 성대하게 되니, 마치 수레바퀴가 회전하여 변화에
응한 것이 다함이 없어 바르고 마땅함을 잃지 않은 것과 같다.

▌次三 : 化白于泥, 淄. 測曰 : 化白于泥, 變不明也.

차삼은, 하얀 것을 진흙에서 변화하게 하니, 검게 되었다.
측에 말하기를, 하얀 것을 진흙에서 변화하게 한다는 것은 변한 것이 분명하지
않다는 것이다.[7]

王曰, 凡改更之道, 貴於變惡從善. 今反爲泥淄, 失更之宜. 光謂, 淄, 黑也.
三爲思上而當夜, 與不善人, 如以白物涅於泥中, 與之皆黑也.

왕애는 말하기를 "무릇 고치는 도는 악을 변화시켜서 선을 따르는 것을 귀하게
여긴다. 지금은 도리어 진흙의 검은 것이 되니, 고치는 것의 마땅함을 잃은
것이다"라고 하였다. 사마광은 생각하기를 "치(淄)는 검다(黑)는 것이다. 삼(三)
은 사(思)의 상이 되고 밤에 해당하여 선하지 못한 사람과 함께 하니, 마치
하얀 물건이 진흙 속에 물들어 그것과 더불어 모두 검어진 것과 같다"라고
하였다.

• • • • • • • • • • • • • • • • • • • •

5 역주 : 7과 9는 홀수로서 양이 된다. '時七時九'는 양수가 전진한다는 것으로도 볼
   수 있다. 이렇게 되면 이 구절은, 변역하고 나아가 수시로 변화해야 할 때 변하면
   서 기회를 보아 행하면 바른 도를 잃지 않는다는 것이다.
6 劉韶軍 點校 : '軫輪也' 3글자는 명초본에는 없다. 이것을 대전본, 도장본, 장사호
   본에 의거해 보충하였다.
7 역주 : 이 구절은, 하얀 사물이 진흙 속에 들어가면 하얀 것이 점차 검은 것으로
   변하게 되는데, 그것을 사용하는 데에 정해진 수가 없어 분명하지 않다는 것이다.

▌次四：更之小得, 用無不利. 測曰：更之小得, 民所望也.

차사는, 변경하여 조금 얻으니, 사용함에 이롭지 않은 것이 없다.

측에 말하기를, 변경하여 조금 얻었다는 것은 백성들이 바란 것이다.

王本不利字下更有我否非其有恥六字. 今從諸家. 四爲福始而當晝, 變更之小得者也. 變[8]更小得, 合於民望, 用無不利.

왕애본에는 불리(不利) 글자 아래 다시 아부비기유치(我否非其有恥) 여섯 글자가 있다. 지금 제가의 판본을 따른다. 사(四)는 복(福)의 시(始)가 되고 낮에 해당하니, 변경하여 조금 얻은 것이다. 변경하여 조금 얻은 것이 백성들의 바람에 합하니, 사용하는 것에 이롭지 않은 것이 없다는 것이다.

▌次五：童牛角馬, 不今不古. 測曰：童牛角馬, 變天常也.

차오는, 뿔이 없는 소와 뿔이 난 말이니, (이런 것은) 지금도 그런 예는 없고 옛날에도 그런 예는 없었다.

측에 말하기를, 뿔이 없는 소와 뿔이 난 말이라는 것은 하늘의 떳떳한 것을 바꾼 것이다.[9]

王曰, 五居盛位而當夜, 是改更之道大不得其所. 牛反童之, 馬反角之, 不今不古, 無其事也. 光謂, 無角曰, 童. 小人得位, 妄變法度, 反易天常, 旣不適於今, 又不合於古, 若劉歆, 王莽之類是也.

왕애는 말하기를 "오(五)는 성대한 지위에 있고 밤에 해당하니, 이것은 고쳐 바꾸는 도가 크게 그 마땅한 곳을 얻지 못한 것이다. '뿔이 없는 소와 뿔이

---

8 劉韶軍 點校：'更'은 명초본에는 '於'로 되어 있다. 이것을 대전본, 도장본, 장사호본에 의거해 고쳤다.

9 역주：'童'은 소나 말이 '뿔이 없다'는 것으로, '소는 뿔이 없고 말은 뿔이 났다[牛童馬角]'라는 것은 자연본성을 위반하였다는 것이다. 비유하면 일을 변경하는데 위로 옛것을 따르지 않고, 아래로 오늘날에 맞지 않으면서 또 본연의 도에 반대로 하면, 때에 마땅하지 않는다는 것이다.

난 말이니, (이런 것은) 지금도 그런 예는 없고 옛날에도 그런 예는 없었다'라는 것은 일삼을 것이 없다는 것이다"라고 하였다. 사마광은 생각하기를 "뿔이 없는 것을 동(童)이라 한다. 소인이 지위를 얻어 법도를 망령되게 변경시켜 도리어 하늘의 떳떳한 것을 바꾸었으니, 이미 지금에도 적합하지 않고 또 옛날에도 합치하지 않으니, 마치 한나라의 유흠(劉歆)이나 왕망(王莽)[10] 같은 무리가 이들이다"라고 하였다.

▍次六：入水載車, 出水載杭, 宜于王之更. 測曰：車杭出入, 其道更也.

차육은, 물에 들어가 수레에 올라타고, 물에서 나와 배에 올라타니, 왕의 바꾼 것이 마땅한 것이다.[11]

측에 말하기를, 물에 들어가 수레에 올라타고 물에서 나와 배에 올라탔다는 것은 그 도가 바뀐 것이다.

諸家皆無王字. 今從范本. 杭與航同, 舟也. 水舟陸車, 理之常也. 如履雖新, 必施於足, 冠雖敝, 必冠於首. 然湯武達節, 應天順人, 君臣易位, 其道當然, 則不得不變也.

제가의 판본에는 모두 왕(王)자가 없다. 지금 범망본을 따른다. 항(杭)은 항(航)과 같으니, 배다. 물에는 배로 하고 육지는 수레로 하는 것이 이치의 정상적인 것이다. 이것은 신발이 비록 새 것이어도 반드시 발에 신고, 관이 비록 헤졌더라도 반드시 머리에 쓰는 것이다. 그러나 은나라의 탕 임금이나 주나라

....

10 역주 : 왕망(王莽, BC 45~AD 23). 전한 말의 정치가이며 新왕조(8~24)의 건국자다.
    갖가지 권모술수를 써서 최초로 禪讓 혁명에 의하여 전한의 황제권력을 찬탈하였
    다. 하지만 이상적인 나라를 세우기 위해 개혁 정책을 펼친 인물로 평가되기도
    한다.
11 역주 : 이 구절은, 수레가 물을 가는 것과 배가 육지에 가는 것은 모두 자연의 도에
    어긋난 것이니, 마땅히 변혁해야 한다는 것이다. 이것은 천하가 크게 어지럽고
    聖王이 변혁하는 시세에 당하면, 법도를 변경하여 자연의 도를 따르고 만민의 마
    음에 응해야 함을 비유한 것이다.

의 무왕은 계절에 통달하여 하늘에 순응하고 사람을 따르니, 군주와 신하가 지위를 바꾸어도 그 도가 당연한 것이라면 변화하지 아니할 수 없다.

▌次七 : 更不更, 以作病. 測曰 : 更不更, 不能自臧也.

차칠은, 바꿀 것을 바꾸지 않으니, 그것 때문에 병이 났다.
측에 말하기를, 바꿀 것을 바꾸지 않는 것은 스스로 좋을 수 없다는 것이다.[12]

諸家本皆作能自臧也. 今從王本. 七爲禍始而當夜, 俗化之敝, 失於當更而 不更故也. 董仲舒曰, 爲政而不行, 甚者必變而更化之, 乃可理也.

제가의 판본에는 모두 능자장야(能自臧也)으로 되어 있다. 지금 왕애본을 따른다. 칠(七)은 화(禍)의 시(始)가 되고 밤에 해당하니, 풍속의 변화에서 오는 폐단은 마땅히 바뀌야 하는데 바꾸지 않은 것에 잘못했기 때문이다. 한나라의 동중서(董仲舒)는[13] "정사를 하나 실행되지 않으니, 심한 것은 반드시 변화하여 개혁해야 이에 다스릴 수 있다"[14]라고 하였다.

· · · · · · · · · · · · · · · · · ·

12 역주 : 이 구절은, 七은 禍의 始가 되니, 마땅히 스스로 반성하고 수양하여 악을 버리고 선을 좇아야 하는데, 이처럼 바꾸어야 할 때 바꾸지 않으면 반드시 화가 조성된다는 것이다.

13 역주 : 董仲舒(BC 170?~BC 120?). 전한 때의 유학자다. 武帝가 즉위하여 크게 인재를 구하자 賢良對策을 올려 인정을 받았다. 전한의 새로운 문교 정책에 참여하였다. 오경박사를 두게 되고, 국가 문교의 중심이 유가에 통일된 것은 그의 영향이 크다. 저서에 『董子文集』,『春秋繁露』 등이 있다.

14 역주 : 이 말은 동중서의 「對策文」에 나오는 말이다. 전후 문맥은 다음과 같다. "孔子曰, 腐朽之木不可雕也, 糞土之牆不可圬也. 今漢繼秦之後, 如朽木糞牆矣, 雖 欲善治之, 亡可奈何. 法出而奸生, 令下而詐起, 如以湯止沸, 抱薪救火, 愈甚亡益 也. 竊譬之琴瑟不調, 甚者必解而更張之, 乃可鼓也. 爲政而不行, 甚者必變而更化 之, 乃可理也. 當更張而不更張, 雖有良工不能善調也. 當更化而不更化, 雖有大賢 不能善治也. 故漢得天下以來, 常欲善治而至今不可善治者, 失之於當更化而不更 化也."

次八 : 駟馬跙跙, 能更其御. 測曰 : 駟馬跙跙, 更御乃良也.

차팔은, (수레를 끄는) 네 마리의 말이 머뭇머뭇 거리면서 나아가지 못하니, 그 수레를 모는 자를 바꾸는 것이 좋다.

측에 말하기를, (수레를 끄는) 네 마리의 말이 머뭇머뭇 거리면서 나아가지 못한다는 것은 수레를 모는 자를 바꾸어야 이에 좋아진다는 것이다.[15]

范本作而更其御. 今從宋陸王本. 跙, 才與[16]切. 范曰, 跙跙, 不調也. 王曰, 得位當畫, 更之以道. 駟馬跙跙, 行不進也. 更以良御, 乃得其宜. 光謂, 八 爲禍中, 故曰, 更其御也. 更御以象改任賢人, 使修其政治也.

범망본에는 이경기어(而更其御)로 되어 있다. 지금 송충본, 육적본, 왕애본을 따른다. 저(跙)는 재(才)와 여(與)의 반절이다. 범망은 말하기를 "저저(跙跙)는 조화롭지 못한 것이다"라고 하였다. 왕애는 말하기를 "지위를 얻고 낮에 해당하니, 바꾸는 것을 도로 하였다. 네 마리의 말이 머뭇머뭇한 것은 가는데 전진하지 못한 것이니, 수레를 잘 모는 자로 바꾸어야 이에 그 마땅한 것을 얻게 된다"라고 하였다. 사마광은 생각하기를 "팔(八)은 화(禍)의 중(中)이 된다. 그러므로 '그 수레를 모는 자를 바꾸었다'라고 하였다. 수레 모는 자를 바꾸는 것으로써 어진 사람으로 바꾸어 임명하여 하여금 그 정치를 닦게 하는 것을 상징하였다"라고 하였다.

上九 : 不終其德, 三歲見代. 測曰 : 不終之代, 不可久長也.

상구는, (소인이 교만하여) 그 덕을 마치지 못하니, 3년 만에 (다른 사람으로) 대신함을 당하였다.

측에 말하기를, (소인이 교만하여) 그 덕을 끝마치지 못하고 대신함을 당하였다는 것은 그 지위를 오래 보존할 수 없다는 것이다.

· · · · · · · · · · · · · · · ·

15 역주 : 이 구절은, 나라가 불안할 때 현신에게 임무를 바꾸어 부여하면 나라가 다스려진다는 것이다.

16 劉韶軍 點校 : '與'는 명초본에는 '輿'으로 되어 있다. 이것을 대전본에 의거해 고쳤다.

范本無久者. 今從宋陸王本. 九爲禍極而當夜, 小人不終其德, 驕淫失位, 人將代之也.

범망본에는 구(久)자가 없다. 지금 송충본, 육적본, 왕애본을 따른다. 구(九)는 화(禍)의 극(極)이 되고 밤에 해당하니, 소인이 그 덕을 마치지 못하고, 교만하고 음란하여 지위를 잃으니 다른 사람이 장차 대신한다는 것이다.

䷪ 二方, 一州, 一部, 二家.
2방, 1주, 1부, 2가다.

斷
단(斷)

陽家, 火, 準夬.
단수(斷首)는 양가(陽家)이고 (5행에서는) 화(火)이며, 『주역』「쾌괘(夬卦)」에
준한다.[17]

▌陽氣彊內而剛外, 動能有斷決.
양기는 안에서 강하고 밖에서도 굳세니, 움직이면 (음을) 결단할 수 있다. (따
라서 만물이 음에 흔들리지 않게 된다.)

范本作動而能有斷決, 王本作動而能斷決. 今從宋陸本.
범망본에는 동이능유단결(動而能有斷決)로 되어 있고, 왕애본에는 동이능단

---

17 역주 : 『玄錯』에서는 "斷, 多決."을 말한다. 『주역』「서괘전」에서는 "夬者, 決也."를
　　말한다.

결(動而能斷決)로 되어 있다. 지금 송충본, 육적본을 따른다.

▌初一 : 斷心滅斧, 冥其規矩. 測曰 : 斷心滅斧, 內自治也.
초일은, (자신의 마음을 안으로 고요하게 하면서) 사욕을 결단하고 도끼로 더러운 것을 제거하니, (결단한 도구인) 그림쇠와 곱자를 감추어 사람들이 알 수 없었다.[18]
측에 말하기를, 사욕을 결단하고 도끼로 더러운 것을 제거했다는 것은 안에서 스스로 다스린 것이다.

一爲思始而當晝, 能以法道內斷於心, 而人不見其迹者也.
일(一)은 사(思)의 시(始)가 되고 낮에 해당하니, 법도로써 안으로 마음에서 결단할 수 있으나 사람들이 그 자취를 볼 수 없다는 것이다.

▌次二 : 冥斷否, 在塞耳. 測曰 : 冥斷否, 中心疑也.
차이는, 마음이 혼매하여 결단할 수 없으니, 귀를 막은 것에 그 이유가 있다.
측에 말하기를, 마음이 혼매하여 결단할 수 없다는 것은 속마음에서 의심한 것이다.[19]

二爲思中而當夜, 心識蒙闇, 不能決斷, 雖有嘉謀, 不知適從, 聽之不聰, 故曰, 塞耳.
이(二)는 사(思)의 중(中)이 되고 밤에 해당하니, 심지가 어두워서 결단할 수

....

18 역주 : 이 구절은, '斧斤'으로 더러운 것을 제거하고, '繩矩'로 굽을 것을 바르게 하듯 사욕을 제거하고 그 마음을 단정하게 하면, 사려가 청명하여 의심스러운 것을 결단할 수 있다는 것이다. 안으로 스스로 단정하고 그 형적을 드러내지 않았기에 '冥'이라고 한다.
19 역주 : 이 구절은, 이목이 막히면 생각하는 것이 의혹만하고 결정하지 못하니, 결단해야할 일이 어찌 마당함을 얻겠는가 하는 것이다. 『순자』「해폐」에서는 "凡觀物有疑, 中心不定, 則外物不淸, 吾慮不淸, 則未可定然否也."를 말한다.

없어, 비록 좋은 꾀가 있을지라도 따를 것을 알지 못하고 들어도 총명하지 못하였다. 그러므로 말하기를 "귀가 막혔다"라고 하였다.

▌次三 : 決其聾齂, 利以治穢. 測曰 : 決其聾齂, 利有謀也.

차삼은, 그 귀가 먹고 코가 막힌 것을 터뜨리니, 더러운 것을 제거하고 병을 고치는 것으로써 하는 것이 이롭다.

측에 말하기를, 그 귀가 먹고 코가 막힌 것을 터뜨렸다는 것은 (좋은) 계략이 있는 것으로써 하는 것이 이롭다는 것이다.[20]

齂, 丁計切. 王曰, 齂, 鼻疾也. 光謂, 三爲成意而當晝, 能決去蔽塞, 通納善謀者也.

제(齂)는 정(丁)과 계(計)의 반절이다. 왕애는 말하기를 "제(齂)는 콧병이다"라고 하였다. 사마광은 생각하기를 "삼(三)은 뜻을 이룬 것이 되고 낮에 해당하니, 가리고 막힌 것을 과감하게 제거하고 좋은 계획을 완전히 받아들인 것이다"라고 하였다.

▌次四 : 斷我否, 食非其有, 恥. 測曰 : 斷我否, 食可恥也.

차사는, 나의 결단이 정당한 것은 아니고, 녹을 먹을 지위가 아닌데도 녹을 먹으니, 부끄러운 것이다.[21]

측에 말하기를, 나의 결단이 정당한 것이 아니라는 것은 녹을 먹는 것이 부끄럽다는 것이다.

. . . .

20 역주 : 이 구절은, 귀가 먹어 듣지 못하면 억양을 분변할 수 없고, 코가 병이 나 냄새를 못 맡으면 좋은 냄새와 나쁜 냄새를 분변할 수 없으니, 질병을 제거하고 막힌 것을 뚫고 통하게 하면, 귀는 총명해지고 코는 맑아진다는 것이다. 막힌 것이 이미 통하면 사려가 분명해지기 때문에 '계략이 있는 것이 이롭다'고 한 것이다.

21 역주 : 이 구절은, 法治가 분명하지 않으면 결단해도 합당하지 않고, 일에 임해도 공적이 없는데 복록을 받으면 수치스러운 일이란 것이다. 『시경』「魏風·伐檀」에서 는 "彼君子兮, 不素餐兮."를 말한다.

四爲下祿而當夜, 處非其位, 食非其祿, 不能自斷而去, 誠可恥也.

사(四)는 하록(下祿)이 되고 밤에 해당하니, 처한 곳이 그의 지위가 아니고 먹은 것이 그의 녹봉이 아니었다. 스스로 결단하고 떠날 수 없으니 진실로 부끄러운 것이다.

▌次五: 大腹決, 其股脫, 君子有斷, 小人以活. 測曰: 大腹決脫, 斷得理也.

차오는, 군자는 마음으로 크게 결단하고, 소인은 넓적다리에 매인 질곡에서 벗어나니, 군자는 결단함이 있고 소인은 그것으로써 살았다.[22]

측에 말하기를, 군자가 마음으로 크게 결단하고 소인은 넓적다리에 매인 질곡에서 벗어난다는 것은 결단이 이치가 있는 것을 얻은 것이다.

王本股作服. 今從諸家. 五爲著明而當晝, 斷之盛者也. 大腹決, 不容姦也. 其股脫, 所存大也.

왕애본에는 고(股)가 복(服)으로 되어 있다. 지금 제가의 판본을 따른다. 오(五)는 나타나 밝은 것이 되고 낮에 해당하니, 결단함이 성대한 것이다. 마음으로 크게 결단하였다는 것은 간사한 것을 용납하지 아니한 것이다. "넓적다리에 매인 질곡에서 벗어났다"라는 것은 보존한 것이 크다는 것이다.

▌次六: 決不決, 爾仇不闊, 乃後有鈇. 測曰: 決不決, 辜及身也.

차육은, 결단할 것을 결단하지 않아 너의 원수가 멀지 않으니, 이에 뒤에는 (자신을 죽이는) 도끼가 있다.[23]

· · · · · · · · · · · · · · · · · ·

22 역주: '大腹'은 '大人의 心腹'을 말한다. '복'은 가운데에 있기에 군주를 비유한 것이고, '股'은 아래에 있기에 臣을 비유한 것이다. 군자와 소인은 지위로 말한 것이다. 이 구절은, 군자가 獄을 결단하여 간사하고 망령된 이를 제거하고 법에 의해 다스리면, 小人은 원망함을 풀고 살아간다는 것이다.
23 역주: '闊'은 『이아』「釋詁」에서는 "遠也."라고 한다. '斧'는 '傷害하는 것'을 의미한

측에 말하기를, 결단할 것을 결단하지 않는다는 것은 화(禍)가 몸에 미친다는 것이다.

六過中而當夜, 當斷不斷, 仇讐不遠, 必將受其戮辱者也.
육(六)은 중(中)을 지나치고 밤에 해당하니, 마땅히 결단해야 하는데 결단하지 못하여 원수가 멀지 않은 곳에 있어 반드시 장차 형벌과 모욕을 받는다.

▌次七 : 庚斷甲, 我心孔碩, 乃後有鑠. 測曰 : 庚斷甲, 誼斷仁也.
차칠은, 경[義]으로 갑[仁]을 결단하여 나의 마음이 심히 크니, 이에 뒤에 아름다움이 있다.
측에 말하기를, 경으로 갑을 결단한다는 것은 의로운 것으로써 인자함을 결단한 것이다.[24]

范曰, 庚, 義也. 甲, 仁也. 孔, 甚也. 碩, 大也. 光謂, 庚金主義, 甲木主仁.
七爲刀, 有用刑之象. 君子以義斷仁, 捨小取大, 然後有治平之美也. 夏書曰, 威克厥愛, 允濟.
범망은 말하기를 "경(庚)은 의(義)이다. 갑(甲)은 인(仁)이다. 공(孔)은 심하다(甚)는 것이다. 석(碩)은 크다(大)는 것이다"라고 하였다. 사마광은 생각하기를 "경(庚)은 쇠[金]로서, 의(義)를 주관하고, 갑(甲)은 목(木)으로서 인(仁)을 주관한다. 칠(七)은 칼이 되니, 형벌을 사용하는 상이 있다. 군자는 의로써 인을 결단하고, 작은 것을 버리고 큰 것을 취한 연후에 다스려 편안한 아름다움이 있다. 『서경』「하서(夏書)」에서 말하기를 '위엄이 그 아끼는 것을 이기면 진실로 구제된다'고 했다"[25]라고 하였다.

....
다. 이 구절은, 마땅히 결단해야 할 때 결단하지 않고, 적이 멀지 않음을 원망하기만 하면 반드시 그 상해를 입게 된다는 것이다.
24 역주 : 「玄數」에서는 "三八爲木, 日甲乙, 成仁, 四九爲金, 日庚辛, 成義."라고 한다. 그러므로 '庚義甲仁'이라고 한다.
25 역주 : 『서경』「夏書·胤征」에 나오는 말이다.

▌次八 : 勇侜之偻, 盜蒙決夬. 測曰 : 盜蒙之決, 妄斷也.

차팔은, 무도한 난장이가 의에 배반하는 짓을 하여 벌을 받고, 도둑이 몽매하여 (망령되이) 결단하여 터놓았다.

측에 말하기를, 도둑이 몽매하게 결단한다는 것은 망령되이 결단한 것이다.[26]

小宋本偻作獄,[27] 音移. 今從諸家. 王本無夬字. 今從二宋陸范本. 侜, 音株. 偻, 音伐. 范曰, 無道爲侜, 反義爲偻.(闕)

송유간본에는 이(偻)가 옥(獄)으로 되어 있는데, 음은 이(移)다. 지금 제가의 판본을 따른다. 왕애본에는 쾌(夬)자가 없다. 지금 송충본, 송유간본, 육적본, 범망본을 따른다. 주(侜)는 음이 주(株)다. 벌(偻)은 음이 벌(伐)이다. 범망은 말하기를 "도가 없는 것이 난장이가 되고, 의에 반하는 것이 벌한다는 것이 된다"라고 하였다. 해설이 빠졌다.

▌上九 : 斧刃蛾蛾, 利匠人之貞. 測曰 : 蛾蛾之斧, 利征亂也.

상구는, 도끼의 날이 빛나니, 장인의 바르게 사용하는 것이 이롭다.[28]

측에 말하기를, 빛나는 도끼라는 것은 어지러운 것을 정벌하는 것이 이롭다는 것이다.

九爲兵, 爲鉞, 又爲禍極, 故曰, 斧刃蛾蛾. 匠人執斧以伐木, 君子秉義以征亂.

구(九)는 군사도 되고, 도끼도 되고, 또 화(禍)의 극(極)이 된다. 그러므로 말하기를 "도끼의 날이 빛난다"라고 하였다. 장인은 도끼를 잡고서 나무를 베고, 군자는 의를 잡고서 어지러운 것을 정벌한다.

....

26 역주 : '偻'는 '벌준대[罰]'는 것이다. 이 구절은, 용맹한 이가 몽매하여 벌을 잘못 주고, 몽매한 도둑이 잘못 취하니 결단한 일이 어찌 망령된 것이 아닌가 하는 것이다.
27 劉韶軍 點校 : '獄'은 대전본, 도장본, 장사호본에는 '歆'으로 되어 있다.
28 역주 : '蛾蛾'는 '赫赫하다'는 것으로, 도끼날이 밝은 모습이 많다는 것이다. 이 구절은, 工匠이 도끼를 집어 나무를 자르고, 군자가 군대를 이끌고 어지러운 것을 정벌하러 가면, 어지러운 것이 그치고 포악한 것이 금하기에 이롭다는 것이다.

██ 二方一州一部三家.

2방, 1주, 1부, 3가다.

毅

의(毅)

陰家, 木, 準夬. 致果爲毅. 夬揚于王庭, 故毅兼有言語之象.

의수(毅首)는 음가(陰家)이고, (5행에서는) 목(木)이며, 『주역』 「쾌괘(夬卦)」에
준한다.[29] 과단성을 이룬 것이 의(毅)가 된다. 『주역』 「쾌괘」에서는 "과감하게
왕의 조정에서 이름을 날렸다"[30]라고 하였다. 그러므로 의(毅)에는 언어의 상
이 아울러 있다.

█ 陽氣方良, 毅然敢行, 物信其志.

양기가 바야흐로 굳세 흔들리지 않고 의연하게 감히 행하니, 만물은 (그 양기
를 받아) 그의 뜻을 폈다.[31]

· · · · · · · · · · · · · · ·

29 역주 : 『설문』에서는 "有決也."라고 한다.
30 역주 : 『주역』 「夬卦·象傳」에 나오는 말이다.
31 역주 : 이 구절은, 양기가 성대하여 나가는데 과감하다는 것이다.

信與伸同. 宋曰, 善而不撓爲良.

신(信)은 신(伸)과 같다. 송충은 말하기를 "선하면서 흔들지 않는 것을 량(良)이라고 한다"라고 하였다.

▌初一：懷威滿虛. 測曰：懷威滿虛, 道德亡也.

초일은, (소인이) 위엄을 품은 것이 마음속에 가득하다.

측에 말하기를, 위엄을 품은 것이 마음속에 가득하다는 것은 도덕이 없다는 것이다.[32]

一爲思始而當夜, 小人懷威[33]滿心, 恃力滅義者也.

일(一)은 사(思)의 시(始)가 되고 밤에 해당하니, 소인이 위엄을 품고 자만심을 가지고, 힘을 믿고 의를 멸한 것이다.

▌次二：毅于心腹, 貞. 測曰：毅于心腹, 內堅剛也.

차이는, 굳센 기운을 마음에서 발하니, 바르다.[34]

측에 말하기를, 굳센 기운을 마음에서 발한다는 것은 마음이 단단하고 굳세다는 것이다.

二爲思中而當晝, 君子正守堅剛不可脫也.

이(二)는 사(思)의 중(中)이 되고 낮에 해당하니, 군자가 바른 것을 지키고 단단하고 굳세어 빼앗을 수 없다.

∙∙∙∙∙∙∙∙∙∙∙∙∙∙∙∙∙∙

32 역주 : 이 구절은, 자만심이 가득한데 폭력을 믿으면 도덕의 교화가 망실된다는 것이다. 『한비자』 「五蠹」에서는 "上古競於道德, 當今爭於氣力."을 말한다.
33 劉韶軍 點校 : "威"는 명초본에는 없다. 이것을 대전본, 도장본, 장사호본에 의거해 고쳤다.
34 역주 : '心腹'은 사려를 가리킨다. 「玄錯」에서는 "毅端"이라 한다. 사려가 단정하고 곧기에 '正'이라 말한 것이다.

▌次三：戴威滿頭, 君子不足, 小人有餘. 測曰：戴威滿頭, 小人所長也.

차삼은, 위엄을 머리에 가득하게 이고 있으니, 군자는 부족하다고 여기고 소인은 남음이 있다고 여긴다.[35]

측에 말하기를, 위엄을 머리에 가득 이고 있는 것은 소인은 그것을 좋다고 여긴다는 것이다.

三者意成而剛毅外露, 故曰, 戴位滿頭. 君子之, 則自以爲不足, 小人之, 則自以爲有餘.

삼(三)은 뜻이 이루어져 굳세고 굳센 것이 밖으로 드러났다. 그러므로 말하기를 "위엄을 머리에 가득 이고 있다"라고 하였다. 군자는 살면서 위엄이 있으면 스스로를 부족하다고 여기고, 소인은 살면서 위엄이 있으면 스스로를 여유롭다고 여긴다.

▌次四：君子說器, 其言柔且毅. 測曰：君子說器, 言有方也.

차사는, 군자는 그릇이 실용에 적합한 것을 즐거워하니, 그의 말이 부드러우면서 또 굳세다.

측에 말하기를, 군자는 그릇이 실용에 적합한 것을 즐거워한다는 것은 말에 법도가 있다는 것이다.

范本言作人. 今從宋陸王本. 四爲下祿而當晝, 君子之言皆有法度, 適用如器, 柔而不懦, 毅而不愎者也.

범망본에는 언(言)이 인(人)으로 되어 있다. 지금 송충본, 육적본, 왕애본을 따른다. 사(四)는 하록(下祿)이 되나 낮에 해당하니, 군자의 말은 모두가 법도

---

35 역주 : 이 구절은, 군자가 剛毅하지만 위엄이 있으면서도 사납지 않고, 소인은 강의하지만 위엄이 지나치고 폭력적이란 것이다. 『논어』 「堯曰」에서는 "君子威而不猛 … 正其衣冠, 尊其瞻視, 儼然人望而畏之, 斯不亦威而不猛乎."를 말한다.

가 있고 적합하게 사용하는 것이 그릇 같으니, 부드럽되 나약하지 않고 굳세되 괴팍하지 않다.

▌次五：不田而穀, 穀于揀祿. 測曰：不田而穀, 食不當也.
차오는, 농경[밭갈이]을 하지 않아도 녹봉이 있으니, 녹봉을 택하는 것에 굳센 것이다.
측에 말하기를, 농경[밭갈이]을 하지 않아도 녹봉이 있다는 것은 먹은 것이 마땅하지 않다는 것이다.[36]

宋陸王本揀作棟. 今從范本. 五當日之夜, 無德而享盛祿. 剛果所施, 施於擇祿而已, 故曰, 不田而穀, 穀于揀祿. 詩云, 不稼不穡, 胡取禾三百廛兮.
송충본, 육적본, 왕애본에는 간(揀)이 동(棟)으로 되어 있다. 지금 범망본을 따른다. 오(五)는 하루의 밤에 해당하고 덕이 없으면서도 성대한 녹봉을 누리니, 베푼 것에 굳세고 과감하게 시행한 것은 녹봉을 택하는 데에 시행했을 뿐이다. 그러므로 "농경을 하지 않아도 녹봉이 있다. 녹봉을 선택하는 것에 굳세었다"라고 하였다. 『시경』「국풍·벌단(伐檀)」에서 말하기를 "씨 뿌리지 않고 거두지도 않았는데, 어찌하여 삼백석의 전세를 거두는가?"[37]라고 하였다.

▌次六：穀于棟柱, 利安大主. 測曰：穀于棟柱, 國任彊也.
차육은, 마룻대와 기둥에 해당하는 중신이 굳세니, 큰 주인이 이롭고 편안하였다.
측에 말하기를, 마룻대와 기둥에 해당하는 중신이 굳세다는 것은 나라에서

....

36 역주 : 이 구절은, 수고롭지 않고도 얻고, 공이 없어도 복록을 받고 앉아서 素餐을 누리니, 먹어서 안되는 것을 먹는다는 것이다. 『시경』「魏風·伐檀」에서는 "不稼不穡, 胡取禾三百廛兮."를 말한다.
37 역주 : 『시경』「國風·伐檀」에 나오는 말이다. 전후 문맥은 "坎坎伐檀兮, 寘之河之幹兮, 河水淸且漣猗. 不稼不穡, 胡取禾三百廛兮. 不狩不獵, 胡瞻爾庭有縣貆兮. 彼君子兮, 不素餐兮."이다.

강의한 신하에게 맡겼다는 것이다.[38]

六爲上祿而當晝. 國之大臣, 忠力剛毅, 能勝其任, 以安社稷者也.
육(六)은 상록(上祿)이 되고 낮에 해당하니, 나라의 대신이 충성하고 진력하며
굳세고 강하기에 그 임무를 감당하여 사직을 편안하게 할 수 있다는 것이다.

▌次七 : 觥羊之毅, 鳴不類. 測曰 : 觥羊之毅, 言不法也.
차칠은, 소인[큰 양]이 굳세니, 울었지만 좋지 않았다.[39]
측에 말하기를, 소인[큰 양]이 굳센 것이라는 것은 말한 것이 법도에 어긋난
것이다.

范曰, 觥羊, 大羊也. 光謂, 羊很物也. 類, 善也. 七爲禍階而當夜, 小人剛
很, 言無所擇, 不顧法度也.
범망은 말하기를 "굉양(觥羊)은 큰 양이다"라고 하였다. 사마광은 생각하기를
"양은 사나운 동물이다. 류(類)는 좋다(善)는 것이다. 칠(七)은 화(禍)의 계단
이 되고 밤에 해당하니, 소인이 괴팍하여 말을 가려서 하는 바가 없으니, 법도
를 돌아보지 않는다는 것이다"라고 하였다.

▌次八 : 毅于禍貞, 君子攸名. 測曰 : 毅于禍貞, 不可幽藭也.
차팔은, (군자는) 화(禍)가 닥쳐도 굳세게 굴하지 않고 바르니, 군자가 이름을
후세에 남긴 바이다.
측에 말하기를, (군자는) 화(禍)가 닥쳐도 굳세게 굴하지 않는다는 군자의 덕

· · · · · · · · · · · · · · · · · ·

38 역주 : '棟柱'는 국가의 '중신'을 가리킨다. '大主'는 '국군'이나 '사직'을 가리킨다. 이
   구절은, 국가의 중신이 충정이 강의하고 그 힘은 임무를 잘 수행할 수 있어 사직을
   편안하게 한다는 것이다.
39 역주 : '觥羊'은 큰 羊으로서, 큰양이 성질이 강하고 사납다는 점에서 소인을 비유
   한 것이다.

을 덮을 수 없다는 것이다.[40]

宋陸本蔀作都, 王作卻. 今從范本. 蔀, 蒲口切. 王曰, 八居禍中, 故毅于禍,
而當位當晝, 不失其貞, 是君子之所名也. 光謂, 君子守正遇禍, 剛毅不撓,
身雖可殺, 而名不可掩也. 蔀, 覆也.
송충본, 육적본에 부(蔀)는 도(都)로 되어 있고, 왕애본에는 각(卻)으로 되어
있다. 지금 범망본을 따른다. 부(蔀)는 포(蒲)와 구(口)의 반절이다. 왕애는
말하기를 "팔(八)은 화(禍)의 중(中)에 있다. 그러므로 화(禍)에서 굳세면서 지
위에 마땅하고 낮에 해당하니, 그 바른 것을 잃지 않은 것이다. 이것이 군자로
이름 불리는 이유가 된다"라고 하였다. 사마광은 생각하기를 "군자는 바른 것
을 지켜 화(禍)를 만나면 굳세고 과감하여 흔들리지 않는다. 몸은 비록 죽을지
라도 이름은 가릴 수 없다. 부(蔀)는 덮는다(覆)는 것이다"라고 하였다.

▌上九：豨毅其牙, 發以張弧. 測曰：豨毅其牙, 吏所獵也.
상구는, 큰 돼지가 이빨로 굳게 무니, (관리가) 활을 당기는 것으로써 쏘았
다.[41]
측에 말하기를, 큰 돼지가 이빨을 굳게 물었다는 것은 관리에게 사냥을 당해
죽는다는 것이다.

王本吏作人. 今從諸家. 豨, 音喜. 王曰, 居毅之極, 位且當夜. 若野豕之毅
其爪牙, 必有張弧之斃也. 光謂, 豨, 大豕也. 言小人極毅以取禍, 如豕毅其
牙, 適足自招射獵而已.
왕애본에 리(吏)는 인(人)으로 되어 있다. 지금 제가의 판본을 따른다. 희(豨)
는 음이 희(喜)다. 왕애는 말하기를 "구(九)는 의수(毅首)가 지극한 것에 있고

. . . .

40 역주 : 『주역』 「풍괘」에서는 "豊其蔀."를 말한다.
41 역주 : '豨'는 『方言』에 "猪, 南楚謂之豨."라고 한다. '發'은 '矢'다. 『시경』 「召南·騶
虞」에서는 "壹發五豝."를 말한다. 이 구절은, 멧돼지가 이빨을 굳세게 하여 사람을
물면, 반드시 큰 화살로 사냥당하는 흉한 일이 있다는 것이다.

지위는 또 밤에 해당한다. 이것은 마치 멧돼지가 그 발톱과 이를 굳세게 하는 것과 같으니, 반드시 당긴 활에 맞아 죽는 것이 있다"라고 하였다. 사마광은 생각하기를 "희(豨)는 큰 돼지이다. 소인이 지극히 굳세어 화(禍)를 취하는 것이, 말하자면 마치 돼지가 그 이빨을 굳세게 하지만 다만 스스로 사냥꾼을 불러들일 뿐과 같다"라고 하였다.

☷ 二方一州二部一家.
2방, 1주, 2부, 1가다.

裝
장(裝)

陽家, 金, 準旅. 入裝次四三十八分三十二秒, 日次實心, 立夏氣應. 斗建巳位, 律中仲呂. 裝, 治行也.
장수(裝首)는 양가(陽家)이고, (5행에서는) 금(金)이며, 『주역』「여괘(旅卦)」에 준한다.[42] 장(裝)은 차사(次四) 38분 32초에서 들어가고, 태양은 실심(實心)에 머물러 입하(立夏)의 기와 응한다. 두(斗)는 사위(巳位)에 세우며, 율은 중려(仲呂)에 맞춘다. 장(裝)은 행장을 꾸리는 것이다.

▌陽氣雖大用事, 微陰據下, 裝而欲去.
양기는 비록 크게 함을 발휘하나 (이미) 미약한 음이 아래에서 맹아하고 있으니, 준비를 갖추어 미약한 음을 제거하고자 한다.[43]

....

42 역주 : 「玄衝」에서는 "裝, 徙鄉."이라고 한다.

陸曰, 陰氣據下, 故陽裝束, 志在去也.
육적은 "음기가 아래를 차지하고 있다. 그러므로 양은 행장을 꾸리니, 뜻은 떠나는 데에 있다"라고 하였다.

初一：幽裝, 莫見之行. 測曰：幽裝莫見, 心已外也.
초일은, (음을 제거하고자 하는) 준비한 흔적을 감추고 (밖으로 드러내지 않으니) 행한 것을 볼 수 없다.
측에 말하기를, (음을 제거하고자 하는) 준비한 흔적을 감추었다는 것은 마음은 이미 밖으로 나타났다는 것이다.

一爲思始而當晝, 君子見微, 潛有去志, 而人莫知之也.
일(一)은 사(思)의 시(始)가 되고 낮에 해당하니, 군자는 미세한 것을 보고 몰래 제거하고자하는 뜻이 있으나 사람들은 알지 못한다.

次二：鴚鵝慘于冰, 翼彼南風, 內懷其乘. 測曰：鴚鵝之慘, 懷憂無快也.
차이는, 기러기가 (짝을 잃고) 찬 얼음에서 슬퍼하다가, 저 남풍을 타고 날면서 마음으로 그의 짝들을 생각하였다.[44]
측에 말하기를, 기러기가 (짝을 잃고) 슬퍼하였다는 것은 근심을 품어 유쾌한 마음이 없다는 것이다.

宋陸本慘作摻. 今從范王本. 鴚, 音哥. 又音加. 字或作鳴. 乘, 時證切. 王

....

43 역주 : 이 구절은, 이 때 양기가 만물을 충만하게 자라나게 할 때 음은 미약하게 아래에서 시작하니, 만물은 모두 준비하고 단속하면서 성장한다는 것이다.
44 역주 : 이 구절은, 새는 음이 처음 일어나는 것을 먼저 아는데, 鴻雁이 이것을 보고 차가움이 이를 것을 알고 남풍을 타고 날아가 추위를 피하고자 하지만, 또 마음속에 짝을 품고 있다는 것이다.

曰, 鴚鵝, 鴈也. 失侶後時, 慘于寒冰, 然後翼風之南, 內懷其侶, 憂而無快.
乘者, 四鴈也. 光謂, 方言, 飛鳥曰, 雙, 鴈曰, 乘. 乘, 匹也. 鴈避寒就溫,
自北徂南, 猶人之去危就安也. 二爲思中而當夜, 小人懷寵耽祿, 不能避患
於微, 如鴈之內懷其乘而不能遠遊也. 易曰, 係遯有疾, 厲.

송충본, 육적본에 참(慘)은 참(摻)으로 되어 있다. 지금 범망본, 왕애본을 따른
다. 가(鴚)는 음이 가(哥)다. 또 음이 가(加)다. 글자는 혹 가(鳴)로도 쓴다.
승(乘)은 시(時)와 증(證)의 반절이다. 왕애는 말하기를 "가아(鴚鵝)는 기러기
이다. 짝을 잃고 때를 놓쳐 찬 얼음에서 슬퍼한 연후에 바람을 타고 남쪽으로
날아가니, 마음으로 그 짝을 생각하고 근심하여 유쾌함이 없다. 승(乘)이란
기러기 네 마리(四鴈)다"라고 하였다. 사마광은 생각하기를 "『방언(方言)』에서
는 나는 새를 쌍(雙)이라 하고, 기러기가 나는 것을 승(乘)이라 한다. 승(乘)은
짝이다. 기러기가 추위를 피하여 따뜻한 곳으로 나아가고 (차가운) 북쪽에서
부터 (따뜻한) 남쪽으로 가는 것이, 사람들이 위태로움에서 벗어나 편안한 곳
으로 나아가는 것이다. 이(二)는 사(思)의 중(中)이 되고 밤에 해당하니, 소인
이 은총을 품고 녹봉을 탐내다가 미세한 것에서 근심을 피할 수 없는 것이,
마치 기러기가 안으로 그 짝을 생각하여 멀리서 놀지 못하는 것과 같다. 『주역』
에서 말하기를 '얽매어 있는 은둔이라 병이 있으니 위태롭다'라고 했다"[45]라고
하였다.

■ 次三 : 往其志, 或承之喜. 測曰 : 往其志, 遇所快也.
차삼은, 가서 그 뜻을 얻으니, 혹 기쁨을 만났다.
측에 말하기를, 가서 그 뜻을 얻었다는 것은 유쾌한 것을 만난 것이다.

三爲思上而當晝. 雖爲羈旅, 往得其志, 故或承之喜也.
삼(三)은 사(思)의 상(上)이 되고 낮에 해당한다. 비록 나그네의 신세가 되었으
나 가서 그 뜻을 얻었다. 그러므로 말하기를 "혹 기쁨을 만났다"라고 하였다.

· · · · · · · · · · · · · · · · · · ·
45 역주 : 『주역』 「遯卦」 九三爻에 나오는 말이다.

▌次四 : 鶤雞朝飛踤于北, 嚶嚶相和不輟食. 測曰 : 鶤雞朝飛, 何足賴也.

차사는, 큰 비둘기가 (남방으로 가야하는데 아침에) 북쪽에 모이니, 앵앵거리고 서로 친구를 찾아 화답하지만 먹는 것을 그치지 않았다.

측에 말하기를, 큰 비둘기가 (남방으로 가야하는데) 북쪽에 모였다는 것은 무엇을 힘입을 것인가 하는 것이다.[46]

宋陸本踤作哱, 虞作悚,[47] 王作跨. 今從范本. 鶤與鵾同, 古魂切. 踤與莘同, 又慈恤切. 王曰, 大鳥朝飛, 宜就陽以自安, 反之於北, 失其所向. 雖相和嚶嚶, 然終不輟其求食之意, 旣失其道, 亦何利之有.

송충본, 육적본에 졸(踤)은 과(哱)로 되어 있고, 우번(虞翻)본에는 송(悚)으로 되어 있고, 왕애본에는 과(跨)로 되어 있다. 지금 범망본을 따른다. 곤(鶤)은 곤(鵾)과 같으니, 고(古)와 혼(魂)의 반절이다. 졸(踤)은 췌(莘)와 같으니, 또 자(慈)와 휼(恤)의 반절이다. 왕애는 말하기를 "큰 새는 아침에 날아 마땅히 양지에 나아가는 것으로써 스스로 편안해야 하는 것인데 도리어 북쪽으로 간 것은 그 향해야 할 것을 잃은 것이다. 비록 서로 화답하여 앵앵거리지만 끝내 그 먹을 것을 구하는 뜻을 그치지 않으니, 이미 그의 도를 잃었는데 또한 무슨 이익이 있겠는가?"라고 하였다.

▌次五 : 鴻裝于淄, 飮食頤頤. 測曰 : 鴻裝于淄, 大將得志也.

차오는, 기러기가 검은 물가에서 물을 먹고 모이를 먹으면서 때를 기다려 날아갈 것을 준비하고 있다.[48]

·····················

46 역주 : '鶤雞'는 학처럼 생긴 물새다. 이 구절은, 물새가 아침에 날 때는 남쪽에 모여 볕으로 가야하는데, 지금 도리어 북쪽에 모였으니 그 향한 것을 잃은 것으로, 울면서 화합하지만 먹는 것 구하기를 그치지 않으니, 비유하면 이익 좇는 것을 그치지 않고 올바로 행하지 않기 때문에 이익 되는 것이 없다는 것이다.

47 劉韶軍 點校 : '虞作悚'은 대전본, 도장본, 장사호본에는 없다. 의심컨대 衍文이 아닌가 한다.

48 역주 : '頤頤'는 뜻한 것을 얻어 '자득하는 모양'이다. 이 구절은, 기러기가 淄水에

측에 말하기를, 기러기가 검은 물에서 준비한다는 것은 장차 크게 뜻을 실현할
수 있다는 것이다.

궐(闕)
해설이 빠졌다.

▌次六：經六衢, 周九路, 不限其行, 賈. 測曰：經六衢, 商旅事也.
차육은, 상하사방으로 통하는 길[六衢]을 지나고 동서남북 어느 길[九路]이든지
다 돌아다니니, 그 다니는 것을 제한하지 않고 장사를 하였다.
측에 말하기를, 상하사방으로 통하는 길[六衢]을 지났다는 것은 (그의 뜻은 이
익을 따를 따름이니) 장사치와 다를 것이 없다는 것이다.

王曰, 六衢九路, 無所不歷, 勞而求利者, 小人之事也. 光謂, 六爲盛多而當
夜, 小人周流天下, 不限其行, 非爲行道也. 其志徇利而已, 與商賈無異.
왕애는 말하기를 "여섯 거리와 아홉 길을 거치지 않은 것이 없이 수고롭게
이익을 구하는 것은 소인의 일이다"라고 하였다. 사마광은 생각하기를 "육(六)
은 많은 것이 되고 밤에 해당하니, 소인이 천하를 두루 돌아다니면서 그 행동
을 제한하지 않는 것은 도를 행하는 것이 아니다. 그의 뜻은 이익을 따를 따름
이니, 장사치와 다를 것이 없다"라고 하였다.

▌次七：裝無儷, 利征咎. 測曰：裝無儷, 禍且至也.
차칠은, (장차 떠날) 준비를 하나 짝이 없어 이롭게 갈 때를 당했으나 허물을
만났다.
측에 말하기를, (장차 떠날) 준비를 하나 짝이 없다는 것은 화(禍)가 장차 이른

. . . .

옮겨가 먹고 마시는 것을 뜻하는 것처럼 하였다는 것이다. 『주역』「漸卦」에서는
"鴻漸於磐, 飮食衎衎, 吉."이라고 한다.

다는 것이다.[49]

宋陸王本儷作離. 今從范小宋本. 儷與儷同, 音麗. 闕
송충본, 육적본, 왕애본에 려(儷)는 리(離)로 되어 있다. 지금 범망본, 송유간
본을 따른다. 려(儷)는 려(儷)와 같으니, 음은 려(麗)다. 해설이 빠졌다.

▌次八：季仲播軌, 泣于道, 用送厥往. 測曰：季仲播軌, 送其死也.
차팔은, 계중(季仲)이[50] 수레의 굴대를 버리고 길에서 울면서 (어떤 인물이)
죽어서 가는 것을 전송하였다.[51]
측에 말하기를, 계중이 수레의 굴대를 버렸다는 것은 (어떤 인물의) 죽음을
전송한 것이다.

范王本泣于道作泣于之道. 今從宋陸本. 闕
범망본, 왕애본에는 읍우도(泣于道)가 읍우지도(泣于之道)로 되어 있다. 지금
송충본, 육적본을 따른다. 해설이 빠졌다.

▌上九：裝于昏. 測曰：裝于昏, 尚可避也.
상구는, 저녁에 떠날 준비를 하였다.
측에 말하기를, 저녁에 떠날 준비를 하였다는 것은 오히려 피할 수 있다는
것이다.

· · · · · · · · · · · · · · · · · · ·

49 역주 : 이 구절은, 다니는데 짝이 없어 장차 禍患을 만나면, 말과 행동한 것이 허물
    이 된다는 것이다.
50 역주 : 계중은 高辛氏의 才子에는 8人이 있었는데 그 중의 하나다.『春秋左氏傳』
    「文公十八年」에는 伯奮, 仲堪, 叔獻, 季仲, 伯虎, 仲熊, 叔豹, 季狸 등 8인이 기록되
    어 있다.
51 역주 : 이 구절은, 수레의 굴대를 도로에 버리고 한 인물을 배웅하고자 하니, 길에
    서 걱정하면서 운다는 것이다.

王曰, 處裝之道, 宜處於先. 今居極位, 頗失違難之度. 然得位當晝, 如整裝
避禍於昏昧之時, 雖云太晚, 猶可避也. 光謂, 九爲禍終而當晝, 君子遇禍
之窮, 裝而去之, 雖於時已晚, 猶愈於宴安不去者也.

왕애는 말하기를 "준비하는 도에 처할 때는 마땅히 앞에 처해야 한다. 지금은
지극한 지위에 있어 자못 어려움을 피하는 법도를 잃었다. 그러나 지위를 얻
고 낮에 해당하니, 마치 혼매한 때에 행장을 꾸려 화(禍)를 피하면, 비록 크게
늦었다고 이를지라도 오히려 피할 수 있는 것과 같다"라고 하였다. 사마광은
생각하기를 "구(九)는 화(禍)의 종(終)이 되나 낮에 해당하니, 군자가 화(禍)가
다함을 만나서 행장을 꾸려 떠나니, 비록 때에서는 이미 늦었더라도 오히려
편안히 즐기면서 떠나지 않은 것보다 낫다"라고 하였다.

☶ 二方一州二部二家.

2방, 1주, 2부, 2가다.

衆

중(衆)

陰家, 土, 準師. 入衆次四, 日舍觜觿.[52] 次八日舍參.

중수(衆首)는 음가(陰家)이고, (5행에서는) 토(土)이며, 『주역』「사괘(師卦)」에 준한다.[53] 중(衆)은 차사(次四)에서 들어가고, 태양은 자휴(觜觿)에 머문다. 차 팔(次八)에서 태양은 삼성(參星)에 머문다.

▎陽氣信高懷齊, 萬物宣明, 嫭大衆多.

양기는 펴서 높이 올라가고 높은 것은 하늘과 가지런하다고 여기니, 만물은 발양(發揚)하여 밝음을 펴서 아름다운 것이 많고 많다.[54]

· · · · · · · · · · · · · · ·

52 劉韶軍 點校 : '觿'는 명초본에는 원래 이 글자가 있다. 뒤에 먹을 써 지워버린 것이 다. 이것을 대전본, 도장본, 장사호본에 의거해 보충하였다.

53 역주 : 『주역』「서괘전」에서는 "師者, 衆也."라 하고 있다.

54 역주 : 이 구절은, 이 때 양기가 높이 올라가 각각에 두루 미쳐 만물을 가지런히

信與伸同. 嫭, 音護. 陸曰, 嫭, 美貌.

신(信)은 신(伸)과 같다. 호(嫭)는 음이 호(護)다. 육적은 "호(嫭)는 아름다운 모습이다"라고 하였다.

▎初一：冥兵始, 火入耳, 農輟穀, 尸將班于田. 測曰：冥兵之始, 始
則不臧也.

초일은, 전쟁의 도발은 시작되었으나 아직 분명하게 드러나지 않았고, 군대의 병기소리[火]가 귀에 들려 농부는 놀라 도망가서 말은 사람의 곡식을 먹었다. 시체는 장차 밭에 퍼질 것이다.[55]
측에 말하기를, 전쟁의 도발은 시작되었으나 아직 분명하게 드러나지 않았다는 것은 시작부터 좋지 못한 것이다.

王本穀作穀. 今從諸家. 王曰, 班, 布也. 光謂, 一以幽微, 在兵之初, 兵端已萌而未著者也. 故曰, 冥兵始. 夫兵者, 不祥之器, 人聞之遽驚, 故曰, 火入耳. 農輟其耕, 爲給餽餉, 食馬以穀, 爲將用之. 尸布于田, 言死者之多也.

왕애본에 각(穀)은 곡(穀)으로 되어 있다. 지금 제가의 판본을 따른다. 왕애는 말하기를 "반(班)은 펼친다(布)는 것이다"라고 하였다. 사마광은 생각하기를 "일(一)은 은미한 것으로써 전쟁의 처음에 있으니, 전쟁의 발단이 이미 싹텄으나 나타나지는 않은 것이다. 그러므로 전쟁의 도발은 시작되었으나 아직 분명하게 드러나지 않았다고 하였다. 대저 병기란 상서롭지 못한 도구로,[56] 사람이

- - - - - - - - - - - - - - - - - -

하니, 만물은 아름답게 큰 것을 밝게 드러내고, 또 여러 가지 무리들이 많아진다는 것이다. 『주역』 「說卦傳」에는 "萬物出乎震, 震, 東方也. 齊乎巽, 巽, 東南也. 齊也者, 言萬物之絜齊也. 離也者, 明也, 萬物皆相見, 南方之卦也."라는 말이 나온다.

55 역주 : 이 구절은, 전쟁이 갑자기 일어나 사람들은 모두 두려워하면서 농사짓는 것을 멈추고, 전쟁에 쓰이는 말은 좋은 곡식을 먹는 것을 좋아하니, 시체와 뼈가 전야에 퍼질 것이라는 것이다.

56 역주 : 『노자』31장에는 "夫兵者, 不祥之器, 物或惡之, 故有道者不處. 君子則貴左, 用兵則貴右. 兵者, 不祥之器, 非君子之器, 不得已而用之, 恬淡爲上, 勝而不美, 而美之者, 是樂殺人."이란 말이 나온다.

들으면 깜짝 놀라는 것이다. 그러므로 군대의 병기소리[火]가 귀에 들렸다고 하였다. (전쟁이 일어나면) 농부는 밭가는 일을 멈추고 (수확한 식량을) 군량으로 공급하고, 말에게 (사람이 먹을) 곡식을 먹이고, 장수를 위해 사용한다. '시체는 밭에 펴질 것이다'라고 한 것은 죽은 사람이 많다는 것을 말한 것이다'라고 하였다.

▌次二：兵無刃, 師無陳, 麟或賓之, 溫. 測曰：兵無刃, 德服無方也.
차이는, 병사들은 부딪치는 칼날이 없고, 군대는 진을 펼친 것이 없고, 기린처럼 인덕(仁德)을 베풀어 강한 적국도 그것에 빈복(賓服)하니, 포악한 것이 없다. 측에 말하기를, 병사들이 부딪치는 칼날이 없다는 것은 덕에 복종하기에 (동서남북) 어느 곳에서나 다 온다는 것이다.[57]

王本麟作隣. 今從諸家. 陳, 直刃切. 范曰, 麟獸有角不觸. 王曰, 二居下體之中, 而又得位當晝, 得衆之宜, 故能兵不交刃, 師不置陳, 而强隣敵國皆或賓之. 光謂, 二爲[58]思中而當晝, 君子修德[59]於心, 而四海率服, 兵無所用, 故曰, 兵無刃, 師無陳. 賓者, 自外來者也. 麟或賓之, 象有武而不用也. 溫者, 不威暴之謂.
왕애본에 린(麟)은 린(隣)으로 되어 있다. 지금 제가의 판본을 따른다. 진(陳)은 직(直)과 인(刃)의 반절이다. 범망은 말하기를 "기린이란 짐승은 뿔이 있는데 치받지 않는다"라고 하였다. 왕애는 말하기를 "이(二)는 하체의 중(中)에

<hr>

57 역주 : 이 구절은, 병사가 칼날을 부딪치지 않고, 군대가 있어도 진을 치지 않으니, 太平聖代의 상징인 기린과 봉황이 온다는 것이다. 비유하면 군주가 溫順하고 인자하여 德化의 가르침을 행하면, 팔방의 백성이 손님처럼 복종하지 않음이 없다는 것이다. 『맹자』「公孫丑」에서는 "以德服人者, 中心悅而誠服也. 如七十子之服孔子也."를 말한다.
58 劉韶軍 點校 : '爲'는 명초본에는 없다. 이것을 대전본, 도장본, 장사호본에 의거해 보충하였다.
59 劉韶軍 點校 : '德'은 명초본에는 '之'로 되어 있다. 이것을 대전본, 도장본, 장사호본에 의거해 고쳤다.

있고, 또 지위를 얻어 낮에 해당하니, 무리의 마땅함을 얻었다. 그러므로 병사들이 칼날을 교환하지 않고 군대는 진을 치지 않아, 강한 이웃이나 적국이라도 모두 혹 손님처럼 왔다."라고 하였다. 사마광은 생각하기를 "이(二)는 사(思)의 중(中)이 되고 낮에 해당하니, 군자는 마음에서 덕을 닦아 온 세상이 따라서 복종하니 무기를 쓸 곳이 없다. 그러므로 병사들이 칼날을 교환함이 없고, 군대는 진을 치지 않는다고 하였다. '빈(賓)'이란 밖에서부터 온 자이다. 기린처럼 인덕(仁德)을 베풀어 강한 적국도 그것에 빈복(賓服)하였다고 한 것은, 병기가 있지만 사용하지 않은 것을 상징한다.[60] '온(溫)'이란 위엄과 폭력으로 하지 않는 것을 이른 것이다"라고 하였다.

▌次三 : 軍或纍車, 丈人摧孥, 內蹈之瑕. 測曰 : 軍或[61]纍車, 廟戰內傷也.

차삼은, (싸움을 하기 전에 계획이 잘못되어) 군사를 실은 수레가 뒤집어지고, 주장(主將=丈人)이 그 사졸(士卒=孥)을 학대하니, 안에서 잘못을 범하여 패하게 된다.

측에 말하기를, (싸움을 하기 전에 계획이 잘못되어) 군사를 실은 수레가 뒤집어졌다는 것은, 묘당(廟堂)에서 꾀를 내어 싸우고자 하나 안에서 잘못을 범해 손상된 것이다.[62]

宋陸本丈作大, 大作弩. 王本摧作推, 孥作奴. 今皆從范本. 三爲思終, 未戰而先謀於內者也. 車被纍縶, 覆所載也. 丈人, 家之長也. 孥, 妻子也. 謀之不臧, 如丈人而自摧毀其家也. 夫敗豈外來哉. 由在內之時已踐瑕釁, 故

....

60 역주 : 韓愈는 「獲麟解」에서 "麟之所以爲麟 以德不以刑."을 말한 적이 있다.
61 劉韶軍 點校 : '或'은 명초본에는 없다. 대전본, 도장본, 장사호본에 의거해 보충하였다.
62 역주 : '丈人'은 '主將'을 비유한 것이고, '孥'는 '처자'로서 '士卒'을 비유한 것이다. 이 구절은, 군대를 내어 싸움하기 전에 계획한 것이 먼저 잘못되어 사졸을 죽거나 다치게 하고 군대가 뒤집어지고 패하게 된다는 것이다.

敵人得而乘之. 孫子曰, 未戰而廟筭不勝者, 得筭少也.

송충본, 육적본에 장(丈)은 대(大)로 되어 있고, 노(大)는 노(弩)로 되어 있다. 왕애본에 최(摧)는 추(推)로 되어 있고 노(弩)는 노(奴)로 되어 있다. 지금 범망본을 따른다. 삼(三)은 사(思)의 종(終)이 되니, 싸우지 않고 먼저 안에서 꾀하는 것이다. 수레가 연달아 걸림을 당한 것은, 수레에 실은 것이 엎어진 것이다. 장인(丈人)은 집안의 어른이다. 노(弩)는 아내와 아들이다. 계획이 좋지 못한 것은, 마치 장인으로서 스스로 그의 집안을 밀어 헐어버린 것과 같다. 대저 무너짐이 어찌 밖에서 오겠는가? 안에 있을 때에 이미 하자와 틈을 실천되고 있는 것에서 말미암는 것이다. 그러므로 적인이 그 틈을 탈 수 있었던 것이다. 『손자(孫子)』에서[63] 말하기를 "싸우지 않았는데 사당에서 승리하지 못할 것이라고 셈하는 자는, 계책이 적은 것을 얻은 것이다"[64]라고 하였다.

▌次四 : 虎䖑振厥, 豹勝其私, 否. 測曰 : 虎䖑振厥, 如鷹之揚也.

차사는, 범이 성내고 떨며 노하고, 표범이 그 사사로움을 이기니, 이익을 다투는 것으로 하지 않은 것이다.
측에 말하기를, 범이 성내고 떨며 노하였다는 것은 매가 날개 치는 것과 같이 위엄을 발양한다는 것이다.[65]

王本勝作騰. 今從宋陸范本. 二宋陸范本私作秘. 今從王本. 䖑, 許交切. 厥, 許金切. 否, 方九切. 范曰, 䖑, 怒聲也. 振厥, 盛怒貌. 王曰, 處中而近

63 역주 : 『孫子』의 저자는 춘추시대 오나라 闔閭를 섬기던 명장 孫武(BC 6세기경)이며, '손자'는 그를 높여 부르는 호칭이다. 예전에는 『손자』는 손무의 손자로 전국시대 濟나라에서 활동한 孫臏의 저서라고 추정하기도 하였으나, 1972년 산동성 린이현[臨沂縣] 인췌산[銀雀山]에 있는 전한시대의 묘에서 『손자』와 『손빈병법』 2가지가 동시에 출토된 이후 손빈이 지은 병법서는 별개의 책이란 것이 확인되었다.
64 역주 : 『孫子兵法』 「計篇」에 나오는 말이다. 전후 문맥은 "夫未戰而廟算勝者, 得算多也. 未戰而廟算不勝者, 得算少也. 多算勝, 少算敗, 況無算乎. 吾以此觀之, 勝負見矣."이다.
65 역주 : 이 구절은, 병사를 거느리는 장수의 위엄이 포효하는 호랑이와 같아, 사사로운 마음을 이기고 열등한 계획을 고쳐 싸우면 반드시 이긴다는 것이다.

尊位, 將帥之任也. 得位當畫, 善用其衆, 如虎之虓, 振起厥興也. 光謂, 四
爲下祿, 得位用衆者也. 虎豹皆武猛之象, 用兵者, 雖鬭如虓虎,[66] 時惟鷹
揚, 然不以之爭利決忿, 能自勝其私心, 故可用而不用也. 法言曰, 或問武.
曰, 克. 能勝其私曰, 克.

왕애본에 승(勝)은 등(騰)으로 되어 있다. 지금 송충본, 송유간본, 육적본, 범
망본을 따른다. 송유간본, 육적본, 범망본에 사(私)는 비(秘)로 되어 있다. 지
금 왕애본을 따른다. 효(虓)는 허(許)와 교(交)의 반절이다. 흠(廞)은 허(許)와
금(金)의 반절이다. 부(否)는 방(方)과 구(九)의 반절이다. 범망은 말하기를
"효(虓)는 성난 소리다. 진흠(振廞)은 크게 성난 모습이다"라고 하였다. 왕애는
말하기를 "중(中)에 처하고 높은 지위에 가까우니, 장수로 임명된 것이다. 지
위를 얻고 낮에 해당하니, 그 무리들을 잘 사용하는 것이 마치 범이 성나 떨쳐
일어나 포효함과 같다"라고 하였다. 사마광은 생각하기를 "사(四)는 하록(下
祿)이 되나 지위를 얻어 무리를 사용하는 자이다. 범과 표범은 모두 씩씩하고
용맹한 상이다. 군사를 사용하는 자가 비록 으르렁거림이 범이 성내고 때 마
침 매가 (먹이를 먹기 위해 하늘을) 나는 것과 같더라도, 이익을 다투고 분노
를 터뜨리는 것으로 하지 않으면 스스로 그의 사사로운 마음을 이길 수 있다.
그러므로 사용할 수 있지만 사용하지 않는다. 양웅은 『법언』에서 말하기를
'어떤 이가 무(武)를 묻자 대답하기를, '이기는 것이다. 그 사사로움을 이길
수 있는 것을 극(克)이라고 한다'고 했다"[67]라고 하였다.

▌次五：蹻戰喈喈, 若熊若螭. 測曰：蹻戰喈喈, 恃力作王也.

차오는, (격전이 시작되어) 심하게 싸우는 소리가 멀리까지 들리니, 곰과 같고
교룡과 같이 용맹하였다.[68]

· · · · · · · · · · · · · · · ·

66 劉韶軍 點校 : '鬭'과 '虓'는 명초본에는 '鬪'와 '武'로 되어 있다. 이것을 대전본, 도장
   본, 장사호본에 의거해 고쳤다.
67 역주 : 『법언』「문신」에 나오는 말이다.
68 역주 : '蹻戰'은 전쟁이 그치지 않는다는 것이다. 『설문』에서는 "龍無角曰螭."라고
   한다. '熊'과 '螭'는 勇猛함을 비유한 것이다.

측에 말하기를, 심하게 싸우는 소리가 멀리까지 들렸다는 것은 힘을 믿고 (천하를 복종시키는) 왕이 되려는 것이다.[69]

蹻與踞同, 當作劇. 劇, 甚也. 五居盛位而當夜, 恃力取勝, 不足以服天下也.
거(蹻)는 거(踞)와 같으니 마땅히 극(劇)으로 써야 한다. 극(劇)은 심하다(甚)는 것이다. 오(五)는 성대한 지위에 있으나 밤에 해당하니, 힘을 믿고 승리를 취했으나 천하를 복종시키기에는 부족하다.

█ 次六 : 大兵雷霆, 震其耳, 維用詘腹. 測曰 : 大兵雷霆, 威震無疆也.
차육은, 큰 병력을 사용한 것이 우레와 같이 신속하여 그 귀를 진동하니, 적은 그것을 막을 수 없어 오직 굴복하였다.
측에 말하기를, 큰 병력을 사용한 것이 우레와 같이 신속하다는 것은 위엄이 진동하여 다한 것이 없다는 것이다.

王本維作候. 今從諸家. 詘與屈同. 屈腹猶言服其心也. 六爲極大而當晝,
王者之兵非務殺傷, 憚之而已. 故如雷如震, 以威聲震之, 使其心服也. 詩
云, 震驚徐方, 如雷如霆, 徐方震驚. 白虎通曰, 戰者, 憚也.
왕애본에 유(維)는 후(候)로 되어 있다. 지금 제가의 판본을 따른다. 굴(詘)은 굴(屈)과 같다. 굴복(屈腹)은 그 마음을 굴복시킨다고 말하는 것이다. 육(六)은 지극히 큰 것이 되고 낮에 해당하니, 왕의 병력은 살상을 힘쓰지 않고 상대를 두렵게 할 뿐이다. 그러므로 우레와 같고 천둥과 같아 위엄과 명성을 떨쳐 그 마음으로 하여금 굴복하도록 하는 것이다. 『시경』에서 말하기를 "서주 땅을 격동시켰네. 벼락치고 천둥 울리 듯 하니, 서주 땅 오랑캐 놀라 도망갔네"[70]라고 하였다. 『백호통(白虎通)』에서는 "전쟁(戰)이란 (무기를 써 살상하는 것을) 두

· · · · · · · · · · · · · · · ·
69 역주 : '嘐嘐'는 激戰하면서 내는 시끄러운 큰 소리다. 『시경』「小雅·鼓鍾」에는 "鼓鐘嘐嘐."라는 말이 있다. 이 구절은, 천성이 용맹하고 사나워 싸우는 것을 그치지 않고, 힘을 믿고 승리를 취하여 천하의 왕이 되려고 한다는 것이다.
70 역주 : 『시경』「大雅·蕩篇」에 나오는 말이다.

러워한다(憚)는 것이다"[71]라고 하였다.

■ 次七：旌旗絓羅, 干鉞峨峨, 師孕唁之, 哭且瞙.[72] 測曰：旌旗絓羅, 大恨民也.

차칠은, (전쟁에 패하여) 정기가 찢어져 벌려지고, 방패와 도끼가 어지러이 날리고, 지아비가 죽고 많은 임산부들이 서로 곡하니, 곡하면서 몰래 위를 보고 원망하였다.

측에 말하기를, (전쟁에 패하여) 정기가 찢어져 벌려졌다는 것은 백성들이 크게 (왕을) 한탄한다는 것이다.

范王本鉞作戈. 今從宋陸本. 絓, 戶卦[73]切. 唁, 音彦. 瞙, 莫佳切. 范曰, 弔生曰唁, 竊視稱瞙. 光謂, 七爲禍始而當夜, 師之覆敗者也. 旌旗絓[74]羅, 干鉞峨峨. 敗亂之貌也. 師, 衆也. 夫死婦盈, 民之愁苦尤劇者也. 衆孕相唁, 旣哭且瞙, 竊視其上, 怨恨之也.

범망본, 왕애본에는 월(鉞)은 과(戈)로 되어 있다. 지금 송충본, 육적본을 따른다. 괘(絓)는[75] 호(戶)와 괘(卦)의 반절이다. 언(唁)은 음이 언(彦)이다. 매(瞙)는[76] 막(莫)과 가(佳)의 반절이다. 범망은 말하기를 "살아있는 사람을 위로하

. . . .
71 역주 :『白虎通』「誅伐」에 나오는 말이다. 전후 문맥은 "伐者, 何謂, 伐擊也, 欲言伐擊之也. 尙書曰, 武王伐紂. 征者, 何謂也. 征猶正也, 欲言其正也, 輕重從辭也. 誕以爾東征. 誅祿甫也. 又曰, 甲戌, 我惟征徐戎. 戰者, 何謂也. 尙書大傳曰, 戰者, 憚警之也. 春秋讖曰, 戰者, 延改也."이다.
72 劉韶軍 點校 : '瞙'는 명초본에는 '瞶'로 되어 있다. 이것을 도장본, 장사호본에 의거해 고쳤다.
73 劉韶軍 點校 : '卦'는 명초본에는 '絓'로 되어 있다. 이것을 대전본, 도장본, 장사호본에 의거해 고쳤다.
74 劉韶軍 點校 : '絓'는 명초본에는 '純'으로 되어 있다. 이것을 대전본, 도장본, 장사호본에 의거해 고쳤다.
75 역주 : '絓'는『태현경』주석에서는 '홰'로 발음하라고 하는데, 여기서는 우리나라 발음인 '괘'로 한다. 중국어로는 guà로 발음된다.
76 역주 : '瞙'는『태현경』주석에서는 '마'로 발음하라고 한다. 이것은 중국어 발음으로 볼 때 瞙[mái]는 莫[mò]와 佳 [jiā]의 반절로 발음하라는 것이다. 여기서는 우리나

는 것을 언(言)이라 하고, 몰래보는 것을 매(眛)라고 한다"라고 하였다. 사마광은 생각하기를 "칠(七)은 화(禍)의 시(始)가 되고 밤에 해당하니, 무리가 전복되어 패망하는 것이다. '정기가 찢어져 벌려지고, 방패와 도끼가 어지러이 날린다' 라는 것은 무너져 어지러운 모양이다. 사(師)는 무리(衆)이다. 지아비가 죽고 지어미가 임신했다는 것은, 백성들의 수심과 고통이 더욱 극심한 것이다. 지아비가 죽고 많은 임산부들이 서로 곡하는데, 이미 곡하는 한편 또 흘깃 보면서 몰래 위를 봤다는 것은 원망하고 한탄하였다는 것이다"라고 하였다.

▌次八 : 兵衰衰, 見其病, 不見輿尸. 測曰 : 兵衰衰, 不血刃也.

차팔은, (적군의) 장병이 피곤하고 쇠약해지고 그 병든 것을 보았지만, 시체를 실은 수레는 보지 못하였다.[77]
측에 말하기를, (적군의) 장병이 피곤하고 쇠약해졌다는 것은 칼에 피를 묻히지 아니한 것이다.

衰衰, 罷弊貌. 八爲疾瘀, 爲耗, 爲剝落, 爲禍中而當晝, 能罷弊敵[78]國, 不戰而屈人兵者也.

쇠쇠(衰衰)는 피곤하여 피폐한 모양이다. 팔(八)은 질병이 되고, 소모함도 되고, 벗겨져 떨어지는 것도 되고, 화(禍)의 중(中)이 되나 낮에 해당하니, 적국을 피폐시켜 싸우지 않고 남의 병사들을 굴복시킬 수 있는 것이다.

· · · · · · · · · · · · · · · · · · · ·

라의 발음인 '매'로 한다.
77 역주 : 『주역』 「師卦」六三, "師或輿尸, 凶." "象曰, 師或輿尸, 大無功也."라는 말이 나온다.
78 劉韶軍 點校 : '敵'은 명초본에는 없다. 이것을 대전본, 도장본, 장사호본에 의거해 보충하였다.

306 태현집주

▌上九：斧刃缺, 其柯折, 可以止, 不可以伐, 往血. 測曰：刃缺柯折, 將不足往也.

상구는, 도끼의 칼날이 이지러지고, 그 도끼 자루가 꺾여 무기가 없고, 군사를 그칠 수는 있지만 정벌할 수는 없으니, 정벌하러 가면 피를 흘린다.

측에 말하기를, 칼날이 이지러지고 도끼 자루가 꺾였다는 것은 장차 가기에 족하지 못한 것이다.

王曰, 往必見血而自傷也. 光謂, 九爲用兵之極, 逢禍之窮, 窮兵而不知止者也.

왕애는 말하기를 "정벌하러 가면 반드시 피를 보고 스스로 손상된다"라고 하였다. 사마광은 생각하기를 "구(九)는 군사를 사용하는 지극한 것이 되고, 화(禍)가 극에 달한 것을 만난 것이니, 무력을 남용하여 그만둘 줄을 모른다는 것이다"라고 하였다.

二方一州二部三家.

2방, 1주, 2부, 3가다.

密

밀(密)

陽家, 水, 準比. 密者, 比近也, 周密也.

밀수(密首)는 양가(陽家)이고, (5행에서는) 수(水)이며, 『주역』「비괘(比卦)」에 준한다.[79] 밀(密)이란 비근한 것이고, 주밀한 것이다.

▌陽氣親天, 萬物丸蘭, 咸密無間.

양기는 (높이 올라가) 하늘과 친하고, 만물은 (양의 힘에 의해 생장 발육하여) 성대하니, 모두 밀접한 관계를 이루어 간극이 없다.

王本咸作盛. 今從諸家. 王曰, 丸蘭, 盛大貌. 萬物乘陽氣, 皆盛大周密而無間隙也. 光謂, 陽氣上而親天, 高之極也.

· · · · · · · · · · · · · · · · · · · ·

79 역주 : 『설문』에서는 "比, 密也"라고 한다.

왕애본에 함(咸)은 성(盛)으로 되어 있다. 지금 제가의 판본을 따른다. 왕애는 말하기를 "환란(丸蘭)은 성대한 모양이다. 만물이 양기를 타고 모두 성대하고 주밀하여 간극이 없는 것이다"라고 하였다. 사마광은 생각하기를 "양기가 위로 올라가 하늘과 친한 것은 높은 것이 지극한 것이다"라고 하였다.

▌初一：窺之無間, 大幽之門. 測曰：窺之無間, 密無方也.

초일은, (군자는 마음을 비밀로 하여 일을 이루기에) 엿보지만 틈이 없으니, 크게 깊숙한 문이다.

측에 말하기를, (군자는 마음을 비밀로 하여 일을 이루기에) 엿보지만 틈이 없다는 것은 주밀하여 그 상황을 엿볼 방법이 없다는 것이다.[80]

宋曰, 事事皆密, 故以無方言之. 光謂, 一爲思始而當晝, 君子潛心於密, 以立事定功, 人莫能窺者也. 易曰, 幾事不密則害成.

송충은 말하기를 "일마다 모두 주밀하게 한다. 그러므로 (엿볼) 방법이 없다는 것으로 말한 것이다"라고 하였다. 사마광은 생각하기를 "일(一)은 사(思)의 시(始)가 되고 낮에 해당하니, 군자는 주밀한 곳에 마음을 가라앉혀 일을 세우고 공로를 정하니, 다른 사람이 엿볼 수 없다는 것이다. 『주역』에서 말하기를 "'기밀한 일은 주밀하게 하지 않으면 해로움이 이루어진다'고 했다"[81]라고 하였다.

▌次二：不密不比, 我心卽次. 測曰：不密不比, 違厥鄕也.

차이는, 친밀하지도 가깝지도 않으니, 나의 마음은 여관에 가서 머물고자 한다.

. . . .

80 역주 : '주밀하여 방향이 없다'는 것은 사이가 없고 幽深하여 헤아릴 수 없다는 것이다.
81 역주 : 이 말은 『주역』 「계사전상」 8장에 나오는 말인데, 원래 『주역』 「節卦」 初九의 효사인 "不出戶庭, 無咎."를 해석한 것이다. 전후 문맥은 "不出戶庭, 無咎. 子曰, 亂之所生也, 則言語以爲階. 君不密則失臣, 臣不密則失身, 機事不密則害成. 是以君子愼密而不出也."이다.

측에 말하기를, 친밀하지도 가깝지도 않다는 것은 그 고향을 떠났다는 것이다.

比, 頻寐切, 下同. 君子愛近以懷遠, 小人反是. 二爲思中而當夜, 不能懷近
而勞心於遠. 卽, 就也. 次, 旅舍也. 違去其鄕, 而欲就於旅舍, 捨近而圖遠
者也. 詩云, 無田甫田, 維莠驕驕, 無思遠人, 勞心忉忉.
비(比)는 빈(頻)과 매(寐)의 반절이니, 아래도 같다. 군자는 가까운 곳을 사랑
함으로써 먼 곳을 품는데, 소인은 이와 반대로 한다. 이(二)는 사(思)의 중(中)
이 되고 밤에 해당하니, 가까운 곳을 품을 수 없어 마음을 먼 곳에 두고 수고롭
게 한다. 즉(卽)은 나아간다(就)는 것이다. 차(次)는 여관(旅舍)이란 것이다.
그 고향을 떠나 가 여관에 나아가고자 하니, 가까운 것을 버리고 먼 곳을 도모
한 것이다. 『시경』에서 말하기를 "큰 밭을 갈지 마라. 강아지풀만 무성하리라.
멀리 있는 사람을 생각마라! 마음만 괴로우리라!"[82]라고 하였다.

▌次三 : 密于親, 利以作人. 測曰 : 密于親, 爲利臧也.
차삼은, 어버이를 가까이 하고, 그 마음을 미루어 타인에게까지 미루는 것이
이롭다.
측에 말하기를, 어버이를 가까이 하였다는 것은 인도(人道)를 행하는 것이 이
롭고 좋다는 것이다.

三爲思上而當晝, 君子愛其親, 則知愛人之親, 推其心以及他人, 故曰, 利
以作人.
삼(三)은 사(思)의 상(上)이 되고 낮에 해당한다. 군자는 그의 어버이를 사랑하
면 남의 어버이를 사랑할 줄도 알게 되니, 그 마음을 미룸으로써 타인에게
미치는 것이다.[83] 그러므로 말하기를 "그 마음을 미루어 타인에게까지 미루는

....

82 역주 : 『시경』「國風·甫田」에 나오는 말이다.
83 역주 : 이른바 '推己及人'과 관련해 주희는 『논어』「위령공」에서 공자가 말한 "己所
    不欲, 勿施於人."에 대해 "推己及物"로 해석한다. 『맹자』「양혜왕상」에는 "老吾老,
    以及人之老, 幼吾幼, 以及人之幼." 라는 말이 나온다. 朱熹는 「與範直閣書」, "學者

것이 이롭다"라고 하였다.

■ 次四：密于腥臊, 三日不覺, 殽 測曰：密于腥臊, 小惡通也.
차사는, 비린내와 누린내를 가까이 하면서 오랫동안[삼일] 깨닫지 못하니, 뒤
섞어진 것이다.
측에 말하기를, 비린내와 누린내를 가까이 한다는 것은 작은 악이 통한 것이다.

王曰, 密于腥臊, 親惡悳也. 光謂, 四爲外他而當夜, 與不善人相[84]親者也.
與不善人相親, 久則化之矣. 孔子曰, 與不善人, 如人鮑魚之肆,[85] 久而不
知其臭, 則與之爲一矣. 小惡通者, 始於小惡弗去, 久則與之通而爲一也.
殽, 混殽也.
왕애는 말하기를 "비린내와 누린내를 가까이 하였다는 것은 악덕을 가까이
한 것이다"라고 하였다. 사마광은 생각하기를 "사(四)는 밖의 다른 것이 되고
밤에 해당하니, 착하지 않은 사람과 함께 서로 친한 것이다. 착하지 않은 사람
과 함께 서로 친하여 오래되면 변화한다. 공자는 말하기를 '착하지 않은 사람
과 함께 있는 것은 생선가게에 들어가는 것과 같아서, 오래되면 그 냄새를
알지 못하게 되고 곧 더불어 하나가 된다'[86]라고 하였다. '작은 악이 통한 것'이
란 작은 악에서 시작하여 없애지 않고 오래되면 더불어 통하여 하나가 된다는
것이다. 효(殽)는 섞어진 것(混殽)이다"라고 하였다.

. . . .
之於忠恕, 未免參校彼己, 推己及人則宜."라고 말한 적이 있다.
84 劉韶軍 點校 : '相'은 명초본에는 없다. 이것을 대전본, 도장본, 장사호본에 의거해
   보충하였다.
85 劉韶軍 點校 : '肆'는 명초본에는 '律'로 되어 있다. 이것을 대전본, 도장본, 장사호
   본에 의거해 고쳤다.
86 역주 : 三國의 魏나라 王肅의 『孔子家語』「六本」에 나오는 말이다. 전후 문맥은
   "與不善人, 如入鮑魚之肆, 久而不聞其臭, 亦與之化矣."이다.

▌次五：密密不罅, 嬪于天. 測曰：密密不罅, 並天功也.

차오는, (군주와 신하의 사이가) 친밀하고 친밀하여 틈이 없으니, (그의 공은) 하늘에 짝한다.

측에 말하기를, (군주와 신하의 사이가) 친밀하고 친밀하여 틈이 없다는 것은 하늘의 공로와 나란히 한 것이다.

罅, 呼嫁切. 嬪, 音頻. 王曰, 居中體正, 得位當晝, 爲時明君, 親於可親, 故曰, 密密不罅, 謂無間隙也. 如此則能功配於天矣. 光謂, 密密不罅者, 君臣百姓靡不親密, 無有間隙也.

하(罅)는 호(呼)와 가(嫁)의 반절이다. 빈(嬪)은 음이 빈(頻)이다. 왕애는 말하기를 "중(中)에 있고 몸체가 바르고, 지위를 얻고 낮에 해당하니, 당대의 명군이 되어 친할 곳에 친한 것이다. 그러므로 말하기를 '친밀하고 친밀하여 틈이 없다'라고 하니, 간극이 없다는 것을 이른 것이다. 이와 같으면 공로가 하늘에 짝할 수 있다"라고 하였다. 사마광은 생각하기를 "'친밀하고 친밀하여 틈이 없다'라고 한 것은 군주와 신하와 백성들이 친밀하지 아니함이 없어, 간극이 없다는 것이다"라고 하였다.

▌次六：大惡之比, 或益之恤. 測曰：大惡之比, 匹異同也.

차육은, 큰 악을 가까이 하니, 혹 마음의 걱정을 더하였다.

측에 말하기를, 큰 악을 가까이 한다는 것은 다르고 같은 것들이 짝한 것이다.[87]

六爲福終而近於禍, 故比于大惡而或益之憂也. 非我族類, 其心必異, 異類相匹, 適足自累也. 易曰, 比之匪人.

육(六)은 복(福)의 종(終)이 되고 화(禍)에 가깝다. 그러므로 큰 악을 가까이하

· · · · · · · · · · · · · · · ·

87 역주 : 이 구절은, 大惡을 가까이하면, 다른 무리와 짝해도 끝내는 반드시 함께 오염되어 그 걱정을 더한다는 것이다.

여 혹은 더해질까 근심한 것이다. 나의 종족 무리가 아니면 그 마음이 반드시 다르며, 다른 무리들과 서로 짝하면 다만 스스로 누를 끼치기에 족하다. 『주역』 「비괘(比卦)」 육삼효에서 말하기를 "서로 친하고자 한 것이 올바른 사람이 아니다"[88]라고 한 것이 이것이다.

▌次七 : 密有口, 小鰓. 大君在, 無後. 測曰 : 密口小鰓, 賴君達也.

차칠은, 일을 주밀하게 하고 일을 만나면 직언하니, 조금 두렵지만, 큰 군주가 있어 그 말을 잘 받아들여 (이렇다 저렇다) 뒷말이 없다.

측에 말하기를, 일을 주밀하게 하여 일을 만나면 직언하니 조금 두렵다는 것은 군주를 힘입고 자신의 직언을 전한다는 것이다.[89]

王本無無字, 小宋無字作其. 今從宋陸范本. 范小宋本達作逢. 今從宋陸王本. 鰓, 蘇來切. 闕

왕애본에는 무(無)자가 없고, 송유간본에는 무(無)자는 기(其)로 되어 있다. 지금 송충본, 육적본, 범망본을 따른다. 범망본, 송유간에는 달(達)이 봉(逢)으로 되어 있다. 지금 송충본, 육적본, 왕애본을 따른다. 새(鰓)는 소(蘇)와 래(來)의 반절이다. 해설이 빠졌다.

▌次八 : 琢齒依齦, 三歲無君. 測曰 : 琢齒依齦, 君自拔也.

차팔은, 이를 닦는데 이빨[덕이 있는 중신]을 닦지 않고 잇몸[비천한 신하]에 의지하니, 삼년이 지나면 군주의 지위를 상실하게 된다.[90]

....

88 역주 : 『주역』『비괘(否卦)』六三爻에 나오는 말이다.
89 역주 : '鰓'는 두려워한다는 것이다. 『한서』「刑法志」에는 "鰓鰓常恐."이 나온다. 이 구절은, 신하가 군주에게 간하고자 할 때 먼저 스스로 두려워 하는데, 명군이 조정에 있어 간하는 말을 받아들이고 원근과 친소를 따지지 않는다는 것이다.
90 역주 : "이를 닦는데 잇몸을 의지하였다"라는 것은 비유하면, 重臣과 뛰어난 장수를 버리고 고루한 장수와 비천한 신하를 쓴다는 것이다.

측에 말하기를, 이를 닦는데 잇몸을 의지한다는 것은 군주가 스스로 친밀한 것을 뽑은 것이다.

齦, 語斤切. 王曰, 齒之與齦, 相親者也. 或琢其齒而依其齦, 則失其所親矣. 闕
은(齦)은 어(語)와 근(斤)의 반절이다. 왕애는 말하기를 "이와 잇몸은 서로 친밀한 것이다. 혹은 그 이를 닦는데 그 잇몸에 의지한다면, 그 친한 것을 잃은 것이다"라고 하였다. 해설이 빠졌다.

■上九 : 密禍之比, 先下後得其死. 測曰, 密禍之比, 終不可奪也.
상구는, 군주를 가까이 하여 화(禍)가 가까워졌는데, 먼저는 겸손하여 가까운 관계를 맺다가,[91] 뒤에는 그 죽을 힘을 다하였다.
측에 말하기를, 군주를 가까이 하여 화(禍)가 가까워졌다는 것은 끝내 (절개를) 빼앗을 수 없다는 것이다.

九爲禍極而當晝, 君子同志相比, 堅不可奪. 先自謙下, 則其志益親, 故雖大禍, 而終得其死力也.
구(九)는 화(禍)의 극(極)이 되나 낮에 해당하니, 군자가 뜻을 함께 하고 서로 가까이 하니 견고함을 빼앗을 수 없다. 먼저 스스로 겸손하면 그 뜻이 더욱 친밀해진다. 그러므로 비록 큰 화(禍)를 만나더라도 끝내 그 죽을힘을 다할 수 있다.

. . . .
91 역주 : 『노자』68장에서는 "先用人者爲之下 … 是謂用人之力."을 말한다. 『법언』「寡見」에서는 "惠以厚下, 民忘其死, 忠以衛上, 君念其賞. 自後者人先之, 自下者人高之, 誠哉是言也."라고 한다.

친親

▦ 二方一州三部一家.

2방, 1주, 3부, 1가다.

親

친(親)

陰家, 火, 準比. 入親次八, 日舍東井, 八[92]十六分七秒, 小滿氣應. 親者,
相愛厚也.

친수(親首)는 음가(陰家)이고, (5행에서는) 화(火)이며, 『주역』「비괘(比卦)」에
준한다.[93] 친(親)은 차팔(次八)에서 들어가고, 태양은 동정(東井)에 머물러 86
분 7초에 소만(小滿)의 기와 응한다. 친(親)이란 서로 사랑하기를 두터이 한다
는 것이다.

▌陽方仁愛, 全真敦篤, 物咸親睦.

양은 바야흐로 인자하고 애정이 있고, 순수하고 진실하며 돈독하니, 만물이

. . . .

92 劉韶軍 點校 : '八'은 명초본에는 '一'로 되어 있다. 이것을 도장본 및 太玄歷에 의거
해 고쳤다.
93 역주 : 『주역』「比卦」에 상당한다. '比'는 '친하다[親]'는 것이다.

모두 양기를 받아 친목 한다.

陽氣純粹, 故曰, 全眞.
양기가 순수하다. 그러므로 순수하고 진실하다고 한다.

▌初一: 親非其膚, 其志齟齬. 測曰: 親非其膚, 中心閑也.
초일은, 소원(疏遠)해야 할 사람을 친히 하니, 그 뜻이 맞지 않았다.
측에 말하기를, 소원(疏遠)해야 할 사람을 친히 하였다는 것은 마음이 막은 것이다.[94]

王本無親字. 今從諸家. 王曰, 居親之初, 而失位當夜, 失其親道. 非其膚, 謂疏遠之人非其肌膚之親, 而或親之, 則其志齟齬不相入矣. 心相防閑, 失其親道. 光謂, 一爲思始而當夜, 親非其親者也. 外雖相親, 內志不合, 終必乖離. 閑者, 隔礙不通之謂. 故曰, 中心閑也.
왕애본에는 친(親)자가 없다. 지금 제가의 판본을 따른다. 왕애는 말하기를 "친수(親首)의 처음에 있으면서 지위를 잃고 밤에 해당하니, 그 친한 도를 잃었다. '소원해야 할 사람이다'라고 한 것은, 소원한 사람은 부모 형제 정도의 친한 사람이 아닌데도 혹 친하면 그 뜻이 어그러져서 서로 사귀지 못한다는 것을 말한 것이다. '마음이 서로 막았다'라는 것은 그 친한 도를 잃었다는 것이다"라고 하였다. 사마광은 생각하기를 "일(一)은 사(思)의 시(始)가 되고 밤에 해당하니, 친한 것이 그 친해야 할 것이 아니었다. 밖으로 비록 서로 친하였으나 안으로는 뜻이 합하지 않아, 마침에는 반드시 괴리한다. 한(閑)이란 떼어놓고 차단하여 통하지 않는 것을 이른다. 그러므로 '마음이 막았다'라고 했다'라고 하였다.

· · · · · · · · · · · · · · · · · ·

94 역주: 이 구절은, 肌膚의 親한 것이 아닌데 친하게 하는 것은 밖으로는 비록 친하나 그 뜻이 서로 합치하지 않다는 것으로, 이것은 마음속으로 방해하는 것을 품고 막는 것이 있다는 것이다.

▌次二 : 孚其內, 其志資戚. 測曰 : 孚其內, 人莫間也.

차이는, 그 안을 믿으니, 그 뜻은 친한 이를 취한 것이다.

측에 말하기를, 그 안을 믿는다는 것은 사람들이 이간함이 없었다는 것이다.[95]

范本內作肉, 間作聞. 王本內作肉, 間作閑.[96] 今從宋陸本. 王曰, 資, 取也. 戚, 親也. 其志惟取於相親附也. 光謂, 二爲思中而當畫, 君子以誠信相親之深者也. 故曰, 孚其內.

범망본에 내(內)는 육(肉)으로 되어 있고, 간(間)은 문(聞)으로 되어 있다. 왕애본에는 내(內)가 육(肉)으로 되어 있고 간(間)은 한(閑)으로 되어 있다. 지금 송충본, 육적본을 따른다. 왕애는 말하기를 "자(資)는 취한다(取)는 것이고, 척(戚)은 친하다(親)는 것이니, 그 뜻은 오직 서로 친근하게 의탁하는 데에서 취한다는 것이다"라고 하였다. 사마광은 생각하기를 "이(二)는 사(思)의 중(中)이 되고 낮에 해당하니, 군자는 참되고 진실된 마음으로써 서로 친한 것이 깊어진다. 그러므로 말하기를 '그 안을 믿었다'라고 했다"라고 하였다.

▌次三 : 螟蛉不屬, 蜾蠃取之, 不迋侮. 測曰 : 螟蛉不屬, 失其體也.

차삼은, 배추벌레는 친족이 아니어서, 나나니벌이 취하여 길렀지만, 밖의 수모를 막을 수 없었다

측에 말하기를, 배추벌레가 친족이 아니라는 것은 그 (親疎의) 예의 몸체를 잃은 것이다.[97]

· · · · · · · · · · · · · · · · · · ·

95 역주 : 이 구절은, 그 골육과 육친을 믿고 아울러 그 뜻을 좇는 사람과 의지가 서로 합하게 되면 누가 이간할 수 있겠는가 하는 것이다.
96 劉韶軍 點校 : '王本內作肉間作閑' 8글자는 명초본에는 없다. 이것을 대전본, 도장본, 장사호본에 의거해 보충하였다.
97 역주 : 『시경』 「小雅·小宛」에는 "螟蛉有子, 蜾蠃負之, 敎誨爾子, 式穀似之."라는 말이 나온다. 이 구절은, 배추벌레는 친속이 아닌데 나나니벌레가 취하여 기르면서 선으로 가르쳐 모욕하지 않는다는 것으로, 그 자식이 아닌데 자식으로 여기면 그 친소의 몸을 잃는다는 것이다.

王本不迓侮作逝侮. 今從宋陸范本. 蜾, 音果. 蠃, 郎果切. 螟, 音冥. 蛉,
音零. 屬, 之欲切. 螟蛉, 桑蟲. 蜾蠃, 蒲盧也. 屬, 綴也. 迓侮, 猶言御侮也.
三爲思終而當夜, 小人不能屬綴其親, 以御外侮, 而使之乖離. 與他人相
合,⁹⁸ 如螟蛉不能自育其子, 而爲蜾蠃所取也. 詩云, 螟蛉有子, 蜾蠃負之,
敎誨爾子, 式穀似之.

왕애본에 불아모(不迓侮)는 소모(逝侮)로 되어 있다. 지금 송충본, 육적본, 왕
애본을 따른다. 과(蜾)는 음이 과(果)다. 라(蠃)는 랑(郎)과 과(果)의 반절이다.
명(螟)은 음이 명(冥)이다. 령(蛉)은 음이 령(零)이다. 촉(屬)은⁹⁹ 지(之)와 욕
(欲)의 반절이다. 명령(螟蛉)은 본래 배추벌레의 유충이다. 과라(蜾蠃)는 나
니벌이다. 촉(屬)은 이어진다(綴)는 것이다. 아모(迓侮)는 모욕을 막는다는 말
과 같다. 삼(三)은 사(思)의 종(終)이 되고 밤에 해당하니, 소인이 그 친한 이와
연결하여 외부로부터 받는 모욕을 막을 수 없고, 괴리되어 타인들과 서로 화합
할 수 없는 것이, 마치 배추벌레가 스스로 그의 새끼들을 기를 수 없어 나나니
벌에 취해지는 것과 같다. 『시경』「소아·소완(小宛)」에서 말하기를 "배추벌레
새끼를 나나니벌이 업고 다니네. 너의 자식 잘 가르쳐 착하고 선하게 하라"¹⁰⁰
라고 하였다.

▌次四 : 賓親于禮, 飮食几几. 測曰 : 賓親于禮, 賓主偕也.

차사는, 손님을 예로 친히 대접하면서 향연을 베푸니, 음식에 법도가 있다.
측에 말하기를, 손님을 예로 친히 대접한다는 것은 손님과 주인이 함께한 것이
다.¹⁰¹

....

98 劉韶軍 點校 : '與'는 명초본에는 없다. 이것을 대전본, 도장본, 장사호본에 의거해
    보충하였다.
99 역주 : '屬'은 '무리'라고 할 때는 '속'으로, '잇는다'라고 할 때는 '촉'으로 발음하는데
    『태현경』주석에서는 '족'으로 발음하라고 한다. 즉 屬[zhǔ]는 之 [zhī]와 欲 [yù]의
    반절로 발음하라는 것이다. 여기서는 우리나라 발음인 '촉'으로 한다.
100 역주 : 『시경』「小雅·小宛」에 나오는 말이다.
101 역주 : 이 구절은, 예로 손님을 맞이하여 연회로써 대접하면 예를 차린 것이 두루
     갖추어져, 손님과 주인이 함께 즐거워한다는 것이다.

王曰, 几几, 有法度也. 光謂, 四爲條暢而當畫, 君子以饗宴之禮交通親愛
者也. 賓所以親親, 其有禮不在飲食也. 孔子曰, 吾食於少施氏而飽, 少施
氏食我以禮. 賓主偕者, 言皆有禮也.

왕애는 말하기를 "궤궤(几几)는 법도가 있다는 것이다"라고 하였다. 사마광은
생각하기를 "사(四)는 막힘없이 잘 통하는 것이 되고 낮에 해당하니, 군자가
향연의 예로써 친애하는 자와 서로 통한 것이다. 손님이 친한 이를 친히 하는
이유는, 그 예를 행함이 음식을 먹는 것에만 있지 않기 때문이다. 공자는 '나는
소시씨(少施氏)에게서 음식을 대접받아 배부르게 먹었는데, 소시씨는 나에게
음식을 예에 맞는 것으로써 주었다'라고 하였다.[102] 손님과 주인이 함께하였다
는 것은 모두 예가 있다는 것을 말한 것이다"라고 하였다.

▌次五 : 厚不厚, 比人將走. 測曰 : 厚不厚, 失類無方也.

차오는, 후대해야 할 것을 후대 하지 않으니, 가까운 사람들이 장차 달아날
것이다.
측에 말하기를, 후대해야 할 것을 후대 하지 않았다는 것은 무리를 잃고 좌우
가 없어 고립되었다는 것이다.[103]

比, 頻寐切. 王曰, 五雖居中而失位當夜, 當厚者不厚, 則其所比附之人皆
將去之. 光謂, 不能親其所當親, 厚其所當厚, 使比近之人皆棄之而走, 失
類孤立, 危無日矣. 子太叔曰, 晉不鄰矣, 其誰云之. 頻 [pín] 寐 [mèi]

비(比)는 빈(頻)와 매(寐)의 반절이다. 왕애는 말하기를 "오(五)는 비록 중에
있으나 지위를 잃고 밤에 해당하니, 마땅히 후대해야 할 것에 후대하지 않으면
그와 가까운 사람들이 모두 떠나버릴 것이다"라고 하였다. 사마광은 생각하기
를 "그 마땅히 친해야 할 것에 친하지 않고, 그 마땅히 후대해야 할 것에 후대
하지 않았다는 것은, 가까운 사람들로 하여금 모두 버리고 달아나게 하는 것이

102 역주 : 『예기』 「雜記」하편에 있는 말이다.
103 역주 : '方'에 대해 『儀禮』 「大射禮」에서는 "左右曰方."이라고 한다. '無方'은 '좌우
     에 보필하는 것이 없다'는 것이다.

니, 동료를 잃고 고립되어 하루도 안 되어 위태로울 것이다. 자태숙(子太叔)은 '진나라가 같은 성씨의 나라에 친하게 하지 않는데 그 누가 돌아와 사이좋게 지내겠습니까'라고 했다"[104]라고 하였다.

▌次六 : 厚厚, 君子秉斗. 測曰 : 厚厚君子, 得人無疆[105]也.

차육은, (군자가) 친한 것을 친하게 하고, 후대할 것을 후대하니, 마치 북두성에 뭇별들이 향하듯이 사람들이 군자에게 향하였다.

측에 말하기를, (군자가) 친한 것을 친하게 하고 후대할 것을 후대한다는 것은 사람들과 친밀하게 하는 것을 얻음이 다함이 없다는 것이다.

六爲盛多而當晝, 能親其所親, 厚其厚者也. 夫君子厚近而遠者至, 親親而疏者附, 如斗中央而衆星共之也. 故曰, 君子秉斗.

육(六)은 많은 것이 되고 낮에 해당하니, 그 친한 것을 친히 하고 그 후대할 것을 후대 할 수 있는 자이다. 대저 군자는 가까운 곳을 후대하여 먼 곳이 이르게 하고, 친한 이를 친하게 하여 소원한 자가 따르게 하니, 마치 북두성이 중앙에 있어 뭇 별들이 함께 향하는 것과[106] 같다. 그러므로 말하기를 "북두성에 뭇별들이 향하듯이 사람들이 군자에게 향하였다"라고 하였다.

▌次七 : 高亢其位, 庳於從事. 測曰 : 位高事庳, 德不能也.

차칠은, 그의 지위는 매우 높은 지위에 올랐지만, 그가 종사하는 것은 하찮았다.

측에 말하기를, 지위가 높은데 종사하는 것이 하찮았다는 것은 덕이 그 지위에 적당하지 않다는 것이다.[107]

· · · · · · · · · · · · · · · · · · ·

104 역주 : 『춘추좌씨전』 「襄公」 29년 조에 있는 말이다.
105 劉韶軍 點校 : '疆'은 명초본에는 '彊'으로 되어 있다. 이것을 대전본에 의거해 고쳤다.
106 역주 : 『논어』 「위정」에 "子曰, 爲政以德, 譬如北辰, 其所而衆星共之."라는 말이 있다.

宋陸本從作周, 范作同. 令從王本. 庳, 便是, 必至二切. 又音卑. 王曰, 七居過滿之地, 失位當夜, 位雖高亢, 而所行之事則甚庳細也.

송충본, 육적본에 종(從)이 주(周)로 되어 있고, 범망본에는 동(同)으로 되어 있다. 지금 왕애본을 따른다. 비(庳)는 편(便)과 시(是), 필(必)과 지(至) 둘의 반절이다. 또 음은 비(卑)다. 왕애는 말하기를 "칠(七)은 지나치게 가득 찬 지위에 있어, 지위를 잃고 밤에 해당하니, 지위가 비록 높은데 올랐더라도 행하는 일은 매우 하찮고 사소하다"라고 하였다.

▌ 次八 : 肺附乾餱, 其幹已良, 君子攸行. 測曰 : 肺附之行, 不我材也.

차팔은, (몸의) 간과 허파가 서로 붙은 것처럼 친근한 관계인데 마른 식량을 주니, 그 재능[幹]은 이미 훌륭하지만 군주에게 후대 받지 못하니, 군자가 다른 곳으로 떠난 이유다.

측에 말하기를, (몸의) 간과 허파가 서로 붙은 것처럼 친근한 관계인데 마른 식량을 주어 떠났다는 것은 나를 재목으로 여기지 않은 것이다.[108]

宋王本肺作脯, 幹作乾, 行作往. 王本附作腑. 今從范小宋本. 餱, 音侯. 范曰, 削曰肺, 肺附如柿[109]之附木. 王曰, 有肺腑之親, 而生乾餱之怨, 故君子去之. 詩云, 民之失德, 乾餱以愆. 光謂, 肺附以喩族人附着宗主也. 民雖微賤, 猶當分乾餱以濟其親也. 肺附之親, 至薄也, 猶當以乾餱收恤之,

. . . .

107 역주 : 이 구절은, 지위가 높은데 덕이 없어 행하는 것이 하찮고 사소하기에, 백성을 잃고 친한 이가 도망하고 賢臣이 도움을 주지 않는다는 것이다. 『주역』「문언」에서는 "貴而無位, 高而無民, 賢人在下位而無輔, 是以動而有悔也."를 말한다.

108 역주 : '肺附'는 깎은 나무의 남은 조각, 즉 '톱밥'을 가리킨다. 『한서』「楚元王傳」에는 "臣幸得托肺附."라는 말이 있다. 『史記』「惠景間侯者年表」에는 "諸侯子弟如肺附."라는 말이 있다. 이 구절은, 국가의 동량이 되는 재목을 톱밥처럼 보고, 마른 식량은 거칠어서 주기에 적합하지 않은 것인데 준다는 것으로, 친한 이를 대접한 것이 이처럼 소원하게 하면 현능한 자는 반드시 떠난다는 것이다.

109 劉韶軍 點校 : '柿'는 명초본에는 '肺'로 되어 있다. 이것을 만옥당본에 의거해 고쳤다.

況良幹而棄之乎. 此微子所以歸周也.

송충본, 왕애본에는 폐(肺)는 포(胇)로 되어 있고, 간(幹)은 간(乾)으로 되어 있고 행(行)은 왕(往)으로 되어 있다. 왕애본에는 부(附)는 부(腑)로 되어 있다. 지금 범망본, 송유간본을 따른다. 후(餱)는 음이 후(侯)다. 범망은 말하기를 "삭(削)을 폐(肺)라고 하니, 폐부(肺附)는 감나무에 붙어있는 나무와 같다"라고 하였다. 왕애는 말하기를 "폐부(肺腑)와 같은 친함이 있는데도 마른 식량을 준다는 원망이 생겨났다. 그러므로 군자는 떠나갔다. 『시경』에서 말하기를 '백성이 덕을 잃는 것은 접대하는 음식이 변변치 못한 것 때문이네'라고 했다"[110]라고 하였다. 사마광은 생각하기를 "폐부로써 족인들이 종주에게 부착하는 것을 비유한 것이다. 백성들이 비록 미천하나 오히려 마땅히 마른 식량을 나누어주어 그 친한 이들을 구제하게 해야 한다. 폐부의 친함은 지극히 박하지만 오히려 마땅히 마른 식량으로 거두어 구제해야 하거늘, 하물며 좋은 줄기[재능 있는 재]인데 버리겠는가? 이것은 은나라의 미자(微子)가 주나라로 돌아간 이유이다"라고 하였다.

■ 上九 : 童親不貞. 測曰 : 童親不貞, 還自荄也.

상구는, 무지몽매한 사람이 친한 사람에게 부정하게 대하니, 바르지 않다. 측에 말하기를, 무지몽매한 사람이 친한 사람에게 부정하게 대하니, 바르지 않다는 것은 도리어 스스로 뿌리를 망친 것이다.[111]

荄, 古哀切. 宋曰, 謂自盡其根荄也. 王曰, 居親之極, 而失位當夜, 若童昏之人, 所親者必不正矣.

해(荄)는 고(古)와 애(哀)의 반절이다. 송충은 말하기를 "스스로 그 뿌리를 망

• • • • • • • • • • • • • • • •
110 역주 : 『시경』「小雅·伐木」에 나오는 말이다.
111 역주 : '荄'는 『方言』에 "根也."라 한다. '還自荄'는 '처음으로 되돌아간다'는 것이니, 이른바 그 살붙이가 아닌 것을 친하게 한다는 것이다. 이 구절은, 童蒙한 사람이 마땅히 친하게 해서는 안되는 사람을 친하게 하는 것은 바르지 않다는 것이다.

친 것을 이른다"라고 하였다. 왕애는 말하기를 "친수(親首)가 지극한 것에 있으면서 지위를 잃고 밤에 해당하니, 마치 무지몽매한 사람이 친하게 대해야 할 자에게 바르지 못한 것이다"라고 하였다.

렴斂

▦ 二方一州三部二家.

2방, 1주, 3부, 2가다.

斂

렴(斂)

陽家, 木, 準小畜.

렴수(斂首)는 양가(陽家)이고, (5행에서는) 목(木)이며,『주역』「소축괘(小畜卦)」
에 준한다.[112]

▋陽氣大滿於外, 微陰小斂於內.

양기가 크게 밖에서 가득하니, 미약한 음이 (虛를 틈타) 안으로 거두어들였
다.[113]

陸曰, 謂陰小斂萬物之根荄.

· · · · · · · · · · · · · · · ·

112 역주 :『이아』「釋詁」에서 "斂, 聚也."라고 말한다.
113 역주 : 이 구절은, 이 때 양기가 위에서 가득하지만 음기는 미약하여 아래에서
    모여 숨는다는 것이다.

육적은 "음이 만물의 뿌리를 조금 거두어들인 것을 이른다"라고 하였다.

▌初一：小斂不貸, 利用安人正國. 測曰：小斂不貸, 其道當也.
초일은, (군자는 세금을) 조금만 거두어들이고 백성에게 빌리지 않으니, 사람을 편안하게 하고 국가를 바르게 함에 씀이 이롭다.[114]
측에 말하기를, (군자는 세금을) 조금 거두어들이고 백성에게 빌리지 않는다는 것은 그 도가 마땅하다는 것이다.

貸, 他代切. 自一至三, 微而未著, 故皆有斂小之象. 一當日之晝, 君子賦斂薄而有常, 不稱貸於民, 故利用安人正國. 一曰, 貸當作貣, 吐得切.
대(貸)는 타(他)와 대(代)의 반절이다. 일(一)에서부터 삼(三)에 이르기까지는 미약하여 아직 드러나지 않았다. 그러므로 모두 섬세하고 조그마한 상이 있다. 일(一)은 하루의 낮에 해당하니, 군자는 세금을 거두어들이는 것이 박하고 항상됨이 있으니, 백성들에게 빌린다고 일컫지 않는다. 그러므로 사람을 편안하게 하고 나라를 바르게 함에 씀이 이롭다. 일설에, '대(貸)는 마땅히 특(貣)으로[115] 써야 한다고 하니, 토(吐)와 득(得)의 반절이다'라고 하였다.

▌次二：墨斂鐵鐵, 寖我匪貞. 測曰：墨斂鐵鐵, 非所以光也.
차이는, 탐하여 거두어들인 것이 (아직은) 적지만, 점점 내가 부정한 것에 이른다.[116]
측에 말하기를, 탐하여 거두어들인 것이 (아직은) 적다는 것은 훌륭하게 여길

· · · · · · · · · · · · · · · · · ·

114 역주 : 이 구절은, 세금을 거두어들이는 것이 가볍고 백성의 재산을 탐내지 않으면, 安民과 治國에 이롭다는 것이다.
115 역주 : '貸'자는 의미에 따라 '빌린다'고 할 때는 '대'로, '차용한다'고 할 때는 '특'으로 발음된다. 여기서는 이런 점을 말한 것이다.
116 역주 : 이 구절은, 거두어들이는 것을 탐하고 작은 이익을 보는 것에 즐거워하면 점차 부정한 것으로 들어가기에 영화로움이 되기에는 부족하다는 것이다.

만한 것은 아니다.

小宋本韱作韱, 王本寖作浸. 今從宋陸范本. 韱, 息廉切. 范曰, 韱韱, 小[117]
也. 光謂, 墨, 貪也. 小人貪於聚斂, 喜見小利, 漸而入於匪正, 非所以爲光
美者也.
송유간본에 섬(韱)은 절(韱)로 되어 있고, 왕애본에는 침(寖)은 침(浸)으로 되
어 있다. 지금 송충본, 육적본, 범망본을 따른다. 섬(韱)은 식(息)과 렴(廉)의
반절이다. 범망은 말하기를 "섬섬(韱韱)은 작다(小)라는 것이다"라고 하였다.
사마광은 생각하기를 "묵(墨)은 탐한다(貪)는 것이다. 소인이 거두어들이는 것
을 탐하여 작은 이익을 보는 것을 기쁘게 여겨 점점 바르지 않는 곳으로 들어
가니, 성대하고 좋게 여길 만한 것이 아니다"라고 하였다.

▌次三：見小勿用, 以我扶疏. 測曰：見小勿用, 俟我大.
차삼은, (아직은) 작은 것을 보고 사용하지 않고, (그것을 길러) 내가 성대하게
되는 것으로써 하였다.[118]
측에 말하기를, (아직은) 작은 것을 보고 사용하지 않았다는 것은 내가 크는
것을 기다려 거두어들이고자 한 것이다.

王曰, 三得位當晝, 得斂之宜. 見小勿用, 是因我滋息, 以至扶疏盛大也. 光
謂, 物方微小, 君子養之, 以俟其大, 而後取之. 禮不麛不卵, 不殺胎, 不殀
夭. 草木零落, 然後入山林. 皆此意也.
왕애는 말하기를 "삼(三)은 지위를 얻고 낮에 해당하니, 거두어들이는 마땅함
을 얻었다. '(아직은) 작은 것을 보고 사용하지 않았다'는 것은, 내가 번식하고

....
117 劉韶軍 點校：'小'는 명초본에는 '少'로 되어 있다. 이것을 도장본에 의거해 고쳤다.
118 역주：'扶疏'는 '번성하고 성대한 모습'을 말한다. 이 구절은, 사물이 微小한 때에
    는 취하여 사용하지 않고, 그것이 성대해질 때를 기다린 이후에 취한다는 것이다.
    『예기』「月令」에서는 "盟春, 禁止伐木, 無覆巢, 無殺孩蟲, 胎夭飛鳥, 毋襲毋卵."을
    말한다.

자라는 것을 따름으로써 번성하고 성대한 것에 이르게 한 것이다"라고 하였다. 사마광은 생각하기를 "사물이 바야흐로 미약하고 작으면 군자는 그것을 길러 커지기를 기다린 뒤에 취한다. 『예기』에서 말하기를 '짐승의 어린 새끼를 잡지 않고, 알을 빼앗지 않으며, 새끼 밴 짐승을 죽이지 않고, 갓난 것을 죽이지 않으며, 풀과 나무의 잎이 떨어진 뒤에야 산에 들어가 나무를 하였다'[119]라고 했는데 모두 이 뜻이다"라고 하였다.

▍次四 : 斂利小刑, 小進大退. 測曰 : 斂利小刑, 其政退也.

차사는, (옛날에 세금을 거두어들이는 것은 가을에 시작해야 하는데, 지금 바야흐로 오월달[仲夏]인데 세금을 거두어들이는) 사리를 탐하여 수렴하고, 소형(小刑)으로 백성을 압박하니, 그가 얻는 것은 작고 잃는 것은 크다.

측에 말하기를, (옛날에 세금을 거두어들이는 것은 가을에 시작해야 하는데, 지금 바야흐로 오월달[仲夏]인데 세금을 거두어들이는) 사리를 탐하여 수렴하고, 소형(小刑)으로 백성을 압박하는 것은 그 정사가 (정도를 잃고) 후퇴한 것이다.[120]

范本[121]政作正. 今從宋陸王本. 闕

범망본에 정(政)은 정(正)으로 되어 있다. 지금 송충본, 육적본, 왕애본을 따른다. 해설이 빠졌다.

• • • • • • • • • • • • • • • • • •

119 역주 : 이 말은 『예기』「王制」에 나오는 말이다.
120 역주 : '小刑'은 음력 5월을 가리킨다. 『회남자』「天文訓」에서는 "陰生於午, 故五月爲小刑."을 말한다. 이 구절은, 옛날에 가을에 세금을 거두었는데, 지금 仲夏인데 세금을 거두면 위정자는 이롭지만 세금을 거두어들이는 때가 아니기에 정사가 잘못된 것으로 후퇴한다는 것이다.
121 劉韶軍 點校 : '范本'은 명초본에는 없다. 이것을 대전본, 도장본에 의거해 보충하였다.

▌次五：畜槃而衍, 繭純于田. 測曰：畜槃繭純, 不奪時也.

차오는, (수렵을 일삼지 않고 백성을 부유하게 하므로) 가축은 즐겁게 번식하고, 누에는 실을 토하고, 백성은 농사와 잠업에 힘쓴다.

측에 말하기를, 가축은 즐겁게 번식하고, 누에는 실을 토하고, 백성은 농사와 잠업에 힘쓴다는 것은 (각각의 일에 마땅한) 때를 빼앗지 않는다는 것이다.

槃, 樂也, 純, 美也. 五爲繭, 居盛位而當晝, 賦斂不妄, 生之有時, 用之有節, 故六畜蕃衍, 蠶桑饒美也.

반(槃)은 즐겁다(樂)는 것이고, 순(純)은 아름답다(美)는 것이다. 오(五)는 누에고치가 되고, 성대한 지위에 있으면서 낮에 해당하니, 세금을 거두어들이는 것이 망령되지 않고, (만물이) 낳는데 때에 맞추어 낳음이 있고, (만물을) 사용함에 절도가 있다. 그러므로 여섯 가축이[122] 번식하고, 누에와 뽕나무가 풍요롭고 아름답다고 하였다.

▌次六：閔而綿而, 作大元而, 小人不戒. 測曰：閔綿之戒, 不識微也.

차육은, (세금을 탐하는 일은) 작고 작지만, 그 작은 것에서 큰 (禍가 일어나는) 것이 시작되는데, 소인은 경계하지 않았다.[123]

측에 말하기를, 작고 작지만 경계한다는 것은 (禍가) 미세한 것에서 시작한다는 것을 알지 못한다는 것이다.

王本閔縣之戒作閔縣不戒. 今從宋陸范本. 閔縣, 小貌. 元, 始也. 六在斂家, 過中而當夜, 斂怨者也. 怨始於小而至於大. 小人不戒, 故怨及之而不自知也.

왕애본에 민요지계(閔縣之戒)는 민요불계(閔縣不戒)로 되어 있다. 지금 송충

....

122 역주 : 말, 소, 양, 돼지, 개, 닭을 말한다.
123 역주 : 이 구절은, 세금을 탐하는 일은 작지만 큰 것에 이르고, 백성의 원망함은 미세하나 점차 깊어지는데, 소인은 경계할 줄 모르기에 반드시 화를 일으키는 실마리가 된다는 것이다.

328 태현집주

본, 육적본, 범망본을 따른다. 민요(閔緜)는 작은 모양이다. 원(元)은 시작한다
(始)는 것이다. 육(六)은 염가(斂家)에 있으면서 중(中)을 지나치고 밤에 해당
하니, 원망을 일으킨 것이다. 원망이란 작은 것에서 시작하여 큰 곳에 이르는
데, 소인은 경계하지 아니한다. 그러므로 원망이 이르러도 스스로 알지 못한
다고 하였다.

▌次七：夫牽于車, 妻爲剝茶,[124] 利于王姑, 不利公家, 病. 測曰：牽
車剝茶, 斂之資也.

차칠은, 지아비가 수레를 이끌고, 아내는 쓴 나물을 벗겨 캐니, 왕부(王父)의
자매에게는 이롭지만 공가(公家)에는 이롭지 않아서 병통이 있는 일이다.[125]
측에 말하기를, 지아비가 수레를 이끌고 아내는 쓴 나물을 벗겨 캤다는 것은
거두어들인 재물이란 것이다.

陸曰, 資, 財也. 夫妻斂財, 利家不利國也. 王曰, 牽車, 重役, 而其利微.
剝茶, 苦菜, 而其功寡. 可以給私室, 利于王姑, 不足以供公上也. 光謂, 爾
雅, 王父之姊妹爲王姑.

육적은 말하기를 "자(資)는 재물(財)이다. 부부가 재물을 거두어들이니, 집안
은 이롭지만 국가는 이롭지 않다"라고 하였다. 왕애는 말하기를 "수레를 끄는
것은 무거운 사역인데 그 이익은 미세하다. 박도(剝茶)는 쓴 나물로서, 그 공
이 적다는 것이다. 사실(私室)에 공급하여 왕고(王姑)에게는 이롭게 할 수 있
지만, 공상(公上)에게 공급하기는 부족하다"라고 하였다. 사마광은 생각하기

· · · · · · · · · · · · · · · · · ·

124 劉韶軍 點校 : '茶'는 명초본에는 '茶'로 되어 있다. 이것을 도장본, 장사호본에 의
　　거해 고쳤다.
125 역주 : 지아비가 수레를 이끌고 아내는 쓴 나물을 벗겨 캤다는 것은 하는 일이
　　비천하고 이익은 적음을 말하는 것으로, 평민들의 자산이 미약하다는 것이다.
　　王姑는 『이아』 「釋親」에서 "王父之姊妹爲王姑."라고 한다. 이 구절은, 백성의 재
　　물은 미약하여 국가를 받들기에는 부족한데, 세금을 거두어 私室에 들인다면 王
　　姑에게는 이롭지만, 이렇게 하는 것은 私門에서 쌓아 놓는 것이기에 국고는 텅
　　비게 되어 公家의 걱정거리가 된다는 것이다.

를 "『이아(爾雅)』에서 왕부(王父)의 자매를 왕고(王姑)라 한다"라고 하였다.

▌次八：大斂大顚. 測曰：大斂之顚, 所斂非也.

차팔은, 크게 거두어들이면 크게 쓰러진다.

측에 말하기를, 크게 거두어들이면 쓰러진다는 것은 거두어드린 것이 그릇되었다는 것이다.[126]

陸范王本顚作巓. 今從二宋本. 王曰, 八居斂極, 而失位當夜, 大斂者也. 處禍之中而求大斂, 必有顚隮之患矣.

육적본, 범망본, 왕애본에 전(顚)은 전(巓)으로 되어 있다. 지금 송충본, 송유간본을 따른다. 왕애는 말하기를 "팔(八)은 거두어들이는 지극한 것에 있고, 지위를 잃고 밤에 해당하니, 크게 거두어들인 것이다. 화(禍)의 중(中)에 처하면서 크게 거두어들이는 것을 구하니, 반드시 추락하는 근심이 있다"라고 하였다.

▌上九：斂于時, 利圉極䇲. 測曰：斂于時, 奚可幾也.

상구는, 풍년에 (많은) 세금을 거두어들여도 백성들은 원망하지 않으니, (홍수나 가뭄같은) 지극한 화(禍)를 만나는 상황을 막아주어 백성을 이롭게 해주었기 때문이다.

측에 말하기를, 풍년에 많은 세금을 거두어들인다는 것은 어찌 비난할 수 있는가 라는 것이다.

王曰, 圉與御同. 光謂, 九爲禍極而當晝, 君子當豊穰之時, 重斂[127]而民不

⋯⋯⋯⋯⋯⋯⋯

126 역주 :『태현경』「窮首」에서 "次六, 山無角, 水無麟, 困犯身." 라고 한 것이 이것이다. 양웅이 백성을 부유하게 하고 백성에 재산을 빼앗는 것을 반대하며, 세금은 10분의 1을 넘어서는 안된 것을 말한 것이다.

127 劉韶軍 點校 : '檢'은 명초본에는 '撿'으로 되어 있다. 이것을 대전본, 도장본, 장사

以爲暴, 所以豫備凶歲, 禦此極災也. 幾當作譏. 言斂得其時, 雖重無譏.
孟子疾狗彘食人而不知檢, 塗有餓莩而不知發.

왕애는 말하기를 "어(圉)는 어(御)와 같다"라고 하였다. 사마광은 생각하기를
"구(九)는 화(禍)의 극(極)이 되나 낮에 해당하니, 군자는 풍년의 때에 당하여
무겁게 거두어들지만 백성들이 포악하다고 여기지 않는 것은, 흉년에 미리
대비하고 이 지극한 화(禍)를 막았기 때문이다. 기(幾)는 마땅히 기(譏)로 써야
한다. 거두어들이는 것이 그 때를 얻었으니, 비록 무겁게 하여도 비난이 없음
을 말한 것이다. 맹자는 말하기를 '개와 돼지가 사람이 먹는 것을 먹어도 제지
하지 않았고, 길에는 굶어 죽은 시체가 널려 있어도 창고를 열어서 구원하지
않은 것을 미워한다'고 했다"[128]라고 하였다.

• • • • • • • • • • • • • • • • •

　　호본에 의거해 고쳤다.
128 역주 : 이 말은 『맹자』 「양혜왕상」에 나오는 말이다.

강疆

⚏⚏⚏ 二方一州三部三家.

2방, 1주, 3부, 3가다.

疆

강(疆)

陰家, 金, 準乾.

강수(疆首)는 음가(陰家)이고, (5행에서는) 금(金)이며, 『주역』「건괘(乾卦)」에
준한다.[129]

▌陽氣純剛乾乾, 萬物莫不疆梁.

양기는 순일하고 굳세어 쉬지 않고 나아가니, 만물이 굳세고 힘세지 않는 것이
없다.[130]

· · · · · · · · · · · · · · · · · · ·

129 역주: 『주역』「건괘」에서는 "天行健, 君子, 以, 自疆不息."을 말한다.
130 역주: '剛'은 강건하고 장성한 모습이다. 이 구절은, 이 때 양기가 剛健하고 음기
는 깊이 잠겨, 純陽이 用事하여 만물을 기르면, 만물이 강성해지지 않음이 없다는
것이다.

332 태현집주

范王本純作統. 今從宋陸本.

범망본, 왕애본에 순(純)은 통(統)으로 되어 있다. 지금 송충본, 육적본을 따른다.

■初一 : 彊中否貞, 無攸用. 測曰 : 彊中否貞, 不可與謀也.

초일은, 마음이 굳세지만 바르지 않으니, 쓸 것이 없다.

측에 말하기를, 마음이 굳세지만 바르지 않았다는 것은 더불어 꾀할 수 없다는 것이다.[131]

否, 方九切. 一爲思初而當夜, 彊心而不正者也, 故無所可用.

부(否)는 방(方)과 구(九)의 반절이다. 일(一)은 사(思)의 처음이 되고 밤에 해당하니, 마음이 굳세나 바르지 않은 것이다. 그러므로 쓸 것이 없다.

■次二 : 鳳鳥于飛, 修其羽, 君子于辰, 終莫之圉. 測曰 : 鳳鳥于飛, 君子得時也.

차이는, 봉황새가 날아서 그의 깃을 길게 펼치고, 군자가 때를 얻어 행하니, (사람들이) 끝내 제지하지 못한다.

측에 말하기를, 봉황새가 날았다는 것은 군자가 때를 얻었다는 것이다.

范曰, 圉, 止也. 光謂, 辰, 時也. 二爲思中而當晝, 君子得時彊於爲義, 人莫之止. 如鳳鳥之飛, 其羽修長, 人不能制也. 凡中者皆有得位得時之象.

범망은 말하기를 "어(圉)는 제지한다(止)는 것이다"라고 하였다. 사마광은 생각하기를 "진(辰)은 때(時)이다. 이(二)는 사(思)의 중(中)이 되고 낮에 해당하니, 군자가 때를 얻어 의를 행하는데 굳세어 사람들이 제지하지 못한다. 이것은 마치 봉황새가 날아 그 날개를 길게 펼치니 사람들이 제지할 수 없는 것과

. . . .

131 역주 : 이 구절은, 내심이 강하지만 그 맹렬함이 옳은 것이 않으면 세상일에 쓸 바가 없다는 것이다. 『논어』 「위령공」에서는 "道不同, 不相爲謀."를 말한다.

같다. 대저 중(中)이란 모두 지위를 얻고 때를 얻은 상이 있다"라고 하였다.

▌次三：柱不中, 梁不隆, 大廈微. 測曰：柱不中, 不能正基也.

차삼은, 기둥이 기울고 들보가 아래로 내려오니, 큰 집이 기울어 위태롭다.[132]

측에 말하기를, 기둥이 기울었다는 것은 그 터를 바로 할 수 없다는 것이다.

三居下體之首而承於上, 梁柱之象也. 當日之夜, 小人不彊而弱, 不勝其任
者也. 不勝其任, 則國基墜矣.

삼(三)은 하체의 머리에 있으면서 위를 받드니, 들보와 기둥의 상이다. 하루의 밤에 해당하니, 소인이 굳세지 못하고 약하여 그 맡은 것을 이기지 못하는 자이다. 그 맡은 것을 이기지 못하면 국가의 기초가 실추될 것이다.

▌次四：爰聰爰明, 左右攦攦. 測曰：爰聰爰明, 庶士方來也.

차사는, (군자가) 귀가 밝고 눈이 밝으니, 좌우 인물들이 와서 도와 성하고 성하였다.[133]

측에 말하기를, (군자가) 귀가 밝고 눈이 밝았다는 것은 모든 선비들이 사방에서 온다는 것이다.

宋陸王本攦[134]皆作櫃, 小宋作彊. 今從范本.[135] 王本方作永. 今從諸家. 范

....

132 역주 : 이 구절은, 기둥으로 대들보를 받쳐야 하는데, 기둥이면서 기울어져 중앙이 아니고, 대들보도 융성하지 않아 아래로 기우니, 큰 집이 반드시 무너질 것이라는 것이다.

133 역주 : '爰'은 『이아』「釋詁」에서는 "於也."라고 한다. '庶'는 '무리[衆]'이다. 이 구절은, 군자가 덕이 있고 총명함을 드러낼 수 있으면 뭇 선비가 와서 돕게 되어 강성하게 된다는 것이다.

134 劉韶軍 點校 : '攦'은 명초본에는 '彊'으로 되어 있다. 이것을 대전본, 도장본에 의거해 고쳤다.

135 劉韶軍 點校 : '攦'은 만옥당의 범망본에는 모두 '櫃'으로 되어 있다.

曰, 四在其行, 行數相扶. 㯎㯎, 盛也. 王曰, 㯎㯎然, 衆扶之貌也. 吳曰, 㯎從手, 字書無之. 從木者, 音薑. 范以四爲金, 而本首爲金, 故云行數相扶, 不以㯎爲扶也. 光謂, 四爲條暢而當晝, 君子有聰明之德, 故庶士方來. 左右助之, 所以爲彊也.

송충본, 육적본, 왕애본에 강(㯎)은 모두 강(橿)으로 되어 있고, 송유간본에는 강(彊)으로 되어 있다. 지금 범망본을 따른다. 왕애본에 방(方)은 영(永)으로 되어 있다. 지금 제가의 판본을 따른다. 범망은 말하기를 "사(四)는 그 행하는 데 있으면서 술수(術數)를 행하여 서로 도와준다. 강강(㯎㯎)은 성대한 것이다"라고 하였다. 왕애는 말하기를 "강강연(㯎㯎然)은 무리가 도와주는 모습이다"라고 하였다. 오비는 말하기를 "강(㯎)은 손수(手)변을 따르는데, 『자서(字書)』에 없는 글자이다. 목(木)을 따르는 것[橿]은 음이 강(薑)이다. 범망은 사(四)를 쇠로 삼았는데 본수(本首)에서는 금(金)이 된다. 그러므로 말하기를 술수를 행하여 서로 도왔다고 하니, 강(㯎)을 돕는다(扶)는 뜻으로 본 것은 아니다"라고 하였다. 사마광은 생각하기를 "사(四)는 막힘없이 잘 통하는 것이 되니, 군자가 총명한 덕이 있는 것이다. 그러므로 여러 선비가 사방에서 왔다고 하였다. 좌우에서 도우니 굳세게 된 이유다"라고 하였다.

▌*次五 : 君子彊梁以德, 小人彊梁以力. 測曰 : 小人彊梁, 得位益尤也.*

차오는, 군자는 굳세고 힘세기를 덕으로써 하는데, 소인은 굳세고 힘세기를 힘으로써 한다.

측에 말하기를, 소인이 굳세고 힘이 세다는 것은 지위를 얻었으나 허물을 더한 것이다.[136]

王曰, 五居君位而失時當夜, 無君之德, 小人之彊梁者也. 彊梁以力, 必有顚危.

왕애는 말하기를 "오(五)는 군주의 지위에 있으면서 때를 잃고 밤에 해당하니,

136 역주 : '尤'는 '허물[訧]'이다.

군주의 덕이 없고, 소인이 굳세고 힘이 센 자이다. 굳세면서 힘세기를 힘으로
하면 반드시 넘어질 위태로움이 있다"라고 하였다.

▌次六 : 克我彊梁, 于天無基. 測曰 : 克我彊梁, 大美無基也.
차육은, 나의 굳세고 힘이 센 것을 이기니, 하늘까지 경계가 없이 넓고 넓었다.
측에 말하기를, 나의 굳세고 힘이 센 것을 이겼다는 것은 큰 복[大美]이 경계가
없다는 것이다.[137]

王本無基作無彊. 今從諸家. 宋曰, 無基謂無彊界, 言廣遠也. 王曰, 六爲
彊主, 得位當晝, 能克彊梁. 自彊其德, 則君道益光, 故至于天而無窮也. 光
謂, 五以上作消, 六過乎中而當晝, 君子能與時消息, 自勝其彊者也. 如是
則享有遐福, 與天無彊矣.
왕애본에 무기(無基)는 무강(無彊)으로 되어 있다. 지금 제가의 판본을 따른
다. 송충은 말하기를 "무기(無基)는 경계가 없는 것을 이른 것이니, 넓고 먼
것을 말한 것이다"라고 하였다. 왕애는 말하기를 "육(六)은 강수(彊首)의 주인
이 되고, 지위를 얻어 낮에 해당하니, 나의 굳세고 힘이 센 것을 이길 수 있다.
스스로 그 덕을 굳세게 하면 군주의 도가 더욱 빛나게 된다. 그러므로 하늘에
이르러 다함이 없다"라고 하였다. 사마광은 생각하기를 "오(五) 이상은 소멸되
고, 육(六)은 중(中)을 지나치나 낮에 해당하니, 군자가 계절과 소식(消息)을
함께 하여[138] 스스로 그 굳센 것을 이길 수 있는 것이다. 이와 같으면 큰 복(福)
을 누리고, 하늘과 더불어 끝이 없다"라고 하였다.

· · · · · · · · · · · · · · · · · · ·
137 역주 : '基'는 '한계', '경계'라는 의미다. 이 구절은, 자신의 잘못을 이기고 덕으로
   굳세게 하면, 하늘을 짝할 수 있고 그 혜택이 경계가 없다는 것이다.
138 역주 : '與時消息'은 『주역』 「豐卦」, "日中則昃, 月盈則食, 天地盈虛, 與時消息." 참조

■ 次七 : 金剛肉柔, 血流于田. 測曰 : 金剛肉柔, 法太傷也.

차칠은, 쇠의 단단한 것으로 (육체의) 부드러운 살을 끊으니, (백성들이 형벌에 의해) 피가 밭에 흘렀다[139].

측에 말하기를, 쇠의 단단한 것으로 육체의 부드러운 것을 끊었다는 것은 법을 (엄하게) 사용하여 (백성들이) 크게 손상되었다는 것이다.

王本無流字. 今從諸家. 七爲敗損而當夜, 小人用[140]法太傷者也. 以剛金斷柔肉, 無有不勝. 血流于田者, 不仁之甚也.

왕애본에는 류(流)자가 없다. 지금 제가의 판본을 따른다. 칠(七)은 훼손된 것이 되고 밤에 해당하니, 소인이 법을 사용하여 크게 손상된 것이다. 군센 쇠로 부드러운 살을 끊으면 이기지 못할 것이 없다. "피가 밭에 흘렀다"라고 한 것은 불인함이 심한 것이다.

■ 次八 : 彊其衰, 勉其弱. 測曰 : 彊其衰, 勉自彊也.

차팔은, 그 쇠약한 것을 굳세게 하고, 그 약한 것을 강하게 하는데 힘썼다.

측에 말하기를, 그 쇠약한 것을 굳세게 한다는 것은 스스로 굳세게 하는데 힘쓴다는 것이다.[141]

八爲疾瘵而當晝, 君子能彊衰勉弱, 不自淪溺者也.

팔(八)은 질병이 되고 낮에 해당하니, 군자가 쇠약한 것을 굳세게 하고 약한 것을 힘쓸 수 있다면 스스로 빠지지 않는다는 것이다.

....

139 역주 : 이 구절은, 법이 너무 심하면 국가가 어지럽고 백성이 손상을 입는다는 것이다.
140 劉韶軍 點校 : '用'은 명초본에는 '則'으로 되어 있다. 이것을 대전본, 장사호본에 의거해 고쳤다.
141 역주 : 이 구절은, 쇠약한 때 처했을 경우에는, 날마다 분투하면서 자강불식해야 한다는 것이다.

▌上九：太山拔, 梁柱折, 其人顚且蹶. 測曰：山拔梁折, 終以猛也.

상구는, (굳센 것이 지나쳐서) 태산을 뽑고 들보와 기둥을 꺾으니, 그 사람이 넘어지고 또 넘어졌다.

측에 말하기를, 산을 뽑고 들보를 꺾었다는 것은 끝내 사나움으로 했다는 것이다.

王本太山拔作大枝拔. 今從諸家. 王曰, 處彊之極而失位當夜, 彊而過亢者也. 光謂, 小人彊梁過甚, 山拔梁折, 自取顚蹶也.

왕애본에 태산발(太山拔)이 대지발(大枝拔)로 되어 있다. 지금 제가의 판본을 따른다. 왕애는 말하기를 "강수(彊首)가 지극한 것에 처하여 지위를 잃고 밤에 해당하니, 굳세어 지나치게 위로 올라간 것이다"라고 하였다. 사마광은 생각하기를 "소인이 굳세고 힘이 센 것이 지나치게 심하여 산이 뽑히고 들보가 꺾어지니, 스스로 넘어지고 엎어지는 것을 취한 것이다"라고 하였다.

수晬

二方二州一部一家.

2방, 2주, 1부, 1가다.

晬

수(晬)

陽家, 水, 準乾. 晬與粹同. 陸曰, 乾, 純晬精也.

수수(晬首)는 양가(陽家)이고, (5행에서는) 수(水)이며, 『주역』「건괘(乾卦)」에 준
한다.[142] 수(晬)는 수(粹)와 같다. 육적은 "건(乾)은 순수한 정기다"라고 하였다.

▌陽氣犳晬淸明, 物咸重光, 保厥昭陽.

양기는 고루 순수하고 맑고 밝아 만물이 모두 (그 기운을 받아) 거듭 빛나니,
그 밝은 양의 덕을 쬐면서 편안하였다.[143]

· · · · · · · · · · · · · · · ·

142 역주 : 『주역』「건괘·文言」에서는 "大哉乾乎, 剛健中正, 純粹精也."를 말한다.
143 역주 : '重光'은 『이아』「釋天」에서 "大歲 … 在辛曰重光."이라 한다. 昭陽은 『이
      아』「석천」에서는 "大歲 … 在癸曰昭陽."이라 한다. 이 구절은, 이 때 양기가 순수
      하고 청명하여 만물이 밝게 드러나니, 모두 그 양기의 밝은 덕에 거듭 편안하다는
      것이다.

王本袀作初. 今從諸家. 袀與均同. 宋曰, 保, 安也. 是時陰氣斂藏於下, 陽
氣袀睟淸明, 故萬物高者下者皆重光華, 安其性命而煦陽之德矣. 陸曰, 袀
睟猶純粹也.

왕애본에 균(袀)은 초(初)로 되어 있다. 지금 제가의 판본을 따른다. 균(袀)은
균(均)과 같다. 송충은 말하기를 "보(保)는 편안하다(安)는 것이다. 이 때에
음기는 아래에서 거두어 감추고, 양기는 고르게 순수하고 맑고 밝다. 그러므
로 만물이 높이 있는 것이나 아래에 있는 것이나 모두 거듭 빛을 발산하고
그 성명을 편안하니, 양의 덕을 쬐는 것이다"라고 하였다. 육적은 말하기를
"균수(袀睟)는 순수(純粹)와 같다"라고 하였다.

▌初一 : 睟于內, 淸無穢. 測曰 : 睟于內, 淸無穢也.
초일은, 마음이 순수하기에 그의 행동이 맑고 더러운 것이 없다.
측에 말하기를, 마음이 순수하다는 것은 맑고 더러운 것이 없다는 것이다.

一爲思始而當晝, 君子純粹在心, 淸明不雜, 故能總群元, 成萬[144]務也.
일(一)은 사(思)의 시(始)가 되고 낮에 해당하니, 군자의 순수함이 마음에 있어
맑고 밝아 혼잡하지 않다. 그러므로 뭇 으뜸된 것을 통솔하여 온갖 임무를
이룰 수 있다.

▌次二 : 冥駮冒睟, 睍于中. 測曰 : 冥駮冒睟, 中自瘝[145]也.
차이는, 몽매한 가운데 순수하지 못한 것이 마음의 순수함을 덮으니, 마음에서
부끄러워하였다.
측에 말하기를, 몽매한 가운데 순수하지 못한 것이 마음의 순수함을 덮었다는

....

144 劉韶軍 點校 : '萬'은 명초본에는 '方'으로 되어 있다. 이것을 대전본, 도장본, 장사
   호본에 의거해 고쳤다.
145 劉韶軍 點校 : '瘝'는 명초본에는 '癏'로 되어 있다. 이것을 장사호본에 의거해 고
   쳤다. 아래도 이것이다.

것은 (악한) 마음이 스스로 숨은 것이다.[146]

晦與悪同, 女六切. 瘱, 於計切. 陸曰, 瘱, 隱也. 范曰, 晦, 慙也. 駮, 不純
也. 光謂, 二爲思中而當夜, 小人於冥昧之中, 以駮雜之心, 冒沒純粹, 雖外
以欺物, 而心不免慙也.
늑(晦)은 늑(悪)와 같고, 여(女)와 육(六)의 반절이다. 예(瘱)는 어(於)와 계(計)
의 반절이다. 육적은 말하기를 "예(瘱)는 숨는다(隱)는 것이다"라고 하였다.
범망은 말하기를 "늑(晦)은 부끄럽다(慙)는 것이다. 박(駮)은 순수하지 않다(不
純)는 것이다"라고 하였다. 사마광은 생각하기를 "이(二)는 사(思)의 중(中)이
되고 밤에 해당하니, 소인이 몽매한 속에서 잡박한 마음으로써 순수함을 덮으
면 비록 밖으로는 사물을 속일지라도 마음속에서는 부끄러움을 면하지 못한
다"라고 하였다.

▌次三:目上于天, 耳下于淵, 恭. 測曰:目上耳下, 聰察極也.
차삼은, 눈은 하늘보다 위로 하고, 귀는 연못보다 아래에 하니, 공손하다.
측에 말하기를, 눈은 하늘보다 위로 하고, 귀는 연못보다 아래에 한다는 것은
세밀하게 살핀 것이 지극하다는 것이다.[147]

王本無恭字. 今從諸家. 三爲思終而當晝, 君子思慮純粹, 則聰明無所不
通,[148] 故曰, 目上于天, 耳下于淵. 雖然不敢以此自恃, 猶嚴恭寅畏, 所以
能全其粹也.
왕애본에는 공(恭)자가 없다. 지금 제가의 판본을 따른다. 삼(三)은 사(思)의
종(終)이 되고 낮에 해당하니, 군자가 생각이 순수하면 총명이 통하지 않는

....
146 역주 : 이 구절은, 어둡고 뒤섞인 것이 순수한 이름을 거짓으로 빌렸지만, 마음으
　　로는 부끄러움을 면하지 못한다는 것이다.
147 역주 : 이 구절은, 눈은 하늘 위로 하고 귀는 연못의 아래에 하여 두루 사물을
　　접하지만 마음에 걱정하는 것이 없고, 고요함에 처하고 일에 순응하면, 보는 것이
　　밝지 않음이 없고 듣는 것이 밝지 않음이 없다는 것이다.
148 劉韶軍 點校 : '通'은 명초본에는 '道'로 되어 있다. 이것을 대전본에 의거해 고쳤다.

곳이 없다. 그러므로 말하기를 "눈은 하늘보다 위로 하고, 귀는 연못보다 아래에 하였다"라고 하였다. 비록 그렇다고 해도 감히 이로써 자부하지 않고, 오히려 엄하고 공손하며 공경하고 두려워하기 때문에 그의 순수함을 온전히 할 수 있었다.

▌次四：小人慕睟, 失祿貞. 測曰：小人慕睟, 道不得也.
차사는, 소인이 순수함을 사모하였지만, 녹봉과 바름을 잃었다.
측에 말하기를, 소인이 순수함을 사모하였다는 것은 도를 얻지 못한 것이다.

王曰, 失位當夜, 其道已駁, 雖慕純粹之道, 而失其福祿與貞正也.
왕애는 말하기를 "(次四는) 지위를 잃고 밤에 해당하여 그 도가 이미 섞였으니, 비록 순수한 도를 사모하나 그 복록과 바르고 곧음을 잃었다"라고 하였다.

▌次五：睟于幽黃, 元貞無方. 測曰：睟于幽黃, 正地則也.
차오는, (군자가) 그윽한 중화의 도[黃]를 잃지 않고 순수하니, 원(元)의 시작됨과 정(貞)의 바름이 통하지 않은 곳이 없다.[149]
측에 말하기를, (군자가) 그윽한 중화의 도[黃]를 잃지 않고 순수하다는 것은 올바른 땅의 법칙을 바로 하였다는 것이다.[150]

陸曰, 則, 法也. 王曰, 居中體正, 得位當畫, 爲睟之主, 純德大明. 睟于幽玄之中, 而有黃中通理之德, 元始貞正, 其道無方, 不可名也. 光謂, 元者, 善之長也. 五爲中和而當畫, 君子雖在幽隱, 不失中和之道, 所以爲粹也.

· · · · · · · · · · · · · · · · · ·

149 역주 : '黃'은 中色이고, '五'는 中位로서 토에 속한다. 그러므로 '황'이라고 한다. 비유하면 중화의 덕이 있다는 것이다. 『주역』「문언」에서는 "元者, 善之長也 … 貞者, 事之幹也."를 말한다.
150 역주 : 이 구절은, 소인이 순수한 덕을 흠모하지만, 그 사악한 몸가짐과 악한 행동을 고치지 못하여 복록과 貞正을 잃게 되었기에, 순수한 도를 얻지 못했다는 것이다.

守其元正, 以應萬務, 無施不適, 如地之德, 亦以幽黃元貞成萬物也.

육적은 말하기를 "칙(則)은 법(法)이다"라고 하였다. 왕애는 말하기를 "(五는) 중(中)에 있어 몸체가 바르고, 지위를 얻고 낮에 해당하니, 수수(睟首)의 주인이 되어 순수한 덕이 크게 밝혀졌다. 그윽하고 현묘한 가운데 순수하며, 황중(黃中)에서 이치를 통한 덕과[151] 원이 시작함, 정이 바른 것이 있어 그 도가 (일정한) 방향이 없어 이름할 수 없다"라고 하였다. 사마광은 생각하기를 "원(元)이란 선의 어른이다.[152] 오(五)는 중화(中和)가 되고 낮에 해당하니, 군자가 비록 그윽하게 숨어 있으나 중화의 도를 잃지 않았기에 순수함이 되는 이유이다. 그 원(의 시작)과 (貞의) 바름을 지켜서 온갖 임무에 응하면 베푸는데 적중하지 아니함이 없는 것이, 마치 땅의 덕이 또한 그윽한 누런 것과 원(의 시작)과 (貞의) 바른 것으로써 만물을 이루는 것과 같다"라고 하였다.

▎次六 : 大睟承慼, 易. 測曰 : 大睟承慼, 小人不克也.

차육은, 크게 순수한 것이 (도리어) 허물을 이으니, 이런 일은 쉽게 일어난다.[153]

측에 말하기를, 크게 순수한 것이 (도리어) 허물을 이었다는 것은 소인이 이겨 온전하게 할 수 없다는 것이다.

王本贊云, 大睟承慼, 小人不克, 測曰大睟之道, 小人不克. 今從諸家. 王曰, 六爲盛位, 睟之大者, 而失位當夜, 故承之以慼. 光謂, 五以上作消, 六

- - - - - - - - - - - - - - - -

151 역주 : 이 말은 『주역』「坤卦·文言」의 "君子, 黃中通理, 正位居體, 美在其中而暢 於四支, 發於事業, 美之至也."에서 나온 말이다.

152 역주 : 이 말은 『주역』「乾卦·文言」에 나오는 말이다. 전후문맥은 "言焉曰, 元者, 善之長也. 亨者, 嘉之會也. 利者, 義之和也. 貞者, 事之幹也. 君子體仁足以長人, 嘉會足以合禮, 利物足以和義, 貞固足以幹事. 君子行此德四者, 故曰, 乾, 元亨利 貞."이다.

153 역주 : '慼'은 『설문』에서는 "過也."라고 한다. 이 구절은, 크게 순수하면 쉽게 오염 되고 더럽혀질 수 있는데, 소인은 순순한 덕을 보존할 수 없어서 반드시 과실로써 계승한다는 것이다.

過中而當夜, 不能全其純粹者也. 夫白玉易瑕, 淸水易汙, 故大睟者非小人之所能全, 必將承以過差也.

왕애본의 찬에서는 대수승건, 소인불극, 측왈, 대수지도, 소인불극(大睟承愆, 小人不克. 測曰, 大睟之道, 小人不克)이라고 말한다. 지금 제가의 판본을 따른다. 왕애는 말하기를 "육(六)은 성대한 지위가 되고 순수함이 큰 것인데, 지위를 잃고 밤에 해당하였다. 그러므로 잇기를 허물로 하였다"라고 하였다. 사마광은 생각하기를 "오(五) 이상은 소멸됨을 일으키고, 육(六)은 중(中)을 지나치고 밤에 해당하니, 그 순수함을 온전히 할 수 없다. 대저 백옥이 흠이 있는 옥돌로 바뀌고, 맑은 물이 더러운 물로 바뀐 것이다. 그러므로 크게 순수한 것은 소인이 온전히 할 수 있는 바가 아니니, 반드시 장차 과오로 잇는다는 것이다"라고 하였다.

▌次七 : 睟辰愆, 君子補愆. 測曰 : 睟辰愆, 善補過也.

차칠은, 순수한 때에도 허물이 있지만, 군자는 허물을 고쳐 그 허물을 보충하였다.

측에 말하기를, 순수한 때에도 허물이 있다는 것은 선으로 잘못을 보충한 것이다.

王曰, 七居禍始, 是睟時之愆. 然以得位當晝, 不失君子之德, 故能補過無咎也. 光謂, 時之有過, 惟君子能補之, 以成其粹也. 詩云, 袞職有闕, 惟仲山甫補之.

왕애는 말하기를 "칠(七)은 화(禍)의 시(始)에 있으니, 이것은 순수한 때의 허물이다. 그러나 지위를 얻어 낮에 해당하는 것으로써 군자의 덕을 잃지 않았다. 그러므로 잘못을 보충하여 허물이 없게 할 수 있다"라고 하였다. 사마광은 생각하기를 "때에 허물이 있으면 오직 군자만이 보충함으로써 그 순수함을 성취할 수 있다. 『시경』「대아·증민」에서 말하기를 '왕의 일에 빠진 것이 있으면 오직 증산보(仲山甫)가[154] 도와주리라'라고 했다"[155]라고 하였다.

• • • • • • • • • • • • • • • • • •

154 역주 : 어떤 곳에서는 '仲山父'로 되어 있다. 周 太王 古公亶父의 후예다.

▌次八 : 睟惡無善. 測曰 : 睟惡無善, 終不可佐也.

차팔은, 오로지 악만 있고 선함은 없다.

측에 말하기를, 오로지 악만 있고 선함은 없다는 것은 끝내 도울 수 없다는 것이다.

王曰, 失位當夜, 純于惡德, 則善無由而入矣. 光謂, 八爲疾瘀而當夜, 純惡無善之人, 何可輔也.

왕애는 말하기를 "지위를 잃고 밤에 해당하니, 악한 덕에 순수하면 선이 말미암아 들어갈 바가 없다"라고 하였다. 사마광은 생각하기를 "팔(八)은 질병이 되고 밤에 해당하여 오로지 악만 있고 선이 없는 사람이니, 어떻게 도울 수 있겠는가?"라고 하였다.

▌上九 : 睟終永初, 貞. 測曰 : 睟終之貞, 誠可嘉也.

상구는, 순수한 것이 마치는 때에도 처음의 순수함을 잘 지켰으니, 바른 것을 온전히 하였다.[156]

측에 말하기를, 순수한 것이 마치는 때에도 바른 것을 온전히 하였다는 것은 진실로 아름다울 수 있다는 것이다.

王曰, 九居數極而得位當晝, 是能保其純粹, 不失善道, 永如初之正也. 光謂, 九爲粹極, 能愼終如始, 全其純正者也.

왕애는 말하기를 "구(九)는 수(數)가 지극한 곳에 있으면서 지위를 얻고 낮에 해당하니, 이것은 그의 순수함을 보존하고 좋은 도를 잃지 않아 길이 처음의 바른 것과 같이 할 수 있었다는 것이다"라고 하였다. 사마광은 생각하기를 "구(九)는 수수(睟首)가 지극한 것이 되어 끝을 삼가는 것을 처음과 같이 하니, 그 순수하고 바른 것을 온전히 할 수 있다"라고 하였다.

· · · · · · · · · · · · · · · · · ·

155 역주 : 이 말은 『시경』「大雅·蒸民」에 나오는 말이다.
156 역주 : 이 구절은, 끝마치기를 신중하게 하는 것을 처음처럼 할 수 있으면, 순수하고 바른 것을 보전할 수 있다는 것이다.

성盛

䷍ 二方二州一部二家.
2방, 2주, 1부, 2가다.

盛
성(盛)

陰家, 火, 準大有. 入盛次二三十三分三十初, 日次鶉首, 芒種氣應. 斗建午位, 律中蕤賓.
성수(盛首)는 음가(陽家)이고, (5행에서는) 화(火)이고, 『주역』「대유괘(大有卦)」에 준한다.[157] 성(盛)은 차이(次二) 33분30초에서 들어가고, 태양은 순수(鶉首)에 머물러 망종(芒種)의 기와 응한다. 두(斗)는 오위(午位)에 세우고, 율은 유빈(蕤賓)에 맞춘다.

█陽氣隆盛充塞, 物實然盡滿厥意.
양기는 융성하고 가득 차니, 만물이 그 양기를 받아 더욱 생하고 발육하면서 그 뜻을 전부 다 만족시킨다.

· · · · · · · · · · · · · · · · · · ·
157 역주 : 『주역』「계사전상」5장에서는 "富有之謂大業, 日新之謂盛德."을 말한다.

346 태현집주

王本寊作冥. 今從宋陸范本. 寊, 音田. 宋曰, 寊然, 滿貌.

왕애본에 전(寊)은 명(冥)으로 되어 있다. 지금 송충본, 육적본, 범망본을 따른다. 전(寊)은 음이 전(田)이다. 송충은 말하기를 "전연(寊然)은 가득한 모양이다"라고 하였다.

▌初一 : 盛不墨, 失冥德. 測曰 : 盛不墨, 中不自克也.

초일은, 성대한 때에 당하여 법칙으로 자제하지 않으니, 그윽한 덕을 잃었다. 측에 말하기를, 성대한 때에 당하여 법칙으로 자제하지 않았다는 것은 마음이 스스로 사욕을 이기지 못한 것이다.[158]

宋陸本中作終. 今從范王本. 陸曰, 克, 勝也. 不能自勝其嗜欲. 王曰, 一居盛始而當夜, 盛而不能黙者也. 如此則失其闇然之德矣. 光謂, 墨, 法也. 凡盛之道, 非致盛之難, 處盛難也. 一爲思始而當夜, 盛而無法以自制約, 則喪其幽隱之德也.

송충본, 육적본에 중(中)은 종(終)으로 되어 있다. 지금 범망본, 왕애본을 따른다. 육적은 말하기를 "극(克)은 이긴다(勝)는 것이다. 스스로 기호와 욕망을 이길 수 없다는 것이다"라고 하였다. 왕애는 말하기를 "일(一)은 성수(盛首)의 시(始)에 있으면 밤에 해당하니, 성대하여 잠잠할 수 없다는 것이다. 이와 같으면 그 어두운 덕을 잃게 된다"라고 하였다. 사마광은 생각하기를 "묵(墨)은 법(法)이다. 대저 성대한 도는 성대함을 이루는 것이 어려운 것이 아니라 성대함에 처하는 것이 어렵다. 일(一)은 사(思)의 시(始)가 되고 밤에 해당하니, 성대하지만 스스로를 제약할 방법이 없어, 그 그윽하고 은미한 덕을 상실하게 된다"라고 하였다.

· · · · · · · · · · · · · · · · · ·

158 역주 : '墨'을 사마광은 '法'이라 하고, 范望은 '墨'을 "謙也."라고 한다. 범망의 해석을 취하면, 이 구절은, 성대한 때에 처해서 마음에 겸손하고 공손한 것이 없고, 스스로 극복하고 덜지도 못하면서 다른 사람에게 자신의 잘난 것을 자랑하면, 그 현명한 덕을 잃게 된다는 것이다. 본 해석에서는 사마광과 범망의 해석 이 두가지를 아울러 취해 해석한 것이다.

▍次二：作不恃, 克大有. 測曰：作不恃, 稱玄德也.

차이는, 일을 해도 그것을 의지하지 않으니, 크게 소유할 수 있다.

측에 말하기를, 일을 하는데 그것을 의지하지 않는다는 것은 그윽한 덕[玄德]에[159] 해당한다는 것이다.[160]

稱, 尺證切. 王曰, 居盛之時, 得位當晝, 明乎自然之道. 是有作爲之功, 而不恃其功. 如此則能至於大有矣. 光謂, 二爲思中而當晝, 作而不恃, 爲而不有. 惟其不有, 故能大有也. 稱, 當也.

칭(稱)은 척(尺)과 증(證)의 반절이다. 왕애는 말하기를 "성대한 때에 있고, 지위를 얻고 낮에 해당하니, 자연의 도리에 밝다. 이것은 작위한 공로가 있는데도 그의 공로를 의지하지 아니한 것이다. 이와 같으면 크게 소유하기에 이를 수 있다"라고 하였다. 사마광은 생각하기를 "이(二)는 사(思)의 중(中)이 되고 낮에 해당하니, 작위하면서도 그것을 의지하지 아니하고, 행하면서도 그것을 소유하지 않는다.[161] 오직 소유하지 않는다. 그러므로 능히 크게 소유할 수 있다. 칭(稱)은 해당한다(當)는 것이다"라고 하였다.

▍次三：懷利滿匈, 不利于公. 測曰：懷利滿匈, 營利門也.

차삼은, 나의 사사로운 이익만을 가슴에 가득 생각하니, 공적인 것에는 불리하다.[162]

· · · · · · · · · · · · · · · · ·

159 역주：『노자』10장에 "玄德"이란 말이 나온다. 전문은 "載營魄抱一, 能無離乎. 專氣致柔, 能嬰兒乎. 滌除玄覽, 能無疵乎. 愛民治國, 能無爲乎. 天門開闔, 能爲雌乎. 明白四達, 能無知乎. 生之畜之, 生而不有, 爲而不恃, 長而不宰, 是謂玄德."이다.

160 역주：'克'은 '능하다[能]'는 것이다. 이 구절은, 작위 한 바가 있지만 그 공을 의지하지 않으면 소유할 수 있으니, 이것을 일컬어 현명한 덕이 된다는 것이다. 이 구절은, 『노자』10장의 "生而不有, 爲而不恃, 長而不宰, 是謂玄德."과 관련이 있다.

161 역주：이 말은 『노자』2장의 "是以圣人处无为之事, 行不言之教. 万物作而弗始, 生而弗有, 为而弗恃, 功成而不. 夫唯弗, 是以不去."라는 것 참조.

162 역주：'匈'은 '가슴[胸]'이다.

측에 말하기를, 나의 사사로운 이익만을 가슴에 가득 생각한다는 것은 자신에게 이로운 문만을 강구한 것이다.

三爲思上而當夜, 君子喩於義, 小人喩於利, 小人思慮求盛, 不過營利而已, 故曰, 懷利滿匈, 利於私, 斯害於公矣.
삼(三)은 사(思)의 상이 되고 밤에 해당하니, (공자는) "군자는 의에 마음을 품고 소인은 이익에 마음을 품는다"[163]라고 하였다. 소인이 성대한 것을 구하기만 생각하니 영리에 불과할 따름이다. 그러므로 말하기를 "나의 사사로운 이익만을 가슴 가득 생각한다"라고 하였다. 사사로운 것을 이롭게 여기니, 이것은 공적인 것을 해친 것이다.

▎次四：小盛臣臣, 大人之門. 測曰：小盛臣臣, 事仁賢也.
차사는, 조금 성대한 것이지만 자신을 낮추고 낮추니, (이렇게 하는 것이) 대인이 행동하는 방식[門]이다.
측에 말하기를, 조금 성대한 것이지만 자신을 낮추고 낮추었다는 것은 인자하고 어진 이를 섬긴 것이다.

王本仁作人. 今從宋陸本. 四爲福始, 故曰, 小盛也. 臣臣, 自卑賤之意也. 君子當小盛之初, 能自卑賤, 承事仁賢, 以致大盛. 凡爲大人者, 未有不由此道而出也. 故曰, 大人之門.
왕애본에 인(仁)은 인(人)으로 되어 있다. 지금 송충본, 육적본을 따른다. 사(四)는 복(福)의 시(始)가 된다. 그러므로 조금 성대한 것(小盛)이라고 하였다. '신신(臣臣)'은 스스로 낮추고 천하게 여긴다는 뜻이다. 군자는 조금 성대한 것의 처음에 당하여 스스로 낮추고 천하게 여기고, 인자하고 어진 이를 받들어 섬기는 것으로써 크게 성대함을 이룰 수 있다. 대저 대인이 된 자가 아직 이 도로 말미암지 아니하고 나간 자는 없었다. 그러므로 말하기를 "대인의 문"이

163 역주 : 이 말은 『논어』 「이인」에 나오는 말이다.

라고 하였다.

│ 次五：何福滿肩, 提禍撣撣. 測曰：何福提禍, 小人之道也.

차오는, 융성한 복(福)을 짊어져[164] 어깨에 가득하지만, 화(禍)를 이끌어 얽고 얽었다.

측에 말하기를, 복(福)을 짊어진 것이 화(禍)를 이끌었다는 것은 소인의 도이다.

宋本撣撣作闓闓. 今[165]從范王本. 何, 胡可切. 王曰, 撣, 音纏, 義亦取其相纏不去之象. 陳撣音丹, 又徒丹切, 曰, 五居正位, 故云何福也. 福至盛, 故云滿肩. 極盛必反, 故云提禍. 光謂, 凡贊當夜者, 皆小人之道也. 以小人而享盛福, 禍必隨之, 故曰, 何福滿肩, 提禍撣撣.

송충본에는 선선(撣撣)[166]이 천천(闓闓)으로 되어 있다. 지금 범망본, 왕애본을 따른다. 하(何)는 호(胡)와 가(可)의 반절이다. 왕애는 말하기를 "선선(撣撣)은[167] 음이 전전(纏纏)이니, 뜻 또한 그것들이 서로 얽어서 떠나지 않는 상을 취한 것이다"라고 하였다. 진점은 '탄(撣)은[168] 음이 단(丹)이다. 또 도(徒)와 단(丹)의 반절이다'라 하고, 말하기를 "오(五)는 바른 지위에 있다. 그러므로 짊어진 복(福)이라고 하였다. 복(福)이 지극히 성대한 것이므로, '어깨에 가득하다'라고 한다. 지극히 성대하면 반드시 되돌아간다. 그러므로 말하기를 '화(禍)를 이끌었다'고 했다"라고 하였다. 사마광은 생각하기를 "무릇 밤에 해당하는 것을 칭찬하는 것은 모두 소인의 도다. 소인으로서 성대한 복을 누리면 화가 반드시 따른다. 그러므로 말하기를 "'짊어진 복이 어깨에 가득하나 화를 이끌어 얽고 얽었다'고 했다"라고 하였다.

· · · · · · · · · · · · · · · · · ·

164 역주 : 여기의 '何'는 '등에 지고 어깨에 맨다(荷)'는 것이다.
165 劉韶軍 點校 : '今'은 명초본에는 없다. 이것을 대전본, 도장본, 장사호본에 의거해 보충하였다.
166 역주 : '撣'자는 발음이 (잡아)끌 '선', (손에) 들 '탄', 털 '담' 등 다양하게 발음된다.
167 역주 : '撣'자는 여기서는 우리나라에서 발음하는 '선'으로 발음한다.
168 역주 : 진점은 '撣'을 '단'으로 발음하라고 한다. 여기서는 '단'과 발음이 비슷한 '탄'으로 한다.

▌次六：天賜之光, 大開之疆, 于謙有慶. 測曰：天賜之光, 謙大有也.

차육은, 하늘이 내려준 빛이 땅을 크게 열어주니, 겸손함에 경사가 있다.[169]

측에 말하기를, 하늘이 내려준 빛이라는 것은 겸손하여 크게 소유했다는 것이다.

范王本賜作錫. 今從宋陸本. 六爲盛多,[170] 極大而當晝, 君子受天明命, 大啓土宇者也. 夫極盛難處也, 故必用謙, 然後有慶.

범망본, 왕애본에 사(賜)는 석(錫)으로 되어 있다. 지금 송충본, 육적본을 따른다. 육(六)은 성대함이 많은 것이 되고, 지극히 크고 낮에 해당하니, 군자는 하늘의 밝은 명을 받아서 크게 영토를 열었다. 대저 지극히 성대하면 처하기 어렵다. 그러므로 반드시 겸손을 사용한 연후에 경사가 있다.

▌次七：乘火寒泉至. 測曰：乘火寒泉, 禍不遠也.

차칠은, 불에 올라타 성대하지만, 찬 샘이 이르자 쇠하게 되었다.

측에 말하기를, 불에 올라탔지만 찬 샘이 이르렀다는 것은 화(禍)가 멀지 않았다는 것이다.

范本測曰乘火泉至. 今從宋陸王本. 王曰, 當盛之時, 七居過滿, 又與本首同爲火數, 二火之盛, 炎炎上干, 爲六所忌, 故寒泉將至, 而有撲滅之憂也. 光謂, 七爲禍始而當夜, 乘火者, 盛之極也. 寒泉至者, 滅不久也.

범망본의 측에는 승화천지(乘火泉至)로 되어 있다. 지금 송충본, 육적본, 왕애본을 따른다. 왕애는 말하기를 "성대한 때에 당하여 칠(七)이 지나치게 가득찬 곳에 있고, 또 본수(本首)와 함께 화수(火數)가[171] 되어 두 불(二火=二와 七)의

· · · · · · · · · · · · · · · · · ·

169 역주 : 이 구절은, 사람이 겸허한 덕이 있으면 무리가 돌아와 강역이 크게 열리고, 공을 이루고 이름을 완수하여 일월과 가지런하게 빛이 난다는 것이다. 『주역』「謙卦·象傳」에서는 "謙, 尊而光, 卑而不可踰, 君子之終也."라는 것을 말한다.

170 劉韶軍 點校 : '爲'와 '多'는 명초본에는 '居'와 '家'로 되어 있다. 이것을 대전본, 도장본, 장사호본에 의거해 고쳤다.

171 역주 : 『태현경』「玄數」에서는 "2와 7이 불이 된다(二七爲火)"고 한다.

성대함이 활활 타서 위를 간여하니 육(六)이 꺼리는 바가 되었다. 그러므로 찬 샘물이 장차 이르러 박멸의 근심이 있을 것이다"라고 하였다. 사마광은 생각하기를 "칠(七)은 화(禍)의 시(始)가 되고 밤에 해당하니, 불을 올라탔다는 것은 성대함이 지극한 것이다. 찬 샘이 이르렀다는 것은 소멸되는 것이 오래지 않다는 것이다"라고 하였다.

▌ 次八：挹于滿熒, 幾後之傾. 測曰：挹于滿, 幾不免[172]也.

차팔은, (불이) 성대한 것에서 억제하였지만, 뒤의 위태로움에 가까웠다. 측에 말하기를, (불이) 성대한 것에서 억제하였다는 것은 거의 면하지 못한다는 것이다.[173]

宋陸本挹作拘. 今從范王本. 王本無熒字. 今從宋陸范本. 范本幾不免也作幾危也. 今從宋陸王本. 幾, 音畿, 又音機. 王曰, 得位當晝, 善於處盛, 滿而能挹, 必後之傾. 危而不傾, 蓋謙挹以免也. 處盛之極, 非挹滿[174]之道, 殆不免乎. 熒[175](闕)

송충본, 육적본에 읍(挹)은 구(拘)로 되어 있다. 지금 범망본, 왕애본을 따른다. 왕애본에는 형(熒)자가 없다. 지금 송충본, 육적본, 범망본을 따른다. 범망본에는 기불면야(幾不免也)가 기위야(幾危也)로 되어 있다. 지금 송충본, 육적본, 왕애본을 따른다. 기(幾)는 음이 기(畿)이고, 또 음이 기(機)다. 왕애는 말하기를 "지위를 얻고 낮에 해당하니, 성대한 것에 처하는 것을 잘하고, 가득하나 억제할[176] 수 있으면 반드시 뒤에 기울어질 것이다. 위태로운데도 기울어

. . . .

172 劉韶軍 點校 : '免'은 명초본에는 '兌'로 되어 있다. 이것을 대전본에 의거해 고쳤다.
173 역주 : 이 구절은, 8이 禍의 中에 처하여 그 가득하고 빛나는 것을 덜고 억제할 수 있으면, 비록 위태로움에 가깝더라도 기울어지지 않는다는 것이다.
174 劉韶軍 點校 : '揖滿'은 명초본에는 '滿揖'으로 되어 있다. 이것을 대전본, 도장본, 장사호본에 의거해 고쳤다.
175 劉韶軍 點校 : '熒'은 대전본, 도장본, 장사호본에는 없다.
176 역주 : '揖'은 '억제한다[抑]'는 것이다.

지지 않는 것은 대개 겸손하고 억제함으로써 면했기 때문이다. 성대함이 지극한 것에 처하여 가득함을 억제하는 도가 아니면 위태로움을 면하지 못할 것이다"라고 하였다. 형(熒) 이하는 해설이 빠졌다.

▌上九：極盛不救, 禍降自天. 測曰：極盛不救, 天道反也.

상구는, 지극히 성대한 것을 구제하지 않으니, 하늘에서부터 화(禍)가 내렸다. 측에 말하기를, 지극한 성대한 것을 구제하지 않았다는 것은 천도가 되돌아온 것이다.[177]

九居盛極, 當日之夜, 逢禍之窮, 盛極必衰者也.

구(九)는 성대함이 지극한 것에 있으면서 하루의 밤에 해당하고, 화(禍)가 극에 달한 곳을 만났으니, 성대함이 지극하면 반드시 쇠약해 진다는 것이다.

· · · · · · · · · · · · · · · · ·

177 역주 : 이 구절은, '物極必反'을 말하는 것으로, 성한 것이 극하면 쇠하듯이, 양이 지극하면 음이 생하여 사물을 죽이고 화가 내리는 것이 천도라는 것이다. 『노자』 40장에서는 "反者, 道之動."을 말하고 『주역』 「단전」에서는 "反復其道, 七日來復, 天行也."를 말한다.

██ 二方二州一部三家.
2방, 2주, 1부, 3가다.

居
거(居)

陽家, 木, 準家人.
거수(居首)는 양가(陽家)이고, (5행에서는) 목(木)이며,『주역』「가인괘(家人卦)」
에 준한다.[178]

█ 陽方躔膚赫赫, 爲物城郭, 萬物咸度.
양이 바야흐로 움직이고 움직여 빛나고 빛나며, 밖에서 사물의 성곽이 되어
(만물을 기르고 호위하여 음기로 하여금 손상하지 못하게 하니), 만물이 모두
집으로 삼고 편안하다.

范本作物咸其道. 今從宋陸王本. 躔, 音據. 宋曰, 爲物城郭, 欲萬物皆安

. . . .

178 역주 :『주역』「彖傳」에서는 "家人, 女正位乎內, 男正位乎外."를 말한다.

其居. 陸曰, 蹍, 充實貌. 陽爲城郭, 萬物皆居其中, 故曰, 咸度. 王曰, 城郭, 在外之象. 光謂, 膚亦當作蹍. 蹍蹍, 動作强梁貌. 爲物城郭者, 言養衛萬物, 使陰氣不得傷也. 度當作宅. 度, 古宅字. 宅, 居也.

범망본에는 물함기도(物咸其道)로 되어 있다. 지금 송충본, 육적본, 왕애본을 따른다. 거(蹍)는 음이 거(據)다. 송충은 말하기를 "위물성곽(爲物城郭)"은 만물이 모두 그 거처하는 데에서 편안하고자 함이다"라고 하였다. 육적은 말하기를 "거(蹍)는 충실한 모양이다. 양이 성곽이 되니 만물이 모두 그 속에서 거처한다. 그러므로 함도(咸度)라 하였다"라고 하였다. 왕애는 말하기를 "성곽은 밖에 있는 상이다"라고 하였다. 사마광은 생각하기를 "부(膚)는 또한 마땅히 거(蹍)로 써야 한다. 거거(蹍蹍)는 동작이 강건하고 힘센 모양이다. '위물성곽'이란 만물을 기르고 호위하여 음기로 하여금 손상되지 못하게 함을 말한 것이다. 도(度)는 마땅히 택(宅)으로 써야한다. 도(度)는 옛날의 택(宅)자이다. 택(宅)은 거처한다(居)는 것이다"라고 하였다.

■ 初一 : 匪譽匪咎, 克守厥家. 測曰 : 匪譽扉咎, 其道常也.

초일은, 명예도 아니고 허물도 아니니, 능히 그 집을 지킬 수 있다.
측에 말하기를, 명예도 아니고 허물도 아니라는 것은 그 도가 떳떳한 것이다.[179]

一家之最下, 子孫之象. 當日之晝, 能守常道, 無咎無譽, 保家之主也.

일(一)이 가(家)의 최하로서, 자손의 상이다. 하루의 낮에 해당하니, 떳떳한 도를 지킬 수 있으면 허물도 없고 명예도 없으나, 가(家)의 주인을 보호한다는 것이다.

....

179 역주 : 이 구절은, '居首'의 세상에 당하여 크게 작위함이 없으면 허물도 업고 명예도 없어 그 집을 보전할 수 있으니, 이것이 居家의 상도를 얻었다는 것이다.

║次二：家無壺, 婦承之姑, 或洗之塗. 測曰：家無壺, 無以相承也.

차이는, 집에서 (윗사람을 공양하는 술을 담는 器物인) 술병이 없는데, 며느리가 (이런 예를 무시하고) 시어머니로 하여금 계승하게 하고 세척하게 하는 욕된 일을 하게 하였다.

측에 말하기를, 집에서 (윗사람을 공양하는 술은 담는 器物인) 술병이 없다는 것은 서로 계승함이 없다는 것이다.

壺者, 承上[180]以養人者也. 家無壺, 下[181]不供養也. 二居下體之中, 有婦之象. 婦者, 所以承姑也. 今反使姑承之, 爲之洗塗, 服勞辱之事, 上下失序, 逆莫大焉.

술병(壺)이란[182] 윗사람을 계승하여 사람을 봉양하는 기물이다. 집안에 (윗사람을 이어서 사람을 봉양하는 기물인) 술병이 없다는 것은 아래에서 공양하지 못한 것이다. 이(二)는 하체의 중(中)에 있으니 며느리가 있는 상이다. 며느리란 시어머니를 계승하는 것이다. 지금 도리어 시어머니로 하여금 계승하게 하고, 세척하게 하고 수고롭고 욕된 일을 복무하게 하여 상하가 질서를 잃었으니, 거스름이 이보다 큰 것이 없다.

║次三：長幼序, 子克父. 測曰：子克父, 乃能有興也.

차삼은, 어른과 어린이가 차례가 있으니, 자식이 그 아버지 일을 맡아 할 수 있다.[183]

측에 말하기를, 자식이 아버지 일을 맡아 할 수 있다는 것은 이에 아버지의 일을 잘 계승할 수 있다는 것이다.

· · · · · · · · · · · · · · · · · ·

180 劉韶軍 點校 : '承上'은 명초본에는 '上承'으로 되어 있다. 이것을 대전본, 도장본, 장사호본에 의거해 고쳤다.
181 劉韶軍 點校 : '下'는 명초본에는 없다. 이것을 대전본, 도장본, 장사호본에 의거해 보충하였다.
182 역주 : '壺'는 술을 담은 그릇으로, 이것으로 翁姑를 봉양함을 비유한 것이다.
183 역주 : 이 구절은, 집에 차례가 있어, 어린아이가 장자를 섬기고 자식이 아버지를 이을 수 있어 사업이 계승됨이 있으니, 家道가 흥성한다는 것이다.

范本作長幼序序. 今從宋陸王本. 王曰, 得位當晝, 故居室有倫, 長幼各得
其序, 子能幹父之業者也. 光謂, 三居下體之上而當晝, 幼能事長, 子能任
其父事者也.

범망본에 장유서서(長幼序序)로 되어 있다. 지금 송충본, 육적본, 왕애본을 따
른다. 왕애는 말하기를 "(차삼은) 지위를 얻고 낮에 해당한다. 그러므로 집에
거처하는 데에는 질서가 있고, 어른과 어린이가 각각 차례를 얻으니, 자식이
아버지의 사업을 주관할 수 있는 것이다"라고 하였다. 사마광은 생각하기를
"삼(三)은 하체의 위에 있고 낮에 해당하니, 어린이가 어른을 섬길 수 있고,
자식이 그 아버지의 일을 맡아할 수 있다"라고 하였다.

▌次四 : 見豕在堂, 狗繫之远. 測曰 : 見豕在堂, 其體不慶也.

차사는, (지저분한) 돼지가 당에 있는 것을 보았고, 묶인 개가 돌아다닌 발자
국도 있다.
측에 말하기를, (지저분한) 돼지가 당에 있는 것을 보았다는 것은 그 몸이 좋
지 못하다는 것이다.[184]

远, 音剛, 又戶郎切. 繫與系同. 远, 獸迹也. 狗豕皆汙穢之物. 堂, 尊者之
居處也. 四爲下祿而在中體, 位稍尊矣. 然當日之夜, 小人之道也. 凡爲家
之道, 正其身然後可以齊家. 今四在堂, 自有豕行, 則在下者亦如狗系迹而
進, 不可止也. 慶, 善也.

항(远)은 음이 강(剛)이고,[185] 또 호(戶)와 랑(郎)의 반절이다. 계(繫)는 계(系)
와 같다. 항(远)은 짐승의 발자국이다. 개와 돼지는 모두가 지저분한 동물이

....

184 역주 : '繫'는『釋文』에서는 "木繫也, 又續也."라고 한다. '狗繫'는 '개가 묶여 있다'
는 의미인데, '따라다닌다續'는 것으로도 볼 수 있다. 그렇다면, 이 구절은, 묶인
개가 돼지의 흔적을 따라다녀 堂에서 서로 즐거워한다는 것으로, 家道가 엄숙하
지 않아 悖亂이 있는 것에 이른다는 것을 비유한 것이다.
185 역주 : '远'은 '剛'이라 발음하면서, 또 반절을 취해 발음했을 때는 '항'으로 하라고
한다. 여기서는 그냥 '항'이라고 발음한다. 중국어로는 远[háng], 剛[gāng]으로 발
음된다.

다. 당(堂)이란 높은 자가 거처하는 곳이다. 사(四)는 하록(下祿)이 되나 중체에 있어 지위가 조금 높다. 그러나 하루의 밤에 해당하니, 소인의 도이다. 무릇 집안을 다스리는 도는, 그의 몸을 바르게 한 연후에 집안을 가지런히 할 수 있다. 지금 사(四)는 당에 있으면서 스스로 돼지의 행동함이 있다면, 아래에 있는 자 또한 묶인 개가 돌아다닌 발자국과 같아서 나아가도 제지할 수 없다. 경(慶)은 좋다(善)는 것이다.

▌次五：舳艫調安,[186] 利富貞. 測曰：舳艫安何, 順其疆也.

차오는, 배의 머리와 배의 꼬리가 조화를 이루어 편안하니, 부유하고 바른 것이어서 이롭다.[187]

측에 말하기를, 배의 머리와 배의 꼬리가 조화를 이룬다는 것은 (위와 아래) 화순하여 경계가 없다는 것이다.

舳, 直六切. 艫, 落戶切. 王曰, 不失其居, 而無遠不適, 處舟之義也. 五旣得位當晝, 爲居之主, 往必濟者也. 故舳艫調安, 而有所利富, 不失其[188]居室之道乎. 光謂, 舳, 舡後用柁處也. 艫, 舡前刺棹處也. 五居盛位而當晝, 君子能治其家者也. 舳艫調安, 則衆賴以寧, 上下和順, 則家賴以齊. 富者, 家之福也. 富不失正, 所以爲美也. 其當作無.

축(舳)은[189] 직(直)과 육(六)의 반절이다. 로(艫)는 락(落)과 호(戶)의 반절이

· · · · · · · · · · · · · · · ·

186 劉韶軍 點校 : '舳'은 명초본에는 '軸'으로 되어 있다. 이것을 대전본, 장사호본에 의거해 고쳤다.
187 역주 : '舳'은 『方言』에서는 "船後曰軸, 軸制水也."라고 한다. 지금의 이른바 '방향키[舵]'다. 이 구절은, 배의 머리와 배의 꼬리가 조화를 이루듯이 전후가 서로 잇고 상하가 조화를 이루고 화합하면, 국가가 성대해지고 재물이 풍부해져 그 은혜가 경내에 미치고 만민이 편안하게 된다는 것이다.
188 劉韶軍 點校 : '其' 아래 명초본에는 '知' 자가 있다. 이것을 대전본, 도장본에 의거해 삭제하였다.
189 역주 : '舳'는 중국어로는 zhú로 발음된다. 여기서는 우리나라의 발음은 '축'으로 한다.

다. 왕애는 말하기를 "그 살 곳을 잃지 않고, 먼 곳이라도 가지 않음이 없는
것은 배에 처한 의리다. 오(五)는 이미 지위를 얻어 낮에 해당하고 거수(居首)
의 주인이 되니, 가면 반드시 건너는 것이다. 그러므로 배의 머리와 꼬리가
조화를 이루고 편안하여 부유하고 이롭게 된 바가 있으니, 그 집에 사는 도를
잃지 않는 것인가 하노라"라고 하였다. 사마광은 생각하기를 "축(舳)은 배의
뒤에 키를 사용하는 곳이다. 로(艫)는 배의 앞에 노를 두는 곳을 표시한 곳이
다. 오(五)는 성대한 지위에 있으면서 낮에 해당하니, 군자가 그의 집안을 다
스릴 수 있는 것이다. 배의 꼬리와 배의 머리가 조화를 이루고 편안하면 무리
가 이를 힘입어 편안하고, 상하가 화순하면 집안이 이를 힘입어 가지런해진
다. 부유함은 집안의 복(福)이다. 부유함이 바름을 잃지 않은 것이 아름다운
이유가 된다. 기(其)자는 마땅히 무(無)자로 써야 한다.(즉 順無疆가 되어야
한다.)"라고 하였다.

▌次六：外其井竈, 三歲見背. 測曰：外其井竈, 三歲不享也.

차육은, 그 우물과 부엌을 도외시하니, 오랫동안[三歲] 배반당하였다.
측에 말하기를, 그 우물과 부엌을 도외시하였다는 것은 오랫동안[三歲] 제사를
받지 못한 것이다.

王曰, 三歲, 數之終也. 光謂, 井竈者, 飲食之資, 家之要務也, 而外之, 則
家何以養矣. 六過中而當夜, 小人不能睦其宗族之賢者, 而疏外之, 不過三
歲, 則親皆叛之矣. 不享者, 不得飲食也.
왕애는 말하기를 "삼년은 수의 마침이다"라고 하였다. 사마광은 생각하기를
"우물과 부엌이란[190] 음식을 하는 바탕이며 집안의 중요한 업무인데, 도외시
한다면 집안을 무엇으로써 봉양할 것인가? 육(六)은 중(中)을 지나치고 밤에
해당하니, 소인이 그 종족의 어진 이와 화목하지 못하고 소외시키니 3년이

....

190 역주 : '井竈'는 음식을 하는데 반드시 준비되어야 할 것으로, 가도에서 없어서는
안되는 물건이다. 이 구절은, 집이 곤궁하여 사람들이 봉양할 바가 없으니, 몇
년이 안되어 뭇 친한 사람은 모두 배반한다는 것이다.

지나지 않았으나 친척들이 모두 배반하였다. 불향(不享)이란 음식을 얻지 못한 것이다"라고 하였다.

▎次七 : 老父¹⁹¹擐車, 少女提壺, 利考家. 測曰 : 老父擐¹⁹²車, 其體乃莊也.

차칠은, 늙은 아버지가 수레를 꿰어서 짐을 싣고, 소녀가 병을 들어 어른을 봉양하니, 집안을 이루는 것에 이롭다.
측에 말하기를, 늙은 아버지가 수레를 꿰어서 짐을 실었다는 것은 그의 몸이 이에 장엄해졌다는 것이다.¹⁹³

王本考作于. 今從宋陸范本. 擐, 音患, 貫也, 以手貫車轅而行之, 所以載物也. 提壺者, 承上以養也. 考, 成也. 七居上體, 有尊長之象. 老父者, 家之至尊, 少女者, 家之至卑也. 尊能載衆, 卑能承上, 故利以成家也. 夫齊家者, 不可以不嚴也. 故其體莊嚴, 然後能載衆也. 易曰, 家人嗃嗃, 悔厲, 吉. 婦子嘻嘻, 終吝.

왕애본에는 고(考)가 우(于)로 되어 있다. 지금 송충본, 육적본, 범망본을 따른다. 환(擐)은 음이 환(患)으로, 꿴다(貫)는 것이다. 손으로써 수레의 끌채를 꿰어서 가니, 물건을 싣는 것이다. 제호(提壺)는 위를 받들어 봉양한다는 것이고, 고(考)는 이룬다(成)는 것이다. 칠(七)은 상체에 있으면서 존장의 상이 있다. 노부는 집안에서 지극히 높고, 소녀는 집안에서 지극히 낮다. 높은 이는 무리를 실을 수 있고, 낮은 이는 위를 받들 수 있다. 그러므로 그것으로써 집안을 이루는 것이 이롭다. 대저 집을 가지런히 하는 것은 엄격하게 하지 않으면

....

191 劉韶軍 點校 : '父'는 명초본에는 '夫'로 되어 있다. 이것을 대전본 및 測辭에 의거해 고쳤다.
192 劉韶軍 點校 : '擐'은 명초본에는 '轅'으로 되어 있다. 이것을 대전본, 도장본 및 贊辭에 의거해 고쳤다.
193 역주 : 이 구절은, 老父가 수레를 이끌어 짐을 싣고 소녀는 병을 들고 위를 섬겨서 가도가 장엄하고 잘못됨이 없으니, 家를 이루는 것에 이롭다는 것이다.

안 된다. 그러므로 그 몸체가 장엄한 뒤에 무리를 실을 수 있다. 『주역』에서 말하기를 "가인이 엄격하다. 위태로워 뉘우치니, 길하다. 부녀자가 히히대면 마침내 부끄러움이 있을 것이다"[194]라고 하였다.

▌次八 : 反其几, 雙其杸, 其家不旨. 測曰, 反几雙杸, 家用不臧也.
차팔은, (음식하는) 그 안석을 뒤집어버리고, 그 수저를 둘로 하니, 그 집에서는 맛있는 아름다운 음식을 먹을 수 없다.
측에 말하기를, 안석을 뒤집어버리고 수저를 둘로 하였다는 것은 집에서 쓴 것이 좋지 못하다는 것이다.

二宋陸本杸[195]皆作牝, 王作牡. 今從范本[196]. 其家宋陸作九家[197], 范小宋本作几家. 按古其字作丌, 因致此誤耳. 今從王本. 杸與匕同. 几當上承, 匕當用一, 理之常也. 八爲禍中而當夜, 反其几[198]者, 幼不承長而上不獲安也. 雙其匕者, 家不統於尊而用事者衆也. 旨, 美也. 下不承上, 尊不統卑, 家道壞亂, 故不美也.
송충본, 송유간본, 육적본에는 비(杸)가 빈(牝)으로 되어 있고, 왕애본에는 모(牡)로 되어 있다. 지금 범망본을 따른다. 기가(其家)는 송충본, 육적본에 구가(九家)로 되어 있고, 범망본, 송유간본에는 궤가(几家)로 되어 있다. 생각하건대, 옛날에 고(其)자는 기(丌)로 되어 있으니, 이로 인해 이렇게 잘못되게 되었

....

194 역주 : 『주역』「家人卦」九三爻에 나오는 말이다.
195 劉韶軍 點校 : '杸'는 명초본에는 없다. 이것을 대전본, 도장본에 의거해 보충하였다.
196 劉韶軍 點校 : '本'은 명초본에는 없다. 이것을 대전본, 도장본에 의거해 보충하였다. 오늘날 만옥당본, 범망본에는 '빈(牝)'으로 되어 있어 사마광이 말한 것과 합치되지 않는다.
197 劉韶軍 點校 : '家' 아래 명초본에는 '大'자가 있다. 이것을 대전본, 도장본, 장사호본에 의거해 삭제하였다.
198 劉韶軍 點校 : '几'는 명초본에는 '凡'으로 되어 있다. 이것을 대전본, 도장본 및 만옥당본, 범망본에 의거해 고쳤다.

을 뿐이다. 지금 왕애본을 따른다. 비(朼)는 비(匕)와 같다. 안석은 마땅히 위를 받들고, 수저는 마땅히 하나를 사용하는 것이 이치의 떳떳한 것이다. 팔(八)은 화(禍)의 중(中)이 되고 밤에 해당하니, "음식하는 안석을 뒤집었다"라고 한 것은 어린이가 어른을 받들지 못하여 위가 편안함을 얻지 못한 것이다. "그 수저를 둘로 하였다"라고 한 것은 집안이 높은 사람에게 통솔되지 못하고 제멋대로 일을 하는 자가 많다는 것이다. 지(旨)는 아름답다(美)는 것이다. 아래가 위를 받들지 못하고 높은 사람이 비천한 것을 통솔하지 못하니, 집안의 도가 무너져 어지러워진다. 그러므로 아름답지 못하다고 한 것이다.

▌上九 : 株生蘖, 其種不絶. 測曰 : 株生蘖, 其類乃長也.
상구는, (베어진) 나무에 싹이 나니, 그 종자가 끊이지 않았다.
측에 말하기를, (베어진) 나무에 싹이 났다는 것은 그 남은 종자들이 이에 자랐다는 것이다.

蘖, 魚列, 五葛二切. 種, 章勇切. 王曰, 九居過亢, 枯朽之象, 得位當晝, 株而生蘖者也. 光謂, 木斬而復生曰, 蘖. 九爲禍極, 家已絶矣, 而當日之晝, 是尚有遺種能復興其家者也.
얼(蘖)은 어(魚)와 열(列), 오(五)와 갈(葛) 이 둘의 반절이다. 종(種)은 장(章)과 용(勇)의 반절이다. 왕애는 말하기를 "구(九)는 지나치게 올라간 곳에 있어 말라버리고 썩은 상이나 지위를 얻어 낮에 해당하니, 나무에 싹이 돋아난 것이다"라고 하였다. 사마광은 생각하기를 "나무를 베어도 다시 살아난 것을 얼(蘖)이라 이른다. 구(九)는 화(禍)의 극(極)이 되어 집안이 이미 끊어졌는데 하루의 낮에 해당하니, 이것은 오히려 남은 종자가 다시 그 집안을 부흥시킬 수 있다는 것이다"라고 하였다.

법法

䷀ 二方二州二部一家.

2방, 2주, 2부, 1가다.

法

법(法)

陰家, 金, 準井. 改邑不改井, 無喪無得, 往來井井, 有法之象.

법수(法首)는 음가(陽家)이고, (5행에서는) 금(金)이고, 『주역』「정괘(井卦)」에
준한다.[199] 읍(邑)을 고치고 우물은 고치지 않아 잃는 것도 없고 얻는 것도
없으니, 가고 오는 것이 질서가 있어 법수(法首)의 상이 있다.

▌陽氣[200]高縣厥法, 物仰其墨, 莫不被則.

양기는 높이 그 법을 매다니, 만물이 그의 먹줄을 우러러서 법도의 혜택을
입지 아니함이 없다.[201]

· · · · · · · · · · · · · · · · · ·

199 역주 : '井'字에 대해 『周易集解』에서는 干寶의 말을 인용하여 "自震化行, 至於五
世, 改殷紂比屋之亂俗, 不易成湯昭假之法度也. 故曰改邑不改井."이라 한다. 王
弼은 『周易注』에서 "井以不變之爲德也."라고 한다. 즉 '法度를 井'으로' 비유한
것이다.
200 劉韶軍 點校 : '氣'는 명초본에는 없다. 이것을 장사호본에 의거해 보충하였다.

縣, 音玄. 宋曰, 墨者, 法之繩墨也. 光謂, 是時陽氣極高, 物咸象之, 莫不
蒙被其法.

현(縣)은 음이 현(玄)이다. 송충은 말하기를 "묵(墨)이란 법의 먹줄이다"라고
하였다. 사마광은 생각하기를 "이 때는 양기가 지극히 높으니, 사물이 모두
본받아 그 법도를 입지 아니함이 없다"라고 하였다.

▌初一 : 造法不法. 測曰 : 造法不法, 不足用也.

초일은, 법을 만들었지만 (그 법이 부정한 것이기에) 법이 아니다.

측에 말하기를, 법을 만들었지만 (그 법이 부정한 것이기에) 법이 아니라는
것은 쓰기에는 부족하다는 것이다.[202]

王曰, 作法之初, 而失位當夜, 不足法者也. 光謂, 一爲思始, 故曰, 造法. 法言曰,
模不模, 範不範, 爲不少矣.

왕애는 말하기를 "법을 만든 처음이나 지위를 잃고 밤에 해당하니, 법으로
삼기에 부족하다"라고 하였다. 사마광은 생각하기를 "일(一)은 사(思)의 시(始)
가 된다. 그러므로 법을 만든다[造法]라고 하였다. 『법언』「학행(學行)」에서 말
하기를 "'본뜰 것을 본뜨지 않고, 법할 것을 법하지 않는 것이 적지 않다'고
했다"[203]라고 하였다.

▌次二 : 摹法以中, 克. 測曰 : 摹法以中, 衆之所共也.

차이는, 법을 제정하기를 중용으로써 하니, 일을 잘 이룰 수가 있다.

· · · · · · · · · · · · · · · · · · ·

201 역주 : '縣'은 '매단다[懸]'는 것이다. 이 구절은, 양기가 위로 九天에서 높게 그 길
    러주는 덕을 매니, 만물이 그 윤택을 받고 의지하면서 성장하지 않음이 없다는
    것이다.
202 역주 : 이 구절은, 법을 만들었지만 올바른 법으로 하지 않으면 그 법은 법이 될
    수 없으니, 무엇을 사용하여 나라를 다스릴 것인가 하는 것이다.
203 역주 : 『법언』「학행」에 나오는 말이다.

측에 말하기를, 법을 제정하기를 중용으로써 한다는 것은 모든 사람들이 함께
한 바였다.[204]

摹與模同, 摹猶制也. 二爲思中而當晝, 制法以中, 然後能成也. 洪範皇極,
衆之所共由也.
모(摹)는 모(模)와 같고, 모(摹)는 제정한대[制] 것과 같다. 이(二)는 사(思)의
중(中)이 되고 낮에 해당하니, 법을 제정하기를 중용으로써 한 뒤에 이룰 수
있다는 것이다. 『서경』「홍범」에서 황극은 "모든 이가 함께 말미암는 바이다"
라고 하였다.

■ 次三 : 準繩不甫, 亡其規矩. 測曰 : 準繩不甫, 其用爽也.
차삼은, 수준기와 먹줄이 아름답지 않기에 (법률로서의) 그 그림쇠와 곡척이
없다.
측에 말하기를, 수준기와 먹줄이 아름답지 않다는 것은 그 쓴 것이 어긋났다는
것이다.

甫, 美也. 爽, 差也. 不能正其身, 其如人何.
보(甫)는 아름답다(美)는 것이다. 상(爽)은 어긋났다(差)는 것이다. 그 자신을
바르게 할 수 없는데, 그 사람 같은 경우야 어찌하겠는가?

■ 次四 : 準繩規矩, 莫違我施. 測曰 : 準繩規矩, 由身行也.
차사는, 수준기와 먹줄과 그림쇠와 곡척이니, (백성들은) 내가 베푸는데 어김
이 없다.
측에 말하기를, 수준기와 먹줄이 그림쇠와 곡척이라는 것은 (명령하지 않고)

....

204 역주 : 이 구절은, 법을 만든 것이 중용에 맞으니, 뭇사람들이 그것을 받들어 행하
면 법이 법되는 것을 이룰 수 있다는 것이다.

몸으로 말미암아 행한 것이다.

君子先修其身, 其身正, 不令而行.
군자가 먼저 그의 몸을 닦아 그의 몸이 바르게 되면, 명령하지 않아도 행하게
된다.

▌次五 : 繘陸陸, 缾實腹, 井潢洋, 終不得食. 測曰 : 缾實腹, 非學方也.
차오는, 두레박줄이 공중에서 아래로 내려오는데 두레박 안[腹]에 물이 가득하
니, 우물의 물이 많고 많았지만 끝내 먹을 수 없다.[205]
측에 말하기를, 두레박 안[腹]에 물이 가득하다는 것은 (학문을 하려면 마음을
비워야 하는데 두레박 안에 물이 가득 차 있듯이 채워져 있기에) 배우는 도가
아니라는 것이다.

宋陸本實作冥. 今從范王本. 繘, 音橘. 實, 音田. 潢, 音黃. 陸曰, 方, 道也.
王曰, 缾實腹, 不可以盛也. 井潢洋, 水多之貌也. 終不得食者也, 汲引之道
非也. 光謂, 繘, 汲索也. 陸陸, 索下貌. 缾腹先實, 則水不得入, 井雖潢洋,
終不得食也. 學者虛以受人, 則人樂告之. 五居井之盛而當日之夜, 小人先
自驕滿, 不能納物者也.
송충본, 육적본에 전(實)은 명(冥)으로 되어 있다. 지금 범망본, 왕애본을 따른
다. 율(繘)은 음이 율(橘)이다. 전(實)은 음이 전(田)이다. 황(潢)은 음이 황(黃)
이다. 육적은 말하기를 "방(方)은 도(道)이다"라고 하였다. 왕애는 말하기를
"두레박 안[腹]이 (물로 가득) 채워져 있다는 것은 (더 이상) 담을 수가 없다는
것이다. '정황양(井潢洋)'은 물이 많은 모양이다. '종부득식(終不得食)'이란 것
은, 물을 긷는 도가 그릇된 것이다"라고 하였다. 사마광은 생각하기를 "율(繘)
은 물을 긷는 줄이다. '육육(陸陸)'은 두레박줄을 내리는 모양이다. 두레박의

. . . .

205 역주 : '繘'은 『方言』에는 "關東謂之綆, 關西謂之繘."이라고 한다. 물을 긷는 줄이
    다. '實'은 '가득 채운다[塡]'는 것이다.

안[腹]이 먼저 채워지면 물을 담을 수 없으니, 우물에 물이 비록 많고 많을 지라도 끝내 먹을 수 없다. 학자가 비운 상태에서 사람을 받게 되면 사람들이 즐겨 고하게 된다. 오(五)는 우물이 성대한 곳에 있으면서 하루의 밤에 해당하니, 소인이 먼저 스스로 교만하면 사물을 받아들일 수 없다"라고 하였다.

▌ 次六 : 于紀于綱, 示以貞光. 測曰 : 于紀于綱, 大統明也.

차육은, (그 법은 천하의) 기강이며 법도이니, 바르고 빛나는 것으로써 (사람들에게) 보였다.

측에 말하기를, (그 법은 천하의) 기강이며 법도라는 것은 천하를 통솔하는데 도가 밝다는 것이다.[206]

王曰, 以貞正光明之道, 俾人不惑. 光謂, 六上祿以施其法, 能紀綱天下, 示人正光之道者也.

왕애는 말하기를 "곧고 바르며, 빛나고 밝은 도로써 사람으로 하여금 현혹되지 않게 하였다"라고 하였다. 사마광은 생각하기를 "육(六)은 상록(上祿)으로써 그 법도를 베풀어 능히 천하를 다스릴 수 있으니, 사람들에게 바르고 밝은 도를 보인 것이다"라고 하였다.

▌ 次七 : 密綱離于淵, 不利于鱗. 測曰 : 密綱離淵, 苛法張也.

차칠은, 빽빽한 그물을 연못에 늘어놓으니, 비늘(=물고기)에 이롭지 않다.

측에 말하기를, 빽빽한 그물을 연못에 늘어놓았다는 것은 가혹한 법이 (백성에게) 베풀어진 것이다.[207]

....

206 역주 : 이 구절은, 법도가 이미 시행되고 기강이 펼쳐지니, 이것으로 나라를 다스리고 사람들에게 곧고 바르고 광명한 것을 보인다는 것이다.

207 역주 : '離'는 『方言』에서는 "羅謂之離"라고 하여, '펼친다'는 것으로 풀이한다. 양웅은 법으로 나라를 다스리고, 덕으로 백성을 가르칠 것을 주장하고 인민에 대하여 가혹한 법률을 시행하는 것을 반대하였다. 아울러 申不害와 韓非의 術數는

王曰, 七居過滿而當夜, 作法太密.[208] 網麗于泉而鱗不寧, 法施於國而人不便者也. 光謂, 七爲網, 又爲敗損, 而當日之夜, 法苛民駭者也. 故曰, 密網離于淵, 不利于鱗.

왕애는 말하기를 "칠(七)은 지나치게 가득 찬 곳에 있고 밤에 해당하니, 법을 만든 것이 너무나 조밀하다. 그물을 샘에 펼쳐서 비늘(=물고기)이 편안하지 못하다는 것은 국가에 법을 시행하여 사람들이 편안하지 못한 것이다"라고 하였다. 사마광은 생각하기를 "칠(七)은 그물이 되고, 또 파괴된 것이 되고 하루의 밤에 해당하니, 법이 가혹하여 백성들이 놀라는 것이다. 그러므로 말하기를 빽빽한 그물을 연못에 늘어놓으니, 비늘(=물고기)에 이롭지 않다"라고 하였다.

▎次八 : 正彼有辜, 格我無[209]邪. 測曰 : 正彼有辜, 歐而至也.

차팔은, 저 죄 있는 이를 바르게 하니, 백성[我]이 사특함이 없는데 이르게 하였다.

측에 말하기를, 저 죄 있는 이를 바르게 한다는 것은 (백성을) 몰아서 (사특한 마음이 없는데) 이르게 한다는 것이다.[210]

歐與驅同. 宋曰, 歐百姓使至無邪也. 王曰, 八居上體[211]之中而當晝, 能用其法正其有罪, 以至於人無邪心也. 光謂, 格, 至也. 正有辜以至無邪, 用刑

<hr>

不仁의 지극한 것이라 여겼다. 이런 점을 『법언』「問道」에서는 "法者, 謂唐虞成周之法也. 如申韓, 如申韓."이라 한다.

208 劉韶軍 點校 : '太密'은 명초본에는 '大客'으로 되어 있다. 이것을 대전본, 도장본, 장사호본에 의거해 고쳤다.
209 劉韶軍 點校 : '無'는 명초본에는 '元'으로 되어 있다. 이것을 대전본에 의거해 고쳤다.
210 역주 : '歐'는 '몬다[驅]'는 것이다. '格'은 '바로 한다[正]'는 것으로도 해석될 수 있다. 이 구절은, 적중하는 법으로 그 죄가 있는 것을 바로 잡으면, 백성을 선으로 몰 수 있다는 것이다.
211 劉韶軍 點校 : '八'과 '體'는 명초본에는 '七'과 '本'으로 되어 있다. 이것을 대전본에 의거해 고쳤다.

之善者也. 舜曰, 刑期于無刑.

구(驅)는 몬다(驅)는 것이다. 송충은 말하기를 "백성들을 몰아서 사특함이 없는 데 이르게 하였다"라고 하였다. 왕애는 말하기를 "팔(八)은 상체의 중(中)에 있으면서 낮에 해당하니, 그 법을 사용하여 그 죄 있는 자를 바르게 함으로써 사람들이 사특한 마음이 없는데 이를 수 있다"라고 하였다. 사마광은 생각하기를 "격(格)은 이른다(至)는 것이다. 죄가 있는 것을 바르게 함으로써 사특함이 없는데 이르게 한 것은 형벌을 잘 사용한 것이다. 『서경』에서는 순임금이 말하기를 '형벌로 다스려 형벌이 없는 것에 기약한다'라고 했다"[212]라고 하였다.

▌上九 : 井無幹, 水直衍, 匪谿匪谷, 終于恣. 測曰 : 井無幹, 法妄恣也.

상구는, 우물을 막는 난간이 없으면 물이 곧바로 불어나 넘치니, 골짜기도 아니고 계곡도 아닌 곳으로 마침내 물이 넘쳐흐른다.[213]

측에 말하기를, 우물을 막는 난간이 없다는 것은 법이 망령되고 방자한 것이다.

王本, 匪谿匪谷作利心匪谿. 今從宋陸范本. 幹, 音寒. 范曰, 幹以檢扞於井, 泄取有時. 王曰, 處法之極而當夜, 無法者也. 國而無法則人易犯, 井而無幹則水衍溢也. 光謂, 九爲禍極而當夜, 法妄恣無常, 與無法同. 民志迷惑不知所從, 則冒犯而終亂耳. 如井無幹, 水將衍溢, 非谿非谷而注[214]射妄行, 終於恣過而已矣.

....

212 역주 : 이 말은 『서경』「大禹謨」에 나오는 말이다. 전무 문맥은 "帝曰, 皋陶, 惟兹臣庶, 罔或幹予正. 汝作士, 明于五刑, 以弼五教. 期于予治, 刑期於無刑, 民協於中, 時乃功, 懋哉."이다.

213 역주 : '幹'은 『集韻』에서는 "井垣也."라고 한다. 즉 우물을 감싸고 있는 담이다. '衍'은 『集韻』에서는 "水溢也."라고 하고, 『說文』에서는 "過也."라고 한다. 이 구절은, 법이 망령되이 제멋대로 행해져 변란이 그치지 않고, 법이 있지만 실질적으로 없는 상황이라면, 민심이 미혹하여 어떻게 행동해야 될지 몰라 쉽게 범하여 마침내는 어지럽게 되는 것이 우물에 둘레의 담垣欄이 없으면 물이 넘쳐 퍼진다는 것과 같다는 것이다.

214 劉韶軍 點校 : '注'는 명초본에는 "汪"으로 되어 있다. 이것을 대전본에 의거해 고쳤다.

왕애본에는 비계비곡(匪谿匪谷)은 이심비계(利心匪谿)로 되어 있다. 지금 송충본, 육적본, 범망본을 따른다. 한(幹)은[215] 음이 한(寒)이다. 범망은 말하기를 "난간[幹]으로 우물을 점검함으로써 막아 세어나가는 것을 때에 맞게 취한다"라고 하였다. 왕애는 말하기를 "법수(法首)가 지극한 것에 처하고 밤에 해당하니, 법이 없다는 것이다. 국가에 법이 없으면 사람들이 범하기 쉽고, 우물에 막는 겟[난간]이 없으면 물이 불어나 넘친다"라고 하였다. 사마광은 생각하기를 "구(九)는 화(禍)의 극(極)이 되고 밤에 해당하니, 법이 망령되고 방자하여 일정함이 없어서 법이 없는 것과 같다. 백성들의 뜻이 미혹되어 따를 것을 알지 못하면 법을 범하는 것을 무릅써 끝내 어지러워질 뿐이다. 이것은 마치 우물에 난간이 없어 물이 장차 넘쳐 골짜기도 아니고 계곡도 아닌 곳으로 쏟아져 제멋대로 흘러 허물이 넘치는 것에 마치는 것과 같을 뿐이다"라고 하였다.

<hr>

215 역주 : 이 때의 '幹'자는 '우물난간'이라는 의미일 때는 '한'으로 발음된다.

二方二州二部二家.

2방, 2주, 2부, 2가다.

應

응(應)

陽家, 土, 準咸. 入應次六一十八分五秒, 夏至氣應, 故兼準離.

응수(應首)는 양가(陽家)이고, (5행에서는) 토(土)이며, 『주역』「함괘(咸卦)」에
준한다.[216] 응(應)은 차육(次六) 18분 5초에서 들어가고 하지의 기와 응한다.
그러므로 겸하여 「이괘(離卦)」에도 준한다.

⋯⋯⋯⋯⋯⋯⋯⋯

216 역주 : 『태현경』에서는 應首의 때에 양이 다하여 음이 생하고, 양기는 하강하고
    음기는 상승하여 二氣가 感應한다고 본다. 그러므로 『주역』「咸卦」에 상당한다.
    『주역』「단전」에서는 "咸, 感也. 柔上而剛下, 二氣感應以相與,"를 말한다. 『태현
    경』의 81首 중 1번째 首인 中首와 (『태현경』의 81首 중 41번째 首인) 應首와
    (『태현경』의 81首 중 21번째 首인) 釋首와 (『태현경』의 81首 중 61번째 首인)
    飾首를 각각 4계절 분지(分至)의 자리에 붙인 것에 인하여 준한 것이다. 이 구절
    은, 봄·여름·가을·겨울 4계절의 춘분·하지·추분·동지를 『태현경』의 해당 首에
    적용하여 풀이한 것이다. 中首가 동지라면 應首는 하지가 된다. 그리고 釋首가
    춘분이라면 飾首는 가을이 된다.

▌陽氣極于上, 陰信萌乎下, 上下相應.
양기가 위에서 다하고 음은 소리를 내어 아래에서 싹을 틔우니, 위와 아래가
서로 응한다.[217]

信猶聲兆也.
신(信)은 (음양이 마주치는) 소리의 조짐과 같다.

▌初一 : 六幹羅如, 五枝離如. 測曰 : 六幹羅如, 附離君也.
초일은, 여섯 줄기[군주]가 펼쳐진 듯 하고, 다섯 가지[신하]는 진열된 듯 하여
서로 상응한다.[218]
측에 말하기를, 여섯 줄기가 펼쳐진 듯 하다는 것은 군주에게 붙어 진열되었다
는 것이다.

궐(闕)
해설이 빠졌다.

▌次二 : 上歷施之, 下律和之, 非則否. 測曰 : 上施下和, 匪其真也.
차이는, 위에서는 때로써 베풀고, 아래서는 율로 화하니, 이런 상황이 아니라
면 (위와 아래가 서로 통하지 않고) 막힌다.

. . . .

217 역주 : 이 구절은, 이 때 양이 극하여 음이 생하고, 양기가 장차 쇠하자 음기가
비로소 발동하고, 양기는 하강하고 음기는 위로 올라가니, 하나는 위로 올라가고
하나는 아래로 내려가 서로 감응한다는 것이다.
218 역주 : 여기서 '離'는 '陳列한다'는 것이다. '天六'은 '군주'를 비유한 것이고, '地五'
는 '신하'를 비유한 것이다. 『漢書』 「律曆志」에서는 "傳曰, 天六地五, 數之常也.
天有六氣, 降生五味, 夫五六者, 天地之中合, 而民所受以生也."를 말한다. 이 구절
은, 줄기가 펴지자 가지도 펴져, 줄기와 가지가 서로 상응하고 상보하면서 행한다
는 것이다. 비유하면 신하가 군주를 받들자 군주가 호응하여 아래에 응한다는
것이다.

372 태현집주

측에 말하기를, 위에서는 베풀고 아래서는 화한다는 것은 그 진실된 것이 아닌 것이다.

范本眞作肯. 今從宋陸王本. 和, 胡臥切. 曆謂十二辰也. 律謂十二管也. 斗建十二辰於上, 律布十二管於下, 上下相應, 苟非其合, 則不應也. 匪其 眞(闕)[219]

범망본에 진(眞)은 긍(肯)으로 되어 있다. 지금 송충본, 육적본, 왕애본을 따른다. 화(和)는 호(胡)와 와(臥)의 반절이다. 역(曆)은 12진(辰)을 말한다. 율(律)은 12관(管)을 말한다. 북두성은 12진을 위에 세우고, 율은 12관을 아래에 펴서 상하가 서로 응하니, 만일 그것이 합해지는 것이 아니라면 응하지 않는다. 그 진실이 아니다. (이하는) 해설이 빠졌다.

■ 次三 : 一從一横,[220] 天綱罠罠. 測曰 : 一從一横, 經緯陳也.

차삼은, 하나는 세로고 하나는 가로니, 하늘의 그물은 넓고 넓어 악인이 빠져나갈 구멍이 없다.
측에 말하기를, 하나는 세로고 하나는 가로라는 것은 날줄과 씨줄이 (종횡으로) 펴진 것이다.[221]

從, 卽容切. 罠, 陳音郎, 吳郎宕切. 范曰, 罠罠, 廣大貌. 王曰, 天罔罠罠者, 疎而不漏之義. 光謂, 三爲思上而當晝, 君子能經緯天地者也. 離爲文明, 又有網罟之象.

종(從)은 즉(卽)과 용(容)의 반절이다. 랑(罠)은 진점은 음이 랑(郎)이라 하고,

....

219 劉韶軍 點校 : '匪其眞闕' 4글자는 대전본, 도장본, 장사호본에는 없다.
220 劉韶軍 點校 : '横'은 명초본에는 '撗'으로 되어 있다. 이것을 대전본, 도장본, 장사호본에 의거해 고쳤다. 아래도 이것이다.
221 역주 : 이 구절은, 천지가 광대한데 위가 呼하고 아래가 응하여 종횡으로 交錯하니, 경위가 분명하고 각각 베푸는 바가 있어 한해의 공을 이룬다는 것이다. 「玄瑩」에서는 "立天地經曰陰與陽, 形地之緯曰從與横 … 陰陽曰合其判, 縱横曰緯其經."과 "東西爲緯, 南北爲經, 經緯交錯, 邪正以分, 吉凶以形."을 말한다.

오비는 랑(郞)과 탕(宕)의 반절이라고 한다. 범망은 말하기를 "랑랑(買買)은 광대한 모양이다"라고 하였다. 왕애는 말하기를 "하늘의 그물이 넓고 넓다고 한 것은 성기어도 세어나가게 하지 않는다는 것이다.[222]"라고 하였다. 사마광은 생각하기를 "삼(三)은 사(思)의 상(上)이 되고 낮에 해당하니, 군자는 하늘과 땅을 씨줄과 날줄로 할 수 있다. 리(離)는 문명이 되며,[223] 또 그물의 상이 있다.[224]"라고 하였다.

▎次四 : 援我罘罳, 絓羅于野, 至. 測曰 : 援我罘罳, 不能以仁也.

차사는, 나를 잡는 그물[형벌과 법]을 잡아당기고, 그 그물이 들에 펼쳐져 내가 걸려 도망갈 수 없는 상황[형벌과 법에 걸리는 일]에 이르렀다.[225]

측에 말하기를, 나를 잡는 그물[형벌과 법]을 잡아당겼다는 것은 인자함으로써 다스릴 수 없다는 것이다.

援, 音爰. 罘, 音浮. 絓, 胡卦切. 四者陽氣將熄, 陰氣將生, 德去而刑至者也. 又離有罔罳之象, 故曰, 援我罘罳, 絓離于野. 至者, 言其事將至, 如云履霜堅冰至也.

원(援)은 음이 원(爰)이다. 부(罘)는 음이 부(浮)다. 홰(絓)는 호(胡)와 괘(卦)의 반절이다. 사(四)는 양기가 장차 사라지고 음기가 장차 생겨나는 것으로, 덕은 가고 형벌이 이른 것이다. 또 리(離)에는 그물을 벌려 놓은 상이 있다. 그러므로 "나를 잡는 그물[형벌과 법]을 잡아당기고, 그 그물이 들에 펼쳐져 내가

....

222 역주 : 『노자』73장에는 "勇於敢則殺, 勇於不敢則活. 此兩者, 或利或害. 天之所惡, 孰知其故. 天之道, 不爭而善勝, 不言而善應, 不召而自來, 繟然而善謀. 天網恢恢, 疏而不失."이란 말이 나온다.

223 역주 : 『周易』「離卦」에서는 '離'를 문명을 상징하는 것으로 본다. 程頤는 『周易程傳』에서 "離, 麗也, 明也."라고 말한다.

224 역주 : 『주역』「계사전하」2장에는 "作結繩而爲網罟, 以佃以漁, 蓋取諸離."라는 말이 나온다.

225 역주 : '罘罳'는 '網'이다. '絓羅'는 '網罟'다. 이 구절은, 網罟를 피했는데 絓羅가 또 이르니, 비유하면 백성이 엄한 형벌과 가혹한 법의 피해를 피할 수 없다는 것이다.

걸렸다"라고 하였다. (이른다는 의미의) 지(至)는 그 일이 장차 이른다는 것으로, 마치 『주역』「곤괘」에서 "서리를 밟으면 단단한 얼음이 이른다"[226]라고 말한 것과 같다.

▋次五：龍翰于天, 貞栗其鱗. 測曰：龍翰之栗, 極懼墜也.

차오는, 용이 하늘에서 나니, 군자는 그 용의 몸에 있는 비늘을 두려워하여 바르게 한다.

측에 말하기를, 용이 나니 두려워한다는 것은 떨어질까 지극히 두려워한 것이다.[227]

翰, 胡安切. 王曰, 居中體正, 得位當晝, 爲應之主, 故象龍飛于天. 光謂, 龍以喩陽. 翰, 飛也. 五爲純陽, 盛大之極, 故曰, 龍翰于天. 君子盛大之極, 不可不正, 不可不懼, 故曰, 貞栗其鱗. 栗, 懼也.

한(翰)은 호(胡)와 안(安)의 반절이다. 왕애는 말하기를 "중(中)에 있고 몸체가 바르고, 지위를 얻어 낮에 해당하니, 응수(應首)의 주인이다. 그러므로 용이 하늘에서 나는 상이다"라고 하였다. 사마광은 생각하기를 "용(龍)으로써 양을 비유하였다. 한(翰)은 난다(飛)는 것이다. 오(五)는 순양(純陽)이[228] 되니 성대함이 지극한 것이다. 그러므로 '용이 하늘에서 난다'[229]라고 하였다. 군자는 성대함이 지극한 것에 있으니, 바르지 않을 수 없고 두려워하지 않을 수 없다. 그러므로 '(용의 몸에 있는) 그 비늘을[230] 두려워하면서 바르게 하였다'라고

....

226 역주 : 『주역』「坤卦・初六」에 나오는 말이다. 象에서는 "履霜堅氷, 陰始凝也. 馴至其道, 至堅氷也."라고 말한다.

227 역주 : '翰'은 '높이 날아 올라간다'는 것이다. '龍'은 '양'을 비유한 것이다. 양기가 위에서 지극하기에 '高飛於天'이라고 한다. 極上이면 떨어지기에 '懼'라고 한다. 이 구절은, 양이 위에서 지극하면 아래로 되돌아가니, 비유하면 사람이 尊位가 성대할 때 바르게 하고 戒懼하여 그 지위를 보존해야 한다는 것이다.

228 역주 : 음의 성분이 하나도 없고 전부 양의 성분만 있는 것을 '純陽'이라고 한다.

229 역주 : 『주역』「乾卦」九五爻에는 "飛龍在天."이란 말이 있다.

230 역주 : 흔히 '逆鱗'이라는 말을 한다. 즉 '용의 가슴에 거꾸로 난 비늘'이라는 뜻으로, 건드리면 반드시 살해된다는 것과 임금님의 노여움을 비유하는 말이 되었다.

하였다. 율(栗)은 두려워하다(懼)는 것이다"라고 하였다.

■ 次六 : 熾承于天, 冰萌于地. 測曰 : 承天萌地, 陽始退也.

차육은, (하지가 되어) 성한 양[熾]이 하늘에서 찌면서 빛나고, 음[冰]이 땅에서 싹텄다.

측에 말하기를, (하지가 되어) 성한 양[熾]이 하늘에서 찌면서 빛나고, 음[冰]이 땅에서 싹텄다는 것은 양이 비로소 물러난 것이다.[231]

王本熾承作熾烝, 云, 熾, 古熾字. 今從宋陸范本. 熾, 陽之盛也. 冰, 陰之極也. 六當夏至之初, 陽極陰生之際, 小人道長, 故曰, 熾承于天, 冰萌于地, 敬戒之微, 盡在於是也.

왕애본에 치승(熾承)은 치증(熾烝)으로 되어 있고, '치(熾)는 옛날에는 치(熾)자다'라고 말하였다. 지금 송충본, 육적본, 범망본을 따른다. 치(熾)는 양이 성한 것이다. 빙(冰)은 음의 지극한 것이다. 육(六)은 하지의 처음에 당하여 양이 지극하고 음이 생겨나는 즈음으로, 소인의 도는 자라나고 군자의 도는 사그라진다. 그러므로 말하기를 "성한 양[熾]이 하늘에서 빛나고 음[冰]이 땅에서 싹텄다"라고 하였다. 공경함과 경계함의 기미는 모두 이것에 있다.

■ 次七 : 日彊其衰, 應蕃貞. 測曰 : 日彊其衰, 惡敗類也.

차칠은, (양기는) 날마다 그 쇠약한 것을 강하게 하니, 사물들은 양기에 응하여 번성하면서도 바르다.

측에 말하기를, (양기는) 날마다 그 쇠한 것을 강하게 한다는 것은 악한 것[음]

『한비자』「說難」, "故諫說談論之士, 不可不察愛憎之主而後說焉. 夫龍之爲蟲也, 柔可狎而騎也. 然其喉下有逆鱗徑尺, 若人有嬰之者則必殺人. 人主亦有逆鱗, 說者能無嬰人主之逆鱗, 則幾矣."라는 것에서 '逆鱗'의 의미가 나온다.

231 역주 : 이 구절은, 양이 위에서 지극하고 음이 아래에서 생하여, 음은 상승하는 것에 당하고 양기는 비로소 하강한다는 것이다.

이 선한 것[양]을 무너뜨린 것이다.[232]

惡, 烏故切. 七爲禍始而當晝, 君子能日强其衰, 則應之者蕃多而不失其正也.
오(惡)는 오(烏)와 고(故)의 반절이다. 칠(七)은 화(禍)의 시(始)가 되나 낮에
해당하니, 군자가 날마다 그 쇠약한 것을 강하게 할 수 있으면 응하는 것이
번성하고 많아져 그 바른 것을 잃지 않는다.

▌次八 : 極陽徵陰, 不移日而應. 測曰 : 極陽徵陰, 應其發也.
차팔은, 지극한 양이 음을 부르니, 날이 채 가기 전에 응하였다.[233]
측에 말하기를, 지극한 양이 음을 부른다는 것은 그 발한 것에 응한 것이다.

王本徵作微, 其作時. 今從宋陸范本. 治極召亂, 盛極召衰, 福極召禍, 不移
日而應也.
왕애본에 징(徵)이 미(微)로 되어 있고 기(其)는 시(時)로 되어 있다. 지금 송충
본, 육적본, 범망본을 따른다. 다스림이 다하면 어지러움을 부르고, 성대함이
지극하면 쇠약함을 부르며, 복(福)이 지극하면 화(禍)를 부르니, (이런 것은)
날이 채 가기 전에 응한다는 것이다.

▌上九 : 元離之極, 君子應以大稷. 測曰 : 元離之極, 不可遏也.
상구는, 으뜸되게 (크게) 밝은 것이 다했으니, 군자는 날이 장차 저물어 가는
것으로써 응하여 계획을 세웠다.[234]

....

232 역주 : '類'는 『이아』「釋詁」에서 "善也."라고 한다. 이 구절은, 음기가 처음 맹아하
고 양기는 날로 쇠하여 악한 음이 선한 것을 무너뜨리니, 그 바른 것을 번성하게
해야 한다는 것이다.
233 역주 : '徵'은 '召'다. 이 구절은, 지극한 양이면 음이 되고, 지극한 음이면 양이
되니, 음양이 왕래하는 것은 부르지 않아도 이르러 때에 응하고 스스로 편다는
것이다.
234 역주 : 『주역』「象傳」에서는 "大明終始."를 말한다. 『주역』「說卦傳」에서는 "離爲

측에 말하기를, 으뜸되게 (크게) 밝은 것이 다하였다는 것은 막을 수 없다는
것이다.

范本作不可遏止. 今從諸家. 陸曰, 遏, 止也. 王曰, 大稷, 日將暮也. 吳曰,
稷, 音義與昃[235]同. 光謂, 元離, 大明也. 大明之極, 極盛必衰, 君子應時,
與之消息, 故君子應以大稷.
범망본에는 불가알지(不可遏止)로 되어 있다. 지금 제가의 판본을 따른다. 육
적은 말하기를 "알(遏)은 제지한다(止)는 것이다"라고 하였다. 왕애는 말하기
를 "대직(大稷)은 날이 장차 어두워지는 것이다"라고 하였다. 오비는 말하기를
"직(稷)은 음과 뜻이 측(昃)과 같다"라고 하였다. 사마광은 생각하기를 "으뜸
되는 밝음(元離)은 크게 밝다(大明)는 것이다. '크게 밝은 것이 다했다'라는 것
은 지극히 성대하면 반드시 쇠약해진다는 의미다. 군자는 때에 호응하여 때와
더불어 융성하고 쇠퇴한다. 그러므로 군자는 날이 장차 저물어가는 것(大稷)
으로써 응하였다"라고 하였다.

曰."을 말한다. 이 구절은, 해의 밝음이 다하니, 다하면 반드시 기울어지는 형세는
제지할 수 없기 때문에 군자는 때에 응하여 함께 消息하기에 '大昃'으로 응한다는
것이다.
235 역주 : 이 글자는 '吳'자로 되어 있지만 전후 문맥을 따져 볼 때 해가 기운다는
의미의 '昃'의 오자로 보인다. 아마 '오'자와 '측'자가 비슷하게 생겨서 잘못 쓰인
것 같다. 『穀梁傳』「定公15년조」에는 "戊午, 日下稷, 乃克葬."이란 말이 있다. 이
것에 대해 范甯은 "稷, 昃也, 下昃, 謂晡時."라고 주석한다. '晡時'는 '申時'로서
오후 4시 전후, 해질 무렵을 뜻한다. 앞서 '大稷'은 날이 장차 어두워진다는 뜻이
라고 하였다. 이 번역본에서는 전후 문맥이나 기존에 사용된 글자 의미를 볼 때
여기서는 '吳'자를 '昃'자로 보고 해석한다.

제 **4** 권

태현집주[太玄集注]

영迎

二方二州二部三家.

2방, 2주, 2부, 3가다.

迎

영(迎)

陰家, 水, 準咸. 入迎次,[1] 日舍輿鬼

영수(迎首)는 음가(陽家)이고, (5행에서는) 수(水)이고, 『주역』「함괘(咸卦)」에 준한다.[2] 영(迎)은 차이(次二)에서 들어가고, 태양은 여귀(輿鬼)에 머문다.

▌陰氣成形乎下, 物咸遡而迎之.

음기는 형을 아래에서 이루니, (요사한 것에 속하는) 사물들이 모두 향하여 맞이하였다.

. . . .

1 劉韶軍 點校 : '次'는 명초본에는 '初'로 되어 있다. 이것은 대전본, 도장본, 장사호 본의 의거해 고쳤다.

2 역주 : 『方言』에서는 "自關而東曰逆, 自關而西曰迎."이라고 한다. 「玄衝」에서는 "迎, 逆乎刑."이라고 한다. 양기는 하강하고 음기는 올라가 거슬러 교제하면서 통하니, 음양의 거리가 심히 멀어 만나지 못하더라도 멀리서 서로 감응한다. 그러므로 「咸卦」에 상응한다고 한 것이다.

遡, 音素. 宋曰, 遡, 向也.
소(遡)는 음이 소(素)다. 송충은 말하기를 "소(遡)는 향한다(向)는 것이다"라고
하였다.

▌初一 : 迎他匪應, 無貞有邪. 測曰 : 迎他匪應, 非所與幷也.
초일은, 타인(次二를 가리킴)을 맞이하는데 응해주지 않으니, 그것은 바른 것
이 없는 사심이 있는 사람이다
측에 말하기를, 타인(次二를 가리킴)을 맞이하는데 응해주지 않는다는 것은
함께 어울릴 수 있는 것이 아니라는 것이다.[3]

王曰, 處迎之初, 而失位當夜, 迎之不以其道者也. 物之非其宜應, 而往迎
之, 則失正而陷邪也. 光謂, 迎準咸, 咸, 感也. 一爲思始而當夜, 感于外物
而非正應者也.
왕애는 말하기를 "영수(迎首)의 처음에 처했지만 지위를 잃고 밤에 해당하니,
그 도로써 맞이하지 않은 것이다. 사물들이 그 마땅히 응할 것들이 아닌데
가서 맞이한다면, 바른 것을 잃고 사특함에 빠진다"라고 하였다. 사마광은 생
각하기를 "영(迎)은 『주역』「함괘」에 해당하니, 함(咸)이란 느낀다(感)는 것이
다. 일(一)은 사(思)의 시(始)가 되고 밤에 해당하니, 외물에 느꼈지만 바르게
응한 것이 아니다"라고 하였다.

▌次二 : 蛟潛于淵, 陵卵化之,[4] 人或陰言, 百姓和之. 測曰 : 蛟潛之
化, 中精誠也.
차이는, 교룡(蛟龍)이 연못에 숨고, 산에 있는 알이 교룡으로 변화하니, 사람이

....

3 역주 : 이 구절은, 사람이 사악하고 부정한 면이 있으면 더불어 해서는 안되는데,
   지금 맞이하여 가까이 하면 바른 것을 잃는다는 것이다.
4 劉韶軍 點校 : '卵'은 명초본에는 '卯'로 되어 있다. 도장본에 의거해 고쳤다.

은밀하게 말을 하는데 백성이 그것에 화답하였다.
측에 말하기를, 교룡이 숨어 있다가 변화하였다는 것은 마음이 정성스럽다는
것이다.

王本或作有, 小宋本人或陰言作人言或陰. 今從宋陸范本. 和, 胡臥切. 范
曰, 蛟潛于水, 産卵高陵, 下伏于淵,[5] 氣應相感, 然後剖化. 光謂, 二爲思中
而當晝, 君子精誠之至, 無所不通也.[6] 易曰, 鳴鶴在陰, 其子和之.
왕애본에는 혹(或)은 유(有)로 되어 있고, 송유간본에는 인혹음언(人或言)은
인언혹음(人言或陰)으로 되어 있다. 지금 송충본, 육적본, 범망본을 따른다.
화(化)는 호(胡)와 와(臥)의 반절이다. 범망은 말하기를 "교룡(蛟龍)이 연못에
숨고, 산에 있는 알이 교룡으로 변화하였다'는 것은 아래로 연못에 잠복해 있었
지만 기가 응하여 서로 느낀 뒤에 부화하였다는 것이다'라고 하였다. 사마광은
생각하기를 "이(二)는 사(思)의 중(中)이 되고 낮에 해당하니, 군자의 정성이
지극하여 통하지 아니한 곳이 없다. 『주역』「중부괘(中孚卦)」 구이효에서 '우는
학이 그늘에 있으니 그 새끼가 화답 한다'라고 했다"라고 하였다.

▌次三 : 精微往來, 妖先靈覺. 測曰 : 精微往來, 妖咎徵也.
차삼은, 정미한 기운이 천지사이를 가고 오니, 요상한 것이 먼저 신령스러운
것을 깨달았다는 것이다.
측에 말하기를, 정미한 기운이 가고 온다는 것은 재이(災異)가 징험한 것이
다.[7]

三爲思終而當夜, 天人之際, 精祲相感, 人失其道, 妖靈先覺也.

. . . .
5 劉韶軍 點校 : '伏'은 명초본에는 '復'으로 되어 있다. 장사호본에 의거해 고쳤다.
6 劉韶軍 點校 : '不'는 명초본에는 없다. 대전논, 도장본, 장사호본에 의거해 보충하
   였다.
7 역주 : '妖咎'는 괴이한 현상이다. '徵'은 '부른다[召]'는 것으로서, 부르지 않아도 이
   른다는 것이다.

삼(三)은 사(思)의 종(終)이 되고 밤에 해당하니, 하늘과 사람의 사이에서 정기가 성하여 서로 느끼면 사람은 그 도를 잃지만 요상한 신령은 먼저 깨닫는다.

▌次四 : 裳有衣襦, 男子目珠, 婦人嘆鈎, 貞. 測曰 : 裳有衣襦, 陰感陽也.

차사는, 아래치마에 웃옷이 있고, 위에 짧은 저고리가 있어 잘 응하고, 남자는 진주 같은 눈으로 여자를 쳐다보고, 부인은 갈고리 장신구를 입에 머금고 많은 말을 하는데, (애정 표현이 둘 다 절도가 있으므로) 바르다.[8]
측에 말하기를, 아래치마에 웃옷이 있고, 위에 짧은 저고리가 있다는 것은 음이 양을 느낀 것이다.

王本感作盛. 今從諸家. 襦, 音儒, 短衣也. 嘆, 色甲切. 吳本作嚏, 音帝(闕)
왕애본에는 감(感)은 성(盛)으로 되어 있다. 지금 제가의 판본을 따른다. 유(襦)는 음이 유(儒)로, 짧은 저고리[短衣]다. 삽(嘆)은 색(色)과 갑(甲)의 반절이다. 오비본에는 체(嚏)로 되어 있는데, 음은 제(帝)다. 해설이 빠졌다.

▌次五 : 黃乘否貞. 測曰 : 黃乘否貞, 不可與朋也.

차오는, 황색 승여(乘輿)지만, 바르지 않다.
측에 말하기를, 황색 승여(乘輿)지만 바르지 않다는 것은 (부정한 것으로 고위에 있는 것이기에) 더불어 벗할 수 없다는 것이다.[9]

乘, 時證切. 王曰, 五雖居中而處陰當夜, 不正而乘中位, 故曰黃乘否貞. 光

---

8 역주 : '嘆'은 '말이 많은 것[多言]'이다. 이 구절은, '裳'과 '襦'가 서로 짝하니 복식이 절제가 있고 옷이 이루어지고, 부부가 서로 응하여 내외가 절도가 있으면 집안이 창성하니, 이처럼 짝하고 응하는 것이 합당함을 얻었기에 바르다고 한 것이다.
9 역주 : 五는 中에 있으면서 '土'가 된다. 그러므로 '黃'으로 말한 것이다. '黃乘'은 '尊位에 있다'는 것이다. 이 구절은, 존위에 있으면서 바르지 않다는 것이다.

謂, 不正當位, 不足合也.

승(乘)은 시(時)와 증(證)의 반절이다. 왕애는 말하기를 "오(五)는 비록 중(中)에 있으나 음에 처하고 밤에 해당하니, 바르지 않는데 중위(中位)에 오른 것이다. 그러므로 '황색 승여(乘輿)지만 바르지 않다'라고 한 것이다"라고 하였다. 사마광은 생각하기를 "바르지 않은 것이 지위를 차지하고 있어 합하기에 부족하다"라고 하였다.

▌次六 : 玄黃相迎, 其意感感. 測曰 : 玄黃相迎, 以類應也.

차육은, 검은 것(=땅)과 누런 것(=하늘)이 서로 맞이하니, 그 뜻이 느끼고 느낀 것이다.
측에 말하기를, 검은 것(=땅)과 누런 것(=하늘)이 서로 맞이한다는 것은 무리로써 응한다는 것이다.[10]

范曰, 天地玄黃, 天地相迎則風雨時調, 君臣相迎, 則政敎以度. 光謂, 六爲極大, 感之盛也. 自天地至于萬物, 君臣上下夫婦朋友, 無不以類相應也.
범망은 말하기를 "하늘은 검고 땅은 누러니,[11] 하늘과 땅이 서로 맞이하면 바람과 비가 때에 고르게 되고,[12] 군주와 신하가 서로 맞이하면 정치와 교화를 법도로써 한다"라고 하였다. 사마광은 생각하기를 "육(六)은 지극히 큰 것이 되니, 느낀 것이 성대한 것이다. 하늘과 땅에서부터 만물에 이르기까지 군주와 신하, 위와 아래, 부부와 친구가 무리로써 서로 응하지 아니함이 없는 것이다"라고 하였다.

· · · · · · · · · · · · · · · · · ·

10 역주 : 『주역』「계사전하」5장에서는 "天地絪縕, 萬物化醇, 男女構精, 萬物化生."을 말한다.
11 역주 : 이 말은 『千字文』처음에 나오는 말인데, 그 근거는 『周易』「坤卦·文言傳」, "陰疑於陽必戰, 爲其嫌於無陽也. 故稱龍焉猶未離其類也, 故稱血焉. 夫玄黃者, 天地之雜也, 天玄而地黃."이다.
12 劉韶軍 點校 : '調'는 명초본에는 '詞'로 되어 있다. 대전본, 도장본, 장사호본에 의거해 고쳤다.

▌次七 : 遠之眲, 近之掊, 迎父迦逅. 測曰 : 遠眲近掊, 失父類也.

차칠은, 아버지를 멀리하면 노여워하고 가까이 하면 치니, 아버지의 노여움이 풀리고 마음이 기뻐하는 것을 기다렸다가 기회를 봐서 만난다.

측에 말하기를, 아버지를 멀리하면 노여워하고 가까이 하면 친다는 것은 아버지의 법도를 잃은 것이다.[13]

小宋眲作眊. 今從諸家. 眲, 許候切, 怒目視貌. 掊, 普后切, 擊也. 迦與邂同, 音蟹. 逅, 音后. 邂逅, 不期而會也.(闕)

송유간본에는 후(眲)는 구(眊)로 되어 있다. 지금 제가의 판본을 따른다. 후(眲)는 허(許)와 후(候)의 반절로서, 화가 난 눈(怒目)으로 본다는 것이다. 부(掊)는 보(普)와 후(后)의 반절로서, 친다(擊)는 것이다. 가(迦)는 해(邂)와 같고, 음은 해(蟹)이다. 후(逅)는 음이 후(后)이다. 해후한 것으로 기약하지 않았는데 만난 것이다. 해설이 빠졌다.

▌次八 : 見血入門, 掫迎中庭. 測曰 : 見血入門, 以賢自衛也.

차팔은, 피를 보고 문으로 들어가서, 가운데뜰에서 막고 맞이하였다.[14]

측에 말하기를, 피를 보고 문으로 들어갔다는 것은 어진 것으로써 스스로를 호위한 것이다.

宋陸本掫作椒. 今從范王本. 掫, 音府, 捍也. 八爲禍中, 故曰見血入門, 傷之者至也. 當日之晝, 能以賢自衛, 迎拒之于中庭, 物不能傷, 故曰掫迎中庭.

송충본, 육적본에는 부(掫)는 초(椒)로 되어 있다. 지금 범망본, 왕애본을 따른다. 부(掫)는 음이 부(府)로서, 막는다(捍)는 것이다. 팔(八)은 화(禍)의 중(中)이 된다. 그러므로 말하기를 "피를 보고 문으로 들어갔다"라고 한 것은 손상된

---

13 역주 : '類'는 『方言』에서는 "法也."라고 한다. 이 구절은, 부자가 서로 만나면 사랑하고 즐거워해야 하는데 지금은 그렇지 않아서, 멀리서는 화난 얼굴로 보다가 가까이 하면 치니, 부자의 법도를 잃어버렸다는 것이다.

14 역주 : '血'은 걱정거리나 손상되는 것을 비유한 것이다.

것이 지극한 것이다. 하루의 낮에 해당하니, 어진 것으로써 스스로를 호위할 수 있고, 가운데뜰에서 맞이하고 막아서 사물이 손상시킬 수 없다. 그러므로 말하기를 "가운데뜰에서 막고 맞이하였다"라고 하였다.

▎上九：濕迎牀足, 累于牆屋. 測曰：濕迎牀足, 顚在內也.

상구는, 습한 것이 평상의 발부터 차례로 위로 올라가나, (마침내 그것이 쌓여서) 담과 집이 넘어졌다.
측에 말하기를, 습한 것이 평상의 발부터 차례로 위로 올라갔다는 것은 넘어지게 한 원인이 안에 있다는 것이다.

小宋王本濕作澤. 今從宋陸范本. 范王本累作罧, 范云, 罧, 覆也. 今從宋陸本. 宋陸范本顚作願.[15] 今從王本. 累, 良瑞切. 九爲禍極而當夜, 小人女子所以能傾國家者, 非一朝一夕之故, 其所由來者漸矣. 如濕氣之迎牀足, 浸潤而上, 將累及牆屋, 而不可如何. 究其顚沛之原, 自內興也.

송유간본, 왕애본에는 습(濕)은 택(澤)으로 되어 있다. 지금 송충본, 육적본, 범망본을 따른다. 범망본에는 루(累)는 부(罧)로 되어 있다. 범망이 말하기를 "부(罧)는 넘어진다(覆)는 것이다"라고 하였다. 지금 송충본, 육적본을 따른다. 송충본, 육적본, 범망본에는 전(顚)은 원(願)으로 되어 있다. 지금 왕애본을 따른다. 루(累)는 량(良)과 서(瑞)의 반절이다. 구(九)는 화(禍)의 극(極)이 되고 밤에 해당하니, 소인이나 여자가 국가를 망하게 할 수 있는 이유는 하루아침이나 하루저녁의 연고가 아니고 그 원인이 점진적으로 이루어진 것이다. 마치 습한 기운이 평상의 발을 맞이하여 스며들어 적셔 올라가, 장차 연달아 담과 집에까지 미치면 어찌할 수 없게 되는 것과 같다. 그 넘어지는[16] 근원을 연구하니, 안에서부터 일어났다는 것이다.

· · · · · · · · · · · · · · · · · ·

15 劉韶軍 點校 : '宋陸范本'은 명초본에는 없다. 대전본, 도장본, 장사호본에 의거해 고쳤다.
16 역주 : '顚沛'는 『논어』「이인」, "君子無終食之間違仁, 造次必於是, 顚沛必於是."에 나온다.

386 태현집주

우遇

䷟ 二方二州三部一家.

2방, 2주, 3부, 1가다.

遇

우(遇)

陰家, 火, 準姤, 入遇初一, 日舍柳.

우수(遇首)는 음가(陰家)이고, (5행에서는) 화(火)이며, 『주역』「구괘(姤卦)」에 준한다.[17] 우(遇)는 초일(初一)에서 들어가고, 태양은 유성(柳星)에 머문다.

▌陰氣始來, 陽氣始往, 往來相逢.

음기가 처음으로 오고 양기가 처음으로 가니, 가고 오는 것이 서로 만났다.

▌初一 : 幽遇神及師, 夢貞. 測曰 : 幽遇神, 思得理也.

초일은, 생각을 그윽하게 하여 신과 스승을 만나니, 꿈을 꾸었지만 바르다. 측에 말하기를, 생각을 그윽하게 신을 만났다는 것은 생각이 (바른) 이치를

....

17 역주 : 『주역』「단전」에서는 "姤, 遇也. 柔遇剛也."라고 한다.

얻은 것이다.

王曰, 居遇之初, 遇而未形, 冥交神會之象. 光謂, 一爲思始而當畫, 精神感
通, 故遇神及師, 雖或發于夢寐, 而不失其正. 若高宗夢傳說是也.[18] 夢者,
事之難據者也. 精誠之至, 猶得正而可據, 況僉謀師錫者乎.

왕애는 말하기를 "우수(遇首)의 처음에 있어 만났지만 아직 나타나지 않은 것
이니, 그윽하게 신과 만나는 상이다"라고 하였다. 사마광은 생각하기를 "일
(一)은 사(思)의 시(始)가 되고 낮에 해당하니, 정신이 느끼어 통한 것이다.
그러므로 신과 스승을 만난 것이 비록 혹 꿈자리에 발하였어도 그 바름을 잃
지 않았다. 고종(高宗)이 부열(傳說)을 꿈을 통해 얻었다는 것이[19] 이것이다.
꿈이란 일이 근거하기 어려운 것이지만, 정성이 지극하면 오히려 바름을 얻어
근거할 수 있다. 하물며 (『尙書』「堯典」에서와 같이) 많은 사람이 도모하여
무리로 의견을 드리는 것에 있어서랴'라고 하였다.[20]

▌次二 : 衝衝兒遇, 不定之諭. 測曰 : 衝衝兒遇, 不肖子也.

차이는, (다니다가) 무심하게 (무지몽매한) 아이를 만나니, 정해지지 않은 고
해줌이다.[21]

측에 말하기를, (다니다가) 무심하게 (무지몽매한) 아이를 만났다는 것은 아는
것이 있지 않은 아이라는 것이다.

范本不定之諭作不受定之諭.[22] 今從諸家. 王曰, 無心而遇曰衝衝, 兒者,

....

18 劉韶軍 點校 : '傳'은 명초본에는 '得'으로 되어 있다. 도장본, 장사호본에 의거해
   고쳤다.
19 역주 : 『서경』「열명상(說命上)」, "高宗夢得說. 使百工營求諸野. 得諸傳岩. 作說命
   三篇." 참조.
20 역주 : 『서경』「堯典」, "帝曰, 咨四嶽, 湯湯洪水方割, 蕩蕩懷山襄陵, 浩浩滔天, 下
   民其咨, 有能俾乂. 僉曰, 于, 鯀哉. 帝曰, 吁, 咈哉." 참조.
21 역주 : '諭'는 '고한대(告)'는 것이다. '衝衝'은 『博雅』에서는 "行也."라고 한다. 이 구
   절은, 무지한 아이가 행한 것이 정도가 없어, 사람이 혹 인도하지만 가르침과 경계
   를 받지 않는다는 것이다.

童昏無知之稱也. 則其所遇何定之有乎. 所以然者, 失位當夜, 不得遇之宜也. 不肖子者, 明非有知之兒也.(闕)

범망본에는 부정지유(不定之諭)가 불수정지유(不受定之諭)로 되어 있다. 지금 제가의 판본을 따른다. 왕애는 말하기를 "아무 생각 없이 만난 것을 '충충(衝衝)'이라 한다. 아(兒)란 어리석고 무지한 것을 일컬음이니, 그 만난 바가 어찌 정해짐이 있겠는가? 그렇게 된 이유는 지위를 잃고 밤에 해당하여 만남의 마땅함을 얻지 못했기 때문이다. '불초자(不肖子)'는 앎이 있지 않은 아이라는 것을 밝힌 것이다"라고 하였다. 해설이 빠졌다.

■ 次三 : 不往不來, 得士女之貞. 測曰 : 不往不來, 士女則也.

차삼은, 가지도 않고 오지도 않으니, 남자와 여자가 바른 행동을 얻었다. 측에 말하기를, 가지도 않고 오지도 않는다는 것은 남자와 여자가 행해야할 바른 법도이다.

范王本不往不來作不往不來不求, 測曰不往不求. 今從宋陸本. 宋曰, 則, 法也. 光謂, 自衒自媒者,[23] 士女之醜行,[24] 故不往不來而自遇, 乃士女之正也.

범망본, 왕애본에는 불왕불래(不往不來)가 불왕불래불구(不往不來不求), 측왈불왕불구(測曰不往不求)로 되어 있다. 지금 송충본, 육적본을 따른다. 송충은 말하기를 "칙(則)은 본받는다(法)는 것이다"라고 하였다. 사마광은 생각하기를 "스스로 자랑하고 스스로 중매하는 것은 남자와 여자의 추한 행동이다. 그러 므로 가지도 않고 오지도 않으나 저절로 만나는 것이 바로 남자와 여자의 바름이다"라고 하였다.

· · · · · · · · · · · · · · · · ·

22 劉韶軍 點校 : '諭'는 명초본에는 '論'으로 되어 있다. 대전본, 도장본, 장사호본에 의거해 고쳤다.
23 劉韶軍 點校 : '媒'는 명초본에는 '謀'로 되어 있다. 대전본, 도장본, 장사호본에 의 거해 고쳤다.
24 劉韶軍 點校 : '女'는 명초본에는 없다. 대전본, 도장본, 장사호본에 의거해 보충하 였다.

▎次四：僮僮, 兌人遇雨, 厲. 測曰：兌人遇雨, 還自賊也.

차사는, 용감하지만 예가 없고, 못에 있는 사람이 비를 만나니 위태롭다.
측에 말하기를, 못에 있는 사람이 비를 만났다는 것은 도리어[25] 스스로 해친
것이다.[26]

王曰, 僮僮, 勇而無禮之貌.(闕)

왕애는 말하기를 "우우(僮僮)는 용감하지만 예가 없는 모양이다"라고 하였다.
해설이 빠졌다.

▎次五：田遇禽, 人莫之禁. 測曰：田遇禽, 誠可勉也.

차오는, 수렵하다 새를 만났는데, 사람들이 잡는 것을 금지하지 않았다.[27]
측에 말하기를, 수렵하다 밭에서 새를 만났다는 것은 진실로 근면하다는 것이다.

五爲盛福而當晝, 如田而遇禽, 獲則取之, 誰能禦也.

오(五)는 성대'한 복(福)이 되고 낮에 해당하니, 마치 수렵하다[28] 새를 만난
것과 같으니, 이것을 포획해 취하더라도 누가 막을 수 있겠는가?

▎次六：俾蛛罔, 罔遇蠭, 利雖大, 不得從. 測曰：俾蛛之罔,[29] 害不
遠也.

차육은, 거미가 실을 토해 거미줄을 치게 하여 거미줄에 큰 벌이 걸렸지만

....

25 역주 : 여기의 '還'은 '도리어' 라는 뜻이다.
26 역주 : '兌人'은 못에 처한 사람을 말한다. 『주역』「실괘전」에서는 "兌爲澤."이라 한
다. 虞翻은 "兌爲雨."라고 한다. 이 구절은, 못에 있는 사람이 이미 피곤한데 또
큰 비를 만나니, 반드시 상해를 입을 것이기에 스스로 해친다는 것이다.
27 역주 : 이 구절은, 사냥하는데 짐승을 만나면 반드시 획득한 바가 있다는 것이다.
비유하면 수고롭지만 공이 있고 일삼지만 효과가 있으면, 힘써 노력하여 행위하는
것을 금지할 필요가 없다는 것이다.
28 역주 : 이 때의 '田'은 '사냥한대畋]'는 것이다.
29 劉韶軍 點校 : '俾'는 대전본, 도장본, 장사호본 및 만옥당본에는 없다.

잡을 수가 없으니, 이로움이 비록 크지만 좇아서 잡아먹는 것을 얻지 못하였다. 측에 말하기를, 거미가 실을 토해 거미줄을 치게 하였다는 것은 머지않아 해가 있다는 것이다.[30]

鑸與蜂同. 范曰, 使蜘蛛設罔而得于鑸, 鑸, 蟄蟲也. 所以不制, 雖以爲利, 不得從而取也. 光謂, 六爲上祿而當夜, 小人見利, 銳于進取而不得所欲也.
봉(鑸)은 봉(蜂)과 같다. 범망은 말하기를 "거미로 하여금 거미줄을 치게 하여 벌이 걸렸는데 벌은 독이 있는 벌레다. 이 때문에 제재하지 않으니, 비록 이롭더라도 좇아서 취할 수 없다"라고 하였다. 사마광은 생각하기를 "육(六)은 상록(上祿)이 되고 밤에 해당하니, 소인이 이로움을 보면 나아가 취하는데 민첩하지만 하고자 하는 것을 얻지 못한다"라고 하였다.

▌次七：振其角, 君父遇辱, 匪正命. 測曰：振其角, 直道行也.
차칠은, 군부(君父)가 치욕스러운 것을 만나면 뿔을 곧추 세워 진격하여 죽으니, 바른 명은 (아니나 멈출 수 있는 것은) 아니다.
측에 말하기를, 그 뿔을 곧추 세워 진격한다는 것은 바른 도로 행한 것이다.

七爲禍始而當晝, 如君父不幸遇辱, 則君子振角, 直道而行, 死之可也. 雖非正命而死, 義不得不爾.
칠(七)은 화(禍)의 시(始)가 되나 낮에 해당하니, 마치 군부(君父)가 불행하여 치욕을 당하면 군자는 뿔을 곧추 세우고 바른 도로 행하니, 죽어도 괜찮다. 비록 천명을 다하지 못하고 죽더라도 의리상 이렇게 하지 않을 수 없는 것이다.

· · · · · · · · · · · · · · · · · · · ·

30 역주 : 이 구절은, 거미가 거미줄을 쳐 벌이 걸려 큰 이로움을 있었지만 마침내는 벌의 쏘임을 당하니, 좇아서 취할 것이 아니기에 '해가 멀지 않다'고 한 것이다.

▌次八 : 兩兕鬪, 一角亡, 不勝喪. 測曰 : 兩兕鬪, 亡角喪也.

차팔은, 두 마리 외뿔소가 싸우다가 한마리가 뿔을 잃었으니, 이기지 못하고
죽었다.

측에 말하기를, 두 마리 외뿔소가 싸웠다는 것은 뿔을 잃고 죽었다는 것이다.

勝, 詩證切. 喪, 息浪切. 八爲禍中而當夜, 如兩兕相遇方鬪, 而一亡其角,
必不勝而喪身矣. 角以喻禦侮之士也.

승(勝)은 시(詩)와 증(證)의 반절이다. 상(喪)은 식(息)과 량(浪)의 반절이다.
팔(八)은 화(禍)의 중(中)이 되고 밤에 해당하니, 이것은 마치 두 마리의 외뿔
소가 서로 만나 바야흐로 싸우는데, 한마리가 그 뿔 잃게 되어 반드시 이기지
못하고 죽는 것과 같다. 뿔은 모욕에 맞서는 선비를 비유한다.

▌上九 : 或氏其角, 遇下毀足. 測曰 : 或氏其角, 何可當也.

상구는, 재앙을 만나 혹 그 뿔로 저항했지만 아래에서 발이 훼손되는 것을
만났다.

측에 말하기를, 재앙을 만나 혹 그 뿔로 저항하였다는 것은 어찌 대적할 수
있는가 하는 것이다.[31]

范王本或氏其角作觝其角.[32] 今從宋陸本. 觝, 都禮切.(闕)

범망본, 왕애본에는 혹저기각(或氏)其角)이 저기각(觝其角)으로 되어 있다. 지
금 송충본, 육적본을 따른다. 저(觝)는 도(都)와 예(禮)의 반절이다.[33] 해설이
빠졌다.

· · · · · · · · · · · · · · · · ·

31 역주 : '觝'는 '저촉한다'는 것이다. 이 구절은, 만나서 뿔이 부러지고 아래에서 발이
    훼손되는 것을 만나 손상된 것이 이와 같으니, 어찌 저항할 수 있는가 하는 것이다.
32 劉韶軍 點校 : '或氏其角'은 명초본에는 없다. 이것은 대전본, 도장본, 장사호본에
    의거해 보충하였다.
33 역주 : '觝[dǐ]는 중국어 발음으로 할 때 都[dōu]와 禮[lǐ]의 반절로 하라는 것이다.

조竈

二方二州三部二家.

2방, 2주, 3부, 2가다.

竈

조(竈)

陰家, 木, 準鼎. 入竈次九二十八分二十八秒, 日次鶉火, 小暑氣應. 斗建未位, 律中林鍾. 鼎, 大烹以養聖賢, 故竈多養賢之象.

조수(竈首)는 음가(陽家)이고, (5행에서는) 목(木)이고, 『주역』「정괘(鼎卦)」에 준한다.[34] 조(竈)는 차구(次九) 28분 28초에서 들어가고, 태양은 순화(鶉火)에 머물러 소서(小暑)의 기와 응한다. 두(斗)는 미위(未位)에 세우고, 율(律)은 임종(林鍾)에 맞춘다. 정(鼎)은 크게 삶는 것으로써 성인과 현인을 기른다. 그러므로 조수(竈首)에는 어진 이를 기르는 상이 많다.

▌陰雖沃而灑之, 陽猶熱而穌之.

음은 비록 비옥하게 흩뿌리지만, 양은 오히려 열을 내면서 조화롭게 한다.[35]

····················

34 역주 : 『주역』「鼎卦」에 상당하는데, 『주역』「象傳」에서는 "鼎, 象也. 以木巽火, 亨飪也."라고 한다. '竈'다. 모두 음식물을 삶고 익히는데 쓰는 도구다.

龢, 古和字, 下同. 宋曰, 竈以和陰陽者也. 故或沃之, 或和之, 于是乎在.
光謂, 陰灑陽和, 有炊爨之象.[36]

화(龢)는 옛날 화(和)자이니, 아래도 같다. 송충은 말하기를 "조(竈)는 음과 양
을 조화롭게 하는 것이다. 그러므로 혹은 비옥하게 하고 혹은 조화롭게 한다
고 하는 것이 이에 있다"라고 하였다. 사마광은 생각하기를 "음은 흩뿌리고
양은 조화롭게 하니, 불을 때 밥을 짓는 상이 있다"라고 하였다.

■ 初一 : 竈無實, 乞于鄰. 測曰 : 竈無實, 有虛名也.

초일은, 부엌에 채워진 쌀이 없어 이웃에서 빌렸다.
측에 말하기를, 부엌에 채워진 쌀이 없었다는 것은 헛된 이름만 있다는 것이
다.[37]

王曰, 處竈之初, 失位當夜, 無實者也. 旣失烹飪之道, 無以供食, 故乞于
隣. 光謂, 一爲思始而當夜, 小人內無其實, 竊他人之善以爲己名者也.

왕애는 말하기를 "조수(竈首)의 처음에 처하여 지위를 잃고 밤에 해당하니,
채워진 것이 없는 것이다. 이미 삶아 익히는 도를 잃어 공양해 먹일 것이 없다.
그러므로 이웃에서 빌렸다"라고 하였다. 사마광은 생각하기를 "일(一)은 사
(思)의 시(始)가 되고 밤에 해당하니, 소인이 안으로는 채운 것이 없어, 다른
사람의 좋은 것을 훔쳐서 자신의 이름으로 삼은 것이다"라고 하였다.

----

35 역주 : 이 구절은, 이 때 음기가 灑酒하는데 양기가 조화하여 서로 구제하고, 사물
   을 이루게 하여 만민을 기른다는 것이다.
36 劉韶軍 點校 : '光謂' 이하 11 글자는 본래 없다. 이것은 대전본, 도장본, 장사호본
   에 의거해 보충하였다.
37 역주 : 이 구절은, 부엌에서 삶고 익히는데, 지금 물은 있지만 쌀이 없어 헛되이
   부엌에서 일한다는 말만 있지 하는 것은 없고, 사물을 채워 사람을 기를 수 없으면,
   이웃에서 먹을 것을 빌려 기갈을 해소할 수밖에 없다는 것이다.

■次二 : 黃鼎介, 其中裔, 不飮不食, 孚無害. 測曰 : 黃鼎介, 中廉貞也.
차이는, 황금의 귀가 있는 솥이 우뚝 서있는데, 그 안에 남은 것이 있어도
마시지도 못하고 먹지도 못하나, 진실로 해가 없다.
측에 말하기를, 황금의 귀가 있는 솥이 우뚝 서있다는 것은 마음이 청렴하고
바른 것이다.[38]

王曰, 鼎者竈之器也. 介然, 特立之貌. 其中裔者, 寬容虛受之義也. 光謂,
二在下體之中而當晝, 位爲方沮, 未及下祿. 君子守其中道. 隱居自養, 而
不苟食者也. 內養其志, 不慕外物, 故雖不飮不食, 亦信無所害也.
왕애는 말하기를 "솥이란 부엌의 그릇이다. 개연(介然)은 우뚝 서 있는 모양이
다. '그 안에 남은 것'이란 너그럽게 용납하고 마음을 비우고 (타인의 마음을)
받아주는 의로움이다"라고 하였다. 사마광은 생각하기를 "이(二)는 하체의 중
(中)에 있으면서 낮에 해당하는데, 지위가 사방으로 막힌 것이 되어 하록(下
祿)에는 미치지 못한다. 군자는 그 중도를 지키고 은거하여 스스로 기르면서
구차하게 먹지 않는 자이다. 안으로 그 뜻을 기르고 (권력·명예·재물과 같은)
외물(外物)을 사모하지 않는다. 그러므로 비록 마시지 않고 먹지 않더라도 또
한 진실로 해로울 것이 없다"라고 하였다.

■次三 : 竈無薪, 黃金瀕. 測曰 : 竈無薪, 有不用也.
차삼은, 부엌에 땔 나무가 없고, 누런 솥이 물가에 있다.[39]
측에 말하기를, 부엌에 땔 나무가 없다는 것은 솥을 사용하지 않음이 있다는
것이다.

········

38 역주 : '裔'는 '끝[末]'인데, 그 뜻이 '나머지[餘]'로 引伸되었다. '孚'는 '진실로'라는
    의미다. 이 구절은, 金鼎이 우뚝 서 가운데에 남은 반찬이 있지만 향락을 탐하지
    않으니, 끝내 해되는 것이 없다는 것이다. 비유하면 인간이 청렴하고 바른 덕이
    있으면서, 안으로 그 뜻을 수양하고 밖으로 외물을 탐하지 않으면 해가 없다는
    것이다.
39 역주 : '瀕'은 『說文』에서는 "水厓"라고 한다. 范望은 "三爲薪, 言無者, 有材不用也.
    竈不用薪猶國不用祿以養賢也. 薪而不用, 金鼎虛廢, 故生土穢在瀕渚也"라고 한다.

瀕, 音頻(闚)

빈(瀕)은 음이 빈(頻)이다. 해설이 빠졌다.

▌次四：鬲實之食, 得其勞力. 測曰：鬲實之食, 時我奉也.

차사는, 자그마한 솥이지만 가득한 음식이니, 그 노력한 것을 얻은 것이다. 측에 말하기를, 자그마한 솥에 가득한 음식이라는 것은 내가 벼슬하여 받드는 때를 얻은 것이다.[40]

鬲, 音歷. 王曰, 鬲, 釜之小者. 光謂, 鼎款足者謂之鬲. 四爲下祿而當晝, 君子以祿養賢, 雖小亦得其勞力也. 時我奉者, 賢者得其時則仕也.

력(鬲)은 음이 력(歷)이다.[41] 왕애는 말하기를 "력(鬲)은 솥이 작은 것이다"라고 하였다. 사마광은 생각하기를 "솥에 굽은 다리[款足]가 있는 것을 력(鬲)이라 한다. 사(四)는 하록(下祿)이 되나 낮에 해당하니, 군자는 녹봉으로 어진 이를 봉양하는데 비록 작지만 또한 그 노력한 것을 얻은 것이다. '내를 받드는 때를 얻었다'라는 것은 어진 이가 (자신이 벼슬해야 하는) 그 때를 얻으면 벼슬한다는 것이다"라고 하였다.

▌次五：鼎大可觴,[42] 不齊不莊. 測曰：鼎大可觴, 饗無意也.

차오는, 솥이 커 (많은 것을) 삶을 수 있는데, 엄숙하지 않고 장중하지 않은 마음으로 잔치를 했기 때문에 천하의 선비들이 귀복(歸復)하지 않았다.[43]

. . . .

40 역주 :『이아』「釋器」에서는 "鼎款足謂之鬲."이라고 한다.
41 역주 :'鬲'은 '막는다'는 뜻일 때에는 '격'이라 발음하고, '솥'이란 뜻일 때에는 '력'이라고 발음한다.
42 劉韶軍 點校 :'觴'은 명초본에는 '觴'으로 되어 있다. 이것은 도장본에 의거해 고쳤다. 아래도 이와 같다.
43 역주 :'齊'는 '齊'로서, 엄숙하면서 공경한다는 것이다. 이 구절은, 솥이 커서 삶고 익힐 수 있지만, 공경하지도 장중하지도 않아 음식으로 연회를 베푼다는 뜻이 없다는 것이다. 비유하면 예로 현자를 대접하고 기르지 않으면, 사람들이 돌아와

측에 말하기를, 솥이 커 (많은 것을) 삶을 수 있다는 것은 (천하의 선비들을)
대접하는데 뜻이 없다는 것이다.

齊, 側皆切. 王曰, 無大饗齊莊之意. 光謂, 觴當作鬺. 音商, 煮也. 五居盛
位, 可以養賢, 故曰鼎大可鬺. 而當日之夜, 不能以禮待天下之士, 則士皆
莫肯歸之矣. 洪範曰, 凡厥正人, 既富方穀.

재(齊)는 측(側)과 개(皆)의 반절이다. 왕애는 말하기를 "크게 잔치하여 엄숙하
고 장중하게 하는 뜻이 없다"라고 하였다. 사마광은 생각하기를 "상(觴)은 마땅
히 상(鬺)자로 써야 한다. 음은 상(商)이니, 삶는다(煮)는 것이다. 오(五)는 성대
한 지위에 있으면서 어진 이를 기를 수 있다. 그러므로 말하기를 '솥이 커 (많은
것을) 삶을 수 있다'라고 하는데, 하루의 밤에 해당하니 예로써 천하의 선비들을
대접하지 못하면 선비가 모두 돌아오려 하지 않을 것이다. 『서경』「홍범」에
말하기를 '무릇 그 바른 사람에게는 풍족한 녹을 내리고 더 나은 처우를 해주어
야 한다'라고 했다"라고 하였다.

▌次六 : 五味鮢調如美如, 大人之饗. 測曰 : 味鮢之饗, 宰輔事也.

차육은, 다섯 가지의 맛이 조화를 이룬 것이 아름다운 듯 하니, 대인을 대접한
것이다.

측에 말하기를, 다섯 가지의 맛이 조화를 이룬 것으로 대접한다는 것은 (국가
를 보좌하는데 옳은 것은 올리고 그른 것은 바꾸는) 재상의 일이라는 것이다.

王本美作羹, 小宋本作五味和調滋如美.[44] 今從小陸范本. 王曰, 宰相之事,
調和五味, 大人任之, 其人饗之而已. 光謂, 六爲上祿而當晝, 君子輔佐國
家, 獻可替否, 進賢退不肖, 燮和其政, 調美如羹, 獻之于君, 而君饗之, 則

· · · · · · · · · · · · · · · · · ·
붙지 않는다는 것이다.
44 劉韶軍 點校 : 대전본, 도장본, 장사호본은 '美'자 아래에 '如'자가 있다. 이것은 명
   초본에 의거한 것이다.

天下大治矣. 高宗命說曰, 若作和羹, 爾惟鹽梅. 三公承君, 有鼎之象.

왕애본에는 미(美)가 갱(羹)으로 되어 있고, 송유간본에는 오미화조자여미(五味和調滋如美)로 되어 있다. 지금 송유간본, 육적본, 범망본을 따른다. 왕애는 말하기를 "재상의 일이란 다섯 가지의 맛을 조화시키는 것으로,[45] 대인이 그것을 맡고 그 사람(=군주)은 흠향할 뿐이다"라고 하였다. 사마광은 생각하기를 "육(六)은 상록(上祿)이 되고 낮에 해당하니, 군자가 국가를 보좌하는데 옳은 것은 올리고 그른 것은 바꾸고, 어진 이는 진출시키고 불초자는 물러나게 하여 그 정치를 조화롭게 알맞게 하고 조화시키는 것을 국과 같이 하니, 군주에게 바쳐 군주가 그것을 누리면 천하가 크게 다스려진다. 『서경』「열명(說命)」에서 고종이 부열(傅說)에게 명하기를 '만약 간을 맞춘 국을 만들거든 그대는 소금이나 매실이 되라'[46]라고 하였다. 삼공이 군주를 받드니, (세발이 있는) 솥의 상이 있다"라고 하였다.

▍次七 : 脂牛正肪, 不濯釜而烹, 則歐歟之疾至. 測曰 : 脂牛歐歟, 不絜志也.

차칠은, 살찐 소의 기름[높은 봉록]이 있지만 붙은 솥을 씻지 않고 삶으면 구토가 빨리 이른다.

측에 말하기를, 살찐 소의 기름이 있지만[높은 봉록] 씻지 않고 삶아서 구토가 이른다는 것은 (높은 봉록으로 선비를 기르고자 하는) 뜻이 깨끗하지 못한

· · · · · · · · · · · · · · · · · · · ·

45 역주 : 『呂氏春秋』「本味篇」에서 이윤은 요리에 대해 "湯得伊尹, 祓之於廟, 爨以火, 釁以犧. 明日設朝而見之, 說湯以至味. 湯曰, 可對而爲乎. 對曰, 君之國小, 不足以具之, 爲天子然後可具. 夫三群之蟲, 水者腥, 肉玃者臊, 草食者羶, 惡臭猶美, 皆有所以. 凡味之本, 水最爲始. 五味三材, 九沸九變, 火爲之紀. 時疾時徐, 滅腥去臊除羶, 必以其勝, 無失其理. 調合之事, 必以甘酸苦辛鹹. 先後多少, 其齊甚微, 皆有自起. 鼎中之變, 精妙微纖, 口弗能言, 志不能喻. 若射禦之微, 陰陽之化, 四時之數. 故久而不弊, 熟而不爛, 甘而不噥, 酸而不酷, 鹹而不減, 辛而不烈, 淡而不薄."라고 말한다. 이윤이 『湯液經』에서 나라를 다스리는 법을 요리에 비겨 湯王을 보조한 사연은 지금까지도 두루 전해지고 있다.
46 역주 : 짠 소금과 신 매실은 국의 조미료가 되니, 신하가 군주를 도와 善政하게 함을 비유한 말이다.

것이다.

肪, 音方. 歐, 烏后切. 歔, 哀都切. 范曰, 歐歔, 吐逆之聲也. 王曰, 脂牛,
肥牛也. 光謂, 肪, 脂也. 歐, 吐也. 歔, 心有所惡而吐也. 肥牛之脂, 以喻美
祿也. 人君雖以美祿養士, 若不以誠潔之志將之, 則士斯惡之矣. 七爲禍
始, 失志之象也.

방(肪)은 음이 방(方)이다. 구(歐)는 오(烏)와 후(后)의 반절이다.[47] 오(歔)는
애(哀)와 도(都)의 반절이다. 범망은 말하기를 "구오(歐歔)는 구토하는 소리다"
라고 하였다. 왕애는 말하기를 "지우(脂牛)는 살찐 소(肥牛)다"라고 하였다.
사마광은 생각하기를 "방(肪)은 기름지다(脂)는 것이다. 구(歐)는 토한다(吐)
는 것이다. 오(歔)는 마음에 싫어하는 바가 있어 토한다는 것이다. 살이 찐
소의 지방으로써 아름다운 녹봉을 비유하였다. 인군이 비록 아름다운 봉록으
로써 선비를 기르지만, 만약 진실하고 깨끗한 뜻으로 거느리지 아니하면 선비
가 이에 싫어한다. 칠(七)은 화(禍)의 시(始)가 되니, 뜻을 잃은 상이다"라고
하였다.

▌次八 : 食其委, 雖嗷不毀. 測曰 : 食其委, 蒙厥德也.
차팔은, (일단 군주의) 봉록[委]을 먹은 이상, 비록 부르짖고 싸우나 나쁜 말을
하지 않는다.[48]
측에 말하기를, 군주의 봉록[委]을 먹는다는 것은 군주의 은덕을 입었다는 것
이다.

委, 于僞切. 嗷與叫同. (闕)
위(委)는 어(于)와 위(僞)의 반절이다. 교(嗷)는 부르짖다(叫)는 것이다. 해설
이 빠졌다.

· · · · · · · · · · · · · · · · · ·
47 역주 : '歐[ōu]는 烏[wū]와 後[hòu]의 반절이라는 것이다.
48 역주 : '委'는 『集韻』에서는 "委積, 牢米薪芻之總名, 小曰委, 多曰積. 委積以待施
   惠."를 말한다. '위'는 봉록을 비유한 것이다.

■上九：竈滅其火, 唯家之禍. 測曰：竈滅其火, 國之賊也.

상구는, 부엌에 그 불[나라를 구할 어진 이]이 꺼져 버렸으니, 오직 집안의 화
(禍)이다.

측에 말하기를, 부엌에 그 불[나라를 구할 어진 이]이 꺼져버렸다는 것은 나라
를 해쳤다는 것이다.

竈滅火, 以喩不養賢也. 不養賢者, 自賊其國者也. 桀殺關龍逢, 紂殺比干,
夫差殺伍員, 項羽逐范增之類皆是也. [49]

"부엌에 불이 꺼졌다"는 것은 어진 이를 양성하지 않는 것을 비유한 것이다.
어진 이를 양성하지 않은 것은 스스로 그 나라를 해치는 것이다. 하나라의
걸(桀)이[50] 관용봉(關龍逢)을[51] 죽이고, 은의 주(紂)가[52] 비간(比干)을[53] 죽이
고, 부차(夫差)가[54] 오원(伍員)을[55] 죽이고,[56] 항우(項羽)가[57] 범증(范增)을[58]

....

49 劉韶軍 點校 : '皆'는 명초본에는 없다. 대전본, 도장본, 장사호본에 의거해 보충하
    였다.
50 역주 : 하나라의 마지막 왕(?~?). 성은 姒. 이름은 履癸. 은나라의 탕왕에게 멸망하
    였다. 은나라의 주왕과 더불어 동양 폭군의 전형으로 불린다.
51 역주 : 하나라 말년 대신. 桀王이 황음무도하여 조정의 정치를 돌보지 않았을 때
    에, 관룡봉이 늘 직간하자 걸왕은 죄를 묻고 구금하여 죽였다.
52 역주 : 은나라 마지막 왕. 그의 정식 시호는 제 31대 帝辛이다. '紂'는 '의롭고 착한
    이를 해친다[殘義損善]'는 의미에서 붙여진 惡諡이다. 재위 후기에는 화려한 鹿臺
    를 건축하고 주지육림의 방탕한 사치를 일삼으면서 比干같은 충직한 신하를 살해
    하고 기자 같은 현자를 감옥에 가두는 등의 실정으로 인해 민심을 잃고 周 武王이
    이끄는 부족 연맹군에 의해 함락된다.
53 역주 : 중국 상의 정치인. 紂王이 폭정을 하자 간언하다 살해되었다. 微子, 기자와
    함께 상 말기의 세 명의 어진 사람[三仁]으로 꼽힌다.
54 역주 : 춘추시대의 오나라 왕. 오패의 한 사람으로 월왕 句踐을 會稽에서 항복시키
    고 기원전 482년에 潢池에서 제후들과 회맹했음. 오자서를 죽이는 잘못을 저지름.
55 역주 : 즉, 伍子胥이다. 초나라 椒邑 사람으로 이름은 員, 자는 자서이다. 춘추전국
    시대 오나라 대부이자 군사책략가이다. 나중에 부차에게 죽임을 당한다.
56 역주 : 『장자』「外物」에는 "外物不可必, 故龍逢誅, 比干戮, 箕子狂, 惡來死, 桀紂亡.
    人主莫不欲其臣之忠, 而忠未必信, 故伍員流於江, 萇弘死於蜀, 藏其血三年而化爲
    碧."라는 말이 나온다.
57 역주 : 숙부인 項梁과 함께 군사를 일으켜, 기원전 209년 한 고조) 劉邦과 함께
    진나라를 쳐서 멸하고, 스스로 西楚의 패왕이 되었다. 그 후 유방과 5년간 패권을

쫓아낸 무리들이 모두 이와 같은 것이다.

다투다가 垓下에서 패하고 烏江에서 자살했다.
58 역주 : 范增(BC 277년~BC 204년). 秦나라 말기 居鄛 사람. 항우의 모사. 항우로부
터 '아보(亞父)'라는 칭호를 받았고, 유방을 죽이라고 했지만 받아들여지지 않았고,
유방의 반간계로 항우의 의심을 사 직책을 잃고 권한을 빼앗기자 울분을 못 이겨
떠나다가 등창이 도져 도중에 병사했다.

대大

二方二州三部三家.

2방, 2주, 3부, 3가다.

大
대(大)

陽家, 金, 準豐.

대수(大首)는 양가(陽家)이고, (5행에서는) 금(金)이며, 『주역』「풍괘(豐卦)」에
준한다.[59]

陰虛在內, 陽蓬其外, 物與盤盖.

음이 안에 있어 허하지만 양은 그 밖을 성대하게 하니, 마치 쟁반의 뚜껑을
밖에서 보면 성대하나 안은 모두 텅 비어있는 사물과 같다.

范王本在內作其內. 今從宋陸本. 范本蓬作逢.[60] 今從二宋陸王本. 宋曰,

. . . .

59 역주 : 『주역』「단전」에서는 "豐, 大也."라고 한다.
60 劉韶軍 點校 : '本'은 명초본에는 없다. 이것은 대전본, 도장본, 장사호본에 의거해
   보충하였다.

蓬猶盛也. 光謂, 與, 皆也. 物皆如盤蓋, 外隆大而內虛也.

범망본, 왕애본은 재내(在內)가 기내(其內)로 되어 있다. 지금 송충본, 송유간본, 육적본을 따른다. 범망본에는 봉(蓬)이 봉(逢)으로 되어 있다. 지금 송유간본, 육적본, 왕애본을 따른다. 송충은 말하기를 "봉(蓬)은 성대하다(盛)는 것이다"라고 하였다. 사마광은 생각하기를 "여(與)는 모두(皆)이다. 만물이 모두 쟁반 뚜껑(盤蓋)과 같아 밖은 성대하고 크나 안은 비어있다"라고 하였다.

▌初一：淵潢洋, 包無方, 冥. 測曰：淵潢洋, 資裏無方也.

초일은, 연못이 깊고 넓어 물을 포용한 것이 한이 없어 어두운 색을 띠고 있다.
측에 말하기를, 연못이 깊고 넓다는 것은 속에 감싼 것이 한이 없다는 것이다.

王本裏作懷. 今從諸家. 潢, 音黃. 一爲水, 又爲思始而當晝, 君子之心如淵潢洋, 無所不包, 所以爲大也. 居下體之下, 冥者隱而未見也.

왕애본에는 과(裏)가 회(懷)로 되어 있다. 지금 제가의 판본을 따른다. 황(潢)은 음이 황(黃)이다. 일(一)은 물이 되고 또 사(思)의 시(始)가 되고 낮에 해당하니, 군자의 마음이 연못이 깊고 넓은 것과 같아 감싸지 아니한 바가 없으니, 큰 것이 되는 이유다. 하체의 아래에 있으니, 어두운 것이 숨어서 아직 나타나지 않은 것이다.

▌次二：大其慮, 躬自鑢. 測曰：大其慮, 爲思所傷也.

차이는, 그 생각을 크게 하였지만 지혜를 두루 행할 수 없고, (도리어) 몸을 스스로 갈아서 멸하게 되었다.
측에 말하기를, 그 생각을 크게 하였다는 것은 생각에 의해 (도리어 몸이) 손상되었다는 것이다.[61]

....

61 역주 : 이 구절은, 二가 반복이 되니, 반복하여 사색하면서 그 생각을 크게 하지만, 생각이 너무 지나치면 스스로 그 몸을 손상시킨다는 것이다.

鑢, 音慮. 王曰, 處大之時, 失位當夜, 乖于其意, 徒欲廣大其慮, 而智不能周, 反傷其躬也. 鑢者, 錯磨之具, 錯磨太過, 必有所傷. 光謂, 二爲思中而當夜, 小人智小而謀大者也. 詩云, 無田甫田, 維莠驕驕, 無思遠人, 勞心忉忉.

려(鑢)는 음이 려(慮)다. 왕애는 말하기를 "대수(大首)의 때에 처하여 지위를 잃고 밤에 해당하니, 그 뜻에 어그러져 한갓 그 생각을 크고 넓게 하려하나 지혜가 두루 미칠 수 없어 도리어 그 몸을 손상시켰다. 려(鑢)는 갈고 문지르는 기구로서, 갈고 문지르는 것이 너무 지나치면 반드시 손상되는 바가 있다"라고 하였다. 사마광은 생각하기를 "이(二)는 사(思)의 중(中)이 되고 밤에 해당하니, 소인이 지혜가 작지만 계략은 큰 것이다. 『시경』「국풍·보전(甫田)」에서 '넓은 밭을 갈지 마라. 강아지풀만 무성하리라. 멀리 있는 사람을 생각하지 마라. 마음만 뜨끈뜨끈 괴로우리라'라고 했다"[62]라고 하였다.

■ 次三 : 大不大, 利以成大. 測曰 : 大不大, 以小作基也.

차삼은, 커도 스스로 크다고 여기지 않아 겸손하니, 크게 성취하는데 이롭다. 측에 말하기를, 커도 스스로 크다고 여기지 않는다는 것은 작은 것으로써 기반을 일으킨 것이다.

王曰, 得位當晝, 故能大不自大, 以謙虛自保, 利用積小以成其高大. 光謂, 三爲思上而當晝, 君子志大而心小, 故能成其大也.

왕애는 말하기를 "지위를 얻고 낮에 해당한다. 그러므로 클 수 있는데도 스스로 크다고 하지 않고, 겸허한 것으로써 스스로 보존하니, 작은 것을 쌓아 이롭게 사용하여 그 높고 큰 것을 이룬다"라고 하였다. 사마광은 생각하기를 "삼(三)은 사(思)의 상이 되고 낮에 해당하니, 군자가 뜻은 크나 마음이 작다. 그러므로 그 큰 것을 이룰 수 있다"[63]라고 하였다.

....

62 역주 : 『시경』「國風·齊風·甫田」, "無田甫田, 維莠驕驕. 無思遠人, 勞心忉忉." 참조.
63 역주 : 이 구절은, 『노자』63장의 "圖難於其易, 爲大於其細, 天下難事必作於易, 天下大事必作於細, 是以聖人終不爲大, 故能成其大."라는 말과 관련이 있다.

■次四：大其門郊, 不得其刀, 鳴虛. 測曰：大其門郊, 實去名來也.

차사는, (금전을 믿고) 그 교외에 있는 문을 크게 만들었지만 그 칼[刀]을(혹은 돈)[64] 얻지 못하니, 허명만이 남았다.

측에 말하기를, 그 교외에 있는 문을 크게 만들었다는 것은 실질적인 것은 떠나가고 헛된 이름만 온 것이다.

王曰, 有聲無實, 故曰鳴虛. 光謂, 門在外, 郊在遠, 刀所以斷. 鳴者, 名聞之謂也. 四爲外他而當夜, 小人不治其內而務大其外. 故曰, 大其門郊, 言遺近而務遠也. 不得其刀, 不能斷也. 雖聲名遠聞, 其實內虛.

왕애는 말하기를 "명성은 있고 실질이 없다. 그러므로 허명만이 남았다"라고 하였다. 사마광은 생각하기를 "문은 밖에 있고, 교외는 멀리 있고, 칼은 끊는 것이다. 명(鳴)이란 명성이 들리는 것을 이른다. 사(四)는 밖의 다른 것이 되고 밤에 해당하니, 소인이 그 안을 다스리지 않고 그 밖을 크게 힘쓴 것이다. 그러므로 말하기를 "그 교외에 있는 문을 크게 만들었다'라고 한 것은, 가까운 것을 버리고 멀리 있는 것을 힘쓴다는 말이다. 그 칼[刀]을 얻지 못하면 끊을 수 없으니, 비록 명성이 멀리까지 들렸지만 그 실질은 안이 텅 비었다"라고 하였다.

■次五：包荒以中, 克. 測曰：包荒以中, 督九夷也.

차오는, (먼 곳에 있는) 거친 땅을 감싸는 것(다스리는 것)을 중도로써 하니, (그곳의 백성을 품어) 복종하게 할 수 있다.

측에 말하기를, (먼 곳에 있는) 거친 땅을 감싸는 것을 중도로써 한다는 것은 아홉 오랑캐들을 독려한 것이다.[65]

. . . .

64 역주 : '刀'를 '돈[錢]'으로 보는 해석도 있다. 고대에는 돈의 형태를 칼처럼 했기 때문에 '錢'을 '도'라고 한다. 『史記索隱』「平準書」에서는 "刀者, 錢也."라고 한다. '刀'를 이렇게 볼 수 있다면, 이 구절은, 밖으로 과장 되게 빛을 드러내고 스스로 겸손하지 않으면, 돈이란 한정이 있어 이익을 얻지 못하고 한갓 헛된 명예만 있을 뿐이라는 것이다.

王本九作四, 今從諸家. 范曰, 克, 能也. 光謂, 五居盛位而當晝, 聖人執大中之道, 能懷服四海者也.

왕애본에는 구(九)가 사(四)로 되어 있다. 범망은 말하기를 "극(克)은 능하다 (能)는 것이다"라고 하였다. 사마광은 생각하기를 "오(五)는 성대한 지위에 있으면서 낮에 해당하니, 성인이 대중(大中)의 도를 잡아 사해를 품고 복종시킬 수 있다"라고 하였다.

▌次六 : 大失小, 多失少. 測曰 : 大失小, 禍由微也.[66]

차육은, (제방이 조그마한 구멍에 의해 붕괴되는 것과 같이) 큰 것도 작은 것에 의해 잃고, 많은 것도 적은 것에 의해 잃게 된다.

측에 말하기를, 큰 것도 작은 것에 의해 잃었다는 것은 화(禍)는 미세한 것에서 말미암는다는 것이다.

王本測作禍中發. 今從諸家. 范曰, 六, 水也. 水之所失在于隙穴. 事從細生, 禍由微起. 光謂, 六過中而當夜, 大之始失者也.

왕애본 측에는 화중발(禍中發)로 되어 있다. 지금 제가의 판본을 따른다. 범망은 말하기를 "육(六)은 물로서, 물이 새는 것은 틈새나 구멍에 있다. 일은 미세한 것으로부터 생겨나고, 화(禍)는 미세한 곳으로부터 일어난다"라고 하였다. 사마광은 생각하기를 "육(六)은 중(中)을 지나치고 밤에 해당하니, 큰 것이 처음 잃은 것이다"라고 하였다.

▌次七 : 大奢迂, 自削以觚, 或益之舖. 測曰 : 奢迂自削, 能自非也.

차칠은, 큰 것이 지나쳐서 사치함이 먼 곳까지 이르렀지만, 스스로 깎음으로써

· · · · · · · · · · · · · · · · · · ·

65 역주 : 이 구절은, 성인이 大中의 도를 잡어 천하를 다스리기에 八荒의 안을 포용할 수 있고, 사해의 밖을 품어 복종하게 할 수 있다는 것이다.

66 劉韶軍 點校 : '由'는 명초본에는 '猶'로 되어 있다. 대전본, 장사호본에 의거해 고쳤다.

법도에 합치되면 혹은 복록을 받아먹을 수 있다.

측에 말하기를, 큰 것이 지나쳐서 사치함이 먼 곳까지 이르렀는데 스스로 깎았다는 것은 그 스스로 그르다고 할 수 있다.

觚, 音孤. 舖, 博孤切. 范曰, 觚, 法也. 光謂, 奢猶哆也. 迂, 遠也. 舖, 食也. 七爲禍始而當晝, 大已過甚, 至于哆遠. 君子見微, 知禍將至, 能以法自裁制, 則更受福祿, 故曰, 或益之舖也.

고(觚)는 음이 고(孤)다. 보(舖)는 박(博)과 고(孤)의 반절이다. 범망은 말하기를 "고(觚)는 본받는다(法)는 것이다"라고 하였다. 사마광은 생각하기를 "사(奢)는 많다(哆)는 것이다. 우(迂)는 멀다(遠)는 것이다. 포(舖)는 먹는다(食)는 것이다. 칠(七)은 화(禍)의 시(始)가 되나 낮에 해당하니, 큼이 이미 지나치게 심하여 사치함이 먼 곳까지 이르렀다. 군자는 미약한 것을 보고 화(禍)가 장차 이를 것을 알아 법으로써 스스로 제재할 수 있으니, 다시 복록을 받는다. 그러므로 말하기를 '혹은 복록을 받아먹을 수 있다'라고 했다"라고 하였다.

▎次八 : 豐牆峭阯, 三歲不築, 崩. 測曰 : 豐牆峭阯, 崩不遲也.

차팔은, 크고 높은 담에 높은 터가 있지만, 끝내[三歲] 쌓지 않으니 무너졌다.

측에 말하기를, 크고 높은 담에 높은 터가 있다는 것은 무너진 것이 더디지 않다는 것이다.

阯與趾同. 范曰, 豐, 大也. 峭, 峻也. 阯, 足也, 謂基也. 三, 終也. 牆大基峻, 若不終歲加之板築, 則有崩墜之憂, 猶君子之道不隆其本, 末必危也. 光謂, 八爲禍中而當夜, 小人不知禍至, 務自廣大而不顧其本者也. 三者, 數之成也.

지(阯)는 지(趾)와 같다. 범망은 말하기를 "풍(豐)은 크다(大)는 것이다. 초(峭)는 높다(峻)는 것이다. 지(阯)는 발(足)이니, 터(基)를 말한다. 삼(三)은 '끝내(終)'라는 것이다. 담이 크고 터가 높지만 만약 한 해가 마치도록 판축(版築)을 더하지 않으면 붕괴할 근심이 있으니, 마치 군자의 도가 그 근본을 융성하게 하지 않으면 끝에는 반드시 위태롭게 되는 것과 같다"라고 하였다. 사마광은 생각하기를 "팔(八)은 화(禍)의 중(中)이 되고 밤에 해당하니, 소인이 화(禍)가 이르는 것을 알지 못하고, 스스로 광대한 것을 힘써서 그 근본을 돌아보지 않은 것이다. 삼(三)은 수가 이루어진 것이다"라고 하였다.

▌上九：大終以蔑, 否出天外. 測曰：大終以蔑, 小爲大資也.

상구는, 크게 마침으로써 멸하니, 부정한 것이 하늘 너머에서부터 나온다. 측에 말하기를, 크게 마침으로써 없어졌다는 것은 작은 것이 큰 자본이 된다는 것이다.

王本無以字, 測曰, 大終蔑否. 今從諸家. 宋陸范本資皆作質.[67] 今從虞王本. 闕

왕애본에는 이(以)자가 없고, 측왈대종멸부(測曰大終蔑否)로 되어 있다. 지금 제가의 판본을 따른다. 송충본, 육적본, 범망본에는 자(資)가 질질(質)로 되어 있다. 지금 우번(虞翻)본과 왕애본을 따른다. 해설이 빠졌다.

확廓

䷶ 二方三州一部一家.

2방, 3주, 1부, 1가다.

廓

확(廓)

陰家, 水, 準豐. 入廓次四, 日舍七星.

확수(廓首)는 음가(陽家)이고, (5행에서는) 수(水)이고, 『주역』「풍괘(豐卦)」에
준한다.[68] 확(廓)은 차사(次四)에서 들어가고, 태양은 칠성(七星)에 머문다.

■ 陰氣癮而念之, 陽猶恢而廓之.

음기는 (아래에서 숨어) 고요하게 합해지고, 양은 오히려 (위로) 크고 넓어져
세를 확장한다.[69]

· · · · · · · · · · · · · · · · · · ·

68 역주 : 『方言』에서는 "張小使大謂之廓."이라고 한다. 『이아』「釋詁」에서는 "廓, 大
也."라고 한다.
69 역주 : 이 구절은, 이 때 음기가 숨어 아래에서 모여 합하는데, 양기는 오히려 장성
하여 위로 장대해진다는 것이다. 「玄圖」에서는 "虛中弘外, 存乎廓."을 말한다.

宋陸本作陰應匿而念之. 今從范王本. 陳曰, 瘱, 若協切. 念, 音合, 是以瘱
爲㥣字也. 吳曰, 瘱, 于計切, 靜也. 然則字當從㥣.[70] 宋曰, 念之言翕也,
謂是時陰氣應時, 翳匿之于下, 陽氣猶盛壯, 而廓之于上也. 圖曰, 虛中弘
外, 存乎廓. 范曰, 瘱, 協也. 念, 合也. 王曰, 陰氣尙弱, 潛瘱而念合之. 念,
古歙字. 光謂, 陰氣翳匿, 閉合萬物,[71] 而陽氣尙務恢廓之, 故曰廓. 廓者,[72]
張大之也.

송충본, 육적본에는 음응닉이합지(陰應匿而念之)로 되어 있다. 지금 범망본,
왕애본을 따른다. 진점은 말하기를 "예(瘱)는 약(若)과 협(協)의 반절이다. 합
(念)은 음이 합(合)이다. 이 때문에 예(瘱)는 예(㥣)자[73]가 된다"라고 하였다.
오비는 말하기를 "예(瘱)는 어(于)와 계(計)의 반절로서, 고요하다(靜)는 것이
다. 그렇다면 글자는 마땅히 예(㥣)를 따라야 한다"라고 하였다. 송충은 말하
기를 "합(念)은 합한다(翕)는 말로, 이 때는 음기가 때에 응하고 아래에서 숨어
감추나, 양기는 오히려 성대하고 씩씩하여 위에서 넓어지는 것을 이른 것이
다. 「현도(玄圖)」에서 '가운데를 비우고 밖을 넓히는 것은 확천(廓天)에[74] 있
다'라고 하였다. 범망은 말하기를 "예(瘱)는 화합한다(協)는 것이다. 합(念)은
합한다(合)는 것이다"라고 하였다. 왕애는 말하기를 "음기는 오히려 약해져
잠겨 감추면서 고요히 합한다. 합(念)은 옛날 흡(歙)자다"라고 하였다. 사마광
은 생각하기를 "음기가 숨기고 가리면서 만물을 닫고 합하나, 양기는 오히려
힘써 넓힌다. 그러므로 '확(廓)'이라고 하였다. 확(廓)이란 넓고 큰 것(張大)이
다"라고 하였다.

· · · · · · · · · · · · · · · · · · · ·

70 劉韶軍 點校 : '㥣'는 대전본, 도장본, 장사호본에는 '㥠'로 되어 있다. 이 두 글자는
   모두 뜻에 맞지 않는다. 의심컨대 잘못된 것이 있는 것 같다.
71 劉韶軍 點校 : '閉'는 명초본에는 '之'로 되어 있다. 이것은 대전본, 도장본, 장사호
   본에 의거해 고쳤다.
72 劉韶軍 點校 : '者'는 명초본에는 없다. 이것은 대전본, 도장본에 의거해 보충하였다.
73 역주 : '㥣'字는 '맞는다'는 의미일 경우 '협'으로 발음하고, '숨는다'는 의미일 경우
   '예'로 발음된다.
74 역주 : 음력 5월 하순을 주로 하여, 음력 7월 상순에 이른다는 것이다.

■ 初一：廓之恢之, 不正其基. 測曰：廓之恢之, 始基傾也.

초일은, 넓히고 넓혔지만, 그 터를 바르게 하지 못하였다.

측에 말하기를, 넓히고 넓혔다는 것은 시작부터 터가 기울어진 것이다.

王曰, 處廓之初, 而失位當夜, 雖能恢廓之, 而不能自正其始. 光謂, 一爲思始而當夜, 小人務自恢廓, 而不正其基, 故動則傾也.

왕애는 말하기를 "확수(廓首)의 처음에 처하여 지위를 잃고 밤에 해당하니, 비록 넓히고 넓힐 수 있더라도 스스로 그 시작을 바르게 할 수 없다"라고 하였다. 사마광은 생각하기를 "일(一)은 사(思)의 시(始)가 되고 밤에 해당하니, 소인이 스스로 넓히고 넓히는 것을 힘쓰나 그 터를 바르게 하지 못하였다. 그러므로 움직이면 기울어진다"라고 하였다.

■ 次二：金幹玉楨, 廓于城. 測曰：金幹玉楨, 蕃輔正也.

차이는, 금으로 된 담을 쌓은 기구와 옥으로 된 담을 쌓는 기구로 성을 넓혔다.

측에 말하기를, 금으로 된 담치는 기구와 옥으로 된 담치는 기구라는 것은 울타리 쳐서 바르게 되는 것에 도움을 받는다는 것이다.[75]

范曰, 金玉者, 皆其美質也. 王曰, 二居下體之中, 得位當晝, 金玉以爲楨幹, 得賢之謂也.[76] 楨幹者, 板築之具也. 光謂, 板築之具, 旁曰幹, 題曰楨. 二爲思中而當晝, 君子能以賢哲爲輔,[77] 恢廓其德以自衛者也.

범망은 말하기를 "금과 옥은 모두 그 아름다운 바탕이다"라고 하였다. 왕애는 말하기를 "이(二)는 하체의 중(中)에 있으면서 지위를 얻어 낮에 해당하니, 금

75 역주 : '金幹玉楨'은 '賢哲이 스스로를 돕는다'는 것이다. 이 구절은, 군자는 현철이 되는 것을 힘쓰는데, 그 덕을 넓혀 스스로를 보조하니, 견고한 성곽을 쌓아 스스로를 보호하고 지킨다는 것이다.

76 劉韶軍 點校 : '謂'는 명초본에는 '位'로 되어 있다. 이것은 대전본, 도장본에 의거해 고쳤다.

77 劉韶軍 點校 : '輔'는 명초본에는 '務'로 되어 있다. 이것은 대전본, 도장본에 의거해 고쳤다.

과 옥으로 담을 쌓는 도구의 근본을 삼는다는 것은 어진 이를 얻은 것을 이른 것이다. 정간(楨幹)이란 담을 쌓는 판의 기구이다"라고 하였다. 사마광은 생각하기를 "담을 쌓은 기구에서, 옆에 있는 기구를 간(幹)이라 하고, 양쪽에 세우는 기구를 정(楨)이라고 한다. 이(二)는 사(思)의 중(中)이 되고 낮에 해당하니, 군자는 어질고 밝은 것으로써 보좌를 삼아, 그 덕을 넓히고 넓힘으로써 스스로 호위할 수 있는 자이다"라고 하였다.

▌次三：廓無子, 室石婦. 測曰：廓無子, 焉得後生也.

차삼은, (자식을 낳기 위해 아내 구하는 것을) 넓혔지만 자식이 없으니, 자식을 낳을 수 없는 여자를 아내로 삼은 것이다.

측에 말하기를, (자식을 낳기 위해 아내 구하는 것을) 넓혔지만 자식이 없다는 것은 어떻게 후생을 얻을 것인가 하는 것이다.

王曰, 室于石女, 無復嗣續之道. 光謂, 三爲思上而當夜, 小人思慮恢廓而後不能繼, 故曰, 廓無子也. 室石婦, 謂求室而得石婦也.

왕애는 말하기를 "자식을 낳을 수 없는 여자를 아내로 삼으니 다시는 후사의 도가 없다"라고 하였다. 사마광은 생각하기를 "삼(三)은 사(思)의 상(上)이 되고 밤에 해당하니, 소인은 생각이 넓고 넓으나 후사는 이을 수 없다. 그러므로 말하기를 '넓혔지만 자식이 없다'고 하였다. '자식을 낳을 수 없는 여자를 아내로 삼았다'고 한 것은, 아내를 구하였지만 자식을 낳을 수 없는 여자를 얻은 것을 이른 것이다"라고 하였다.

▌次四：恢其門戶, 用圍寇虜. 測曰：恢其門戶, 大經營也.

차사는, 그 문호를 넓혀 도적과 오랑캐를 막는데 사용하였다.

측에 말하기를, 그 문호를 넓혔다는 것은 크게 (사물을 다스려) 경영한 것이다.

范本用圍作以禦. 王本作用固, 小宋本作用禦. 今從宋陸本. 圍與禦同. 四

412 태현집주

爲外他而當晝, 君子恢其禮義以禦小人者也. 故曰, 恢其門戶, 用圉寇虜.

범망본에는 용어(用圉)가 이어(以禦)로 되어 있다. 왕애본에는 용고(用固)로 되어 있고, 송유간본에는 용어(用禦)로 되어 있다. 지금 송충본, 육적본을 따른다. 어(圉)는 어(禦)와 같다. 사(四)는 밖의 다른 것이 되나 낮에 해당하니, 군자가 그 예의를 넓혀서 소인을 방어한 것이다. 그러므로 말하기를 "그 문호를 넓혀 도적과 오랑캐를 막는데 사용하였다"라고 하였다.

▌次五：天門大開, 恢堂之階, 或生之差. 測曰：天門大開, 德不能滿堂也.

차오는, 하늘의 문을 크게 열고 집의 계단을 넓혔지만, 혹 어긋난 것이 발생하였다.

측에 말하기를, 하늘의 문을 크게 열었다는 것은 덕이 집에 가득할 수 없다는 것이다.

王本恢堂作恢當, 誤也. 二宋陸王測無堂字. 今從范本. 五在廓家而當盛位, 故曰天門大開, 恢堂之階, 言通達而尊高也. 然當日之夜, 小人不能享此盛福, 德不能充其位, 必有差失以致顚覆也.

왕애본에 회당(恢堂)은 회당(恢當)으로 써야 한다고 하는데, 잘못된 것이다. 송충본, 송유간본, 육적본, 왕애본 측에는 당(堂)자가 없다. 지금 범망본을 따른다. 오(五)는 확가(廓家)에 있으면서 성대한 지위에 해당한다. 그러므로 말하기를 "하늘의 문을 크게 열어 집의 계단을 넓혔다"라고 하니, 통달하여 지위가 높아진 것을 말한 것이다. 그러나 하루의 밤에 해당하니, 소인은 이 성대한 복(福)을 누릴 수 없고, 덕은 지위를 채울 수 없어 반드시 어긋나고 잘못되는 것으로써 전복됨을 이루는 것이 있다는 것이다.

▌次六：維豐維崇, 百辟馮馮, 伊德攸興. 測曰：維豐維崇, 茲太平也.

차육은, (그 덕이) 오직 풍성하고 오직 높아, 모든 제후들이 (마음으로) 성대하

게 달려와 복종하니, 이에 덕이 날로 융성해지는 바다.[78]
측에 말하기를, (그 덕이) 오직 풍성하고 오직 높다는 것은 이에 천하가 태평하다는 것이다.

王本妓作欲. 今從諸家, 馮, 古憑字. 馮馮, 盛多貌. 六爲極大而當晝, 君子恢廓其德以致太平, 豊大崇高, 萬邦率服, 盛多而駿奔輻湊也.[79]
왕애본에 자(妓)는 욕(欲)으로 되어 있다. 지금 제가의 판본을 따른다. 풍(馮)은 옛 글자에서는 빙(憑)자다. 빙빙(馮馮)은 성대함이 많은 모양이다. 육(六)은 지극히 큰 것이 되고 낮에 해당하니, 군자는 그 덕을 넓힘으로써 태평을 이루어, (그 덕이) 풍성하고 크고 숭고해 만방(萬邦)이 좇아서 복종하니, (제후들이) 성대하게 많은 것이 준마가 달리고 (많은) 바퀴살이 한곳으로 몰려드는 것 같다.

▌ 次七 : 外大杚, 其中失. 君子至野, 小人入室. 測曰 : 外大杚, 中無人也.
차칠은, 밖이 크고 성하지만 그 가운데는 질서를 잃어버렸으니, 군자는 멀리 들에 이르고 소인은 집으로 들어갔다.
측에 말하기를, 밖이 크고 성하다는 것은 측근[中]에 현인이 없다는 것이다.

范小宋本杚作扢. 今從宋陸王本. 宋陸本入室作至室, 王作在室, 今從范本. 陳曰, 杚, 音訖, 摩也. 王曰, 杚者, 斗槩木也. 吳曰, 杚與槩同, 柯愛切. 說文, 古沒切, 平也. 光謂, 杚當作圪, 魚乙切, 高壯貌. 七在廓家而上體, 故曰外大圪, 言廓大而高壯也. 然當日之夜, 小人處大而驕, 遠賢能, 近不

• • • • • • • • • • • • • • • • • • • •
78 역주 : '辟'은 『이아』 「釋訓」에서는 "君也, 天子諸侯通稱辟."이라고 한다. 여기서는 제후국을 가리킨다. 이 구절은, 그 덕을 넓힐 수 있어 풍성하고 크며 숭고한 것에 이르면, 사해가 손님처럼 와 복종하고 萬邦이 모두 귀의한다는 것이다.
79 劉韶軍 點校 : '輻'은 명초본에는 '轐'로 되어 있다. 이것은 대전본, 도장본에 의거해 고쳤다.

肎, 亂自內興者也. 故曰, 其中失, 君子至野, 小人入室也. 一曰, 忔, 許訖切, 喜也.

범망본, 송유간본에 골(忔)은 골(扢)로[80] 되어 있다. 지금 송충본, 육적본, 왕애본을 따른다. 송충본, 육적본에는 입실(入室)이 지실(至室)로 되어 있고, 왕애본에는 재실(在室)로 되어 있다. 지금 범망본을 따른다. 진점은 말하기를 "골(扢)은 음이 글(訖)로,[81] 문지른다(摩)는 것이다"라고 하였다. 왕애를 말하기를 "골(扢)은 평미레[斗檠木]이다"라고 하였다. 오비는 말하기를 "개(扢)는 개(槩)와 같으니, 가(柯)와 애(愛)의 반절이다. 『설문』에서는 고(古)와 몰(沒)의 반절[=골]이라 하니, 평평하다(平)는 것이다"라고 하였다. 사마광은 생각하기를 "골(扢)은 마땅히 을(圪)로 되어야 하니, 어(魚)와 을(乙)의 반절로서 높고 성한 모양이다. 칠(七)은 확가(廓家)에 있으면서 상체에 있다. 그러므로 '밖이 크고 성하다'고 하니, 넓고 크면서 높고 성한 것을 말한 것이다. 그러나 하루의 밤에 해당하니, 소인이 큰 것에 처해 교만하여 어진 이와 능한 이를 멀리하고 불초한 이를 가까이하니, 어지러움이 안으로부터 일어난 것이다. 그러므로 '그 가운데는 (질서를 잃어) 군자는 들에 이르고 소인은 집으로 들어갔다'고 하였다. 일설에는 '흘(忔)은[82] 허(許)와 흘(訖)의 반절이니, 기쁘다(喜)는 것이다'라고 했다"라고 하였다.

▌次八 : 廓其外, 虛其內, 利鼓鉦. 測曰 : 廓外虛內, 乃能有聞也.

차팔은, 그 밖을 넓혀 덕을 밝게 하고, 그 마음[內]을 비워 사람을 받아들이니, 큰 징을 안이 비운 상태에서 치면 소리가 멀리 들리는 것처럼 하는 것이 이롭다. 측에 말하기를, 그 밖을 넓혀 덕을 밝게 하고, 그 마음을 비워 사람을 받아들였다는 것은 이에 좋은 평판이 있을 수 있다는 것이다.

· · · · · · · · · · · · · · · · · · · ·

80 역주 : '扢'은 '문지른다'는 의미일 때는 '골'로, '기뻐한다'는 의미일 때는 '흘'로 발음된다.
81 역주 : '訖'은 '이른다'는 의미인데, '흘'과 '글'의 두 가지 발음이 있다. 여기서는 문맥에 따라 '글'을 취한다.
82 역주 : 위에서 말한 바와 같이 '扢'이 '기뻐한다'는 의미일 때는 '흘'로 발음된다.

八外而當晝, 君子廓外以昭德, 虛內以納物, 故能令名遠聞. 譬如鼓鉦, 亦外廓內虛而能有聲也. 君子之德在外而恢廓者, 惟令名也.

팔(八)은 밖에 있고 낮에 해당하니, 군자는 밖을 넓힘으로써 덕을 밝히고, 마음[內]을 비움으로써 사물을 받아드린다. 그러므로 좋은 평판이 멀리까지 들릴 수 있다. 비유컨대 징을 두드리는 것으로니, 또한 밖이 넓고 안이 비어서 소리가 있을 수 있다. 군자의 덕이 밖에 있으면서 넓히고 넓히는 것은 오직 좋은 평판이다.

▌上九 : 極廓于高庸, 三歲無童. 測曰 : 極廓高庸, 終無所臣也.

상구는, 높은 담을 지극히 넓혔지만, 오랫동안[三歲] 부릴 아이조차 없었다.[83] 측에 말하기를, 높은 담을 지극히 넓혔다는 것은 끝내 신하로 삼는 자가 없는 것이다.

庸與墉同. 王曰, 虛廓之極, 失位當夜, 雖能恢廓其垣墉, 而中無童役可使. 高而無人, 悔可知矣. 光謂, 九居上極而當夜, 小人務自恢廓崇高, 而不知止者也. 故曰, 廓于高庸. 不能降意接下, 則下將叛之, 故曰, 三歲無童.

용(庸)은 용(墉)과 같다. 왕애는 말하기를 "허확(虛廓)이 지극한 것으로서 지위를 잃고 밤에 해당하니, 비록 그 담을 넓힐 수 있으나 가운데에서 부릴만한 아동은 없다. 높지만 부릴 사람이 없으니, 뉘우치는 것을 알 수 있다"라고 하였다. 사마광은 생각하기를 "구(九)는 위가 다한 곳에 있으면서 밤에 해당하니, 소인이 스스로 넓고 넓히며 높고 높은 것을 힘쓰면서 그칠 줄을 알지 못하는 것이다. 그러므로 '높은 담을 넓혔다'라고 하였다. 뜻을 낮추고 아래를 대접할 수 없으면 아래가 장차 배반한다. 그러므로 '오랫동안[三歲] 부릴 아이조차 없었다'라고 했다"라고 하였다.

....

83　역주 : '庸'은 '담[墉]'과 같다. '童'은 '부리는 아이'다. 뜻은 『주역』 「문언」, "貴而無位, 高而無民, 賢人在下位而無輔, 是以動而有悔也."와 관련이 있다.

문文

二方三州一部二家,

2방, 3주, 1부, 2가다.

文

문(文)

陽家, 火, 準渙. 揚子蓋以渙爲煥, 故名其首曰文. 入文上九, 日舍張.
문수(文首)는 양가(陽家)이고, (5행에서는) 화(火)이며, 『주역』「환괘(渙卦)」에
준한다.[84] 양웅은 대개 환(渙)으로 환(煥)을 삼았다. 그러므로 그 수(首)에 이
름 하여 "문(文)"이라고 하였다. 문(文)은 문(文)의 상구(上九)에서 들어가고,
태양은 장성(張星)에 머문다.

▌陰斂其質, 陽散其文, 文質班班, 萬物粲然.
음은 그 바탕을 거두고, 양은 그 문채를 흐트러트려 문채와 바탕이 잘 어울리
니, 만물이 찬연하게 문채가 있다.

....

84 역주 : 『주역』「渙卦」에 상응한다. 양웅은 '渙'을 '煥'이라고 여겼다. 『논어』「泰伯」에
    는 "煥乎其有文章."이 나온다.

■初一: 袷襍何緩, 玉貞. 測曰: 袷襍何緩, 文在內也.

초일은, 그림 모양이 그려진 옷깃에 무늬 없는 비단을 입히니, 옥의 바른 것이다.
측에 말하기를, 그림 모양이 그려진 옷깃에 무늬 없는 비단을 입힌다는 것은
문채가 안에 있다는 것이다.[85]

袷, 乞洽切. 襍與繪同, 音會. 何, 下可切. 緩, 莫旦切. 袷, 衿也. 襍, 畫也.
何, 被也. 繪無文曰緩. 一爲思始而當畫, 君子內文外質, 如施畫于衿而被以
緩服, 純素含章, 如玉之正, 美之至也. 中庸曰, 衣錦尙絅, 惡其文之著也.
겁(袷)은 걸(乞)과 흡(洽)의 반절이다. 회(襍)는 회(繪)와 같은데, 음은 회(會)
다. 하(何)는 하(下)와 가(可)의 반절이다. 만(緩)은 막(莫)과 단(旦)의 반절이
다. 겁(袷)은 옷깃(衿)이다. 회(襍)는 그린다(畫)는 뜻이다. 하(何)는 입힌다
(被)는 것이다. 비단으로 무늬가 없는 것을 만(緩)이라고 한다. 일(一)은 사(思)
의 시(始)가 되고 낮에 해당하니, 군자는 문채를 안으로 하고, 질박한 것은
밖으로 한다. 이것은 마치 옷깃에 수를 놓고 무늬 없는 비단옷으로 입힌 것과
같고, 본바탕이 순수하여 빛나는 것을 머금은 것이 옥이 바른 것과 같으니,
아름다움이 지극한 것이다. 『중용』 33장에 '비단 옷을 입고 홑옷을 더한 것은,
그 무늬가 나타나는 것을 싫어한 것이다'라고 했다".

■次二: 文蔚質否. 測曰: 文蔚質否, 不能俱睟也.

차이는, (밖은) 무늬가 성하나, 바탕은 그렇지 않으니 실질이 따르지 않았다.
측에 말하기를, (밖은) 무늬가 성하나 바탕은 그렇지 않다는 것은 모두 순수할
수 없다는 것이다.[86]

王曰, 文之爲體, 當文質彬彬. 二位當夜, 旣無其質, 文雖蔚然, 不足美也.

· · · · · · · · · · · · · · · · · · · ·

85 역주: 『논어』「雍也」에 "文質彬彬, 然後君子"라는 말이 있다.
86 역주: '睟'는 '순수한 것'으로서, 아름다운 것을 비유한 것이다. 이것은 무늬가 비록
   무성하지만, 質이 받쳐주지 못하기에 모두 아름다운 것을 갖춘 것은 아니라는 것
   이다.

睟, 純美也. 光謂, 蔚, 細繡貌. 二爲思中而當夜, 小人文華雖美, 而實不能
副也. 寧嬴謂陽處父華而不實,[87] 怨之所聚也.

왕애는 말하기를 "문(文)의 체가 됨은 당연히 문채와 바탕이 잘 조화를 이루어
빛나야 한다. 이(二)는 지위가 밤에 해당하니 이미 그 바탕이 없는 만큼, 문채
는 비록 성하나 아름답지 못하다. 수(睟)는 순수하고 아름다운 것이다"라고
하였다. 사마광은 생각하기를 "울(蔚)은 곱게 수를 놓은 모양이다. 이(二)는
사(思)의 중(中)이 되고 밤에 해당하니, 소인은 문채의 화려함이 아름답더라도
실질이 따를 수 없다는 것이다. 『춘추좌씨전』에 영영(寧嬴)이 양처보(陽處父)
에게 말하기를 '화려하지만 실질적이지 않으니, 원망이 모이는 바이다'[88]라고
하였다"라고 하였다.

▌次三：大文彌樸, 孚似不足. 測曰：大文彌樸, 質有餘也.
차삼은, 크게 빛난 것이 (도리어) 더욱 질박하니, (언뜻 보면) 신실(信實)함이
부족한 듯 하다.
측에 말하기를, 크게 빛난 것이 더욱 질박하다는 것은 바탕에 신실한 남음이
있다는 것이다.[89]

王本彌作珍, 樸作璞. 今從諸家. 孚, 大信也. 三爲思終而當晝, 君子大文
似樸, 大信似不足.
왕애본에는 미(彌)는 진(珍)으로 되어 있고, 박(樸)은 박(璞)으로 되어 있다.
지금 제가의 판본을 따른다. 부(孚)는 크게 신실하다(大信)는 것이다. 삼(三)은
사(思)의 종(終)이 되고 낮에 해당하니, 군자는 크게 빛나지만 질박한 것 같고,
크게 신실하지만 부족한 것 같다.

....

87 劉韶軍 點校 : '父' 아래 명초본에는 '曰' 자가 있다. 이것은 대전본, 도장본, 장사호
  본에 의거해 삭제하였다.
88 역주 : 『춘추좌씨전』「文公」 5년 조의 말이다.
89 역주 : 『노자』41장에 "大白若辱, 廣德若不足."이란 말이 있고, 45장에 "大直若屈,
  大巧若拙, 大辯若訥."이란 말도 있다.

▌次四：斐如邠如, 虎豹文如, 匪天之享, 否. 測曰：斐邠之否, 奚足譽也.

차사는, 문채 나는 듯 하고 빛나는 듯한 것이 (사나운 짐승인) 표범 가죽의 문채와 같아서 하늘이 흠향할 수 있는 바가 아니니, (끝내 그 화려한 문채로써) 몸을 상하는 잘못이 있다.[90]

측에 말하기를, 문채가 나고 빛나는 것이 (끝내 그 화려한 문채로써) 몸을 상했다는 것은 어찌 족히 명예로운 것이겠는가 하는 것이다.

邠與彬同. 否, 音鄙. 范曰, 虎豹之獸, 以其文貴. 斐邠者, 文盛貌. 王曰, 四失位當夜, 蓋同虎豹以文害其躬, 匪天所享, 故曰否也. 享之爲言嚮也.

빈(邠)은 빛난다는 빈(彬)과 같다. 비(否)는 음이 비(鄙)다. 범망은 말하기를 "호랑이와 표범이란 짐승은 그 문채로써 귀한 것이다. 비빈(斐邠)이란 문채가 성대한 모양이다"라고 하였다. 왕애는 말하기를 "사(四)는 지위를 잃고 밤에 해당하니, 대개 호랑이와 표범과 같이 문채로써 그 몸체를 해치니, 하늘이 흠향할 바가 아니다. 그러므로 "(끝내 그 화려한 문채로써) 몸을 상하는 잘못이 있다"라고 하였다. 향(享)이란 말은 흠향(歆饗)함을 말한 것이다" 라고 하였다.

▌次五：炳如彪如, 尚文昭如, 車服庸如. 測曰：彪如在上, 天文炳也.

차오는, (국가의 典禮制度가 밝아) 빛나는 듯 문채 나는 듯 하고, 성인이 예와 문장을 귀하게 여겨 분명하게 분별하니, (천자는) 수레와 복식으로 어진 이의 공로와 일을 표창해 드러내었다.

측에 말하기를, 문채 나는 것이 위에 있다는 것은 하늘에 있는 일월성신(日月星辰)이 찬연하게 문채가 빛난다는 것이다.[91]

· · · · · · · · · · · · · · · ·

90 역주 : '斐'는 『說文』에서는 "分別, 文也."라고 한다. '邠'은 '彬'과 같으니, 문채가 성한 모양이다. 이 구절은, 虎豹의 가죽은 문채가 斑斑하나 제사에는 쓰지 않으니, 다만 그 겉만 있으면 명예로울 수 없기에 '否'라고 한 것이다.

91 역주 : 이 구절은, 예법을 제정하여 밝게 그 빛을 드러내니, 성왕이 그것으로 군신을 考課하여, 현자에게는 수레와 의복을 주어 그 기능을 밝게 드러낸다는 것이다.

王本尚文作質文. 今從宋陸范本. 王曰, 五居中體正, 得位當晝,[92] 爲文明之主, 煥然可觀也. 光謂, 尚文昭如, 聖王貴上禮文, 昭然明辨也. 車服庸如, 言以車服表顯賢者之功庸也. 用文之大, 莫過于此. 舜典曰, 敷納以言, 明試以功, 車服以庸.

왕애본에는 상문(尙文)이 질문(質文)으로 되어 있다. 지금 송충본, 육적본, 범망본을 따른다. 왕애는 말하기를 "오(五)는 중(中)에 있고 몸체가 바르고, 지위를 얻고 낮에 해당하여 문명의 주인이 되니, 찬연하여 볼 만하다"라고 하였다. 사마광은 생각하기를 "'상문소여(尙文昭如)'는 성인이 예와 문장을 귀하게 여겨 높이고 분명하게 분별한다는 것이다. '거복용여(車服庸如)'는 수레와 복식으로 어진 이의 공로와 일을 표창해 드러낸 것을 말한 것이다. 문채를 크게 쓴 것이 이보다 더한 게 없다. 『서경』「순전(舜典)」에서 '두루 말로써 받아들이고, 공로로써 백성에게 밝히며, 수레와 의복으로써 중히 쓰십시오'라고 했다"라고 하였다.

▋次六 : 鴻文無范, 恣于川. 測曰 : 鴻文無范, 恣意往也.

차육은, 기러기가 나는데 (나는 모습에) 문자의 상이 있지만 (제멋대로 날아) 법도가 없으니, 개울을 만나면 제멋대로 날아가 형이 어지럽게 되었다.
측에 말하기를, 기러기가 나는데 (나는 모습에) 문자의 상이 있지만 (제멋대로 날아) 법도가 없다는 것은 제멋대로 날아갔다는 것이다.

范曰, 范, 法也. 光謂, 鴻鴈之飛, 偶有文字之象而無法也, 遇川則自恣而已. 六過中而當夜, 小人之文, 無法而妄爲者也.

법망은 "범(范)은 법(法)이다"라고 하였다. 사마광은 생각하기를 "기러기가 나는데 우연히 문자의 상이 있지만 법도가 없어 개울을 만나면 스스로 멋대로 날아갈 따름이다. 육(六)은 중(中)을 지나치고 밤에 해당하니, 소인의 문채는

....

92 劉韶軍 點校 : '五'는 명초본에는 '王'으로 되어 있다. 이것은 대전본, 도장본에 의거해 고쳤다.

법도가 없이 망령되이 한 것이다"라고 하였다.

▌次七：雉之不祿, 而雞盍穀. 測曰：雉之不祿, 難幽養也.

차칠은, 현재[雉]는 성품이 경개(耿介)하여 사람의 길들어짐[祿]을 받지 않는데, 닭은 나아가 곡식을 먹었다.

측에 말하기를, 현재[雉]는 성품이 경개하여 사람의 길들어짐[祿]을 받지 않는다는 것은 (현자는) 그윽한 곳에 (세상을 피해) 있기에 초대하기[養]가 어렵다는 것이다.[93]

宋陸本而雞盍穀作而不雞盍穀. 王本無而字, 測不祿皆作不雞. 今從范本. 盍, 徐刃切.[94] 王曰, 七雖居過滿而得位當晝, 如翟雉有文采而懷耿絜之性, 不受人之馴養, 故云不祿. 終不若雞之進食其穀也. 盍, 進也. 光謂, 七在外體而當晝, 君子有文而耿介, 避世而不仕者也. 七爲禍階, 故賢人隱也.

송충본, 육적본에는 이계신곡(而雞盍穀)이 이불계신곡(而不雞盍穀)으로 되어 있다. 왕애본에는 이(而)자가 없고, 측의 불록(不祿)은 모두 불계(不雞)로 되어 있다. 지금 범망본을 따른다. 신(盍)은 서(徐)와 인(刃)의 반절이다. 왕애는 말하기를 "칠(七)은 비록 지나치게 가득찬 곳에 있으나 지위를 얻고 낮에 해당하니, 마치 꿩이 문채가 있고 밝고 깨끗한 성품을 가져서 사람들이 길들여기르는 것을 받아들이지 않는 것과 같다. 그러므로 말하기를 '불록(不祿)'이라고 하였다. (꿩의 이런 행동은) 끝내 닭이 그 곡식을 먹으러 나아가는 것과 같지 않다. 신(盍)은 나아간다(進)는 것이다"라고 하였다. 사마광은 생각하기를 "칠(七)은 밖의 몸체에 있고 낮에 해당하니, 군자가 문채가 있고 빛나는 지조도 있어, 세상을 피하여 벼슬하지 않는 자이다. 칠(七)은 화(禍)의 계단이

· · · · · · · · · · · · · · · · ·

93 역주 : 이 구절은, 자연의 꿩은 인간에게 길들여지지 않기에 祿은 없지만 세속의 닭에게는 남은 곡식이 있다는 것으로, 그것은 현자가 문채가 있으면서 굳세게 절개를 지키면서 세상을 피하고, 벼슬하지 않고 은거하는 것을 비유한 것이다.

94 劉韶軍 點校 : '徐'는 명초본에는 '除'로 되어 있다. 이것은 대전본, 장사호본에 의거해 고쳤다.

된다. 그러므로 어진 이는 숨는다"라고 하였다.

▌次八 : 彫鐵穀布, 亡于時, 文則亂. 測曰 : 雕鐵之文, 徒費日也.

차팔은, 섬세한 문채를 새기는 것을 힘쓰면서 곡식을 뿌리는 때를 잃어버렸으
니, 문채를 숭상하면 (나라가) 어지러워진다.[95]

측에 말하기를, 섬세한 문채를 새기는 것에 힘썼다는 것은 쓸데없이 날만 허비
하였다는 것이다.

王曰, 八居將極而失位當夜, 若務其彫鐵之文, 無事費日, 俾穀之與布俱亡
于時, 其文之弊內爲亂也. 光謂, 八爲耗而當夜, 故有是象.

왕애는 말하기를 "팔(八)은 장차 지극해질 것에 있으면서 지위를 잃고 밤에
해당하니, 만약 그 섬세한 문채를 새기기를 힘써 일없이 날만을 허비하여 하여
금 곡식을 뿌리는 것이 모두 때를 잃어버리게 하면, 그 문채의 폐단은 안이
어지러운 것이 된다"라고 하였다. 사마광은 생각하기를 "팔(八)은 소모함이
되고 밤에 해당한다. 그러므로 이 상이 있다"라고 하였다.

▌上九 : 極文密密, 易以黼黻. 測曰 : 極文之易, 當以質也.

상구는, 지극한 문채가 조밀하고 조밀하여 보불(黼黻)로써[96] 바꿨다.

측에 말하기를, 지극한 문채를 보불로 바꿨다는 것은 마땅히 질박함으로 해야
한다는 것이다.[97]

....

95 역주 : 이 구절은, 섬세하게 새기는 것으로 세상을 즐겁게 하는 것을 구하고 농사
　　 짓는 때를 놓쳐 곡식이 손상되면, 창고는 비고 백성은 먹을 것이 적게 되어, 그
　　 나라는 반드시 어지럽게 되므로, 문식을 숭상하는 것은 반드시 어지러움에 이른다
　　 는 것이다.
96 역주 : '黼黻'은 고대에 예복에 놓은 繡다. '보'는 도끼모양을 수놓은 것이고 '불'은
　　 '己'字 두 개를 겹쳐 수놓은 것이다. 곧 군주의 예복이다.
97 역주 : 이 구절은, 문식이 너무 지나치면 농사와 정치를 해치니, 마땅히 질박한 것
　　 으로 바꿔야 한다는 것이다.

王曰, 九居文極而得位當晝, 能易極文之弊者也. 文工之極至于密密, 然至
纖至微而能易之, 使如黼黻之有制度也. 光謂, 九爲盡弊而當晝, 故有是
象. 白與黑謂之黼, 黑與靑謂之黻, 黼黻雖文, 校于彫纖, 則爲質也.

왕애는 말하기를 "구(九)는 문(文)이 지극한데 있으면서 지위를 얻고 낮에 해
당하니, 지극한 문(文)의 폐단을 바꿀 수 있는 것이다. 문채의 기교가 지극한
것이 조밀하고 조밀한데 이르렀으나, 지극히 섬세하고 지극히 미세하여 바꿀
수 있기에 하여금 보불에 제도가 있는 것과 같이 하였다"라고 하였다. 사마광
은 생각하기를 "구(九)는 다 폐해진 것이 되나 낮에 해당한다. 그러므로 이
상이 있다. 백과 흑을 보(黼)라 이르고, 흑과 청은 불(黻)이라고 이른다. 보불
이 비록 문채가 나나, 섬세하게 새긴 것에 비교하면 질박한 것이 된다"라고
하였다.

예禮

二方三州一部三家,

2방, 3주, 1부, 3가다.

禮
예(禮)

陰家, 木, 準履. 入禮次四六分三秒, 大暑氣應.

예수(禮首)는 음가(陰家)이고, (5행에서는) 목(木)이며, 『주역』「이괘(履卦)」에 준한다.[98] 예(禮)는 차사(次四) 6분 3초에서 들어가고, 대서(大暑)의 기와 응한다.

▌陰在下而陽在上, 上下正體, 物與有禮.

음은 아래에 있고 양은 위에 있어 위와 아래가 몸체를 바르게 하니, 만물이 (그 기운들을 받아) 더불어 예가 있다.

小宋本陽在上作陽益高. 今從諸家.

송유간본에는 양재상(陽在上)이 양익고(陽益高)로 되어 있다. 지금 제가의 판본을 따른다,

....

98 역주 : 『주역』「序卦傳」에서는 "履者, 禮也."라고 한다.

▌初一：履于跂, 後其祖禰. 測曰：履于歧, 退其親也.

초일은, 발돋움하여 밟아가면서 그 선조(할아버지와 아버지)를 뒤에 두었다. 측에 말하기를, 발돋움하여 밟아갔다는 것은 그 친한 이를 물러나게 한 것이다.[99]

宋陸本跂作跛. 今從范王本. 王曰, 居禮之初, 失位當夜, 是始而乖禮者也. 履于跂,[100] 非敬之道也. 光謂, 跂, 舉踵也. 一居下體之下, 履之至卑者也. 乃欲舉踵强高, 下而僭上之象也. 凡臣之事君, 猶事父也. 事大君猶事祖也. 在下位而禮僭于上, 是猶退其祖父, 使己後也, 不亦悖乎.

송충본, 육적본에는 기(跂)가 파(跛)로 되어 있다. 지금 범망본, 왕애본을 따른다. 왕애는 말하기를 "예수(禮首)의 처음에 있어 지위를 잃고 밤에 해당하니, 이것은 시작부터 예가 어긋난 것이다. 발돋움하여 밟아갔다고 한 것은 공경하는 도가 아니다"라고 하였다. 사마광은 생각하기를 "기(跂)는 발꿈치(踵)를 든다는 것이다. 일(一)은 하체의 아래에 있어 밟는 것이 지극이 낮은 것이다. 이에 발돋움하고 억지로 높이고자 하니, 아래에 있으면서 위를 참람하는 상이다. 무릇 신하가 군주를 섬기는 것은 아버지를 섬기는 것과 같고, 대군을 섬기는 것은 할아버지를 섬기는 것과 같다. 아래 지위에 있으면서 예가 위를 참람하는 것은 그 할아버지와 아버지를 물러나게 하여 자신의 뒤에 있게 하는 것과 같으니, 또한 거스른 것이 아니겠는가?"라고 하였다.

▌次二：目穆穆, 足肅肅, 乃貫以棘. 側曰：穆穆肅肅, 敬出心也.

차이는, (선조의 제사에 당해서) 눈은 목목하게 공경하고 발은 숙숙하게 삼가니, 이에 그 본심이 정성스러운 것으로써 일관되게 꿰었다.[101]

....

99 역주 : 이 구절은, 아래의 지극히 비천한 곳에서 살면서 발꿈치를 들어 억지로 높고자 하니, 윗사람을 참람하고 예를 잃어버린 것에 해당한다. 비유하면 소인이 예를 어그러트리고, 그 父祖를 뒤로하여 자기의 뒤에 두고자 한다는 것이다.

100 劉韶軍 點校 : '跂'는 명초본에는 躾로 되어 있다. 이것은 대전본, 도장본, 장사호본에 의거해 고쳤다. 아래도 이와 같다.

측에 말하기를, (선조의 제사에 당해서) 눈은 목목하게 공경하고 발은 숙숙하게 삼갔다는 것은 공경이 마음에서 나왔다는 것이다.

王曰, 棘, 取其赤心也. 光謂, 穆穆肅肅, 皆恭謹貌. 二爲思中而當夜, 外貌之恭, 必貫之以誠, 然後善也.
왕애는 말하기를 "극(棘)은 그 참된 마음을 취한 것이다"라고 하였다. 사마광은 생각하기를 "'목목(穆穆)'과 '숙숙(肅肅)'은 모두가 공손하고 삼가는 모양이다. 이(二)는 사(思)의 중(中)이 되고 낮에 해당하니, 외모의 공손함은 반드시 정성으로써 꿰뚫은 연후에 선해지는 것이다"라고 하였다.

▌次三 : 畫象成形, 孚無成. 測曰 : 畫象成形, 非其眞也.
차삼은, 상을 그려 형을 이루었지만 (충과 신을 담아 공경하고자 하는) 진실된 마음은 이루어짐이 없다.
측에 말하기를, 상을 그려 형을 이루었다는 것은 그 진실한 것이 아니라는 것이다.

王曰, 忠信, 禮之本. 旣乖于本, 何禮之有. 光謂, 三爲思終而當夜, 飾外貌而無內實者也. 故曰, 畫象成形,[102] 孚無成. 女叔齊謂魯昭公, 屑屑焉習儀以亟, 不可謂禮.
왕애는 말하기를 "충과 신은 예의 근본이다. 이미 근본에 어긋났는데 무슨 예가 있겠는가?"라고 하였다. 사마광은 생각하기를 "삼(三)은 사(思)의 종(終)이 되고 밤에 해당하니, 겉모습만 꾸미고 안으로는 실질이 없는 것이다. 그러므로 '상을 그려 형을 이루었지만 진실된 마음이 이루어짐이 없다'라고 하였다. 여숙제(女叔齊)가 노나라 소공(召公)에게 말하기를 '자잘하게 거동을 익히는 것을 자주 한다'[103] 라고 하니, 예라 이를 수 없다"라고 하였다.

....

101 역주 : '棘'은 '가시나무[棘木]'를 의미한다. '紫皮赤心'은 '心誠'을 비유한 것이다.
102 劉韶軍 點校 : '曰'은 명초본에는 '三'으로 되어 있다. 이것은 대전본, 도장본, 장사호본에 의거해 고쳤다.

▌次四 : 孔鴈之儀, 利用登于階. 測曰 : 孔鴈之儀, 可法則也.

차사는, (몸에 문채가 있는) 공작과 (질서 있게 날아가는) 기러기의 거동이니, 이런 것을 사용하여 계단에 오르는 것을 씀이 이롭다.

측에 말하기를, (몸에 문채가 있는) 공작과 (질서 있게 날아가는) 기러기의 거동이라는 것은 본받을 수 있다는 것이다.

虞曰, 鴈飛成行, 孔雀亦成行也. 光謂, 孔雀有文章, 鴈有行序, 皆威儀之象. 階譬進而登位也. 四爲下祿而當晝, 君子居位以臨其民, 有威可畏, 有儀可象, 其下畏而愛之, 則而象之. 是以政敎不肅而成, 不嚴而治也.

우번(虞翻)은 말하기를 "기러기는 날면서 항열(行列)을 이루고, 공작도 항렬을 이룬다"[104]라고 하였다. 사마광은 생각하기를 "공작은 (빛나는) 무늬가 있고 기러기는 항열에 순서가 있으니 모두가 위의(威儀)의 상이다. 계단은 나아가 지위에 오르는 것을 견준 것이다. 사(四)는 하록(下祿)이 되나 낮에 해당하니, 군자가 지위에 있음으로써 그 백성에게 임하면 위엄이 있어 두려할만 하고, 위의가 있어 본받을 만 하니, 그 아래는 두려워하면서 사랑하고 법칙으로 삼아서 본받는다. 이 때문에 정치와 교화가 엄숙하지 않아도 이루어지고, 엄하지 않아도 다스려지는 것이다"라고 하였다.

▌次五 : 懷其違, 折其匕, 過喪錫九矢. 測曰 : 懷違折匕, 貶其祿也.

차오는, 마음에 사악한 것을 생각하고 그 (禮器 인) 수저를 꺾으니, (행동이) 잘못되어 (선왕이) 준 아홉 개의 화살을 잃어버렸다.[105]

. . . .

103 역주 : 『춘추좌씨전』「昭公五年」, "禮之本末, 將於此乎在, 而屑屑焉習儀以亟." 참조.

104 역주 : 虞翻은 "雁飛成列, 亦成行, 故可法則也."라고 주석한 적이 있다. 虞翻(164年~233年)의 자는 仲翔. 삼국시대 東吳의 경학자면서 정치가다.

105 역주 : '違'는 사악한 것이다. '匕'는 '匙'로서, 제사에 사용하는 그릇이다. '錫九矢'는 천자가 대신을 예우하여 기물을 통해 부여한 권력이다. 이 구절은, 마음속으로 부정한 것을 품고 행동하여, 예를 잃고 그 잘못된 것이 이와 같으니, 반드시 군주의 지위를 잃게 된다는 것이다. 이 뜻은 『주역』「단전」, "不喪匕鬯, 出可以守宗廟

428 태현집주

측에 말하기를, 마음에 사악한 것을 생각하고 그 (禮器 인) 수저를 꺾었다는 것은 천자의 녹위(祿位)를 폄하한다는 것이다.

王本過喪錫九矢作過彎錫. 今從諸家. 范小宋本貶其祿作貶天祿, 王本作敗其祿. 今從宋陸本. (闕)
왕애본에 과상석구시(過喪錫九矢)가 과창석(過彎錫)으로 되어 있다. 지금 제가의 판본을 따른다. 범망본, 송유간본에는 폄기록(貶其祿)이 폄천록(貶天祿)으로 되어 있고, 왕애본에는 패기록(敗其祿)으로 되어 있다. 지금 송충본, 육적본을 따른다. 해설이 빠졌다.

▋次六：魚鱗差之, 乃大施之, 帝用登于天. 測曰：魚鱗差之, 貴賤位也.
차육은, 물고기의 비늘이 들쑥날쑥하게 차이가 있는 것처럼 예를 제정해 (귀천의 순서가 어지럽지 않게 하여) 크게 베푸니, 제왕이 사용하여 하늘로 올라갔다.
측에 말하기를, 물고기의 비늘이 들쑥날쑥하게 차이가 있다는 것은 귀하고 천한 것이 각각 제자리에 있는 것이다.

范小宋本大作矢. 今從宋陸王本. 六爲極大而當晝, 君子制禮使貴賤有序, 差若魚鱗. 執此道而大施之于天下, 天下莫不治也. 帝者用此則可以格于皇天矣.
범망본, 송유간본에는 대(大)가 시(矢)로 되어 있다. 지금 송충본, 육적본, 왕애본을 따른다. 육(六)은 지극히 큰 것이 되고 낮에 해당하니, 군자가 예를 제정하여 귀하고 천한 이로 하여금 질서가 있게 하니, (이처럼 질서가 있는 것이) 들쑥날쑥한 것이 물고기의 비늘과 같다. 이 도를 잡아 크게 천하에 베풀면 천하가 다스려지지 않는 것이 없다. 제왕이 이것을 사용하면 (『書經』「君誥」

社稷, 以爲祭主也"와 관련이 있다.

에서) 말하듯이 황천(皇天)에 이를 수 있다.[106]

次七 : 出禮不畏, 入畏. 測曰 : 出禮不畏, 人所棄也.

차칠은, 예를 벗어나도 두려워하지 않으니, (형벌과 같이) 두려워한 것에 들어
간 것이다.

측에 말하기를, 예를 벗어나도 두려워하지 않다는 것은 사람들이 버린 것이다.

七爲禍始而當夜, 小人踰越禮法而不顧者也. 由其不畏, 所以入畏, 謂陷刑
戮也. 書曰, 弗畏, 入畏.

칠(七)은 화(禍)의 시(始)가 되고 밤에 해당하니, 소인이 예법을 뛰어넘어 돌아
보지 않은 것이다. 그 두려워하지 않기 때문에 두려워하는 곳으로 들어갔다는
것은, 형벌에 빠진 것을 이른다. 『서경』「주관(周官)」에 "두려워하지 않으면,
두려워할 곳에 들어간다"[107]라고 하였다.

次八 : 冠戚胝, 履全履. 測曰 : 冠戚履賤, 不可不上也.

차팔은, 관이 부서졌지만 머리에 써야 하고, 신발이 (온전하더라도) 발에 신어
야 한다.

측에 말하기를, 관이 부서지고 천한 것을 밟았다는 것은 높이지 않으면 안
된다는 것이다.[108]

二宋陸王本全作金. 今從范本. 宋陸本測曰, 冠戚履賤,[109] 不可不正也. 范

· · · · · · · · · · · · · · · · · · ·

106 역주 : 『서경』「君誥」, "格于皇天." 참조.
107 역주 : 『서경』「周官」, "寵思危, 罔不惟畏, 弗畏, 入畏." 참조.
108 역주 : 이 구절은, 상하 존비가 각각 그 위의가 있으니, 능멸하거나 넘어서서는
     안된다는 것이다.
109 劉韶軍 點校 : '戚'은 명초본에는 '七'로 되어 있다. 이것은 대전본, 도장본, 장사호
     본에 의거해 고쳤다.

本冠爲胐, 明不可上也. 王本冠威胐, 不可不上也.[110] 今從小宋本. 范曰, 戚胐以諭敗也. 冠雖敗, 宜加之首, 履雖全, 宜踐之足.[111] 光謂, 八在上體而爲禍中, 冠敗之象也. 當日之晝, 故下不能陵也. 故曰, 不可不上也.

송충본, 송유간본, 육적본, 왕애본에서는 전(全)이 금(金)으로 되어 있다. 지금 범망본을 따른다. 송충본, 육적본에는 "측왈, 관척리천, 불가부정야(測曰, 冠戚履賤, 不可不正也)"로 되어 있다. 범망본에 "관위주, 명불가상야(冠爲胐, 明不可上也)"로, 왕애본에는 "관위주, 불가불상야(冠威胐, 不可不上也)"로 되어 있다. 지금 송충본을 따른다. 범망은 말하기를 "척주(戚胐)로 부서진다(敗)는 것을 비유한 것이다. 관이 비록 부서졌어도 마땅히 머리에 써야 하고,[112] 신발이 비록 온전하더라도 마땅히 발에 신어야 한다"라고 하였다. 사마광은 생각하기를 "팔(八)은 상체에 있고, 화(禍)의 중(中)이 되고, 관이 부서진 상으로, 하루의 낮에 해당한다. 그러므로 아래에서는 능멸할 수 없다. 그러므로 "높이지 않으면 안 된다'라고 했다"라고 하였다.

■上九 : 戴無首, 焉用此九. 測曰 : 無首之戴, 焉所往也.

상구는, (上九는 최상으로 높아 위험하니, 비유하면) 관을 쓸 머리가 없는 것과 같으니, 어찌 이 구(九)를 쓸 수 있겠는가?

측에 말하기를, 관을 쓸 머리가 없다는 것은 어디에 갈 곳이 있겠는가 하는 것이다.[113]

焉, 于虔切. 九, 陽之盛也. 禮主卑讓, 故雖天子必有尊也. 九爲亢極而當

----

110 劉韶軍 點校 : 왕애본에 '不上也'에 이르는 열글자는 명초본에는 없다. 이것은 대전본, 도장본, 장사호본에 의거해 고쳤다.
111 劉韶軍 點校 : '踐'은 명초본에는 '賤'으로 되어 있다. 이것은 대전본, 도장본, 장사호본에 의거해 고쳤다.
112 역주 : '冠'은 미미하더라도 존귀한 것이므로 능멸해서는 안된다는 것이다.
113 역주 : 이 구절은, 九는 最上에 있으므로 首라고 하는데, 極上이면 전복되고 지극히 성하면 쇠하고, 쇠하면 失位하여 나아가 바가 없으므로 '無首'라고 한 것이다. 즉 성대한 지위를 이미 잃으니 어찌 이 九를 쓰겠는가? 하는 것이다.

夜, 上無所戴, 高而必危. 譬如戴冠而無首, 焉用此盛極之位哉.

언(焉)은 우(于)와 건(虔)의 반절이다. 구(九)는 양(陽)의 성대함이니, 예는 낮추고 사양하는 것을 주로 삼는다. 그러므로 비록 천자라도 반드시 높이는 것이 있다. 구(九)는 올라간 것이 지극한 것이고 밤에 해당하니, 위에 이을 것이 없고 높아서 반드시 위태롭다. 비유컨대 관을 이고 있지만 머리가 없는 것과 같으니, 어찌 이 성대함이 지극한 지위를 쓰겠는가?

二方三州二部一家.

2방, 3주, 2부, 1가다.

逃

도(逃)

陽家, 金, 準遯,

도수(逃首)는 양가(陽家)이고, (5행에서는) 금(金)이며, 『주역』「둔괘(遯卦)」에 준한다.[114]

▌陰氣章彊, 陽氣潛退, 萬物將亡.

음기는 밝고 크며, 양기는 숨고 물러나니, 만물은 장차 도망한다.[115]

· · · · · · · · · · · · · · · · · ·

114 역주 : 「玄錯」에서는 "逃, 有避."라고 한다. 『주역』「서괘전」에서는 "遯者, 退也"라고 한다. 물러나 은거하는 것이 '遯'으로서, 은퇴하여 피세한다는 것이다. 『周易集解』에서는 鄭玄의 주석인 "遯者, 逃去之名也."를 인용하고 있다.

115 역주 : 이 구절은, 이 때는 양기가 날로 쇠하고 음기가 날로 성하여 밝게 빛나고 강대해지니, 만물이 음에게 손상을 입을까 두려워하여 모두 피하고 도망가고자 한다는 것이다.

宋曰, 謂萬物與陽盛衰者也. 次于七分消卦爲遯, 微陰在內欲出地矣. 王曰, 章, 明. 彊, 大.

송충은 말하기를 "만물은 양과 성대하고 쇠약해지는 것을 함께 한다. 7분 소괘(消卦)에 머무르는 것이 둔(遯)이 되니, 미세한 음이 안에 있으면서 땅으로 나가고자 한다"라고 하였다. 왕애는 말하기를 "장(章)은 밝다(明)는 뜻이고, 강(彊)은 크다(大)는 것이다"라고 하였다.

▌初一：逃水之夷, 滅其創迹. 測曰：逃水之夷, 迹不創也.

초일은, (군자는 아직 움트기 전에 화(禍)를 피하고, 상이 나타나기 전에 악에서 도망하여) 평평한 물로 달아나서 그 처음의 흔적을 없앤다.[116]

측에 말하기를, (군자는 아직 움트기 전에 화(禍)를 피하고, 상이 나타나기 전에 악에서 도망하여) 평평한 물로 달아난다는 것은 흔적이 만들어지지 않는다는 것이다.

一爲思始而當晝, 君子避禍于未萌, 逃惡于未形, 用之于思慮之初, 入不見其迹,[117] 則患難何由及焉. 譬如避逃于水中,[118] 水從而平夷其創迹, 皆令人不能見其際也.[119]

일(一)은 사(思)의 시(始)가 되고 낮에 해당하니, 군자가 아직 움트기 전에 화(禍)를 피하고, 형이 나타나기 전에 악에서 도망하고, 사려의 처음에 써서 그의 자취를 드러내지 않는다면, 근심과 어려움이 어디에서 말미암아 미치겠는가? 비유컨대 물속으로 도망하여 피하니, 물이 따라서 그 처음 자취를 평평하

• • • • • • • • • • • • • • • • • •

116 역주 : '夷'는 '평평하게 한다(平)'는 것이다. 물에 도망가니 물이 평형하여 그 도망간 흔적을 없앤다는 것이다. 이 구절은, 군자가 화가 일어나기 전에 도피하면 그 종적을 볼 수 없다는 것이다.

117 劉韶軍 點校 : '平'은 명초본에는 '爭'으로 되어 있다. 이것은 대전본, 도장본에 의거해 고쳤다.

118 劉韶軍 點校 : '譬'는 명초본에는 없다. 이것은 도장본, 장사호본에 의거해 고쳤다.

119 劉韶軍 點校 : '令'은 명초본에는 '合'으로 되어 있다. 이것은 장사호본에 의거해 고쳤다.

게 하여, 모두 사람들로 하여금 그 가장자리를 보지 못하게 하는 것이다.

▌次二：心偔偔, 足金舄, 不志溝壑. 測曰：心偔偔, 義不將也.

차이는, (소인은 화(禍)가 이르는 것을 보고) 마음으로 조심하고 조심하지만, (그 寵祿만을 생각해) 발을 무겁게 하면서 봇도랑이나 구렁이 발아래에 있는 것에 뜻을 두지 않았다.

측에 말하기를, (소인은 화(禍)가 이르는 것을 보고) 마음으로 조심하고 조심한다는 것은 의로운 것을 행하지 못한 것이다.

范本偔作惕, 王本作偬, 云古惕字. 今從二宋陸本. 宋陸金作含,**120** 王本作望. 今從范小宋本. 偔亦古惕字. 宋曰, 將, 行也. 不能以義斷心而行也. 光謂, 金者堅固之象也. 二爲思中而當夜, 小人雖睹禍之將至, 惕惕而懼, 不能以義自斷, 懷其寵祿, 滯留不去, 不知溝壑在于足下, 俄則顚躓也. 孔子曰, 見義不爲無勇也. 故曰義不將也.

범망본에 척(偔)은 척(惕)으로 되어 있고 왕애본에는 척(偬)으로 되어 있는데, 옛날에는 척(惕)자라고 말한다. 지금 송충본, 송유간본, 육적본을 다른다. 송충본, 육적본에는 금(金)이 함(含)으로 되어 있고, 왕애본에는 망(望)으로 되어 있다. 지금 범망본, 송유간본을 따른다. 척(偔)또한 옛날 척(惕)자다. 송충은 말하기를 "장(將)은 행한다(行)는 것이니, 의로움으로써 마음을 결단하여 행할 수 없다는 것이다"라고 하였다. 사마광은 생각하기를 "금(金)이란 견고한 상이다. 이(二)는 사(思)의 중(中)이 되고 밤에 해당하니, 소인은 비록 화(禍)가 장차 이르는 것을 보고 벌벌 떨면서 두려워하더라도 의로움으로 스스로 결단할 수 없고, 그 총애와 녹봉만을 생각하여 지체하면서 떠나지 못하니, 봇도랑과 구렁이 발아래에 있는 것을 알지 못하여 갑자기 넘어지게 된다. 공자는 '의를 보고도 하지 아니하는 것은 용맹이 없는 것이다'**121**라고 하였다. 그러므로 '의

· · · · · · · · · · · · · · · · · ·

120 劉韶軍 點校 : '金作'은 명초본에는 '作金'으로 되어 있다. 이것은 대전본, 도장본에 의거해 고쳤다.

121 역주 : 『논어』「爲政」, "子曰, "非其鬼而祭之, 諂也. 見義不爲, 無勇也." 참조.

로운 것을 행하지 못한 것이다'라고 했다"라고 하였다.

▌次三 : 兢其股, 鞭其馬, 寇望其戶, 逃利. 測曰 : 兢股鞭馬, 近有見也.
차삼은, 안장을 양쪽 다리에 끼고, 그 말을 채찍질하는데, 도적이 (먼저 이르
러) 그 문을 바라보고 있으니, 도망치는 것이 이롭다.
측에 말하기를, 안장을 양쪽 다리에 끼고 그 말을 채찍질한다는 것은 도적이
가까이에서 보고 있다는 것이다.

范本望作聖. 今從諸家. 陳曰, 聖, 古望字. 宋曰, 近有見, 謂寇已近也. 光
謂, 三爲思終而當晝, 逃得其宜者也. 兢其股, 懼也. 鞭其馬, 欲速去也. 寇
望其戶, 患將至也. 當是時利于逃也.
범망본에는 망(望)이 망(聖)으로 되어 있다. 지금 제가의 판본을 따른다. 진점
은 망(聖)은 옛날의 망(望)자다. 송충은 말하기를 '가까이에서 보고 있다'라고
한 것은 도둑이 이미 가까이 한 것을 이른 것이다'라고 하였다. 사마광은 생각
하기를 "삼(三)은 사(思)의 종(終)이 되고 낮에 해당하니, 도망간 것이 그 마땅
함을 얻은 것이다. '안장을 양쪽 다리에 끼었다'라고 한 것은 두려운 것이다.
'그 말을 채찍질 한다'라고 한 것은 신속하게 떠나고자 함이다. '도적이 그 문을
바라보았다'라고 한 것은 근심이 장차 이른다는 것이다. 이때에 당해서는 도망
치는 것이 이롭다"라고 하였다.

▌次四 : 喬木維樅,[122] 飛鳥過之, 或止降. 測曰 : 喬木之鳥, 欲止則
降也.
차사는, 큰 나무가 위로 뻗어 무성하니, 나는 새가 지나치거나 혹은 그치고
머물렀다.

. . . .

122 劉韶軍 點校 : '樅'은 명초본에는 '樅'으로 되어 있다. 이것은 대전본, 도장본, 장사
호본에 의거해 고쳤다.

측에 말하기를, 큰 나무에 있는 새라는 것은 나는 것을 그치고 내려오고자
한 것이다.[123]

宋陸王本攙作樅. 今從范本. 或止降, 宋陸本作止之, 范本作或降. 今從王
本, 范曰, 上撩稱攙. 上撩之木鳥所不集, 故過之而去. 光謂, 攙, 長密之貌.
四爲下祿而當夜, 小人遯逃之志不堅, 遇美祿則止而不去, 故未免于患也.
송충본, 육적본, 왕애본에는 창(攙)이 종(樅)으로 되어 있다. 지금 범망본을
따른다. 혹지강(或止降)은 송충본, 육적본에는 지지(止之)로 되어 있고, 범망
본에는 혹강(或降)으로 되어 있다. 지금 왕애본을 따른다. 범망은 말하기를
"위가 돋아있는 것을 창(攙)이라 칭한다. 위 가 (무성하게) 돋아있는 나무에는
새가 모여들지 않는다. 그러므로 지나쳐서 간다"라고 하였다. 사마광은 생각
하기를 "창(攙)은 길면서 빽빽한 모양이다. 사(四)는 하록(下祿)이 되고 밤에
해당하니, 소인은 도망갈 뜻이 견고하지 못하여 만족할 만한 녹봉을 만나면
머무르고 떠나지 않는다. 그러므로 재난을 면하지 못한다"라고 하였다.

▌次五 : 見鷺踤于林, 獺入于淵, 征. 測曰 : 見鷺及獺, 深逃凶也.
차오는, 매[소인배가 수풀[조정]에 모이고, 수달[소인배]이 못[조정]으로 들어간
것을 보고 (화(禍)가 닥칠 것을 알고) 떠나간다.
측에 말하기를, 매와 수달을 보았다는 것은 깊숙이 숨어살며 재앙을 피한 것이다.

范本鷺作鵻,[124] 王本征作鷺. 今從二宋陸本. 王本征作利征. 今從宋陸范本.
鵻, 故隼字. 一本作鷹. 踤, 慈恤切. 宋曰, 鷺害鳥, 獺害魚. 吳曰, 踤, 蹢也.
光謂, 五爲中祿而當晝, 君子雖顯位, 食厚祿, 見小人用事于朝, 知其必爲

....
123 역주 : '攙'은 수목이 위로 뻗어 무성한 모양이다. 이 구절은, 날라서 도망가는 새
가 무성한 나무를 보면 내려오는데, 비유하면 사람이 도망가다가 이로운 것을
보고 곧 멈추면 재앙과 환난을 면하지 못한다는 것이다.
124 劉韶軍 點校 : '鵻'는 명초본에는 '준'으로 되어 있다. 이것은 대전본, 도장본, 장사
호본에 의거해 고쳤다.

禍亂, 則行而去之矣.

범망본에는 준(鵻)이 요(鷂)로 되어 있고 왕애본에는 로(鷺)로 되어 있다. 지금 송충본, 송유간본, 육적본을 따른다. 왕애본에 정(征)은 리정(利征)으로 되어 있다. 지금 송충본, 육적본, 범망본을 따른다. 준(鵻)은 옛날 준(隼)자다. 어떤 본에는 응(鷹)으로 되어 있다. 졸(踤)은 자(慈)와 휼(恤)의 반절이다. 송충은 말하기를 "매는 새를 해치고 수달은 물고기를 해친다"라고 하였다. 오비는 말하기를 "졸(踤)은 밟다(蹋)는 것이다"라고 하였다. 사마광은 생각하기를 "오(五)는 중록(中祿)이 되고 낮에 해당하니, 군자는 비록 현달한 지위에 있어 후한 녹봉을 받더라도 소인이 권력을 잡고 있는 것을 보면 반드시 화(禍)와 어지러움이 될 것을 아니 행하여 떠난다"라고 하였다.

▌次六 : 多田不婁, 費我膎功. 測曰 : 多田不婁, 費力亡功也.

차육은, 사냥을 많이 하는데 얽어맬 짐승이 잡히지 않아서, 나의 음식과 공로만 허비하였다.[125]

측에 말하기를, 사냥을 많이 하는데 얽어맬 짐승이 잡히지 않았다는 것은 힘만 소비하고 공로가 없다는 것이다.

宋陸本費作會. 今從范王本. 膎, 戶佳切. 范曰, 孰食曰膎. 王曰, 六居過滿, 失位當夜, 不得處逃之宜. 若田于多田而不婁理之,[126] 徒費食與功而無益也. 光謂, 六爲上祿, 爲盛多, 爲極大而當夜, 小人德薄位尊, 力小任重, 雖有盛大之資業, 不能修治, 賢者皆棄之而逃, 徒費食力, 安得成功也.

송충본, 육적본에는 비(費)가 회(會)로 되어 있다. 지금 범망본, 왕애본을 따른다. 해(膎)는 호(戶)와 가(佳)의 반절이다. 범망은 말하기를 "익힌 음식을 해(膎)라고 한다"라고 하였다. 왕애는 말하기를 "육(六)은 지나치게 가득찬 곳에

....
125 역주 : '田'은 '田獵(=佃獵)'이다. 이 구절은, 수렵을 자주하지만 포획하는 것이 없어, 나의 음식과 힘만 소비한다는 것이다.
126 劉韶軍 點校 : '婁'는 명초본에는 '樓'로 되어 있다. 이것은 대전본, 도장본, 장사호본에 의거해 고쳤다.

있어 지위를 잃고 밤에 해당하니, 도망칠 곳이 마땅한 곳을 얻지 못한 것이다. 이것은 사냥을 많이 하는데, 그 사냥감이 잘 잡히지 않아 쓸데없이 음식과 공로만 소비하고 이익이 없는 것이다'라고 하였다. 사마광은 생각하기를 "육(六)은 상록(上祿)이 되고, 성대함이 많고, 지극히 큰 것도 되지만 밤에 해당하니, 소인이 덕은 엷고 지위는 높으며, 힘은 적고 맡은 것은 무거워서, 비록 크게 성대한 재물과 사업을 두었더라도 닦아 다스릴 수 없고, 어진 이들은 모두 버리고 도망쳐 쓸데없이 음식과 힘만 소비하니, 어찌 공을 이룰 수 있겠는가?'라고 하였다.

▌次七 : 見于纍, 後乃克飛. 測曰 : 見于纍, 幾不足高也.

차칠은, (새가) 묶인 것[禍를 당한 것]을 본 후에 이에 날아갈 수 있었다.[127] 측에 말하기를, 묶인 것[禍를 당한 것]을 보았다는 것은 (요행스럽게 화(禍)를 면했지만) 거의 높이 올라가지는 못한 것이다.

幾, 音畿. 宋曰, 幾, 近也. 已見纍索, 僅然得免, 此用明近也. 王曰, 逃難之時, 而七居禍始, 逃而後時者也. 故見于纍. 然得位當晝, 能保終吉. 故後乃克飛, 免其患也. 君子雖見縻綴, 然亂邦不居, 終當自引遠去, 故曰後乃克飛也.

기(幾)는 음이 기(畿)다. 송충은 말하기를 "기(幾)는 가깝다(近)는 것이다. 이미 줄에 묶인 것을 보고 겨우 면함을 얻으니, 이것은 밝은 것을 사용하여 가까이 한 것이다"라고 하였다. 왕애는 말하기를 "도망하기 어려운 때인데 칠(七)은 화(禍)의 시(始)에 있으니, 도망쳤으나 때를 놓친 것이다. 그러므로 '묶인 것을 보았다'라고 하였다. 그러나 지위를 얻고 낮에 해당하니, 끝내 길한 것을 보존할 수 있다. 그러므로 '후에 이에 날아갈 수 있었다'는 것은, 그 근심을 면한 것이다. 군자는 비록 얽혀 이어지는 것을 보더라도 어지러운 나라에 살

••••••••••••••••••••
127 역주 : '纍'는 '소를 맨다'는 것이다. 『春秋公羊傳』 「昭公25年」 "牛馬維纍."라는 말이 나오는데, 何休는 "繫馬曰維, 繫牛曰纍."라고 주석한다. 이 구절은, 화가 오는 것을 보면, 스스로 이끌고 멀리 가서 화를 면해야 한다는 것이다.

지 않고,[128] 마침내 마땅히 스스로 이끌고 먼 곳으로 떠난다. 그러므로 '후에 이에 날아갈 수 있다'라고 했다'라고 하였다.

▌次八 : 頸加于矰, 維翎其繩. 測曰 : 頸加維翎, 毋自勞也.

차팔은, 목에 주살이 꿰어지고, 날개가 그 줄에 매여 도망갈 수 없다.
측에 말하기를, 목에 주살이 꿰어지고, 날개가 그 줄에 매였다는 것은 스스로 (도망가고자 하는) 수고로운 짓을 하지 말라는 것이다.[129]

王曰, 翎與翼同. 八失位當夜, 不能避患, 故首加于矰. 雖鼓翼于繩罔之中, 終無克飛之理. 光謂, 矰, 弋射之矢也. 八爲禍中而當夜, 不能遯逃遠禍, 矰已加于頸矣. 雖復奮翼挈曳其繩, 安得去哉. 徒自勞也.

왕애는 말하기를 "익(翎)은 익(翼)과 같다. 팔(八)은 지위를 잃고 밤에 해당하니, 환난을 피할 수 없다. 그러므로 머리에 주살을 가한 것이다. 비록 그물 안에서 날개를 치더라도 끝내 날아갈 수 있는 도리가 없다'라고 하였다. 사마광은 생각하기를 "증(矰)은 주살이 쏜 화살이다. 팔(八)은 화(禍)의 중(中)이 되고 밤에 해당하니, 도망가 화(禍)를 멀리할 수 없으니, 주살이 이미 목에 가해진 것이다. 비록 다시 분기하여 그 먹줄을 끌고 날갯짓을 해보지만 어떻게 떠날 수 있겠는가? 쓸데없이 스스로 수고로울 뿐이다'라고 하였다.

▌上九 : 利逃趼趼, 盜德嬰城. 測曰 : 盜德嬰城, 何至逃也.

상구는, 발이 견고해 도망하는데 이로웠지만, 도둑이 성을 흔들어 점령해 도망갈 수가 없다.
측에 말하기를, 도둑이 성을 흔들어 점령했다는 것은 어찌 도망감에 이르겠는

....

128 역주 : 『논어』 「泰伯」, "子曰, "篤信好學, 守死善道. 危邦不入, 亂邦不居."라는 말이 나온다.
129 역주 : '矰'은 『설문』에서는 "弋謝矢也."라고 한다. '維'는 '맨다는 것[繫]'이다.

가 하는 것이다.[130]

王本作德盜, 小宋本作盜得. 今從宋陸范本. 陳曰, 骿, 音骈, 又蒲賢切. 字
書, 骿胝, 皮堅也. (闕)

왕애본에는 덕도(德盜)로 되어 있고, 송유간본에는 도득(盜得)으로 되어 있다.
지금 송충본, 육적본, 범망본을 따른다. 진망은 말하기를 "병(骿)은 음이 병
(骈)이고, 또 포(蒲)와 현(賢)의 반절이다.[131] 『자서(字書)』에서 변지(骿胝)라
한 것은 피부가 단단한 것(皮堅)이다"라고 하였다. 해설이 빠졌다.

<hr>

130 역주 : '嬰'은 '흔든다[攖]'는 것인데 혹은 '휘감아 올라감[纏繞]'으로 해석된다. '덕'
    은 '얻는다[得]'라는 것으로도 해석된다. '盜德嬰城'은 '德'을 '得'으로 본다면, '도둑
    이 성을 흔드는 것을 얻었'라고 해석된다. 덕을 그냥 덕으로 본다면, '덕을 훔치
    고 성을 흔들었다'는 것으로 해석된다. 전자를 따라 해석하면, 이 구절은, 발은
    견고하여 가는데 이롭지만, 도둑이 이미 성을 점거하여 도망갈 길이 없으니, 도망
    가고자 해도 도망갈 수 없다는 것이다.
131 역주 : '骿'은 '굳은살인 못'(주로 손바닥이나 발바닥에 생기는 단단하게 굳은 살)
    이라 할 때는 '변'이라 발음하고, '힘차게 내달린다'고 할 때는 '병'이라 발음한다.
    『태현경』 주석에서는 骿은 '병'으로도 발음되지만, 때론 반절로 '편'으로 발음하라
    고 한다.

▦ 二方三州二部二家

2방, 3주, 2부, 2가다.

唐

당(唐)

陰家, 土, 準遯. 陸曰, 唐蕩天下皆遯也. 遯亦蕩蕩也. 光謂, 唐猶蕩蕩無拘
檢, 有喪失之意也.

당수(唐首)는 음가(陽家)이고, (5행에서는) 토(土)이고, 『주역』「둔괘(遯卦)」에
준한다.[132] 육적은 "넓고 넓은 천하가 모두 둔(遯)이니, 둔은 넓고 넓다"라고
하였다. 사마광은 생각하기를 "당(唐)은 넓고 넓어 구속하는 것이 없는 것과
같으니, 상실하는 뜻이 있다"라고 하였다.

▍陰氣茲來, 陽氣茲往, 物且盪盪.

음기는 더욱 오고 양기는 더욱 가니, 만물은 (凋落하여) 텅텅 비었다.

· · · · · · · · · · · · · · · · · · ·

132 역주 : 『玄錯』에서는 "唐蕩蕩."이라고 한다. 즉 '唐'은 구속하는 것도 체류하는 것
도 없어 '遯'의 의미를 함유하고 있다.

宋曰, 玆, 益也. 蕩蕩, 空盡之貌也.

송충은 말하기를 "자(玆)는 더욱(益)이고, 탕탕(蕩蕩)은 빈 것이 다한 모습이
다"라고 하였다.

■初一 : 唐于內, 勿作屬. 測曰 : 唐于內, 無執守也.

초일은, 안을 넓게 하고, 위태로움을 일으키지 말라.
측에 말하기를, 안을 넓게 한다는 것은 잡아 지킬 것이 없다는 것이다.[133]

一爲思初而當夜, 內無所守, 動則危矣.

일(一)은 사(思)의 처음이 되고 밤에 해당하니, 안에서 지키는 바가 없어 움직
이면 위태롭다.

■次二 : 唐處冥, 利用東征. 測曰 : 唐冥之利, 利明道也.

차이는, (마음이) 넓지만 어두운 곳에 처하였으니, (태양이 떠오르는 밝은) 동
쪽으로 가는 것을 씀이 이롭다.
측에 말하기를, (마음이) 넓지만 어두운데 가는 것이 이롭다는 것은 도를 밝히
는 것이 이롭다는 것이다.[134]

冥, 昧也.[135] 東者日所出也. 二爲思中而處下體之內, 故曰, 唐處冥. 言其
中心蕩蕩, 迷所適也. 然當日之晝, 君子能求明道以自進者也.

명(冥)은 어둡다(昧)는 것이다. 동(東)은 태양이 나오는 곳이다. 이(二)는 사

....

133 역주 : 이 구절은, 一은 思의 시(始)가 되니, 텅 비어 지킬 것이 없고 사려도 익지
    않았기에 움직이면 위태로움이 있다는 것이다.
134 역주 : '東征'은 '밝은 곳을 향한다'는 것이다. 이 구절은, 심사가 어둡지만 오히려
    스스로 나아갈 수 있어, 밝은 도를 구하면 이롭다는 것이다.
135 劉韶軍 點校 : '也'는 명초본에는 '者'로 되어 있다. 이것은 대전본, 도장본, 장사호
    본에 의거해 고쳤다.

(思)의 중(中)이 되고 하체의 안에 처해있다. 그러므로 "넓지만 어두운 곳에 처하였다"라고 하였다. 그 마음이 넓고 넓어 간 곳에 미혹됨이 있는 것을 말한 것이다. 그러나 하루의 낮에 해당하니, 군자는 밝은 도를 구하여 스스로 나아갈 수 있다.

▌次三 : 唐素不貞, 亡彼瓏玲. 測曰 : 亡彼瓏玲, 非爾所也.

차삼은, 넓지만 본디 바르지 않으니, 저 영롱한 옥의 본성을 잃었다.

측에 말하기를, 저 영롱한 옥의 본성을 잃었다는 것은 네가 잘 할 수 있는 것이 아니라는 것이다.[136]

王曰, 瓏玲, 玉聲也.(闕)

왕애는 말하기를 "롱령(瓏玲)은 옥의 소리다"라고 하였다. 해설이 빠졌다.

▌次四 : 唐無適, 道義之辟. 測曰 : 唐無適, 惟義予也.

차사는, 넓지만 (반드시 그렇다고) 긍정하는 것이 없으니, 도의의 법[혹은 군주]이다.

측에 말하기를, 넓지만 (반드시 그렇다고) 긍정하는 것이 없다는 것은 오직 의만을 허락한다는 것이다.[137]

· · · · · · · · · · · · · · · · · ·

136 역주 : 범망은 "瓏玲, 金玉之聲也 … 三爲木, 木者樸素, 故亡聲也 … 瓏玲之聲, 非木所能."라 주석한다.

137 역주 : '唐'은 「玄衝」에서는 "唐, 公而無欲."이라고 한다. '適'은 긍정하는 것으로 보기도 하고, 다른 의미로는 '適'은 '嫡'과 같다고 보아, 친근하게 대하고 후대한다는 뜻으로도 본다. '辟'은 『說文』에서는 "法也."라고 한다. 이렇게 되면 '道義之法'은 '도의로 법을 삼는다'라고 해석된다. 벽을 '법'으로 보는 해석을 취하면, 이 구절은, 군자는 평소에 공적이면서 사욕이 없고, 원근과 친소를 구분하지 않고 모두 도의로서 법을 삼고, 도의가 있는 사람이면 친근하게 대하기에 오직 의만을 허여한다는 것이 된다.

適, 丁歷切, 下同. 辟, 必益切. 予, 余呂切.[138] 王曰, 四得位當晝, 得唐之宜, 蕩蕩然無適無莫, 惟以道義爲辟, 知所之往, 唐之美也. 辟, 君也. 光謂, 適, 必然也. 四爲條暢而當晝. 孔子曰, 君子之于天下也, 無適也, 無莫也, 義之與比. 故曰, 道義之辟, 言其最尊高也.

적(適)은 정(丁)과 력(歷)의 반절이니, 아래도 같다. 벽(辟) 필(必)과 익(益)의 반절이다.[139] 여(予)는 여(余)와 여(呂)의 반절이다. 왕애는 말하기를 "사(四)는 지위를 얻고 낮에 해당하니, 당(唐)의 마땅함을 얻어 넓고 넓어 긍정하는 것도 없고 부정하는 것도 없고 오직 도의로써 군주를 삼아서 갈 바를 아니, 당수(唐首)의 아름다움이다. 벽(辟)은 군주(君)이다"라고 하였다. 사마광은 생각하기를 "적(適)은 반드시 그러하다(必然)는 것이다. 사(四)는 조리가 밝고 분명한 것이 되고 낮에 해당하니, 공자는 『논어』「이인(里仁)」에서 "군자는 천하에서 긍정하는 것도 없고[無適], 부정하는 것도 없고[無莫], 오직 의만을 좇아 행할 따름이다"라고 하였다. 그러므로 '도의의 군주'란 그 가장 존엄하고 높은 것을 말한 것이다"라고 하였다.

▌次五 : 奔鹿懷鼶, 得不訾. 測曰 : 奔鹿懷鼶, 不足功也.

차오는, 사슴[賢者]이 달아나자 생쥐[不肖子]를 획득하니, 얻었지만 재물이 되지 않았다.

측에 말하기를, 사슴이 달아나자 생쥐를 획득하였다는 것은 공이 되기에 부족한 것이다.[140]

· · · · · · · · · · · · · · · ·

138 劉韶軍 點校 : '予余呂切'은 명초본에는 '子益諸切'이라 되어 있다. 이것은 대전본, 도장본, 장사호본에 의거해 고쳤다.

139 역주 : '辟[bì]는 必[bì]와 益[yì]의 반절로 하라는 것이다. 즉 '辟'은 '군주' 혹은 '법'이라 할 때는 '벽'으로, '피한다'고 할 때는 '피' 등으로 발음되는데, 여기서는 '벽'으로 발음하라는 것이다.

140 역주 : '鹿'은 '현자'를 비유하고, '鼶'는 '불초한 자'를 비유한다. '懷'는 '夾'으로도 해석된다. 이 구절은, 현자는 도망하고 불초자가 오니(혹은 불초자를 마음에 품으니), 재물이 되지 않아 잃은 것을 보상할 수 없기에 무엇으로써 공을 삼겠는가 하는 것이다.

范王本不足功作奚足孔. 今從宋陸本. 吳曰, 齁, 戶谿切, 小鼠也. 王曰, 五當盛位, 當首主而失位當夜, 無君之德, 蕩然無守, 迷于利害之饗, 逐鹿而奔, 又齁鼠是顧, 則其所得不足以爲資. 訾與資同.

범망본, 왕애본에 부족공(不足功)은 해족공(奚足孔)으로 되어 있다. 지금 송충본, 육적본을 따른다. 오비는 말하기를 "혜(齁)는 호(戶)와 계(谿)의 반절로서, 생쥐(小鼠)다"라고 하였다. 왕애는 말하기를 "오(五)는 성대한 지위에 해당하고 수(首)의 주인에 해당하나, 지위를 잃고 밤에 해당하니, 군주의 덕이 없고 탕연하게 지키는 것도 없어, 이해를 가리는 향연에 미혹되어 사슴을 쫓았으나 달아나고 또 생쥐를 이에 돌아보니, 그 얻는 것이 도움이 될 수 없다는 것이다. 자(訾)는 재물(資)과 같다"라고 하였다.

▌次六：唐不獨足, 代天班祿. 測曰：唐不獨足, 無私容也.

차육은, 넓어 사사롭지 않고 홀로 만족함을 구하지 않으니, 하늘을 대신하여 녹봉을 고르게 나누었다.

측에 말하기를, 넓어 사사롭지 않고 홀로 만족함을 구하지 않는다는 것은 사사로움을 용납함이 없다는 것이다.[141]

王曰, 得位當畫, 爲唐之主. 蕩然無私, 不求獨足, 與天下同美其利, 故可代天班祿, 爲時明君. 處唐之美, 莫過是矣. 光謂, 六爲上祿, 爲盛多而當畫, 君子不獨享天祿, 與天下賢俊共之也.

왕애는 말하기를 "지위를 얻고 낮에 해당하고 당수(唐首)의 주인이 되니, 넓어 사사로움이 없고 홀로 만족함을 구하지 않고 천하 사람들과 더불어 그 이로움을 아름답게 여겼다. 그러므로 하늘을 대신하여 녹봉을 고르게 나눌 수 있어 때의 명군이 되니, 당수(唐首)가 아름다움에 처하는 것이 이보다 더한 것이 없다"라고 하였다. 사마광은 생각하기를 "육(六)은 상록(上祿)이 되고, 성대함

....

141 역주 : 이 구절은, 홀로 복록을 누리지 않고, 백성들에게 두루 베풀고 천하와 더불어 함께하기에, 사사로움을 용납함이 없다는 것이다.

446 태현집주

이 되고 낮에 해당하니, 군자는 홀로 천록(天祿)을 누리지 않고 천하의 어진 준걸들과 함께 한다"라고 하였다.

▌次七 : 弋彼三飛, 明明于征, 終日不歸, 亡. 測曰 : 弋彼三飛, 適無 所從也.

차칠은, (한 번의 화살로) 날아가는 저 세 마리 새를 잡고자 하고, 해가 뜰 때부터 행하여 종일토록 돌아가는 것을 잊었지만, 얻는 것이 없다.

측에 말하기를, (한 번의 화살로) 날아가는 저 세 마리 새를 잡고자 한다는 것은 가도 좇는 바가 없다는 것이다.[142]

王曰, 居過滿而失位當夜, 不明于道, 自取危亡. 若一弋而求三飛, 無所適 從. 自明而行, 至暮忘返, 蕩然昏昧, 復何益矣. 光謂, 七爲失志而當夜, 小 人二三其德, 從此失彼, 蕩無所守, 徒自勞苦, 自幼至老, 終無所得者也.

왕애는 말하기를 "지나치게 가득 찬 곳에 있어 지위를 잃고 밤에 해당하니, 도에 밝지 못하여 스스로 멸망을 취하였다. 만약 (한 번의 화살로) 한 번 쏘아 날아가는 세 마리 새를 잡기를 구한다면, 좇는 배잡을 수가 없다는 것이다. 해가 뜰 때부터 행하여 저녁에 이르도록 돌아가는 것을 잊어, 탕연히 혼매한데 다시 무슨 이익이 되겠는가?"라고 하였다. 사마광은 생각하기를 "칠(七)은 뜻 을 잃은 것이 되고 밤에 해당하니, 소인이 그 덕을 이리저리 하여, 이곳을 따르다 저곳을 잃고, 넓기만 하고 지키는 바가 없어 쓸데없이 스스로 수고롭기 만 하니, 어려서부터 늙음에 이르기까지 끝내 얻은 바가 없는 것이다"라고 하였다.

· · · · · · · · · · · · · · · · · ·

142 역주 : 이 구절은, 한번 쏘고 나는 세 마리 새를 잡는 것을 구하니 잡을 수가 없고, 새벽 해가 뜰 때 出行하여 저녁이 되어도 돌아올 줄 모르니, 혼매한 것이 여기에 이르면 무슨 도움 되는 것이 있겠는가 하는 것이다. 그러므로 '가도 좇아 얻는 것이 없다'고 한 것이다. 비유하면 사람이 일을 행하는데, 도에 밝지 못하여 스스 로 생사존망의 위기를 취한다는 것이다.

▌次八：唐收祿, 社鬼輟哭, 或得其沐. 測曰：唐收祿, 復亡也.

차팔은, (사사롭지 않게) 넓게 녹봉을 걷으니, 사직의 귀신이 곡함을 그치고, 혹은 백성들은 그 윤택함에 목욕하는 것을 얻었다.

측에 말하기를, (사사롭지 않게) 넓게 녹봉을 걷었다는 것은 망한 것을 회복한 것이다.

復, 符目切, 下同. 王曰, 得位當晝, 善于處唐之道, 故能復收其祿. 光謂, 八爲禍中, 福祿已散, 然當日之晝, 能興衰起廢者也. 故曰, 唐收祿. 社稷之靈復得血食, 故輟哭. 民已枯悴而復蒙潤澤, 故曰或得其沐.

복(復)은 부(符)와 목(目)의 반절이니, 아래도 같다. 왕애는 말하기를 "지위를 얻고 낮에 해당하니, 당(唐)에 처한 도를 잘한 것이다. 그러므로 그 녹봉을 다시 거두어들일 수 있다"라고 하였다. 사마광은 생각하기를 "팔(八)은 화(禍)의 중(中)이 되고, 복록이 이미 흩어졌으나 하루의 낮에 해당하니, 쇠약함을 일으키고 쓰러진 것을 일으킬 수 있는 것이다. 그러므로 '넓게 녹봉을 거두었다'라고 하였다. 사직의 신령이 다시 피와 음식을 얻었기 때문에 곡함을 그쳤다. 백성들이 이미 말라 야위었으나 다시 윤택함을 입었다. 그러므로 '혹은 (백성들은) 그 윤택함에 목욕하는 것을 얻었다'라고 했다"라고 하였다.

▌上九：明珠彈于飛肉, 其得不復. 測曰：明珠彈肉, 費不當也.

상구는, (귀중한) 밝은 구슬로 (하찮은) 새를 쏘니, [잃은 귀중한 구슬은] 다시 얻을 수 없다.

측에 말하기를, (귀중한) 밝은 구슬로 (하찮은) 새를 쏘았다는 것은 마땅하지 않은 것에 소비한 것이다.

當, 丁浪切. 范曰, 飛肉, 禽鳥也. 珠至重, 鳥至輕, 以重求輕, 故不復也. 王曰, 九居亢極而失位當夜, 蕩蕩然闊于大數者也. 如以珠彈雀, 所得不復其所亡也. 光謂, 九爲禍極而當夜, 小人縱情極欲, 蕩然忘反者也.

당(當)은 정(丁)과 랑(浪)의 반절이다. 범망은 말하기를 "비육(飛肉)은 날짐승이다. 구슬은 지극히 귀중하고, 새는 지극히 가벼우니, 귀중한 것으로써 가벼운 것을 구한 것이다. 그러므로 (잃은 귀중한 구슬은) 다시 보상받을 수 없다"라고 하였다. 왕애는 말하기를 "구(九)는 올라간 곳이 지극한 것에 있고, 지위를 잃고 밤에 해당하니, 탕탕연하게 텅 비어서 큰 계획에 어두운 것이다. 이것은 마치 구슬로써 참새를 쏘는 것과 같으니, 그 얻은 것이 잃은 것을 다시 회복할 수 없다"라고 하였다. 사마광은 생각하기를 "구(九)는 화(禍)의 극(極)이 되고 밤에 해당하니, 소인이 제멋대로 정욕을 따라서 탕연하게 돌아오는 것을 잊은 것이다"라고 하였다.

二方三州二部三家

2방, 3주, 2부, 3가다.

常

상(常)

陽家, 水, 準恒. 入常次七二十三分二十六秒, 立秋氣應, 日次鶉尾, 斗建申
位, 律中夷則. 次九日舍翼.

상수(常首)는 양가(陽家)이고, (5행에서는) 수(水)이고,『주역』「항괘(恒卦)」에
준한다.[143] 상(常)은 차칠(次七) 23분 26초에서 들어가 입추(立秋)의 기와 응하
며, 태양은 순미(鶉尾)에 머물고, 두(斗)는 신위(申位)에 세우고, 율은 이칙(夷
則)에 맞춘다. 차구(次九)에서 태양은 익성(翼星)에 머문다.

▌陰以知臣, 陽以知辟, 君臣之道, 萬世不易.

음으로써 신하를 주재하고,[144] 양으로써 군주를 주재하니, 군주와 신하의 도는

. . . .

143 역주 :『설문』에서는 "恒, 常也."라고 한다.
144 역주 : 여기의 '知'는 '主宰한다'는 의미다.『주역』「繫辭傳上」1장에서는 "乾知大
      始."를 말하는데, 朱熹는『周易本義』에서 "知, 主也."라고 주석한다.『춘추좌씨

만세토록 바뀌지 않는다.

辟, 音璧. 宋曰, 辟, 君也. 此立秋之首也.[145] 秋承夏,[146] 天常之常, 故于是
時陰知爲臣, 陽知爲君. 光謂, 以秋承夏, 以陰承陽, 以臣承君之象也.
벽(辟)은 음이 벽(璧)이다. 송충은 말하기를 "벽(辟)은 군주다. 이것은 입추의
수(首)다. 가을이 여름을 잇는 것은 하늘의 떳떳한 떳떳함이다. 그러므로 이때
에 음이 신하됨을 주재하고, 양은 군주됨을 주재한다."라고 하였다. 사마광은
생각하기를 "가을로써 여름을 잇고, 음으로써 양을 잇고, 신하로써 군주를 잇
는 상이다"라고 하였다.

▌初一 : 戴神墨, 履靈式, 以一耦萬, 終不稷. 測曰 : 戴神墨, 體一形也.
초일은, 신비한 법[墨]을 지키고[戴], 신령한 법[式]을 실행하며[履], 하나를 상법
(常法)으로 삼아서 만 가지 변화에 응하니, 끝내 기울어지지 않았다.
측에 말하기를, 신비한 법을 지켰다는 것은 하나의 형[常法]을 몸으로 했다는
것이다.[147]

王吳皆云稷與庆同. 墨, 式皆法也. 神靈, 尊之也. 一爲思始而當晝, 君子之
心執一以爲常法, 應萬物之變, 終無虧庆也. 易曰, 天下之動, 貞夫一者也.
왕애와 오비는 모두 말하기를 "직(稷)은 측(庆)과 같다"라고 하였다. 묵(墨)과
식(式)은 모두 법이다. 신(神)과 령(靈)은 높인다는 것이다. 일(一)은 사(思)의
시(始)가 되고 낮에 해당하니, 군자의 마음은 하나를 잡아서 상법으로 삼아

....

전,「襄公」26년 조에서는 "子産其將知政矣."를 말한다.
145 劉韶軍 點校 : '首'는 명초본에는 '玄'으로 되어 있다. 이것은 대전본, 도장본, 장사
호본에 의거해 고쳤다.
146 劉韶軍 點校 : '承'은 명초본에는 '際'로 되어 있다. 이것은 대전본, 도장본, 장사호
본에 의거해 고쳤다.
147 역주 : '稷'은 '庆'으로서, '기울었다'는 것이다. 이 구절은, 군자가 하나를 잡고 항
상된 법으로 삼아 만물의 변화에 응하면, 끝내 기울어짐이 없다는 것이다. 『노자』
20장에는 "聖人抱一以爲天下式."이란 말이 있다.

만물의 변화에 응하니, 끝까지 이지러지거나 기울어지는 것이 없다. 『주역』
「계사전하」에서 말하기를 "천하가 움직이는 것은 하나를 바르게 하는 것이
다[148]"라고 하였다.

▌次二：內常微女, 貞厲. 測曰：內常微女, 不正也.

차이는, 비천한 여자의 몸으로 항상 궁중에 있으니, 바르더라도 위태롭다.[149]
측에 말하기를, 비천한 여자의 몸으로 항상 궁중에 있었다는 것은 바르지 않다
는 것이다.

王本作常內微, 誤也. 今從諸家. 王曰, 處常之時, 當正君臣夫婦之道. 二
失位當野, 是常以微賤之女處內, 不正之象, 且近于危, 故曰貞厲.

왕애본에 상내미(常內微)로 되어 있는데, 잘못된 것이다. 지금 제가의 판본을
따른다. 왕애는 말하기를 "상(常)의 때에 처하여 마땅히 군주와 신하와 지아비
와 지어미의 도를 바르게 해야 한다. 이(二)는 지위를 잃고 밤에 해당하니,
이것은 항상 미천한 계집으로써 안에 처한 것이니, 부정한 상이고 또 위태로움
에 가깝다. 그러므로 '바르더라도 위태롭다'고 했다"라고 하였다.

▌次三：日常其德, 三歲不食. 測曰：日常其德, 君道也.

차삼은, 태양의 운행이 매일 변함없이 일도(一度)씩 옮겨간다면,[150] 오랫동안
[三歲] 일식과 월식은 없다.[151]

· · · · · · · · · · · · · · · · · ·

148 역주 : 『주역』「계사전하」1장, "天地之道, 貞觀者也, 日月之道, 貞明者也, 天下之
動, 貞夫一者也." 참조.
149 역주 : '厲'는 '위태롭다'는 것이다.
150 역주 : 태양은 군주의 상이다.
151 역주 : '日常其德'은 태양의 운행이 매일 일도씩 옮겨 변해갔다는 말로서, 일식이
없다는 말이다. 달은 신하의 상이다. '不食'은 薄蝕하지 않는다는 것이다. 이 구절
은, 해가 날마다 그 덕[매일 1도씩 옮겨 변해가는 것]을 행하면 삼년동안 박식을
면할 수 있고, 군주가 항상 그 덕을 행하면 청명한 것이 해와 같다는 것이다.

측에 말하기를, 태양의 운행이 매일 변함없이 일도씩 이동해간다는 것은 군주의 도이다.

三爲自如而當晝, 日常其德, 故免薄蝕之災. 君常其德, 故無狂僭之咎.[152]
伊尹戒太甲作咸有一德.

삼(三)은 자연스러운 것이 되고 낮에 해당하니, 태양이 그 덕을 변치 않았기 때문에 박식(薄蝕)의[153] 화(禍)를 면하였다. 군주는 항상 그 덕에 떳떳하다. 그러므로 명령되고 참람(僭濫)한 허물이 없다. 은나라의 이윤(伊尹)은[154] 태갑(太甲)을[155] 경계하여 『서경』「함유일덕(咸有一德)」을 지었다.

■ 次四 : 月不常, 或失之行. 測曰 : 月不常, 臣失行也.

차사는, 달이 항상하지 않아 차기도 하고 이지러지기도 하니, 혹은 가는 (바른) 길을 잃었다.[156]

측에 말하기를, 달이 항상하지 않아 차기도 하고 이지러지기도 한다는 것은 신하가 길을 잃었다는 것이다.

··················

152 劉韶軍 點校 : '咎'는 명초본에는 '各'으로 되어 있다. 이것은 대전본, 도장본에 의거해 고쳤다.
153 역주 : '薄蝕'은 월식이나 일식을 말한다. 해와 달은 각각 양과 음을 상징하고 동시에 임금과 왕비를 상징한다. 과거에는 빛이 사라지는 일식이나 월식에 막대한 관심을 기울이고 이를 세밀히 관측하고 기록하였다. 『呂氏春秋』「明理」, "其月有薄蝕." 高誘 注, "薄, 迫也. 日月激會相掩, 名爲薄蝕." 참조.
154 역주 : 상나라 초기 사람. 이름이 伊고, 尹은 관직 이름이다. 일명 摯라고도 한다. 탕왕의 인정을 받아 등용되어 하나라를 멸하고 상나라를 건국하는데 큰 공을 세우고 재상이 되었다. 탕왕이 죽은 뒤 外丙과 仲壬 두 임금을 보좌했다. 중임이 죽고 太甲이 왕위에 올라 정사를 돌보지 않고 탕왕의 법을 따르지 않자 그를 桐으로 축출하고 일시 섭정했다. 후세 고대의 명재상으로 전해진다.
155 역주 : 상나라 제3대 임금 太宗의 이름. 成湯의 손자고, 太丁의 아들이다. 仲壬을 이어 즉위했다. 즉위한 뒤 법을 어기고 방탕하게 생활하여 이윤에 의해 쫓겨났다. 3년 뒤 자신의 잘못을 반성하자 이윤이 맞이하여 복위시켰다.
156 역주 : '月不常'은 달이 虧盈과 遲速이 있다는 말이다. '行'은 '道'다. 『주역』「단전」에서는 "終則又始, 天行也."를 말한다. 이 구절은, 달에 常德이 없으면 그 운행을 잃고, 신하가 상덕이 없으면 그 도를 잃는다는 것이다.

行皆如字. 月有盈虧, 故曰不常. 行, 道也. 四爲外他而當夜, 臣德不常則
失道也.
행(行)은 모두 기본 음 즉 행이다. 달은 차기도 하고 이지러지는 것도 있다.
그러므로 "항상하지 않는다"라고 하였다. 행(行)은 길이다. 사(四)는 밖의 다른
것이 되고 밤에 해당하니, 신하의 덕이 떳떳하지 못하여 도를 잃은 것이다.

▌次五 : 其從其橫, 天地之常. 測曰 : 其從其橫, 君臣常也.
차오는, 그 세로로 하고 그 가로로 하니, 하늘과 땅의 항상한 것이다.
측에 말하기를, 그 세로로 하고 그 가로로 한다는 것은 군주와 신하가 항상하
다는 것이다.[157]

從, 卽容切. 范曰, 天從地橫, 是其常道也. 王曰, 五居中位, 爲常之主, 得
位當晝, 故從橫經緯皆合天地之常, 得萬世不易之道. 光謂, 五爲中和, 常
之盛也. 君臣之道常經緯也. 故曰, 其從其橫, 君臣常也.
종(從)은 즉(卽)과 용(容)의 반절이다. 범망은 말하기를 "하늘이 세로로 하고
땅이 가로로 하는 것은 그 항상한 도다"라고 하였다. 왕애는 말하기를 "오(五)
는 중위(中位)에 있어 상수(常首)의 주인이 되고, 지위를 얻고 낮에 해당한다.
그러므로 세로와 가로와 씨줄과 날줄이 모두 하늘과 땅의 항상함과 합하여
만세 동안 바뀌지 않는 도를 얻은 것이다"라고 하였다. 사마광은 생각하기를
"오(五)는 중화가 되니 상수(常首)의 성대한 것이다. 군주와 신하의 도의 항상
은 씨줄과 날줄이다. 그러므로 말하기를 '그 세로로 하고 그 가로로 한 것은
군주와 신하의 항상한 것이다'라고 한 것이다"라고 하였다.

157 역주 : '天從地橫'은 천지의 상도로서, 군주가 아래에 임하고 신하가 위를 받드는
    것이 군신의 상법이다.

▌次六 : 得七而九, 懦撓其剛, 不克其常. 測曰 : 得七而九, 棄盛乘衰也.

차육은, (육이) 칠(七)을 얻어 구(九)가 되고, 나약한 것[음: 소인]이 그 굳센 것을 흔드니, 능히 그 상도를 지킬 수 없다.

측에 말하기를, (육이) 칠을 얻어서 구가 됐다는 것은 (음: 소인이) 성한 것을 버리고 쇠약한 것을 탄 것이다.[158]

七, 陽之盛也. 九, 陽之衰也. 六過中而當夜, 棄盛乘衰也. 小人懦弱, 撓敗其剛, 不能守其常道也.

칠(七)은 양이 성대한 것이다. 구(九)는 양이 쇠약한 것이다. 육(六)은 중(中)을 지나치고 밤에 해당하니, 성대한 것을 버리고 쇠약한 것을 탄 것이다. 소인이 나약한데 그 굳센 것을 흔들어 쓰러트리니 그 상도를 지킬 수 없다.

▌次七 : 滔滔往來, 有常衰如, 克承貞. 測曰 : 滔滔往來, 以正承非也.

차칠은, 도도하게 가고 와서 항상 쇠약한 듯 하지만, 이어서 바를 수 있다.[159]
측에 말하기를, 도도하게 가고 온다는 것은 바른 것으로써 그른 것을 이은 것이다.

궐(闕)

해설이 빠졌다.

....

158 역주 : 七은 敗하여 덜어지는 것이 되고 九는 소멸하여 끊어지는 것이 된다. 六이 中을 지나치고 밤에 해당하는데 七을 향하고 점차 九가 되니 지극히 성한 것이 쇠약함으로 바뀌는 형세다. 유약한 음이 陽의 굳센 것을 덜고 七을 얻고 또 九로 가니, 그 항상된 도를 지킬 수 없다는 것이다.

159 역주 : 七이 敗하여 덜어지는 것이 되기에 '衰如한 것 같다'고 한 것이다. '滔滔往來'는 그 덕을 항상되게 하지 못한 것이다. 이 구절은, 조삼모사로서 그 덕을 항상 되게 하지 못하면 敗하여 덜어지는 것이 되고 쇠락하지만, 혹 모욕을 받더라도 바른 것으로 계승할 수 있으면 위태롭지만 해는 없다는 것이다.

▌次八 : 常疾不疾, 咎成不詰. 測曰 : 常疾不疾, 不能自治也.

차팔은, 오래된 질병이 있는 자가 병으로 여기지 않으니, 재앙이 이루어져도 따지지 못한다.

측에 말하기를, 오래된 질병이 있는 자가 병으로 여기지 않는다는 것은 스스로 (그 병을) 치료할 수 없다는 것이다.[160]

八爲禍中而當夜, 常道久而有敝者也. 故曰, 常疾. 不疾者, 自知其疾則尙可治. 若不知其疾而惡聞之, 則必不可治矣. 小人不知其禍而惡聞之, 至于凶咎已成, 不可復詰也.

팔(八)은 화(禍)의 중(中)이 되고 밤에 해당하니, 상도가 오래되어 폐해짐이 있는 것이다. 그러므로 '오래된 질병'이라 한다. '병으로 여기지 않는다'라고 한 것은 스스로 그 병이 질병을 안다면 오히려 치료할 수 있다. 만약 질병을 알지 못하고 알려지는 것을 싫어한다면 반드시 치료할 수 없다. 소인이 그 화(禍)를 알지 못하고 알려지는 것을 싫어하여, 재앙이 이미 이루어지기에 이르면 다시 따질 수도 없게 된다.

▌上九 : 疾其疾, 巫醫不失. 測曰 : 疾其疾, 能自醫也.

상구는, 그 병을 병으로 여겨, 무당과 의원의 치료받는 것을 잃지 않았다.[161]

측에 말하기를, 그 병을 병으로 여겼다는 것은 스스로 (그 병을) 고칠 수 있다는 것이다.

....

160 역주 : 八은 木이 되고 아래에 烈火가 있고, 위에는 '날카로운 금[利金]'이 있어 깎여 떨어지는 때에 처하고 金火의 사이에 있다. 따라서 항상 걱정되는 병이 있는 것을 알고 때에 맞춰 고치는 것을 시도해야 한다. 그러나 병으로 여기지 않다가 그 병의 화가 신체에 미치면, 다시 그 병을 물을 수 없다는 것이다. 비유하면 화가 처음 이르렀을 때는 면할 것을 모르다가, 화가 극해 몸을 해치는 것에 이르면 약을 구할 수 없다는 것이다.

161 역주 : 이 구절은, 병이 있을 때 병으로 여겨, 의사를 구하는 것이 때에 맞게 하여 치료하면 잘못됨이 없다는 것이다. 비유하면 화를 만났을 때 스스로 경계하여 어진이의 보필을 구하면, 그 화를 면할 수 있다는 것이다.

王曰, 九居亢極而得位當晝, 能疾其疾者也. 善于自儆, 則醫巫治之不失
也. 醫巫, 諭賢者耳.[162] 光謂, 九爲禍終而當晝, 君子能思患而豫防之, 納
忠求賢以自輔, 禍故可解也.[163]

왕애는 말하기를 "구(九)가 올라간 것이 지극한 것에 있으나 지위를 얻고 낮에
해당하니, 그 병을 병으로 여길 수 있다. 스스로 공경함을 잘하면 의사나 무당
에게 치료받는 것을 잃지 않는다. 의사와 무당은 어진 이를 비유한 것이다"라
고 하였다. 사마광은 생각하기를 "구(九)는 화(禍)의 종(終)이 되나 낮에 해당
하니, 군자는 근심을 생각하여 예방할 수 있고, 충성하는 이를 받아들이고 어
진 이를 구함으로써 스스로 도우니, 화(禍)의 연고를 풀 수 있다"라고 하였다.

. . . .

162 劉韶軍 點校 : '諭'는 명초본에는 '用'으로 되어 있다. 이것은 대전본, 도장본에 의
     거해 고쳤다.
163 劉韶軍 點校 : '禍'는 명초본에는 '偶'로 되어 있다. 이것은 대전본에 의거해 고쳤다.

도度

䷂ 二方三州三部一家.

2방, 3주, 3부, 1가다.

度

도(度)

陰家, 火, 準節. 法者爲之模範, 度者爲之分寸也.

도수(度首)는 음가(陰家)이고, (5행에서는) 화(火)이며,『주역』「절괘(節卦)」에 준한다.[164] 법(法)은 모범(模範)이 되고, 도(度)는 그것의 분촌(分寸)이 된다.

▌陰氣日躁, 陽氣日舍, 躁躁舍舍, 各得其度.

음기는 날마다 나아가 성하게 되고, 양기는 날마다 물러나 쇠하게 된다. (음이) 나아가고 (양은) 물러나면서 각각 그 도(度)를 얻는다.[165]

· · · · · · · · · · · · · · · ·

164 역주 :『주역』「단전」에서는 "節以制度"를 말한다. 孔穎達은 "節者, 制度之名也, 節止之義."라 풀이한다.

165 역주 : '躁'는『釋名』에서는 "躁也, 物燥乃動而飛揚也."라고 한다. '舍'는『석명』에서는 "息也."라고 한다. 이 구절은, 이 때 음기가 더욱 성하여 위로 올라가고, 양기는 더욱 쇠하여 그치면서 하강하는 것이 각각 도수가 있다는 것이다.

舍, 音捨, 又如字. 宋曰, 躁, 動也, 舍, 藏也. 王曰, 舍, 止也. 光謂, 躁謂陰
進盛也.[166] 舍爲陽退去也. 躁者益躁, 舍者益舍, 各守常度也.
사(舍)는 음이 사(捨)로서, 또 기본 음, 즉 사이다. 송충은 말하기를 "조(操)
움직인다(動)는 것이고, 사(舍)는 감춘다(藏)는 것이다"라고 하였다. 왕애는 말
하기를 "사(舍)는 멈춘다(止)는 것이다"라고 하였다. 사마광은 생각하기를 "조
(操)는 음이 성대한 것에 나아간 것을 이른다. 사(舍)는 양이 물러나 가는 것을
이른다. 움직이는 것(躁)은 더욱 움직이고, 멈추는 것(舍)은 더욱 물러나 각각
떳떳한 법도를 지킨다"라고 하였다.

▌初一：中度獨失. 測曰：中度獨失, 不能有成也.
초일은, 중은 마음의 법도를 홀로 잃었다.
측에 말하기를, 마음의 법도를 홀로 잃었다는 것은 성취할 수가 없다는 것이
다.[167]

一爲思始而當夜, 小人在心之度先已乖失, 安能有成也. 商書曰, 若虞機
張, 往省括于度, 則釋.
일(一)은 사(思)의 시(始)가 되고 밤에 해당하니, 소인이 마음에 있는 법도를
먼저 이미 어겼으니 어찌 성취함이 있을 수 있겠는가? 『서경』 「태갑상(太甲上)」
에 말하기를 "사냥을 관장하는 관리가 쇠뇌의 시위를 당겨 놓고, 가서 살펴
화살의 꼬리가 도수에 맞으면 쏜다"라고 하였다.

▌次二：澤不舍, 冥中度. 測曰：澤不舍, 乃能有正也.
차이는, 연못에 있는 물이 흘러 머무르지 않으니, 그윽하게 법도에 맞았다.
측에 말하기를, 연못에 있는 물이 흘러 머무르지 않았다는 것은 이에 바름이

----

166 劉韶軍 點校 : '謂'는 명초본에는 없다. 이것은 도장본에 의거해 고쳤다.
167 역주 : 이 구절은, 마음에 법도가 없으면 일을 이룰 것이 없다는 것이다.

있을 수 있다는 것이다.[168]

闕
해설이 빠졌다.

▌次三 : 小度差差, 大攋之階. 測曰 : 小度差差, 大度傾也.
차삼은, 작은 법도가 어긋나고 어긋나니, (장차) 크게 훼손되어가는 계단이다.
측에 말하기를, 작은 법도가 어긋나고 어긋났다는 것은 큰 법도가 기울어졌다
는 것이다.[169]

小宋陳吳本攋作欘, 王本作傾. 今從宋陸范本. 范本測差差作之差. 今從宋
陸王本. 攋, 音賴. 光謂, 攋, 毁裂也. 三爲思終而當夜, 思不中度則事乖失
矣. 故曰, 小度差差, 大攋之階, 皆言所失雖小, 所毁將大也.
송유간본, 진망본, 오비본에는 뢰(攋)가 뢰(欘)로 되어 있고, 왕애본에는 경
(傾)으로 되어 있다. 지금 송충본, 육적본, 범망본을 따른다. 범망본의 측(測)
에는 차차(差差)가 지차(之差)로 되어 있다. 지금 송충본, 육적본, 왕애본을
따른다. 뢰(攋)는 음이 뢰(賴)다. 사마광은 생각하기를 "뢰(攋)는 훼손하고 무
너진다(毁裂)는 것이다. 삼(三)은 사(思)의 종(終)이 되고 밤에 해당하니, 생각
이 법도에 맞지 않으면 일이 어그러지고 잘못된다. 그러므로 '작은 법도가 어
긋나고 어긋나니, 크게 훼손되어가는 계단이다'라고 한 것은, 모두 잃은 것이
비록 작더라도 훼손된 것이 장차 크게 된다는 것을 말한 것이다"라고 하였다.

· · · · · · · · · · · · · · · · · · · ·
168 역주 : '澤'은 물을 가리킨다. '中'은 합치된다는 것이다. 이 구절은, 물이 흘러 그
    치지 않고 도수에 冥合하니, 이것이 본성임을 말한 것이다. 비유하면 사람이 쉬
    지 않고 나아가 법도에 합치하는 것이 정도라는 것이다. 『법언』 「學行」에서는 "或
    問進, 曰水, 爲其不捨晝夜歟. 曰有是哉, 滿而後漸者, 其水乎."라는 말을 한다.
169 역주 : 이 구절은, 작은 법도가 잘못된 것이 있는데, 작은 것이 큰 것으로 미치면
    반드시 기울어져 파괴되는 것에 이른다는 것이다.

460 태현집주

▌次四：幹楨利于城. 測曰：幹楨之利, 利經營也.

차사는, 담치는 나무가 견고하니, 성을 쌓는 것에 이롭다.

측에 말하기를, 담치는 나무가 견고하여 성을 쌓는 것에 이롭다는 것은 (나라를) 경영하는데 이롭다는 것이다.[170]

范王于作干. 今從宋陸本. 四爲下祿而當畫, 君子旣得其位, 當以法度爲幹楨, 則可以保衛其民, 有所營爲矣.

범망본, 왕애본에 우(于)는 간(干)으로 되어 있다. 지금 송충본, 육적본을 따른다. 사(四)는 하록(下祿)이 되나 낮에 해당하니, 군자가 이미 그 지위를 얻어서 마땅히 법도로써 담치는 나무로 삼으면, 그 백성들을 보호할 수 있고 영위(營爲)할 바가 있을 것이다.

▌次五：幹不幹, 攔于營. 測曰：幹不幹, 不能有寧也.

차오는, 담치는 나무가 담치는 도구가 아니니, 경영한 것이 훼손되었다.

측에 말하기를, 담치는 나무가 담치는 나무가 아니었다는 것은 편안함이 있을 수 없다는 것이다.

王曰, 失位當夜, 不能爲首之主. 幹而非幹之材, 則必傾其所經營矣. 光謂, 不度之人, 民無則焉. 猶幹之不幹, 將毀所經營, 不能有安也.

왕애는 말하기를 "지위를 잃고 밤에 해당하니 수(首)의 주인이 될 수 없다. 담치는 나무가 담치는 나무의 재목이 아니라면 반드시 그 경영하는 바가 기울어질 것이다"라고 하였다. 사마광은 생각하기를 "법도가 없는 사람은 백성도 본받을 것이 없다. 이것은 담치는 나무가 담치는 나무가 아니면 장차 경영한 것이 훼손되어 편안함이 있을 수 없는 것이다"라고 하였다.

· · · · · · · · · · · · · · · · · ·

170 역주 : '幹楨'은 담을 쌓는데 세우는 나무다. '兩端'에 세우는 것을 '정'이라 하고, 兩傍에 세우는 것을 '간'이라고 한다. 이 구절은, 정간이 있어 성이나 울타리를 쌓는데 이롭고, 법도가 있으면 나라를 다스리는데 이롭다는 것이다.

▎次六：大度檢檢, 于天示象, 垂其范. 測曰：大度檢檢, 垂象貞也.

차육은, 큰 법도가 세상의 법이 되니, 하늘의 상(象)에서 본받은 법을 사람에게 드리웠다.[171]

측에 말하기를, 큰 법도가 세상의 법이 되었다는 것은 상을 (나타낸 법을) 드리워 (천하를) 바르게 했다는 것이다.

范與範同.[172] 王曰, 六居盛位, 度之大者, 得位當晝, 明于法制, 以度檢物, 則天之象, 而垂法于人也. 光謂, 君子之立法度, 非取諸心也. 乃觀象于天以垂範于世, 故曰, 天示象, 垂其范.[173] 易曰, 天垂象, 聖人則之.

범(范)은 범(範)과 같다. 왕애는 말하기를 "육(六)은 성대한 지위에 있어서 도수(度首)의 큰 것으로, 지위를 얻고 낮에 해당하니, 법과 제도를 밝히고, 도(度)로써 사물을 단속하면 하늘의 상으로 사람들에게 법을 드리운다"라고 하였다. 사마광은 생각하기를 "군자가 법도를 세우는 것은 마음에서 취한 것이 아니고, 이에 하늘에서 상을 봄으로써 세상에 규범을 드리운 것이다. 그러므로 '하늘이 상을 보여 그 법을 드리웠다'라고 하였다. 그러므로 (『주역』「계사전상」11장에서) 말하기를 '(일월성신의) 상을 드리워 길흉징조를 드러내니, 성인은 그것을 법으로 하였다'라고 했다"[174]라고 하였다.

▎次七：不度規之, 鬼即訾之. 測曰：不度規之, 明察笑也.

차칠은, 법도가 아닌 것으로써 규제 하니, 귀신이 곧 비웃었다.

측에 말하기를, 법도가 아닌 것으로 규제 하였다는 것은 명찰한 귀신이[175] 밝

---

171 역주 : '檢'은 '법[式]'으로, 儀表 혹은 規範이다. 『회남자』「主術訓」에는 "人主立法,
　　　先自爲檢式儀表, 故令行天下."라는 말이 나온다.
172 劉韶軍 點校 : '范'은 명초본에는 '范'으로 되어 있다. 이것은 대전본, 장사호본에
　　　의거해 고쳤다. 아래도 이와 같다.
173 劉韶軍 點校 : '垂其范'은 명초본에는 없다. 이것은 대전본, 도장본, 장사호본에
　　　의거해 보충하였다.
174 역주 : 『주역』「계사전상」11장, "是故, 天生神物, 聖人則之. 天地變化, 聖人效之,
　　　天垂象, 見吉凶, 聖人象之. 河出圖, 洛出書, 聖人則之." 참조.

게 살피고 비웃었다는 것이다.

訾, 音紫, 又卽移切. 王曰, 七居過滿, 失位當夜, 是以不度之度爲規制者
也. 訾, 毁笑也. 贊云鬼訾, 測云明察者, 幽明同笑, 故互文見義.[176] 光謂,
七爲敗損而當夜, 小人驕溢, 不以法度自規, 鬼所毁笑, 將降之禍也. 明察
者莫若鬼, 人之愚者或未之知,[177] 而鬼之明察先見其禍也.

자(訾)는 음이 자(紫)이고, 또 즉(卽)과 이(移)의[178] 반절이다. 왕애는 말하기를
"칠(七)은 지나치게 가득 찬 곳에 있어 지위를 잃고 밤에 해당하니, 이것은
법도가 아닌 법도로써 규제를 삼은 것이다. 자(訾)는 헐뜯으며 비웃는 것이다.
찬(贊)에 말하기를 '귀자(鬼訾)'라고 하고, 측(測)에 '명찰(明察)'이라 한 것은
유(幽)와 명(明)이 함께 웃은 것이다. 그러므로 호문(互文)하여 뜻을 나타냈다'
라고 하였다. 사마광은 생각하기를 "칠(七)은 파괴된 것이 되고 밤에 해당하
니, 소인이 교만하고 자만하여 법도로써 스스로 규제하지도 않아, 귀신이 비웃
는 바가 되니 장차 내려올 화(禍)이다. 밝게 살피는 것은 귀신만한 것이 없으
니, 사람의 어리석은 자는 혹은 알지 못하나, 밝게 살피는 귀신은 밝게 살펴서
먼저 그 화(禍)를 본다"라고 하였다.

▌次八 : 石赤不奪, 節士之必. 測曰 : 石赤不奪, 可與有要也.
차팔은, 마음이 돌같이 단단하고 정성스러워 빼앗지 못하니, 절개 있는 선비의
기필함이다.
측에 말하기를, 마음이 돌같이 단단하고 정성스러워 빼앗지 못한다는 것은

....

175 역주 : '明察'을 '귀신의 명찰함'이 아니라 '명찰한 사람'으로 볼 수 있다면, 이 구절
은, 법도로서 천하를 규범하지 않으면, 반드시 세운 법과 저촉되어 명찰한 사람의
비웃음을 산다는 식으로도 해석이 가능하다.
176 劉韶軍 點校 : '互'는 명초본에는 玄으로 되어 있다. 이것은 대전본, 도장본에 의
거해 고쳤다.
177 劉韶軍 點校 : '者'는 명초본에는 없다. 이것은 대전본, 도장본에 의거해 고쳤다.
178 역주 : '紫'는 중국어로는 zǐ로 발음된다. 즉 여기서는 [jí]과 移[yí]의 반절로 발음하
라고 한다.

(마음을 안심하고) 더불어 약속할 수 있다는 것이다.

要, 一遙切. 范曰, 石不可奪堅, 丹不可奪赤. 王曰, 八度之將終, 得位當畫,
必能有所執守, 不改其度者也. 光謂, 要, 約也. 八爲禍中而當畫, 君子雖遇
禍亂, 不改其度, 秉志堅明, 不可移奪, 故可以與之有約, 謂寄百里之命, 託
六尺之孤也.

요(要)는 일(一)과 요(遙)의 반절이다. 범망은 말하기를 "돌은 단단함을 빼앗을
수 없고, 단사(丹砂)는 붉음을 빼앗을 수 없다"라고 하였다. 왕애는 말하기를
"팔은 도수(度首)가 장차 마침에 있으나 지위를 얻고 낮에 해당하니, 반드시
잡아 지킬 바가 있어서 그 도를 바꿀 수 없다"라고 하였다. 사마광은 생각하기
를 "요(要)는 맺는다(約)는 것이다. 팔(八)은 화(禍)의 중(中)이 되나 낮에 해당
하니, 군자는 비록 화란을 만나더라도 그 도를 바꾸지 않고, 뜻을 지킴이 견고
하여 억지로 빼앗을 수 없다. 그러므로 그와 (마음을 안심하고) 더불어 약속할
수 있다고 하였다. 말하자면 (증자가 말한) '백리의 명을 부탁할 수 있고, 육척
밖에 안 되는 어린 임금을 맡길 수 있다'는[179] 것을 말한 것이다"라고 하였다.

▌次九 : 積差之貸, 十年不復. 測曰 : 積差之貸, 不得造也.

차구는, 법도에 어긋난 것을 쌓아 어긋남이 커서, 오랜 세월동안[10년] 회복하
지 못하였다.

측에 말하기를, 법도에 어긋난 것을 쌓아 어긋남이 컸다는 것은 (회복하는데)
이를 수 없다는 것이다.

范本差作善. 今從二宋陸王本. 王本十作七. 今從諸家. 陸曰, 造, 至也. 王
曰, 居度之終, 而失位當夜, 失度之極者也. 積其差失, 浸以乖遠. 貸者寬緩
後于時也. 雖十年之久,[180] 亦不復其度也. 光謂, 貸當作貣, 吐得切. 與貳

....

179 역주 : 『논어』 「泰伯」, "曾子曰, 可以託六尺之孤, 可以寄百里之命, 臨大節而不可
奪也."에 나오는 말이다.

同, 差之甚者也. 易曰, 迷復, 凶. 至于十年, 不克征.

범망본에는 차(差)가 선(善)으로 되어 있다. 지금 송충본, 송유간본, 육적본, 왕애본을 따른다. 왕애본에는 십(十)이 칠(七)로 되어 있다. 지금 제가의 판본을 따른다. 육적은 말하기를 "조(造)는 이른다(至)"는 것이다'라고 하였다. 왕애는 말하기를 "도수(度首)의 마침에 있어 지위를 잃고 밤에 해당하니, 도(度)를 잃은 것이 지극한 것이다. 그 어긋나고 그른 것을 쌓아 점차 어그러지고 멀어지게 되었다. 대(貸)는 늘어져 때를 놓친 것이다. 비록 10년이란 오랜 세월도 또한 그 도(度)를 회복하지 못한다"라고 하였다. 사마광은 생각하기를 "대(貸)는 마땅히 특(貸)으로 되어야 하니, 토(吐)와 득(得)의 반절이다. 특(貸)과 같으니, 어긋남이 심한 것이다. 『주역』「복괘(復卦)」 상육효(上六爻)에 '되돌아오는데 길을 잃었다. 흉하다. 10년[오랜 세월]에 이르러도 정벌할 수 없다'라고 했다"라고 하였다.

180 劉韶軍 點校 : '十'은 명초본에는 '七'로 되어 있다. 이것은 대전본에 의거해 고쳤다.

영永

⊞ 二方三州三部二家.

2방, 3주, 3부, 2가다.

永

영(永)

陽家, 木, 準同人. 二宋陸范王皆象恒. 吳曰, 常首象恒卦. 次七[181]起立秋,
初一當二百二十六日, 行張十五度, 于易碁日, 恒卦九四. 次度首象節卦,
次二日行翼二度. 次永首次七當二百三十八日, 行翼九度, 于易碁日, 同人
卦. 今從之.

영수(永首)는 양가(陽家)이고, (5행에서는) 목(木)이며, 『주역』「동인괘(同人
卦)」에 준한다.[182] 송충, 송유간, 육적, 범망, 왕애는 모두 『주역』「항괘(恒卦)」
를 본떴다고 하였다. 오비는 말하기를 "상수(常首)는 「항괘(恒卦)」를 본떴다.
차칠(次七)에서 입추를 일으키고, 초일(初一)은 226일에 해당하여, 장성(張星)
15도를 운행하니, (『역(易)』) 기일(碁日)에서는 「항괘(恒卦)」의 구사효다. 도수

· · · · · · · · · · · · · · · · · ·

181 劉韶軍 點校 : '七'은 명초본에는 '六'으로 되어 있다. 이것은 대전본에 의거해 고
    쳤다.
182 역주 : 『玄衝』에서는 "永, 極長"이라고 한다. 『주역』「서괘전」에서는 "恒者, 久也."
    라고 한다.

(度首)에 머물러 「절괘(節卦)」를 본받고, 차이(次二)에서 태양은 익성(翼星) 2
도에 운행한다. 영수(永首) 차칠(次七)에 머무니 238일에 해당하고, 익성(翼星)
9도에 운행하니, 『역』 기일에서는 「동인괘(同人卦)」다'라고 했다. 지금 그 말
을 따른다.

▌陰以武取, 陽以文與, 道可長久.

음은 (날로 나아가) 무력으로써 취하고, 양은 (날로 물러나) 문도(文道)로써
주니, 도는 길이 오래할 수 있다.

宋曰, 陰者刑氣, 故以武言之. 陽者德氣, 故以文言之. 武以濟文, 文以濟
武, 陰陽取與之道也. 故其道可以長久.

송충은 말하기를 "음이란 형벌의 기이다. 그러므로 무(武)로써 말한 것이다.
양이란 덕의 기이다. 그러므로 문(文)으로써 말한 것이다. 무로써 문을 구제하
고, 문으로써 무를 구제하니, 음과 양이 취하고 주는 도다. 그러므로 그 도는
길이 오래할 수 있다"라고 하였다.

▌初一 : 不替不爽, 長子之常. 測曰 : 不替不爽, 永宗道也.

초일은, (장자를 적자로 세우는 것을) 폐하지도 않고 어긋나지도 않으니, 장자
의 떳떳함이다.
측에 말하기를, (장자를 적자로 세우는 것을) 폐하지도 않고 어긋나지도 않았
다는 것은 종묘를 영구하게 하는 도라는 것이다.[183]

王本替作晉, 云古僭字. 今從宋陸范本. 長, 知丈切. 永, 長久也, 有繼嗣之
象. 替, 廢也. 一當日之晝, 得永之道者也. 先王之制, 立嫡以長, 所以安宗

....

183 역주 : '替'는 『이아』「釋言」에 "廢也."라고 한다. '爽'은 '어긋났다[差]'는 것이다. '宗
道'는 종묘의 도로서, '繼嗣의 도를 가리킨다.

廟,[184] 重社稷, 不替不爽, 萬世之常法也. 永久之道莫大于此.

왕애본에는 체(替)가 체(晉)로 되어 있고, 옛날 참(僭)자라고 하였다. 지금 송충본, 육적본, 범망본을 따른다. 장(長)은 지(知)와 장(丈)의 반절이다. 영(永)은 길이 오래한다(長久)는 것으로, 후사가 계속 이어지는 상이다. 체(替)는 폐한다(廢)는 것이다. 일(一)은 하루의 낮에 해당하니, 영(永)의 도를 얻은 것이다. 선왕의 제도에 장자를 적자로 세운 것은, 종묘를 편안하게 하고 사직을 중하게 여겼기 때문이니, 폐하지도 어긋나지도 아니한 것은 만세의 상법이다. 영구한 도가 이보다 큰 것이 없다.

▌次二 : 內懷替爽, 永矢貞祥. 測曰 : 內懷替爽, 安可久也.

차이는, 안으로 (예를) 폐하고 (예에) 어긋나는 마음을 품으니, 길이 바른 상서로운 도를 잃었다.

측에 말하기를, 안으로 (예를) 폐하고 (예에) 어긋나는 마음을 품었다는 것은 어찌 오래갈 수 있을 것인가 라는 것이다.[185]

二當日之夜, 失永之道也. 昏惑之君違禮立愛, 以孽代宗, 乃懷替爽之心也. 于其長子如此, 則長失正善之道者也.

이(二)는 하루의 밤에 해당하니, 영수(永首)의 도를 잃었다. 어둡고 미혹된 군주가 예를 어기면서 아끼는 자를 세우고 서자로써 종(宗)을 대신하니, 이에 폐하고 어그러진 마음을 품은 것이다. 그 장자에게 이와 같이 한다면, 길이 바르고 선한 도를 잃게 된다.

184 劉韶軍 點校 : '廟'는 명초본에는 '廣'으로 되어 있다. 이것은 대전본에 의거해 고쳤다.

185 역주 : 이 구절은, 사리에 어둡고 미혹한 군주가 적장자를 폐하고 편애한 자를 세우고자 하면, 바른 도를 잃어 길이 오래갈 수 없다는 것이다.

▌次三：永其道, 未得無咎. 測曰：永其道, 誠可保也.

차삼은, (날마다 그 도를 새롭게 하고) 그 도를 길이 하니, 아직 복록을 얻지 못했어도 허물은 없다.

측에 말하기를, (날마다 그 도를 새롭게 하고) 그 도를 길이 하였다는 것은 진실로 보존할 수 있다는 것이다.[186]

三爲成意而當晝, 君子道業已成, 未躋祿位者也.[187] 夫君子不患無位, 患所以立. 日新其道, 久而不倦, 雖未得福祿, 又何咎哉.

삼(三)은 뜻을 이룬 것이 되고 낮에 해당하니, 군자의 도와 업이 이미 이루어졌지만 아직 녹봉을 받는 지위에는 오르지 못한 것이다. 대저 군자는 지위가 없는 것을 근심하지 않고 자신이 존립하는 이유를 근심한다. 날마다 그 도를 새롭게 하고 오래도록 게을리 하지 않으니, 비록 복(福)과 녹봉을 얻지 못하였다고 한들 또 무슨 허물이 있겠는가?

▌次四：子序不序, 先賓永失主. 測曰：子序不序, 非永方也.

차사는, 아들의 차례인데 차례 하지 못하고 손님을 먼저 하니, 길이 주인의 도를 잃었다.

측에 말하기를, 아들의 차례인데 차례 하지 못하였다는 것은 (예에 어긋났기 때문에) 길이 하는 도가 아니라는 것이다.[188]

王曰, 四近于五, 而以陰居陽位, 且當夜, 失其可久之道. 子而不子之次序,

....

186 역주 : 이 구절은, 군자가 진덕수업하고 오래도록 게으르지 않으면, 祿位를 얻지 못해 재화가 없더라도 편안하게 길이 오래갈 수 있다는 것이다.

187 劉韶軍 點校 : '躋'는 명초본에는 '濟'로 되어 있다. 이것은 도장본, 장사호본에 의거해 고쳤다.

188 역주 : '方'은 道와 같다. 『주역』 「象傳」에서는 "君子以立不易方."을 말하는데, 孔穎達은 "方, 猶道."라고 풀이한다. 이 구절은, 자식으로서 자식의 차례가 되지 못하고, 객이 도리어 주인의 앞에 있으면, 그 상도를 어긴 것이기에 영원한 도가 아니라고 한 것이다.

則祭祀賓客長無主矣. 故先賓永失主也.

왕애는 말하기를 "사(四)는 오(五)에 가깝고 음으로써 양의 지위에 있고 또 밤에 해당하니, 그 오래할 수 있는 도를 잃었다. 아들이면서 아들의 차례에 있지 못하면, 제사를 지내고 빈객을 맞이함에 길이 주인이 없게 된다. 그러므로 "손님을 먼저 하니 길이 주인을 잃었다"라고 하였다.

▌次五 : 三綱得于中極, 天永厥福. 測曰 : 三綱之永, 其道長也.

차오는, 삼강이 중(中)의 다함을 얻으니, 하늘이 그 복(福)을 길이 하였다. 측에 말하기를, 삼강이 중(中)의 다함을 얻어 길이 하였다는 것은 그 도가 장구하다는 것이다.

王曰, 居中體正, 爲首之主, 得位當晝, 有君之德. 是能使三綱皆得其中, 天之所助, 故永厥福也. 光謂, 三綱者, 君爲臣綱, 父爲子綱, 夫爲妻綱. 五爲中和而當晝, 王者正三綱以建皇極, 永保天祿也.

왕애는 말하기를 "중(中)에 있고 몸체가 바라서 수(首)의 주인이 되고, 지위를 얻어 낮에 해당하니 군주의 덕이 있다. 이것은 삼강으로 하여금 모두 그 중을 얻게 할 수 있으니, 하늘이 돕는 바이다. 그러므로 그 복(福)을 길이 하였다"라고 하였다. 사마광은 생각하기를 "삼강은 군주는 신하의 벼리가 되고, 아버지는 아들의 벼리가 되고, 지아비는 지어미의 벼리가 되는 것이다. 오(五)는 중화(中和)가 되고 낮에 해당하니, 왕은 삼강을 바르게 하여 황극을 세워 길이 하늘의 녹봉을 보존 한다"라고 하였다.

▌次六 : 大永于福, 反虛庭, 入于奝冥. 測曰 : 大永于福, 福反亡也.

차육은, (소인이) 복(福)이 영원 할 것을 믿어서 교만하나, (그 복록이 끝나면 얻을 것이 없어) 빈 뜰에 되돌아와 암매한 곳[奝冥]¹⁸⁹에 들어간다.

....

189 역주 : '奝冥'은 衰落하고 幽暗한 경지다. '反'은 '返'이다. 「玄文」에서는 "奝는 서

측에 말하기를, (소인이) 복(福)이 영원 할 것을 믿어서 교만하다는 것은 복(福)이 없는 것으로 되돌아간 것이다.[190]

范本, 入于酋冥作入酋明, 小宋本作于酋冥. 今從宋陸王本. 六過中而當夜, 小人恃福之永, 驕淫矜夸, 福終則禍至, 故反虛庭, 言無所獲也. 入于酋冥, 言不知悔懼, 禍孽既就, 則至于晦冥也.[191]

범망본에는 입우추명(入于酋冥)이 입추명(入酋明)으로 되어 있고, 송유간본에는 우추명(于酋冥)으로 되어 있다. 지금 송충본, 육적본 왕애본을 따른다. 육(六)은 중(中)을 지나치고 밤에 해당하니, 소인이 복(福)이 영원 할 것을 믿어서 교만하고 음탕하며 자랑하고 허황되니, 복(福)이 마치면 화(禍)가 이른다. 그러므로 "빈 뜰에 되돌아왔다"라고 하니, 얻은 것이 없는 것을 말한 것이다. "암매한 곳[酋冥]으로 들어갔다"라고 한 것은, 뉘우치고 두려워할 줄을 알지 못하고, 재앙이 생길 틈이 이미 만들어졌다면 어둠에 이른다는 말이다.

▌次七 : 老木生薜, 永以纏其所無. 測曰 : 老木生薜, 永厥體也.
차칠은, 늙은 나무 곁에서 새싹이 돋으니, 길이 (이미 있던 나무에) 그 없었던 것[새싹이] 얽혔다.
측에 말하기를, 늙은 나무 곁에서 새싹이 돋았다는 것은 그 몸을 길이 보존한다는 것이다.[192]

· · · · · · · · · · · · · · · · · ·

방이고 가을이며 사물이 모두 象을 이루어 나아간다. 형체가 있으면 형체가 없는 것으로 돌아가는 것이므로 '冥'이라고 이른다.(酋, 西方也, 秋也, 物皆成象而就也. 有形則復于無形, 故曰冥.)"라고 한다.

190 역주 : 이 구절은, 소인은 복이 길이 할 것을 믿고 교만하고 음란하고 뽐내고 자랑하니, 복이 다하면 화가 이르러 虛庭에 되돌아오지만 가리고 보호할 것이 없어 쇠락하고 어두운 지경에 빠지게 된다는 것이다.

191 劉韶軍 點校 : '晦'는 명초본에는 '悔'로 되어 있다. 이것은 대전본, 도장본, 장사호본에 의거해 고쳤다.

192 역주 : '薜'는 『方言』에서는 "更也."라고 한다. 즉 갱생으로, 따로 난 새로운 가지다. 이 구절은, 枯木이 재생하고 다시 또 새로운 가지가 나니, 없었던 것이 다시 있게 되어 영원히 계속된다는 것이다.

蒔, 時吏切. 王曰, 七居過滿, 老木之象. 然得位當晝, 得其永道, 故生蒔. 蒔者, 旁生之義也. 旣有華葉, 復得長久, 始無今有, 故云纏其所無.

시(蒔)는 시(時)와 사(吏)의 반절이다. 왕애는 말하기를 "칠(七)은 지나치게 가득 찬 곳에 있으니, 늙은 나무의 상이다. 그러나 지위를 얻고 낮에 해당하니, 그 영원한 도를 얻었다. 그러므로 '새싹이 돋았다'라고 하였다. 시(蒔)란 곁에서 난다는 뜻이다. 이미 화려한 잎이 있는데 다시 길고 오래함을 얻으니, 처음은 없었지만 지금은 있다. 그러므로 '(이미 있던 나무에) 그 없었던 것[새싹이] 얽혔다'라고 했다"라고 하였다.

■ 次八 : 永不軌, 凶亡流于後. 測曰 : 永不軌, 其命劑也.

차팔은, 법도가 아닌 것을 길이 하니, 흉하고 망하는 것이 뒤에까지 흘러 미친다. 측에 말하기를, 법도가 아닌 것을 길이 한다는 것은 그 명을 잘랐다는 것이다.

劑, 才詣切. 宋曰, 劑, 翦也. 王曰, 居將極之位, 而以陰居陽, 時且當夜, 是則永不法之事, 豈止禍其身而已.[193] 凶亡之事乃流于後也.[194] 光謂, 八爲禍中而當夜, 小人長爲不法, 身旣凶亡而餘殃流于後也.

제(劑)는 재(才)와 예(詣)의 반절이다. 송충은 말하기를 "제(劑)는 자른다(翦)는 것이다"라고 하였다. 왕애는 말하기를 "장차 지극해질 지위에 있으나 음으로써 양에 있고, 때는 또 밤에 해당하니, 이것은 곧 법도가 아닌 일을 길이 한 것으로, 어찌 단지 그 몸에만 화(禍)가 미칠 뿐이겠는가? 흉하고 망하는 일이 이에 뒤에까지 흘러 미친다"라고 하였다. 사마광은 생각하기를 "팔(八)은 화(禍)의 중(中)이 되고 밤에 해당하니, 소인이 길이 법도가 아닌 것을 저질러 몸이 이미 흉하고 망하니, 남은 화(禍)가 뒤에까지 흘러 미친다"라고 하였다.

....

193 劉韶軍 點校 : '豈'는 명초본에는 없다. 이것은 대전본, 도장본, 장사호본에 의거해 고쳤다.
194 劉韶軍 點校 : '凶은' 명초본에는 없다. 이것은 대전본, 도장본, 장사호본에 의거해 고쳤다.

▌上九：永終馴首． 測曰：永終馴首，長愷悌也．

상구는, 마침을 신중히 하기를 처음처럼 하였다.

측에 말하기를, 마침을 신중히 하기를 처음처럼 한다는 것은 길이 즐겁고 평이하였다는 것이다.[195]

馴, 順也． 愷, 樂也, 悌, 易也． 九在永終而當晝, 君子之道永長樂易, 愼終如始, 首尾若一,[196] 永道乃全也．

순(馴)은 따른다(順)는 것이다. 개(愷)는 즐겁다(樂)는 것이고, 제(悌)는 평이하다(易)는 것이다. 구(九)는 영수(永首)의 마침에 있고 낮에 해당하니, 군자의 도가 장구하고 즐겁고 평이하여, 마침을 신중히 하기를 처음처럼 하고,[197] 머리와 꼬리가 한결 같으니, 영(永)의 도가 이에 온전한 것이다.

. . . .

195 역주 : 『춘추좌씨전』「僖公」12년에는 "愷悌君子, 神所勞矣."가 나온다. 杜預는 "愷, 樂也, 悌, 易也."라고 주석한다.

196 劉韶軍 點校 : ‘始’와 ‘尾’ 두 글자는 명초본에는 없다. 이것은 대전본에 의거해 보충하였다.

197 역주 : 『老子』64장, "愼終如始, 則無敗事." 참조.

곤昆

▦ 二方三州三部三家.

2방, 3주, 3부, 3가다.

昆

곤(昆)

戶袞切, 又如字. 陰家, 金, 準同人. 陸曰, 昆亦同也.

곤(昆)은 호(戶)와 곤(袞)의 반절이고,[198] 또 기본 음 즉 '곤'으로 읽는다. 곤수(昆首)는 음가(陰家)이고, (5행에서는) 금(金)이며, 『주역』「동인괘(同人卦)」에 준한다.[199] 육적은 말하기를 "곤(昆) 또한 같다(同)는 것이다"라고 하였다.

▌陰將離之, 陽尚昆之, 昆道尚同.

음기는 (죽이는 것을 주로 하여) 장차 만물을 떠나게 하고, 양기는 (인자하고 사랑하여) 오히려 같이하니, 곤도는 같이함을 숭상한다.

· · · · · · · · · · · · · · · · · · · ·

198 역주 : '昆'자는 '맏이'라 할 때는 '곤'으로, '뒤섞인다' 할 때는 '혼'으로 발음되는데, 여기서는 통상적인 발음인 '곤'으로 하라는 것이다.

199 역주 : 「玄衝」에서는 "昆, 大同."이라 한다. 『주역』「서괘전」에서는 「同人卦」를 "與人同者, 物必歸焉."이라고 해석한다.

宋曰, 陰氣尙殺.[200] 故離散萬物. 陽氣將藏. 故萬物同歸也. 王曰, 陰氣主殺, 將離萬物, 陽氣仁愛, 猶尙昆而同之.

송충은 말하기를 "음기는 살기를 숭상한다. 그러므로 만물을 갈라져 흩어지게 한다. 양기는 장차 감추어진다. 그러므로 만물이 함께 돌아간다"라고 하였다. 왕애는 말하기를 "음기는 죽이는 것을 주로 하여 장차 만물을 흩어지게 하고, 양기는 인자하고 사랑하여 오히려 같이함을 숭상하여 같이한다"라고 하였다.

▌初一 : 昆于黑, 不知白. 測曰 : 昆于黑, 不可謂人也.

초일은, 검은 것을 같이 하여 흰 것의 아름다움을 알지 못하였다.

측에 말하기를, 검은 것을 같이 한다는 것은 (바른) 사람이라고 이를 수 없다.

宋曰, 白, 智也, 黑, 愚也. 光謂, 黑以諭垢濁, 白以諭廉潔.[201] 一爲思始而當夜, 小人自同于垢濁, 而不知廉潔之爲美者也.

송충은 말하기를 "백(白)은 지혜로움(智)이고, 흑(黑)은 어리석음(愚)이다"라고 하였다. 사마광은 생각하기를 "흑으로써 더러운 것을 비유하고, 백으로써 청렴한 것을 비유하였다. 일(一)은 사(思)의 시(始)가 되고 밤에 해당하니, 소인이 스스로 더러움과 함께 하여 청렴한 것이 아름다움이 되는 것을 모르는 것이다"라고 하였다.

▌次二 : 白黑菲菲, 三禽一角同尾. 測曰 : 三禽一角, 無害心也.

차이는, 흰 것과 검은 것이 서로 섞여 있고, 세 마리 새가 뿔을 하나로 하고 꼬리를 같이 하여 시종 마음을 하나로 하였다.

측에 말하기를, 세 마리 새가 뿔을 하나로 하였다는 것은 (서로 타인을) 해치

200 劉韶軍 點校 : '尙'은 대전본, 도장본, 장사호본에는 '將'으로 되어 있다. 모두 통한다.
201 劉韶軍 點校 : '潔'은 명초본에는 없다. 이것은 대전본, 도장본, 장사호본에 의거해 보충하였다.

는 마음이 없다는 것이다.

菲, 敷尾切, 與斐同. 王曰, 得位當畫. 白黑菲菲, 分別明白之義. 三禽諭三
人, 一角同尾, 終始皆同, 無乖異也. 光謂, 菲菲, 白黑相雜貌. 角在首而拒
鬪者也. 尾, 體之終也. 二爲思中而當畫, 君子與人交, 廉而不劌, 濁而不
汚, 菲菲然羣而不亂. 一角者, 共禦侮也. 同尾者, 全其終也. 孔子曰, 君子
和而不同.

비(菲)는 부(敷)와 미(尾)의 반절이니, 비(斐)와 같다. 왕애는 말하기를 "지위를
얻고 낮에 해당하니, 흰 것과 검은 것이 섞여 있다는 것은 분별하여 명백히
한다는 것이다. 세 마리의 새는 세 사람을 비유한 것이고, '하나의 뿔이 꼬리를
같이 하였다'고 한 것은 마침과 시작이 모두 동일하여 괴이한 것이 없다는
것이다"라고 하였다. 사마광은 생각하기를 "비비(菲菲)는 흰 것과 검은 것이
서로 섞인 모양이다. 뿔은 머리에 있으면서 막아 싸우는 것이다. 꼬리는 몸체
의 끝이다. 이(二)는 사(思)의 중(中)이 되고 낮에 해당하니, 군자가 사람과
함께 사귐에는 모가 나 있어도 다치게 하지 않고,[202] 탁한 데 있어도 물들지
않고, 섞여 무리 속에 있지만 어지럽지 않다. '1각(一角)'이란 함께 모욕을 방어
하는 것이다. '동미(同尾)'란 그 끝을 온전히 한다는 것이다. 공자는 '군자는
타인과 조화로운 삶을 살지만, 그들과 함께하지 않는다'라고 했다"[203]라고 하
였다.

▌次三 : 昆于白, 失不黑, 無際一尾三角. 測曰 : 昆白不黑, 不相親也.
차삼은, 흰 것을 같이 했지만, 검지 않은 것에서 잘못하여 (검은 것을 흰 것과
같이 할 수 없는 상황이 되었으니), 때도 없이 꼬리를 하나로 하고, 뿔을 셋으

. . . .

202 역주 : 『예기』 「聘義」, "夫昔者君子比德於玉焉 … 廉而不劌, 義也.", 『老子』 58장,
"是以聖人方而不割, 廉而不劌, 直而不肆, 光而不耀." 참조. 옥에 모가 나 있어도
다른 물건을 상하게 하는 일이 없듯이, 군자는 의로 규제하되 외부의 사물을 다치
게 하지 않는다는 것이다.
203 역주 : 『논어』 「자로」, "君子和而不同, 小人同而不和."

로 하여 다투는 것을 그치지 않았다.[204]

측에 말하기를, 흰 것과 검지 않은 것이 같이 할 수 없었다는 것은 (한편에 拘礙되어) 서로 친하지 않다는 것이다.

范王本際作除. 今從宋陸本. 闕

범망본, 왕애본에는 제(際)가 제(除)로 되어 있다. 지금 송충본, 육적본을 따른다. 해설이 빠졌다.

■次四 : 鳥託巢于榖, 人寄命于公. 測曰 : 鳥託巢, 公無貧也.

차사는, 새가 집을 떨기에 의탁하듯이, 사람이 운명을 공평한 군자에 의탁하였다. 측에 말하기를, 새가 집을 떨기에 의탁한다는 것은 (군자가) 공평하여 가난함이 없다는 것이다.[205]

范小宋本榖作叢. 今從宋陸王本. 榖, 古叢字. 宋曰, 公, 均也. 光謂, 公者道大同無彼我也. 四爲下祿而當晝, 君子能推大同至公之心以待人, 則皆歸往而寄命焉. 故曰鳥託巢, 公無貧也.

범망본, 송유간본에는 추(榖)가 총(叢)으로 되어 있다. 지금 송충본, 육적본, 왕애본을 따른다. 추(榖)는 옛날 총(叢)자다. 송충은 말하기를 "공(公)은 고르다(均)는 것이다"라고 하였다. 사마광은 생각하기를 "공(公)이란 도가 크게 같아 저편과 이편이 없는 것이다. 사(四)는 하록(下祿)이 되나 낮에 해당하니, 군자가 크게 같고 지극히 공평한 마음을 미루어 사람을 대할 수 있으면, 모두가 귀의하여 자신들의 운명을 맡긴다. 그러므로 '새가 집을 떨기에 의지하고,

....

204 역주 : '一尾三角'은 말단은 같지만 근본은 다르다는 것을 비유한 것이다. 이 구절은, 흰 것과 같이 했지만, 검지 않은 것에서 잘못하여 검은 것을 흰 것으로 하여 같이할 수 없으니, 그 말단은 같이 했지만 근본은 달라 서로 친할 수 없다는 것이다.
205 역주 : 이 구절은, 행동이 인애의 도와 같이 할 수 있고, 공정하게 사람을 대하고 平均 無私하면 사람들이 돌아와 의지하는 것이, 새가 돌아와 숲에서 집을 짓고 사는 것과 같고, 천하가 균평하기에 '無貧'이라 한 것이다. 『논어』 「季氏」에는 "不患寡而患不均, 不患貧而患不安, 蓋均無貧, 和無寡, 安無傾."을 말한다.

공평하여 가난함이 없다'고 말한 것이다"라고 하였다.

▌次五 : 轂失疏數, 衆氂毁玉. 測曰 : 轂失疏數, 奚足旬也.

차오는, 바퀴살이 분포된 소밀(疏密)의 수를 잃어 바퀴의 기능을 발휘하지 못
하였으니, 뭇 털의 가벼운 것이 (쌓여 많은 것을 이루면 반드시) 옥을 훼손하
게 된다.

측에 말하기를, 바퀴살이 분포된 소밀의 수를 잃었다는 것은 어찌 균등할 수
있겠는가 하는 것이다.[206]

范小宋本轂失疏數作轂不轂, 失疏數, 王本作轂不轂, 失疏數. 今從宋陸
本. 轂轂古字通.[207] 陸曰, 旬, 均也. 王曰, 五居盛位, 當爲物主, 而以陽居
陰位, 且當夜,[208] 不得混同之道. 轂爲衆輻所湊, 五既失道, 不能包容, 故
曰轂不轂也. 衆[209]氂之輕, 積以成多, 必致毁玉之患. 如衆口鑠金也. 光謂,
轂之受輻, 疏數必均乃能運行. 五以小人而居盛位, 無至公之心, 好惡任
私,[210] 故讒慝並進而衆氂毁玉也.

범망본, 송유간본에는 곡실소수(轂失疏數)가 각불각, 실소수(轂不轂, 失疏數)
로 되어 있고, 왕애본에는 곡불곡, 실소수(轂不轂, 失疏數)로 되어 있다. 지금

···················

206　역주 : '旬'은 '고르다[均]'라는 것으로서, 『주역』「풍괘」에서는 "雖旬無咎."를 말한
　　　다. 王弼은 "旬, 均也."라고 주석한다. '疏'는 '분포한다는 것'이다. 이 구절은, '轂'
　　　이 '輻'을 받아 분포된 수가 반드시 균등해야 중심을 함께 하여 운전하여 갈 수
　　　있는데, 지금 '輻'을 편 것이 균등함을 잃으면 '轂'은 '轂'이 되지 못하니, 비록 미미
　　　한 것에서 잘못되더라도 반드시 수레가 뒤집어지고 '轅'이 무너지는 걱정거리가
　　　있게 되기에 '뭇 꼬리가 옥을 훼손하였다'고 한 것이다. 비유하면 군주로서 균등
　　　하지 못하면, 반드시 나라가 기울어지고 몸이 위태롭게 된다는 것이다.
207　劉韶軍 點校 : '轂古'는 명초본에는 '古轂'으로 되어 있다. 이것은 도장본, 장사호
　　　본에 의거해 고쳤다.
208　劉韶軍 點校 : '夜'는 명초본에는 없다. 이것은 대전본, 도장본, 장사호본에 의거
　　　해 보충하였다.
209　역주 : 이 글자는 원 텍스트에는 '象'자로 되어 있으나 전후 문맥상 '衆'자의 오자
　　　로 보아야 한다. 여기서는 '衆'자로 보아 해석한다.
210　劉韶軍 點校 : '任'은 명초본에는 '在'로 되어 있다. 이것은 대전본에 의거해 고쳤다.

송충본, 육적본을 따른다. 곡(穀)과 곡(轂)은 옛날 글자에서는 통하였다. 육적은 "순(旬)은 균등하다(均)는 것이다"라고 하였다. 왕애는 말하기를 "오(五)는 성대한 지위에 있어 마땅히 사물의 주인이 되어야 하나, 양으로써 음의 지위에 있고 또 밤에 해당하니, 섞어 같게 하는 도를 얻지 못하였다. 바퀴는 모든 바퀴살이 모아지는 것으로, 오(五)는 이미 도를 잃어 포용할 수 없다. 그러므로 '바퀴지만 바퀴가 아닌 것이다'라고 하였다. 뭇 털의 가벼운 것이 쌓여서 많은 것을 이루면 반드시 옥을 훼손하는 근심이 이를 것이니, 많은 입이 쇠를 녹이는 것이다"라고 하였다. 사마광은 생각하기를 "바퀴는 바퀴살을 받아 분포된 소밀의 수가 반드시 균일하여야 운행될 수 있다. 오(五)는 소인으로서 성대한 지위에 있으면서, 지극히 공정한 마음이 없고 악을 좋아하고 사사로운 것에 맡겼다. 그러므로 참소와 사특함이 함께 나아가 뭇 털이 옥을 훼손하였다"라고 하였다.

▍次六 : 昆于井市, 文車同軌. 測曰 : 昆于井市, 同一倫也.
차육은, (군자의 도가 성대하고 덕이 성대하면 천하 사람들이) 우물과 시장에서 모여 뜻을 같이 하고, 문자와 수레가 바퀴의 너비를 같이 하였다.
측에 말하기를, 우물과 시장에서 모여 뜻을 같이 하였다는 것은 무리를 동일하게 하였다는 것이다.

井市者, 人所聚也. 六爲盛多而當晝, 君子道隆德盛, 四海會同. 書同文, 車同軌, 無有遠邇, 混爲一類也.
우물과 시장은 사람들이 모이는 곳이다. 육(六)은 성대함이 되고 낮에 해당하니, 군자가 도가 높고 덕이 성대하여 온 천하가 모여 같이 한다. 글은 문자를 같이 하고, 수레는 바퀴의 너비를 같이 하여,[211] 멀고 가까운 것이 있지 않으니, 뒤섞여 하나의 무리가 된다.

· · · · · · · · · · · · · · · · · ·

211 역주 : 『중용』28장, "今天下, 車同軌, 書同文." 참조. 이 구절은, 천하가 통일되었음을 의미한다.

▌次七 : 蓋偏不覆, 晏雨不救. 測曰 : 蓋偏不覆, 德不均也.

차칠은, 수레의 덮개가 치우쳐 해를 덮지 못하고, 시절에 늦게 오는 비는 초목을 구제하지 못한다.

측에 말하기를, 수레의 덮개가 치우쳐 해를 덮지 못한다는 것은 덕이 고르지 않다는 것이다.[212]

覆, 敷救切, 下並同. 晏, 晚也. 晚而得雨, 則稺者昌而積者傷矣. 七爲敗損而當夜. 小人之德不能大同, 用心頗僻, 有愛有惡, 如蓋之偏則物有不覆者矣. 雨之晚則禾有不救者矣.

부(覆)는 부(敷)와 구(救)의 반절이니, 아래도 모두 같다. 안(晏)은 늦었다(晚)는 것이다. 때에 늦게 비오는 것을 얻으면 어린 것들은 번창하나 (이미) 쌓인 것들은 훼손된다. 칠(七)은 훼손된 것이 되고 밤에 해당한다. 소인의 덕은 크게 같이 할 수 없고 마음을 쓰는 것이 치우치고 편벽되어 아끼는 것도 있고 미워하는 것도 있으니, 마치 덮는 것이 치우치면 사물을 덮어주지 못하는 것이 있는 것과 같다. 비가 늦게 오면 벼에 구제하지 못하는 것이 있다.

▌次八 : 昆于危難, 乃覆之安. 測曰 : 危難之安, 素施仁也.

차팔은, 위태롭고 어려운 때에 같이 하는 도로 무리를 사랑하니, 사람들의 비호를 받고 편안하였다.

측에 말하기를, 위태롭고 어려운 때에 편안하였다는 것은 평소에 인자함을 베풀었다는 것이다.[213]

八爲禍中, 爲耗, 爲剝落, 有危難之象. 然當日之晝, 君子素以昆同之道汎

. . . .

212 역주 : 이 구절은, 치우치면 사물에는 덮지 못하는 바가 있고, 비가 늦으면 벼를 구제하지 못하는 것이 있다는 것이다. 비유하면, 이렇게 되면 군주의 덕택이 백성들에게 두루 베풀어지지 못한다는 것이다.
213 역주 : 이 구절은, 군자가 평소에 같이 하는 도로써 뭇 대중을 사랑하고 한결같이 仁을 같이하기에, 위태로운 즈음에서도 다른 사람의 비호를 받아 화를 면하고 편안함에 나아간다는 것이다.

愛容衆, 一視同仁, 故危難之際能庇覆于物, 使之就安.

팔(八)은 화(禍)의 중(中)이 되고, 소모함도 되고, 벗겨져 떨어지는 것도 되니, 위태롭고 어려운 상이 있다. 그러나 하루의 낮에 해당하니, 군자는 평소 같이 하는 도로써 두루 사랑하여²¹⁴ 여럿을 포용하고,²¹⁵ 모든 사람을 평등하게 보아 같이 사랑한다.²¹⁶ 그러므로 위태롭고 어려운 사이에도 사물을 덮어 보호하여 편안한 곳으로 나아가게 할 수 있다.

▌上九：昆于死, 棄寇遺. 測曰：昆于死, 棄厥身也.

상구는, 죽음을 같이 하고, 몸을 버렸지만 도둑은 남아 있다.²¹⁷
측에 말하기를, 죽음을 같이 하였다는 것은 그 몸을 버렸다는 것이다.

遺, 以醉切. 王曰, 棄身遺寇, 凶之甚也. 光謂, 爲惡不同, 同歸于亂. 九居禍極而當夜, 故有是象.

유(遺)는 이(以)와 취(醉)의 반절이다. 왕애는 말하기를 "몸을 버렸지만 도적이 남았다는 것은 흉함이 심한 것이다"라고 하였다. 사마광은 생각하기를 "악을 하는 것이 같지 않아 같이 어지러운 곳으로 돌아갔다. 구(九)는 화(禍)의 극(極)에 있으면서 밤에 해당한다. 그러므로 이 상이 있다"라고 하였다.

· · · · · · · · · · · · · · · · · ·

214 역주 : '汎愛'는 『논어』 「學而」, "泛愛衆, 而親仁.", 『장자』 「天下」, "汜愛萬物, 天地一體也." 참조.
215 역주 : '容衆'은 『논어』 「子張」, "君子尊賢而容衆, 嘉善而矜不能. 我之大賢與, 於人何所不容.", 『예기』 「儒行」, "擧賢而容衆, 毀方而瓦合, 其寬裕有如此者." 참조. '汎愛容衆'에 대한 것은 사마광, 『資治通鑑』 「漢紀三十」, "及新市, 平林兵起, 南陽騷動, 通從弟軼謂通曰, 今四方擾亂, 漢當復興. 南陽宗室, 獨劉伯升兄弟汎愛容衆, 可與謀大事. 通笑曰, 吾意也." 참조.
216 역주 : 당대 韓愈의 「原人」, "是故聖人一視同仁, 篤近而擧遠." 참조.
217 역주 : 이 구절은, 九는 禍의 극이 되니, 군자는 위태롭고 어려운 즈음에 생을 버리고 죽음을 잊음으로써 仁愛를 같이 하는 도를 온전히 하는데, 도둑은 남아 있어 흉함이 여전히 있다는 것이다. 『논어』 「衛靈公」에서는 "志士仁人, 無求生以害仁, 有殺身以成仁."을 말한다.

찾아보기

▋찬 撰

양웅揚雄 (BC 53년~18년)

자는 자운(子雲). 촉군(蜀郡) 성도(成都) 사람. 경학(經學)과 사장(辭章)에 뛰어났다. 『주역(周易)』을 모방해 『태현(太玄)』을 지었고, 『논어(論語)』를 모방해 『법언(法言)』을 지었다. 왕망(王莽)에게 대부 벼슬한 것을 두고 유학자들은 망대부(莽大夫)라고 비하하였다. 저서로는 『방언(方言)』이 있다. 쓴 글로는 「감천부(甘泉賦)」, 「우렵부(羽獵賦)」, 「장양부(長楊賦)」, 「하동부(河東賦)」, 「광소(廣騷)」, 「반뢰수(畔牢愁)」 「해조(解嘲)」, 「해난(解難)」 및 「축빈부(逐貧賦)」 등이 있다.

▋집주 集注

사마광司馬光 (1019년~1086년)

북송(北宋) 정치가, 사학가, 문학가. 자는 군실(君實), 호는 우수(迂叟). 속수선생(涑水先生). 사후에 태사(太師)로 추증되고 온국공(溫國公)에 봉해졌다. 시호는 문정(文正). 신종(神宗) 때에 왕안석(王安石)의 변법(變法)을 반대하고, 조정에서 물러나와 『자치통감(資治通鑑)』을 편찬했다. 저서로 『온국문정사마공문집(溫國文正司馬公文集)』, 『계고록(稽古錄)』, 『속수기문(涑水記聞)』, 『잠허(潛虛)』, 『태현집주(太玄集註)』, 『법언주(法言註)』 등이 있다.

▍점교 點校

류사오쥔劉笑軍 (1954~현재)

중국 서남(西南) 사범학원 역사과 졸업, 화중사범대학(華中師範大學) 역사학
박사. 동 대학 역사문헌연구소 소장 역임. 현재 화중사범대학 역사문화학원
교수. 저서로는 『太玄集注(點校)』(中華書局), 『태현연구(太玄硏究)』(武漢出版
社), 『일본현대노자연구(日本現代老子硏究)』(福建人民出版社), 『유가학습사
상연구(儒家學習思想硏究)』(華中師範大學出版社), 『초지정혼(楚地精魂)-楚國
哲學』(湖北敎育出版社), 『당송명철사황제노자어비평점(唐宋明淸四皇帝老子
禦批評點)』(湖南出版社) 등이 있다.

▍역주 譯註

조민환曺玟煥

성균관대 유학과 졸업, 동 대학교 동양철학과 석사·박사
졸업(철학박사).
춘천교대 윤리교육과 교수, 산동사범대학 외국인 교수, 도
가·도교학회 회장, 서예학회 회장, 기획재정부 국고보조
금 평가위원 역임.
철학연구회 논문상 수상, 원곡 서예학술상 수상.
현재 한국연구재단 책임전문위원(인문학), 한국 동양예술학회 회장, 성균관대
동아시아학술원 교수로 재직하고 있다.
저서로는 『유학자들이 보는 노장철학』(예문서원), 『중국철학과 예술정신』(예
문서원), 『노장철학으로 동아시아문화를 읽는다』(한길사) 등이 있다. 역서로는
(徐命膺)『도덕지귀(道德指歸)』(예문서원), 『옥동 이서 필결(筆訣)』(미술문화
원) 등이 있고, 공저로는 『강좌 한국철학』(예문서원) 등 10여 권이 있다. 「노장
의 미학사상연구」, 「주역의 미학사상연구」 등 학술논문 100여 편과 서화 잡지
에 실린 100여 편의 소논문 및 평론이 있다. 철학과 예술의 경계 허물기에
주력하고 있다.

한 국 연 구 재 단
학술명저번역총서
[동 양 편] 616

태현집주 太玄集注 ❶

초판 인쇄   2017년 10월 15일
초판 발행   2017년 10월 25일

찬撰 | [漢] 양웅揚雄
집주集注 | [宋] 사마광司馬光
점교點校 | 류사오쥔劉昭軍
역주譯註 | 조민환曺玟煥
펴 낸 이 | 하운근
펴 낸 곳 | 學古房

주   소 | 경기도 고양시 덕양구 통일로 140 삼송테크노밸리 A동 B224
전   화 | (02)353-9908 편집부(02)356-9903
팩   스 | (02)6959-8234
홈페이지 | http://hakgobang.co.kr/
전자우편 | hakgobang@naver.com, hakgobang@chol.com
등록번호 | 제311-1994-000001호

ISBN   978-89-6071-708-4 94150
            978-89-6071-287-4 (세트)

값 : 40,000원

■ 이 책은 2010년도 정부재원(교육부)으로 한국연구재단의 지원을 받아 연구되었음(NRF-2010-421-
  A00024).
  This work was supported by National Research Foundation of Korea Grant funded by the Korean
  Government(NRF-2010-421-A00024).

    이 도서의 국립중앙도서관 출판예정도서목록(CIP)은 서지정보유통지원시스템 홈페이지
  (http://seoji.nl.go.kr)와 국가자료공동목록시스템(http://www.nl.go.kr/kolisnet)에서 이용하실
  수 있습니다. (CIP제어번호 : CIP2017025609)

■ 파본은 교환해 드립니다.